KB156166

東洋古典譯註叢書 9

譯註 莊子 2

安炳周 田好根 共譯

傳統文化研究會

國譯委員

譯　註　安炳周 田好根
潤　文　金炯錫
校　正　趙洙翼
出　版　權永順

東洋古典譯註叢書를 발간하면서

우리의 古典國譯事業은 민족문화 진흥의 기초사업으로 1960년대부터 政府 支援으로 古文獻 現代化 작업을 추진하여 많은 成果를 거두었다. 당시 이 사업 추진의 先行課題로 東洋古典이라 일컬어지는 중국의 基本古典을 먼저 飜譯하여야 한다는 學界의 주장이 있어 왔음에도 불구하고 우리 고전이 아니라는 일부의 偏狹한 視角과 財政事情 등으로 인하여 배제되어 왔다.

전통적으로 중국의 기본고전은 우리 歷史와 함께 숨쉬며 각종 교육기관의 教科書로 활용됨은 물론이고 지식인들의 必讀書가 되어 왔으며, 우리 文化의 基底에 자리잡고 거의 모든 방면의 體系와 根幹을 형성하여 왔다. 그래서 학문연구의 기본서 역할을 해 왔을 뿐만 아니라 오늘날에도 우리의 國學徒 및 東洋學 研究者들에게 같은 역할을 하고 있음은 주지의 사실이다. 그럼에도 불구하고 中國古典은 우리 것이 아니라 하여 專門機關의 飜譯對象에 포함하지 않음으로써 대부분 原典에서의 직접 번역이 아닌 重譯이나 拔萃譯의 방식이 주를 이루면서 教養水準으로 出版되어 왔다.

오늘날 東洋三國 중에서 우리의 東洋學 연구가 가장 부진한 이유는 東洋基本古典에 대한 폭넓은 이해의 부족과 漢文古典 讀解力의 저하에 기인함을 우리는 솔직히 인정하여야 한다. 따라서 이들 중국고전에 대한 신뢰할 만한 國譯이 이루어지는 것이 한국학 연구를 촉진시키는 시급한 先行課題라 할 수 있다.

이에 韓國學 및 東洋學의 연구와 古典現代化의 基盤構築을 위해서는 전문기관으로 하여금 동양고전을 단기간에 각 분야의 專門 研究者와 漢學者가 상호협동하여 연구번역하여 飜譯의 傳統性과 效率性, 研究의 專門性을 높일 수 있도록 政策的 配慮가 있어야 한다.

이에 本會에서는 元老 및 中堅 漢學者와 斯界의 專攻者로 하여금 協同研究飜譯하여 공부하는 사람들이 믿고 引用하거나 깊이 있는 註釋 등을 활용할 수 있게 하고,

知識人들의 教養을 증진시켜 줄 수 있는 東洋古典의 國譯書 간행을 지속적으로 추진해 왔다. 근래에 다행히 이 사업에 대하여 각계 지도층의 폭넓은 이해와 지원에 힘입어 2001년도부터 國庫補助를 받아 東洋古典譯註叢書를 간행하게 되었다. 이를 계기로 우리 先學의 註釋과 見解를 반영하는 등 국역사업의 內實을 기하게 되었음을 이 자리를 빌어 衷心으로 감사드리며, 아울러 國譯에 參與하신 관계자 여러분의 勞苦에 깊은 謝意를 표한다.

끝으로 우리의 이러한 작업은 오랜 역사 위에 축적된 先賢들의 業績과 現代學問을 이어주는 튼튼한 架橋와 礎石이 되어 진정한 韓國學과 東洋學 발전에 기여할 것을 굳게 믿으며, 21세기를 우리 文化의 世紀로 열어 가는 밑거름이 되도록 우리의 力量을 本 事業에 경주하고자 한다. 江湖諸賢의 부단한 관심과 지원을 기대해 마지않는다.

社團法人 傳統文化硏究會 會長 李 啓 晃

凡 例

1. 本書는 東洋古典譯註叢書 ≪莊子≫의 제2책이다.

2. 본서는 郭慶藩 ≪莊子集釋≫(無求備齋莊子集成續編 제38권, 藝文印書館, 臺灣)을 底本으로 삼고, 郭慶藩 ≪莊子集釋≫(新編諸子集成 제1집, 中華書局, 北京)을 참고하였다.

3. 飜譯은 原義에 充實하도록 노력하였다. 다만 難解한 부분은 意譯 또는 補充譯을 하였다.

4. 懸吐는 懸吐句解南華眞經(林希逸 注, 驪江出版社 影印)을 참고하였으며, 어려운 古語套는 가급적 현대어로 바꾸었다.

5. 譯註는 중국과 일본 古今 諸家의 說과 朝鮮朝의 朴世堂 ≪南華經註解刪補≫와 韓元震 ≪莊子辨解≫를 참고하여 최대한 반영하고, 현대 학자들의 연구성과도 소개하였다.

6. 原文은 각 參考本과 校勘하여 譯註로 처리하였으며, 音이 여러 개인 漢字나 어려운 漢字에는 (　) 안에 音을 달아 주었다.

7. 본서에 사용된 주요 符號와 略號는 다음과 같다.

   “　” : 對話, 각종 引用

   ‘　’ : 再引用, 强調

   (　) : 漢字의 音, 간단한 註釋, 原文의 誤字를 正字로 바꾼 경우

   ≪　≫ : 書名, 出典

   〈　〉 : 篇章節名, 作品名, 補充譯, 原文의 補充字

   〔　〕 : 原文의 倂記, 衍文, 音이 다른 漢字

參考圖書

국내자료

林希逸注, 懸吐者未詳, ≪懸吐句解南華眞經≫

朴世堂, ≪南華經註解刪補≫

韓元震, ≪莊子辨解≫

安東林譯, ≪莊子≫, 현암사, 1998

오강남譯, ≪莊子≫, 현암사, 1999

李基東譯, ≪莊子≫, 동인서원, 2001

釋德淸著, 송찬우譯, ≪莊子禪解(莊子內篇注)≫, 세계사, 1991

중국자료

郭象, ≪莊子注≫

陸德明, ≪莊子音義(經典釋文)≫

成玄英, ≪莊子疏≫

呂惠卿, ≪莊子義≫

陳景元, ≪莊子闕誤≫

林希逸, ≪南華眞經口義≫

褚伯秀, ≪南華眞經義海纂微≫

羅勉道, ≪南華眞經循本≫

陳深, ≪莊子品節≫

楊愼, ≪莊子解≫

朱得之, ≪莊子通義≫

陸西星, ≪南華眞經副墨≫

焦竑, ≪莊子翼≫

釋德淸, ≪莊子內篇注≫

方以智, ≪藥地炮莊≫

王夫之, ≪莊子解≫

林雲銘, ≪莊子因≫

宣穎, ≪南華經解≫

屈復, ≪南華通≫

陸樹芝, ≪莊子雪≫

姚鼐, ≪莊子章義≫

王念孫, ≪讀書雜志≫

兪樾, ≪莊子平議≫

王闓運, ≪莊子內雜篇注≫

吳汝綸, ≪莊子點勘≫

陳壽昌, ≪南華眞經正義≫

王先謙, ≪莊子集解≫

郭慶藩, ≪莊子集釋≫

馬其昶, ≪莊子故≫

陶鴻慶, ≪讀莊子札記≫

章炳麟, ≪莊子解故≫

武延緖, ≪莊子札記≫

奚侗, ≪莊子補注≫
阮毓崧, ≪莊子集注≫
朱桂曜, ≪莊子內篇證補≫
馬叙倫, ≪莊子義證≫
蔣錫昌, ≪莊子哲學≫
王叔岷, ≪莊子校詮≫
楊樹達, ≪莊子拾遺≫
張之純, ≪莊子評注≫
聞一多, ≪莊子內篇校釋≫
曹受坤, ≪莊子哲學≫
張默生, ≪莊子新釋≫
劉武, ≪莊子集解內篇補正≫
錢穆, ≪莊子纂箋≫
陳啓天, ≪莊子淺說≫
陳鼓應, ≪莊子今注今譯≫
王孝魚, ≪莊子內篇新解≫
曹礎基, ≪莊子淺注≫
方勇・陸永品, ≪莊子詮評≫

일본자료

福永光司譯, 莊子(日本 朝日新聞社)
金谷治譯, 莊子(日本 岩波書店)
赤塚忠譯, 莊子(日本 集英社)
池田知久譯, 莊子(日本 學習硏究社)

目 次

莊子 外篇

第8篇 駢拇

【해설】

外篇의 첫 번째 편인 〈駢拇〉편은 외편의 다른 편들과 마찬가지로 맨 앞의 두 글자를 따서 편 이름으로 삼은 것이다. 이 편의 주장은 인위적인 것을 거부하고 자연의 본래 상태를 지킬 것을 주장하면서 儒家의 인의에 대해 격렬하게 비판하는 것으로 보아 유가를 반대하는 一群의 장자 후학에 의해 기술된 것으로 추정된다.

제1장의 駢拇는 발가락의 군더더기 살이고 枝指는 육손이를 가리키는데 이것들이 모두 인간의 본성에 없는 군더더기인 것처럼 유가의 仁義 또한 그와 마찬가지로 인간의 본성을 어기고 삶을 구속하는 군더더기일 뿐이라고 비판하고 있다.

제2장에 나오는 "오리의 다리가 비록 짧지만 이어 주면 슬퍼하고 학의 다리가 길지만 자르면 슬퍼한다."는 말은 때로 《莊子》 전편을 관통하는 자연의 의미를 가장 잘 표현한 대목으로 인용될 만큼 유명하다.

또 제4장에서는 盜跖과 伯夷를 들면서 도척은 재물을 위해 목숨을 바친 사람이고 백이는 명예를 위해 목숨을 바쳤기 때문에 세속의 기준으로 보면 한 사람은 도둑이고 한 사람은 성인이라는 커다란 차이가 있지만 두 사람 모두 자기 본성이 원하는 것을 따르지 않고 외물에 마음을 빼앗겼다는 점에서 지나친 행위를 한 사람들임에는 마찬가지라고 비판하면서 위로는 감히 인의를 붙들지 아니하고 아래로는 감히 지나친 행위를 하지 않는 것이 올바른 길이라고 주장하고 있다.

王叔岷 같은 이는 글쓴이의 이 같은 태도를 거론하면서 仁義와 淫僻의 사이에 머물고자 하는 기회주의적 인생관으로 不倫不類의 비인륜적 사고방식이라고 강하게 비판했다. 물론 이와는 정반대의 견해도 있는데 대표적인 경우로 關鋒 같은 이는 ≪莊子≫의 다른 편이 무기력한 지식인의 전형을 보여 주는 반면 이 편의 경우 체제를 격렬하게 비판하면서 적극적으로 저항하고 있다는 점을 높이 평가하기도 했다.

第1章

駢拇와 枝指[1)]는 出乎性哉나 而侈於德[2)]하고 附贅縣疣[3)]는 出乎形哉나 而侈於性[4)]하고 多方乎仁義而用之者[5)]는 列於五藏哉[6)]나 而非道德之正也[7)]니라 是故로 駢於足者는 連無用之肉也[8)]요 枝於手者는 樹無用之指也[9)]요 〔多方〕駢枝於五藏之情者[10)]는 淫僻於仁義之行[11)]하야 而多方於聰明之用也[12)]니라

발가락의 군더더기 살과 육손이는 태어날 때부터의 본성에서 나왔지만 보통 사람들이 타고나는 것보다 많고, 쓸데없이 붙어 있는 크고 작은 사마귀는 〈태어난 뒤〉 몸에서 나온 것이지만 사람이 타고나는 본성보다 많고, 인의를 조작해 쓰는 이들은 이것을 중시해서 오장과 나란히 배열하지만 도덕의 올바름이 아니다. 이 때문에 발가락에 군더더기 살이 붙어 있는 것은 쓸모없는 살이 이어져 있는 것이고, 손에 여섯째 손가락이 붙어 있는 것은 쓸모없는 손가락이 심어져 있는 것이다. 오장의 본래 모습에 〈쓸모없는 仁義 따위를〉 여러 갈래로 기워 붙이면 인의의 행위에 치우쳐서 耳目의 亂用을 통해 얻은 지식을 온갖 방면으로 부리게 된다.

【譯註】

1) 騈拇(변무)枝指 : 발가락의 군더더기 살과 육손이. 拇는 엄지발가락〔足大指〕이고 騈은 붙어 있다〔合〕는 뜻. 따라서 騈拇는 엄지발가락과 둘째 발가락이 붙어 있는 것으로 개구리 따위의 물갈퀴 모양으로 발가락 사이에 붙어 있는 군살을 말하는데, 육손이나 뒤의 附贅縣疣와 마찬가지로 보통 사람이 지닌 것보다 더 많은 군더더기를 의미한다. 다만 第2章 말미에 騈拇와 枝指를 두고 "두 가지 중 어떤 것은 수효가 남고 어떤 것은 수효가 부족하다〔二者 或有餘於數 或不足於數〕."라고 한 내용이 있으므로 騈拇를 보통 사람들의 발가락 다섯 개보다 하나 부족한 '네 발가락'으로 번역하는 것도 틀린 것이라 할 수는 없다. 그러나 이 문장에서 말하는 "보통 사람들이 타고나는 것보다 많다〔侈於德〕는 의미를 분명히 하기 위해서는 '네 발가락' 보다는 '군더더기 살'로 번역하는 것이 적절하다. 枝는 곁으로 자라난 가지〔旁生〕로 枝指는 육손을 뜻한다. 이 문장의 의도는 사람은 다섯 개의 발가락과 다섯 개의 손가락을 지니고 태어나는 것이 정상인데 騈拇와 枝指는 그보다 더 많은 것이므로 모두 사람의 자연스런 본성과 거리가 있음을 지적하는 데 있다.

2) 出乎性哉而侈於德 : 태어날 때부터의 본성에서 나왔지만 보통 사람들이 타고나는 것보다 많음. 여기서의 性은 뒤의 形과 대비되는 의미. 본성에서 나왔다는 것은 후천적으로 발생한 병증이 아니라 태어날 때부터 지니고 나오는 선천적인 기형이라는 뜻으로 뒤의 형체에서 나온 사마귀 등이 후천적으로 생겨난 것과는 다른 종류라는 뜻이다. 德은 보통 사람들이 타고나는 것, 곧 生得的인 것을 의미한다. 崔譔은 德을 容으로 풀이했고, 成玄英은 仁義禮智信의 五德이라고 풀이했는데 모두 적절치 않다. 林希逸은 "태어나면서 함께 생기는 것을 性이라 하고 사람들이 다 같이 얻어서 태어나는 것을 德이라 한다. 騈拇와 枝指는 모두 병이다. 본래 자연에서 나왔지만 사람들이 다 같이 얻어서 태어나는 것과 견주어 보면 더 많은 것이 된다. 侈는 남아돈다는 뜻이다. 여기에 나오는 성과 덕은 字義가 聖賢이 말하는 것과 꽤 다르다〔與生俱生曰性 人所同得曰德 騈拇枝指 皆病也 本出於自然 比人所同得者 則爲侈矣 侈 剩也 似此性德字義 皆與聖賢稍異〕."라고 했다. 청대의 兪樾 또한 이와 비슷한 주장을 하고 있지만 실은 600년 전에 林希逸이 먼저 제기한 견해이다(池田知久).

3) 附贅縣疣 : 쓸데없이 붙어 있는 크고 작은 사마귀. 附와 縣은 모두 붙어 있다는 뜻

이고, '贅'와 '疣'는 모두 사마귀 종류이다. 王叔岷은 ≪衆經音義≫를 인용하여 "작은 것을 肬라 하고 큰 것을 贅라 한다〔小曰肬 大曰贅〕."라고 풀이했는데 〈大宗師〉편에 이미 나왔다. 福永光司는 騈拇, 枝指, 附贅, 縣肬는 肉體的 剩餘物을 가리키고, 仁義禮智의 가르침은 精神的 剩餘物을 가리킨다고 풀이했다.

4) 出乎形哉而侈於性 : 몸, 곧 형체에서 나온 것이지만 사람이 타고나는 본성보다 많음. 앞의 선천적인 기형과는 달리 태어난 뒤 후천적으로 발생한 군더더기라는 의미.

5) 多方乎仁義而用之者 : 인의를 여러 갈래로 만들어 내서 이용함. 곧 인의를 조작해 내서 이용한다는 뜻. 方은 術과 같은 뜻으로 多方은 여러 갈래로 만들어 낸다는 뜻. 林希逸은 多方을 多端으로 풀이했고, 成玄英은 方을 道術로 풀이했는데 여기서는 林希逸의 견해를 따랐다.

6) 列於五藏哉 : 오장과 나란히 배열함. 仁義禮智信의 五常을 肝은 仁, 肺는 義, 心은 禮, 腎은 智, 脾는 信에 해당하는 것으로 억지로 기워 붙였다는 뜻. 陳景元은 "肝은 木氣로 인에 해당하고 肺는 金氣로 의에 해당하고 心은 火氣로 예에 해당하고 腎은 水氣로 지에 해당하고 脾는 土氣로 신에 해당한다〔肝木仁也 肺金義也 心火禮也 腎水智也 脾土信也〕."라고 했고, 楊樹達은 ≪白虎通≫ 〈性情〉篇을 인용하여 "肝은 인에 해당하고 肺는 의에 해당하고 心은 예에 해당하고 腎은 智에 해당하고 脾는 신에 해당한다〔肝仁 肺義 心禮 腎智 脾信也〕."라고 했다.

7) 非道德之正也 : 도덕의 올바름이 아님. 사람이 본래 타고난 도덕이 아니라는 뜻. 方勇・陸永品은 正을 本然으로 풀이했다.

8) 騈於足者 連無用之肉也 : 발가락에 군더더기 살이 붙어 있는 것은 쓸모없는 살이 이어져 있는 것임. 無用之肉은 쓸모없는 살, 連은 이어져 있다는 뜻.

9) 枝於手者 樹無用之指也 : 손에 여섯째 손가락이 붙어 있는 것은 쓸모없는 손가락이 심어져 있는 것임. 無用之指는 쓸데없는 손가락, 樹는 심다는 뜻.

10) 〔多方〕騈枝於五藏之情者 : 오장의 본래 모습에 군더더기를 붙임. 손과 발에 변무와 지지가 있는 것처럼 오장의 본모습에 인의를 여러 갈래로 갖다 붙인다는 의미. 多方은 잘못 끼어든 글자. 多方과 騈枝에 대해 宋의 羅勉道, 明의 朱得之, 明의 焦竑 등은 모두 多方을 잘못 끼어든 글자라고 했고, 馬叙倫은 騈枝 쪽을 衍文이라 했으며, 일본의 福永光司나 池田知久 등은 그대로 두고 해석해도 좋다고 하여 견해가 일치하지 않는다. 그러나 앞에 나온 多方乎仁義而用之者에서 알 수 있듯 다방은 인

의를 여러 갈래로 만들어 내서 이용하는 것이고, 변지는 수족의 군더더기이므로, 다방과 변지는 거의 비슷한 의미로 쓰였다고 할 수 있다. 더욱이 바로 뒤의 문단에 나오는 騈於明者와 多於聰者를 보면 騈과 多가 같은 의미로 쓰이고 있음을 확인할 수 있다. 따라서 위의 세 주장은 모두 타당성을 지니고 있다고 할 수 있지만, 여기서는 다수 주석가들의 견해를 따라 多方을 연문으로 처리하여 번역하였다.

11) 淫僻於仁義之行 : 인의의 행위에 치우침. 인의를 실천하는 것이 오장처럼 인간의 본래 모습에서 비롯된 것이 아니라 억지로 만들어 낸 인위적 행위임을 비판한 내용이다.

12) 而多方於聰明之用也 : 耳目의 亂用을 통해 얻은 지식을 온갖 방면으로 부림. 耳目으로 명석하게 인식하는 亂用을 강요한다는 의미로, 인간을 감각적 耽溺 속으로 埋沒시켜 버림을 비유. 聰과 明은 각각 귀가 밝고 눈이 밝음을 뜻하는데 여기서는 이목의 어지러운 작용을 의미한다.

是故로 **騈於明者**[1]는 **亂五色**하야 **淫文章**[2]하나니 **青黃黼黻之煌煌**[3]이 **非乎**[4]아 **而離朱是已**[5]라 **多於聰者**는 **亂五聲**하야 **淫六律**[6]하나니 **金石絲竹黃鐘大呂之聲**[7]이 **非乎**아 **而師曠**[8]**是已**라

※현토본에는 〈是故로 騈於明者는 亂五色하며 淫文章하나니 青黃黼黻之煌煌이로소니 非乎인댄 而離朱는 是已라하야닛다녀 多於聰者는 亂五聲하며 淫六律하나니 金石絲竹黃鐘大呂之聲이로소니 非乎인댄 而師曠은 是已라하야닛다녀〉로 되어 있다.

이 때문에 눈이 쓸데없이 밝은 자는 오색의 아름다움 〈때문〉에 눈이 어지럽혀지고 무늬의 화려함에 지나치게 탐닉하나니 青黃黼黻의 휘황찬란함이 바로 그런 것이 아니겠는가. 離朱 같은 이가 바로 그런 걸 추구한 사람이다. 귀가 쓸데없이 밝은 자는 오성의 아름다움 〈때문〉에 귀가 어지럽혀지고 육률의 아름다움에 지나치게 탐닉하나니 金・石・絲・竹의 악기 소리와 黃鐘・大呂와 같은 음률이 바로 그런 것이 아니겠는가. 師曠 같은 이가 바로 그런 걸 추구한 사람이다.

【역주】

1) 駢於明者 : 밝음에 지나친 자. 곧 눈이 쓸데없이 밝거나 예민함을 뜻한다. 여기의 駢은 뒤에 나오는 淫文章의 淫, 多於聰者의 多와 마찬가지로 어떤 일을 필요 이상으로 지나치게 추구함을 표현한 것이다.

2) 亂五色 淫文章 : 오색의 아름다움 때문에 눈이 어지럽혀지고 무늬의 화려함에 지나치게 탐닉한다. 亂五色은 오색을 어지럽힌다는 해석도 가능하나, 여기서는 오색의 아름다움 때문에 눈이 어지럽혀진다는 뜻으로 봄이 可할 듯. 즉 亂於五色과 같은 뜻. ≪老子≫ 제12장의 '五色令人目盲'과 가까운 생각. 오색은 靑, 黃, 赤, 白, 黑의 다섯 가지 색. 文章의 文은 청색과 적색을 섞어 만든 무늬이고, 章은 적색과 백색을 섞어 만든 무늬. ≪周禮≫ 〈冬官 考工記〉에 "청색과 적색을 섞은 것을 문이라 하고, 적색과 백색을 섞은 것을 장이라 하고, 백색과 흑색을 섞은 것은 黼라 하고, 흑색과 청색을 섞은 것을 黻이라 하고 다섯 가지 채색을 모두 섞은 것을 繡라 한다〔靑與赤謂之文 赤與白謂之章 白與黑謂之黼 黑與靑謂之黻 五采備謂之繡〕."라고 했다. 따라서 여기의 문장은 문자나 글귀를 의미하는 것이 아니라 청색과 적색, 적색과 백색을 섞어서 만든 무늬, 또는 이런 색깔의 실로 수놓아 지은 예복을 뜻한다.

3) 靑黃黼黻之煌煌 : 靑黃黼黻의 휘황찬란함. 煌煌은 찬란하게 빛나는 모양. 黼黻에 대해서는 바로 위의 주석을 참조할 것.

4) 非乎 : 아니겠는가. 바로 그렇다는 뜻. 向秀는 "非乎는 그렇다는 것을 말함이다〔非乎 言是也〕."라고 했다. 따라서 현토도 '非乎아'로 하여야 한다. 그런데 '非乎인저'로 읽어 '……은 잘못된 것이다'로 해석할 수도 있다. 여기서는 '아니겠는가〔非乎아〕'의 뜻으로 해석하는 쪽을 택한다.

5) 而離朱是已 : 離朱와 같은 사람이 바로 이 같은 행위를 한 사람임. 離朱는 인명으로 눈이 밝은 사람. 孟子의 離婁와 같은 사람으로 추정. 司馬彪는 "황제 때의 사람으로 백보 밖에서 가을 터럭의 끄트머리를 볼 수 있었다. 어떤 사람은 '천리 밖에서 바늘 끄트머리를 볼 수 있었다.'고 했다. 孟子에는 離婁로 되어 있다〔黃帝時人 百步見秋毫之末 一云 見千里針鋒 孟子作離婁〕."라고 했다. 而는 如와 같다. 而를 如로 보는 견해는 兪樾이 맨 처음 제기했는데 章炳麟, 王叔岷, 方勇·陸永品 등도 모두 兪樾의 견해를 지지했다. 而가 如와 같이 쓰이는 용례는 ≪莊子≫의 而師曠, 而曾史,

而楊墨 등에도 보이며, ≪孟子≫ 〈離婁 下〉의 '望道而未之見'에서도 확인할 수 있다. 已는 종결사.

6) 亂五聲 淫六律 : 오성의 아름다움 〈때문〉에 귀가 어지럽혀지고 육률의 아름다움에 지나치게 탐닉함. 五聲은 宮, 商, 角, 徵, 羽. 六律은 黃鐘, 太簇, 姑洗, 蕤賓, 無射, 夷則. '亂五聲'의 경우도 역시 '亂於五聲'의 뜻으로 해석하는 것이 좋다. ≪老子≫ 제12장의 '五音令人耳聾'과 비슷한 생각이다.

7) 金石絲竹黃鐘大呂之聲 : 金·石·絲·竹의 악기 소리와 黃鐘·大呂와 같은 음률. 金石絲竹은 각각 쇠붙이와 돌, 실과 대통으로 만든 악기인데 여기에 匏土革木을 보태서 八音이라고 한다.

8) 師曠 : 人名, 〈齊物論〉에 이미 나왔다. 司馬彪는 "진나라의 어진 대부로 음률에 뛰어나 귀신을 불러올 수 있었다. ≪史記≫에는 기주의 남화 사람으로 날 때부터 눈이 없었다고 했다〔晉賢大夫也 善音律 能致鬼神 史記云 冀州南和人 生而無目〕."라고 했다.

枝於仁者[1)]는 **擢德塞性**[2)]하야 **以收名聲**하야 **使天下**로 **簧鼓**[3)]하야 **以奉不及之法**하나니 **非乎**아 **而曾史**[4)]**是已**라 **騈於辯者**는 **纍瓦(丸)**[5)]하며 **結繩**[6)]하며 **竄句**[7)]하야 **遊心於堅白同異之間**[8)]하야 **而敝跬譽無用之言**[9)]하나니 **非乎**아 **而楊墨**[10)]**是已**라 **故**로 **此**는 **皆多騈旁枝之道**라 **非天下之至正也**니라

※현토본에는 〈枝於仁者는 擢德塞性하야 以收名聲하야 使天下로 簧鼓하야 以奉不及之法하나니 非乎인댄 而曾史는 是已라하야닛다녀 騈於辯者는 纍瓦하며 結繩하며 竄句하야 遊心於堅白同異之間하야 而敝跬譽無用之言하나니 非乎인댄 而楊墨은 是已라하야닛다녀 故로 此는 皆多騈旁枝之道라 非天下之至正也니라〉로 되어 있다.

쓸데없이 仁義를 내세우는 자는 사람이 태어날 때부터 가진 덕을 뽑아 버리고 本性을 막아 名聲을 손에 넣으려 하여 천하 사람들로 하여금 시끄럽게 떠들어 대면서 미칠 수 없는 法度를 받들게 하니 바로 이런 것이 인의를 쓸데없이 내세우는 행위가 아니겠는가. 曾參과 史鰌 같은 이가 바로 그런 걸 추구한 사람이다. 辯論을 지나치게 일삼는 자는 쓸데없는 技巧를 부리고 노끈을 묶고 문구를

어렵게 꾸며서 堅白論이나 同異論 따위에 마음이 빠져서 하찮은 명예와 쓸모없는 말에 피폐해지니 바로 이런 것이 변론을 지나치게 하는 행위가 아니겠는가. 楊朱와 墨翟 같은 이가 바로 이런 걸 추구한 사람이다. 따라서 이런 것들은 모두 쓸데없는 군더더기를 조작해 내고 억지로 기워 붙이는 행위이므로 천하의 지극한 정도가 아니다.

【역주】

1) 枝於仁者 : 쓸데없이 인의를 내세우는 자. 직역을 하면, 仁에 枝한 자, 仁에 여분이 있는 자, 仁에 군더더기를 덧붙인 자가 되는데 '仁이라고 하는 군더더기의 規範을 떠메고 다니는 자'라는 뜻이다.

2) 擢德塞性 : 덕을 뽑아 버리고 본성을 틀어막음. 王念孫은 擢과 塞의 의미가 서로 맞지 않는다는 점을 들어 塞을 搴으로 바꾸어서 擢과 搴을 모두 뽑아낸다는 뜻〔塞與擢義不相類 塞當爲搴 擢搴 皆謂拔取之也〕으로 풀이하였고, 王叔岷과 池田知久 등도 이 견해를 따라 拔의 뜻으로 풀이하였다. 그러나 拔本塞源의 경우처럼 拔과 塞이 반드시 어울리지 않는 것은 아니므로 擢은 본래의 덕성을 뽑아 버린다〔拔〕는 뜻으로 풀이하고 塞은 자연의 본성이 발휘되는 것을 틀어막는다는 뜻으로 풀이하면 원래의 글자를 그대로 두고도 맥락에 맞는 풀이가 가능하므로 따르지 않는다. 한편 方勇·陸永品의 경우는 '거짓된 덕을 끄집어내고 참다운 본성을 막는다〔拔擢僞德蔽塞眞性〕.'는 뜻으로 풀이했지만, 이 편의 德과 性은 侈於德 侈於性의 경우에서 알 수 있듯 모두 태어날 때부터 지니고 나오는 본래의 것을 의미하므로 맥락에 맞지 않는다.

3) 簧鼓 : 피리를 불다. 쓸데없는 말을 시끄럽게 떠들어 댐을 의미한다. 鼓는 연주한다는 뜻. 陸德明은 "簧鼓는 笙簧을 말한다. 鼓는 動의 뜻이다〔簧鼓 謂笙簧也 鼓 動也〕."라고 풀이했고, 林希逸은 "笙을 불고 簧을 분다〔吹笙鼓簧〕."라고 풀이했다.

4) 曾史 : 曾參과 史鰌. 曾은 공자의 제자 증삼. 史는 史鰌. 陸德明은 "증삼은 인을 실천했고 사추는 의를 실천했다〔曾參行仁 史鰌行義〕."라고 풀이했다. 史鰌는 姓이 史, 이름이 鰌, 字는 子魚로 춘추 말기 衛나라의 대부로 전해진다. 《論語》〈衛靈公〉에도 "정직하구나 史魚여. 나라에 도가 있을 때에도 화살과 같이 곧았고, 나라에 도가 없을 때에도 화살과 같이 곧았다〔直哉史魚 邦有道如矢 邦無道如矢〕."라고 한

내용이 보인다.

5) 纍瓦(丸) : 쓸데없는 기교를 부림. 纍는 累와 같은 의미. 瓦는 丸의 誤字. 向秀와 崔譔 등은 본래 글자 그대로 보고 瓦로 풀이했고 대부분의 학자들이 이 견해를 따라 기왓장을 쌓아 올리는 것처럼 쓸데없는 말을 꾸며 댄다는 뜻으로 풀이했지만, 여기서는 劉師培가 陸德明이 ≪經典釋文≫에서 "一說에 瓦는 丸자가 되어야 한다〔一云 瓦當作丸〕."라고 소개한 내용이 다른 주석에 비해 정확하다고 한 견해를 따라 累丸으로 보고 번역하였다. 王叔岷 또한 纍瓦를 〈達生〉편에 나오는 累丸으로 보아야 한다고 주장했다. 累丸은 痀僂者가 매미를 잡기 위해 공을 겹쳐 놓고 떨어지지 않도록 기술을 익히는 것으로, 자세한 내용은 〈達生〉편에 나온다.

6) 結繩 : 노끈을 묶어서 매듭을 만듦. 역시 쓸데없는 군더더기를 만든다는 뜻. 崔譔은 "쓸데없는 말을 끌어댐이 마치 기왓장을 쌓고 노끈의 매듭을 짓는 것과 같이한다〔聚無用之語 如瓦之纍 繩之結也〕."라고 풀이했다.

7) 竄句 : 문구를 어지럽게 꾸밈. 竄은 고치고 꾸민다는 뜻. 林希逸은 "竄은 改定함이니 脩改라고 말하는 것과 같다. 곧 문구를 고치고 꾸며서 화려하게 장식함〔竄 定 猶言脩改也 脩改其言句以爲卉〕."이라고 풀이했고, 王敔는 "문구를 訂正함〔點竄文句〕."이라고 풀이했는데 의미의 차이는 없다. 陸樹芝, 王先謙, 張之純, 阮毓崧 등도 모두 이 견해를 따랐다. 한편 王叔岷은 敦煌 唐寫本 ≪經典釋文≫에 근거하여 竄句 아래에 '棰辭' 두 글자가 빠졌다고 보고 '纍瓦結繩 竄句'를 '累丸結繩 竄句棰辭'로 복원해서 보아야 한다고 했는데 문장의 대구가 자연스러워진다는 점에서 참고할 만하다.

8) 遊心於堅白同異之間 : 堅白論이나 同異論 따위에 마음이 빠짐. 곧 쓸데없이 논리나 따지고 궤변을 일삼는다는 뜻. 堅白論은 같은 것을 다르다고 하는 公孫龍의 주장이고, 同異論은 다른 것을 같다고 하는 惠施의 주장이다. 〈秋水〉편에 자세하다.

9) 敝跬譽無用之言 : 하찮은 명예와 쓸모없는 말에 피폐해짐. 跬譽는 작은 명예. 따라서 跬譽無用之言은 상대와의 논쟁에서 이겨서 하찮은 명예를 얻기 위한 쓸모없는 말을 뜻한다. 敝는 피폐해짐. 陸德明은 얽매인다〔蹩〕는 뜻으로 풀이하여 讀音도 蹩(별)로 표기했지만, 여기서는 司馬彪가 피곤해진다〔罷〕는 뜻으로 풀이한 견해를 따랐다. 跬는 반걸음. 郭嵩燾는 "跬譽는 한때의 하찮은 명예이고, 敝는 勞敝이다〔跬譽者 邀一時之近譽也 敝謂勞敝也〕."라고 풀이했다.

10) 楊墨 : 楊朱와 墨翟.

第2章

彼正(至)正者[1]는 **不失其性命之情**하나니 **故**로 **合者不爲騈**[2]하며 **而枝(跂)者不爲跂(枝)**[3]하며 **長者 不爲有餘**하며 **短者 不爲不足**[4]이니라 **是故**로 **鳧脛雖短**하나 **續之則憂**하고 **鶴脛雖長**하나 **斷之則悲**[5]하나니 **故**로 **性長**이라 **非所斷**이며 **性短**이라 **非所續**[6]이며 **無所去憂也**[7]니라 **意仁義**는 **其非人情乎**[8]인저 **彼仁人**은 **何其多憂也**[9]오

지극한 正道를 실천하는 사람은 타고난 性命의 실정을 잃어버리지 않는다. 그 때문에 이어진 것을 군더더기라 여기지 아니하며 갈래 진 것을 餘分의 손가락으로 여기지 아니하며, 긴 것을 남는 것으로 여기지 아니하며 짧은 것을 부족하다 여기지 않는다. 이 때문에 오리의 다리가 비록 짧지만 이어 주면 슬퍼하고 학의 다리가 길지만 자르면 슬퍼한다. 그 때문에 타고난 本性이 긴지라 잘라야 할 것이 아니며, 타고난 본성이 짧은지라 이어 줄 것이 아니며 근심거리로 여겨 없앨 것이 아니다. 생각건대 仁義는 人情이 아닐 것이다. 인의를 실천하는 사람은 어찌하여 그리 근심이 많은고.

【역주】

1) 彼正(至)正者 : 지극한 정도를 실천하는 사람. 郭象은 “사물이 각자 본성을 따르는 것이 정정〔物各任性 乃正正也〕.”이라 했고, 成玄英도 正正을 그대로 두고 풀이했다. 그러나 이 문장에 彼라는 지시사가 있는 것으로 보아 正正은 至正의 잘못이며, 至正은 바로 앞 문장의 ‘非天下之至正也’의 ‘至正’을 지칭하는 것으로 보는 것이 타당하다. 兪樾은 위의 正자를 至자의 誤字〔上正字 乃至字之誤〕라고 보았고 褚伯秀, 羅勉道, 王敔, 宣穎 등 대부분의 주석가들도 같은 견해이다.

2) 合者不爲騈 : 이어진 것을 군더더기로 여기지 않음. 合은 聯合의 뜻으로 발가락 사이에 이어져 있는 군더더기 살을 의미한다.

3) 枝(跂)者不爲跂(枝) : 갈래 진 것을 여분의 손가락(육손이)으로 여기지 않음. 奚侗

은 '枝者不爲跂'는 '跂者不爲枝'로 바꾸어야 앞의 '合者不爲騈'과 대구가 자연스럽다고 했는데 타당한 견해이다. 王叔岷 등도 같은 견해. 지극한 정도를 실천하는 사람은 자연스런 본성을 있는 그대로 인정하기 때문에 발가락 사이에 이어져 있는 살〔合〕이나 갈래 진 손가락〔跂〕 같은 자연스런 본성의 발현을 군더더기로 여기지 않는다는 뜻.

4) 長者不爲有餘 短者不爲不足 : 긴 것을 남는 것으로 여기지 아니하며 짧은 것을 부족하다 여기지 않음. 有餘는 남아도는 여분의 것. 인위적인 잣대를 들이대서 사물의 장단을 재단하지 않고 자연스런 본성에 맡긴다는 뜻이다.

5) 鳧脛雖短 續之則憂 鶴脛雖長 斷之則悲 : 오리의 다리가 비록 짧지만 이어 주면 그 무리한 행동에 슬퍼하고 학의 다리가 길지만 자르면 슬퍼함. 郭象은 "각자 올바른 기준을 지니고 있으므로 이 사물을 기준으로 다른 사물을 바로잡아서 손익해서는 안 된다〔各自有正 不可以此正彼而損益之〕."라고 풀이했고, 成玄英은 "어리석은 사람은 학의 긴 다리를 자르고 오리의 짧은 다리를 이어서 가지런히 하려고 한다〔惑者 方欲截鶴之長續鳧之短以爲齊〕."라고 풀이했다. 鳧는 오리. 成玄英은 小鴨이라고 풀이했다.

6) 性長 非所斷 性短 非所續 : 타고난 본성이 긴지라 잘라야 할 것이 아니며, 타고난 본성이 짧은지라 이어 줄 것이 아님. 후천적인 조작이 아니라 본성이 길어서 길게 나타나거나 짧게 나타난 것은 인위적인 기준에 맞추어 자르거나 이어 줄 대상이 아니라는 뜻.

7) 無所去憂也 : 근심거리로 여겨 없앨 것이 아님. 去는 제거한다는 뜻이고 憂는 근심거리로 여긴다는 뜻으로 去憂는 짧고 긴 것을 잘라서 없애거나 근심거리로 여긴다는 뜻.

8) 意仁義其非人情乎 : 생각건대 인의는 인정이 아닐 것이다. 意는 意者와 같이 '생각건대, 아무래도' 정도의 어조사로 보는 것이 무난하다. 覆宋本에는 噫로 되어 있는데 이에 따라 意를 噫로 보고 탄식성으로 풀이하는 주석이 많다. 成玄英 또한 意를 噫로 보고 탄식하는 소리〔嗟歎之聲〕라 했고, 현토본에도 "意라 仁義는 其非人情乎인저"로 현토되어 있는데 이 또한 탄식하는 소리로 본 것이다. 그러나 抑자가 意자로 표기되는 경우가 있고(王念孫), 뒤의 故意仁義其非人情乎와 견주어 볼 때 인과관계를 나타내는 접속사인 故와 탄식성인 噫가 이어서 쓰이는 경우는 찾아볼 수 없

다. 따라서 여기의 意도 탄식성인 噫로 쓰였을 가능성이 희박하므로 따르지 않는다. 郭慶藩이나 王叔岷, 方勇・陸永品 등도 이와 같은 견해이다. 人情은 人之實情으로 앞의 性命之情을 뜻한다.

9) 何其多憂也 : 어쩌면 그렇게도 근심이 많은가. 만약 仁義가 人情이라면 인의를 실천하는 사람에게 근심거리가 많지 않을 것임을 들어 앞의 판단을 증명하는 반어적 표현이다.

〈騈拇〉편의 第1章에서는 騈拇(발가락의 군더더기 살)와 枝指(육손이)가 儒家 학파의 仁義에 비유되면서 '쓸모없는 잉여물' 또는 '無用之長物'로 비판되고 있다. 그런데 그 騈拇와 枝指가 이 第2章에서는 一轉하여 만물의 生得的인 自然으로 肯定되고 있어, 이 第1章과 第2章 사이의 論理의 不整合을 날카롭게 지적한 학자가 있다. 일본의 福永光司가 바로 그 사람이다. 그는 다음과 같이 말하고 있어, 우리에게 많은 참고가 된다.

"즉 騈拇와 枝指가 긍정되어야 할 生得의 自然이라고 한다면 仁義도 또한 마찬가지로 긍정되어야만 할 것이고, 逆으로 仁義가 無用之長物로 부정되어야만 하는 것이라면 騈拇・枝指도 또한 부정되지 않으면 안 된다. 이 논리의 不整合이 여기서 지적되지 않을 수 없다. 이 논리의 不整合은 어떻게 이해되어야만 하는 것인가. 생각건대 이 〈騈拇〉편의 작자에게는 모든 奇形不具를 萬物齊同과 無用之用의 철학의 입장에서 긍정하는 內篇 莊子的 思考에의 共感과 다른 한편 奇形不具를 至正한 것에 對置하는 상식적인 입장에서의 思考가 混在하여, 그 불철저함이 이 같은 矛盾을 낳은 것이라고 추측된다."

且夫騈於拇者는 **決之則泣**하고 **枝於手者**는 **齕之則啼**[1]하나니 **二者 或有餘於數**하며 **或不足於數**[2]하나 **其於憂**는 **一也**[3]니라 **今世之仁人**은 **蒿目**하야 **而憂世之患**[4]하고 **不仁之人**은 **決性命之情**하야 **而饕貴富**[5]하나니 **故**로 **意仁義**는 **其非人情乎**인저 **自三代以下者**는 **天下**에 **何其囂囂也**[6]오

발가락의 군살은 갈라서 찢어 버리면 아파서 눈물을 흘리며 울고, 餘分으로 붙어 있는 손가락은 물어뜯어 떼어 버리면 아파서 소리 내어 운다. 이 두

가지는 어떤 것은 數爻보다 많고 어떤 것은 수효보다 부족하지만 근심거리가 됨은 마찬가지이다. 요즘 세상의 仁人은 근심스런 눈으로 세상의 근심을 자신의 근심으로 여기고 不仁한 자들은 성명의 실정을 결딴내 부귀를 탐낸다. 따라서 아무래도 인의는 인정이 아닌 것 같다. 삼대 이후에는 천하가 어찌 그리 시끄러운고.

【역주】

1) 騈於拇者 決之則泣 枝於手者 齕之則啼 : 발가락의 군살은 갈라서 찢으면 아파서 눈물을 흘리고, 여분의 손가락은 물어뜯어 떼어 버리면 소리 내어 욺. 泣은 눈물을 흘리며 우는 것이고 啼는 소리 내어 운다는 뜻이지만 의미에 큰 차이는 없다.

2) 或有餘於數 或不足於數 : 어떤 것은 수효가 남고 어떤 것은 수효가 부족함. 수가 남는 것은 枝指, 곧 육손을 말한 것이고 수가 부족한 것은 騈拇를 말한 것이다.

3) 其於憂 一也 : 근심거리가 됨은 마찬가지임. 모자라고 남음의 차이는 있지만 근심거리가 됨에는 마찬가지라는 뜻.

4) 蒿目而憂世之患 : 근심스런 눈으로 세상의 근심을 자신의 근심으로 여김. 蒿目은 근심스런 눈빛. 蒿는 眊의 가차자라는 주장이 유력하다(奚侗, 朱駿聲, 章炳麟, 王叔岷). 兪樾은 "司馬彪와 郭象이 모두 蒿目 두 글자를 한 구로 보고 천하 사람들의 이목을 어지럽힌다는 뜻으로 풀이했지만 뜻이 자연스럽지 않다〔馬與郭注 共以蒿目二字爲句 解爲亂天下之目 義殊未安〕."라고 지적했는데 적절한 견해이다.

5) 決性命之情而饕貴富 : 성명의 자연스런 실정을 결딴내서 부귀를 탐냄. 본래의 질박한 본성을 훼손하여 부귀를 추구하는 것이 인정에 맞지 않다는 의미. 決은 훼손한다는 뜻이고 饕는 재물을 탐낸다〔貪財曰饕〕는 뜻.

6) 自三代以下者 天下 何其囂囂也 : 삼대 이후에는 천하가 어찌 그리 시끄러운가. 삼대 이전의 소박한 시대와 비교하여 삼대 이후 번잡스럽게 인의를 추구하고 부귀를 탐내는 어지러운 시대상을 비판하는 표현이다. 三代는 夏·殷·周의 세 왕조를 일컫는 말(成玄英). 囂囂는 시끄럽게 떠들어 대는 모습. 때로 떳떳하고 당당한 모습을 표현하는 경우(≪孟子≫)도 있다.

第3章

且夫待鉤繩規矩而正者[1]는 **是**는 **削其性者也**[2]오 **待繩約膠漆而固者**[3]는 **是**는 **侵其德者也**[4]오 **屈折禮樂**[5]하며 **呴兪仁義**[6]하야 **以慰天下之心者**[7]는 **此**는 **失其常然也**[8]니라

갈고리와 먹줄, 그림쇠와 곱자에 의지하여 바로잡으려 하는 것은 本性을 깎아 내는 것이고, 노끈으로 묶고 아교를 풀칠하여 견고하게 붙이려는 것은 본래 타고난 德을 해치는 것이고, 몸을 구부려 禮樂을 행하며 仁義를 실천하여 천하 사람들의 마음을 慰勞하려고 하는 것은 자연스런 본성을 잃어버리는 것이다.

【역주】

1) 待鉤繩規矩而正者 : 鉤는 갈고리. 여기서는 끝이 갈고리 모양으로 된 공구를 뜻한다. 繩은 먹줄. 직선을 그리는 데 쓰는 도구. 規와 矩는 각각 그림쇠와 곱자를 말한다. 鉤繩規矩는 모두 목수가 쓰는 공구로 인위적인 기준을 세워서 사물의 자연스런 본성을 해치는 도구를 빗댄 표현이다.

2) 削其性者也 : 본성을 깎아 내는 행위임. 削은 侵其德의 侵과 같이 해친다는 뜻이다.

3) 待繩約膠漆而固者 : 노끈으로 묶고 아교를 풀칠하여 견고하게 붙이려는 행위. 繩約은 노끈으로 묶는 것. 膠漆은 아교로 풀칠하여 붙이는 행위.

4) 侵其德者也 : 본래 타고난 덕을 해침. 侵은 侵削 곧 해친다는 뜻이다.

5) 屈折禮樂 : 몸을 구부려 예악을 행함. 陸德明은 "사지를 구부려 예악을 행함〔屈折支體爲禮樂也〕."이라고 풀이했고, 林希逸은 "몸을 구부려 예악을 행하는 것〔屈折其身以爲禮樂〕."이라고 풀이했다. 崔譔본에는 屈이 詘로 되어 있는데(陸德明) 통용하는 글자이다.

6) 呴兪仁義 : 얼굴색을 부드럽게 꾸며 인의를 실천함. 呴兪는 남의 환심을 사려고 알랑거리며 구차스럽게 행동하는 모습을 나타내는 말로 巧言令色이나 阿諛苟容과 비슷한 의미로 뒤의 慰天下之心을 목적으로 하는 행위이다. 陸德明은 "안색을 부드럽

게 꾸며서 인의를 실천하는 모습〔呴喩顔色爲仁義之貌〕."이라고 풀이하여 呴兪를 呴喩로 보고 안색을 부드럽게 꾸미는 모습으로 이해했고, 林希逸은 "呴兪는 嫗撫와 같다〔呴兪猶嫗撫也〕."라고 풀이하여 부드럽게 어루만지는 모습으로 이해했는데 의미에 큰 차이는 없다.

7) 慰天下之心者 : 천하 사람들의 마음을 위로함.

8) 失其常然也 : 자연스런 본성을 잃어버림. 常然은 자연 그대로의 본래 모습으로 바로 뒤의 본문에 장자 자신의 풀이가 나온다. 자세한 풀이는 이어지는 문장에 보이는데 그것을 기준으로 판단하면 常然은 本然이나 自然으로 이해하는 것이 적절하다. 成玄英은 "眞常과 自然性을 잃어버림〔失其眞常自然之性〕."으로 풀이했고, 林希逸은 "본연의 이치를 잃어버림〔失其本然之理〕."으로 풀이했다.

天下에 **有常然**하니 **常然者**는 **曲者 不以鉤**하며 **直者 不以繩**하며 **圓者 不以規**하며 **方者 不以矩**하며 **附離 不以膠漆**하며 **約束 不以纆索**[1)]이니라 **故**로 **天下 誘然皆生而不知其所以生**[2)]하며 **同焉皆得而不知其所以得**[3)]하나니 **故**로 **古今**이 **不二**[4)]라 **不可虧也**[5)]인댄 **則仁義**는 **又奚連連**히 **如膠漆纆索**하야 **而遊乎道德之間爲哉**[6)]리오 **使天下**로 **惑也**[7)]로다

天下에는 자연스런 本性으로 이루어진 것이 있으니 자연스런 본성으로 이루어진 것은 굽은 것이 갈고리로 만든 것이 아니며 곧은 것이 먹줄을 댄 것이 아니며 둥근 것이 그림쇠로 만든 것이 아니며 네모난 것이 곱자를 댄 것이 아니며 붙어 있는 것이 아교칠을 한 것이 아니며 묶여진 것이 노끈으로 동여맨 것이 아니다. 그 때문에 천하의 모든 事物이 자연스럽게 생성되면서도 생성된 까닭을 알지 못하며 자신도 모르는 사이에 얻으면서도 얻게 된 까닭을 알지 못한다. 그 때문에 〈자연스런 본성은〉 古今이 다르지 않다. 〈이런 법칙은〉 어그러질 수 없는 것인데 仁義를 추구하는 사람들은 또 어찌하여 아교칠을 하고 노끈으로 동여매듯 기워 붙여서 道德의 세계에 노니려 하는가. 〈이런 행위는〉 천하 사람들을 의혹에 빠뜨릴 뿐이다.

【역주】

1) 曲者 不以鉤 直者 不以繩 圓者 不以規 方者 不以矩 附離 不以膠漆 約束 不以纆索 : 굽은 것이 갈고리로 만든 것이 아니며 곧은 것이 먹줄을 댄 것이 아니며 둥근 것이 그림쇠로 만든 것이 아니며 네모난 것이 곱자를 댄 것이 아니며 붙어 있는 것이 아교칠을 한 것이 아니며 묶인 것이 노끈으로 동여맨 것이 아님. 曲·直·圓·方·附離·約束은 모두 자연스럽게 이루어진 사물의 고유한 모습을 표현한 것이고, 鉤·繩·規·矩·膠漆·纆索은 모두 인위적인 잣대를 의미한다. 곧 常然에 해당하는 曲·直·圓·方·附離·約束은 인위적인 조작을 베풀지 않고 저절로 이루어진 것이라는 뜻이다. 高誘는 "비록 規矩나 鉤繩이 있다 하더라도 여기에 베풀 수 없다〔雖規矩鉤繩 無以施於此〕."라고 풀이했다.

2) 誘然皆生而不知其所以生 : 자연스럽게 생성되면서도 생성된 까닭을 알지 못함. 誘然에 대해서는 이설이 분분하다. 奚侗은 誘를 秀로 보고 出의 뜻으로〔誘當作秀 秀 出也〕 풀이했고, 馬其昶, 王念孫, 錢穆 등은 褎(유)로 보고 進의 뜻으로 풀이했으며, 王叔岷은 ≪爾雅≫와 ≪說文解字≫를 인용하여 誘를 進의 뜻으로 풀이하는 것 외에 羑와 같다는 견해까지 제시하고 있다. 모두 전거가 있기는 하지만 여기서는 方勇·陸永品의 견해를 따라 油然으로 보고 자연스럽게 생성되는 모습으로 풀이했다.

3) 同焉皆得而不知其所以得 : 자신도 모르는 사이에 얻으면서도 얻게 된 까닭을 알지 못한다. 同焉은 어리석은 모양으로 侗然과 같은데 여기서는 '자신도 모르는 사이에'의 뜻. 王叔岷 또한 同焉을 侗然과 같다고 보고 ≪經典釋文≫을 인용하여 무지한 모양으로 풀이했다.

4) 古今不二 : 고금이 다르지 않음. 예나 지금이나 동일하게 적용되는 법칙이라는 뜻.

5) 不可虧也 : 어그러질 수 없음. 王叔岷은 不可를 無所와 같다고 풀이했으나 그대로 두고도 맥락에 맞기 때문에 굳이 취하지는 않는다.

6) 仁義 又奚連連 如膠漆纆索 而遊乎道德之間爲哉 : 인의를 추구하는 사람들은 또 어찌하여 아교칠을 하고 노끈으로 동여매듯 기워 붙여서 도덕의 세계에 노니려 하는가. 連連은 기워 붙이는 모양으로 바로 이어져 있는 부분을 아교칠을 하고 노끈으로 묶은 모습을 표현한 말이다. 司馬彪는 "인의를 연속시켜 도덕 사이에 노닌다〔連

續仁義 遊道德間也〕."라고 풀이했다. '奚~爲'는 '어찌하여 ~하는가'의 뜻으로 유사한 표현인 '奚以~爲', '何以~爲' 또는 '何~爲'와 같은 형식의 구문은 장자에 여러 차례 나오는데 자세한 설명은 본서의 1권 〈逍遙遊〉편 '奚以之九萬里而南爲'를 참조할 것.

7) 使天下惑也 : 천하 사람들을 의혹에 빠뜨림. 郭象은 "인의를 기워 붙이는 것은 단지 사람들을 의혹시켜서 眞常을 잃어버리게 하는 데 족할 뿐〔仁義連連 祇足以惑物 使喪其眞〕."이라고 풀이했다.

第4章

夫小惑은 易方하고 大惑은 易性[1]하나니 何以知其然邪[2]오 自虞氏 招仁義하야 以撓天下也[3]하나로 天下 莫不奔命於仁義[4]하니 是는 非以仁義로 易其性與[5]아 故로 嘗試論之하노라 自三代以下者론 天下 莫不以物로 易其性矣[6]라 小人則以身으로 殉利하고 士則以身으로 殉名하고 大夫則以身으로 殉家하고 聖人則以身으로 殉天下[7]하나니 故로 此數子者의 事業이 不同하며 名聲이 異號하나 其於傷性하야 以身으로 爲殉에는 一也니라

작은 의혹은 방향을 바꾸고 큰 의혹은 본성을 바꾼다. 무엇을 가지고 그러함을 아는가. 虞氏가 인의를 내세워 천하를 어지럽힌 때부터 천하 사람들이 인의로 달려가 따르지 않는 이가 없었으니 이것이 인의로 본성을 바꾼 것이 아니겠는가. 그 때문에 시험 삼아 이렇게 말해 본다. 삼대 이후로 천하 사람들이 外物로 자기 본성을 바꾸지 않은 이가 없었다. 小人은 자기 몸을 利益에 바쳤고 士人은 자기 몸을 名譽에 바쳤고 大夫는 자기 몸을 家에 바쳤고 聖人은 자기 몸을 천하에 바쳤다. 그 때문에 이 몇 사람들의 사업이 동등하지 않고 명성이 호칭을 달리하지만 자기 본성을 해쳐서 자기 몸을 죽음에 이르게 한 것은 마찬가지이다.

【역주】

1) 小惑易方 大惑易性 : 작은 의혹은 방향을 바꾸고 큰 의혹은 본성을 바꿈. 方은 東西

南北의 방향으로 小惑易方은 길을 잃어버린 것을 비유한 것이며, 性은 자기의 본성, 곧 참된 모습〔眞常〕을 비유한 것이지만, 다음에 나오는 구체적인 비유를 근거로 풀이한다면 작게 미혹되면 방향을 잃고 헤맬 뿐이지만 크게 미혹되면 자신의 생명까지 잃어버린다는 뜻이 담겨 있다.

2) 何以知其然邪(야) : 무엇을 가지고 그러함을 아는가. 곧 무엇을 근거로 이와 같음을 아는가 하고 자문자답하는 형식의 표현. 成玄英은 然을 如是〔이와 같음〕로 풀이하고 이 문장은 의문을 가설하여 뒤의 문장을 인출한 것〔然 如是也 此卽假設疑問以出後文〕이라고 풀이했다. 邪(야)는 의문형 종결사.

3) 自虞氏 招(교)仁義 以撓天下也 : 우씨가 인의를 내세워 천하를 어지럽힌 때부터. 虞氏는 舜을 지칭한다. 〈齊物論〉에서는 舜으로 나왔고 〈應帝王〉과 〈大宗師〉에서는 有虞氏로 나왔고, 뒤의 〈天地〉와 〈田子方〉, 〈知北遊〉 등에서도 모두 有虞氏로 나온다. 혹자(嚴靈峯)는 이상의 예를 근거로 삼아 이 부분의 虞氏를 有虞氏로 고쳐야 한다고 주장하기도 했다. 招는 '들다'는 뜻으로 招仁義는 인의를 들추어내서 슬로건으로 내세우다는 뜻. 兪樾은 《國語》 〈周語〉에 나오는 "好盡言以招人過"를 예로 들어 招를 擧의 뜻으로 풀이하고 翹(교)로 읽어야 한다고 주장했는데 이 견해를 따른다. 撓는 어지럽히다는 뜻. 自는 부터.

4) 天下 莫不奔命於仁義 : 천하 사람들이 인의로 달려가 따르지 않는 이가 없음. 奔命은 명령에 달려가다는 뜻으로 '奔命於仁義'는 인의의 명령에 따라 목숨을 바친다는 뜻이다.

5) 非以仁義 易其性與 : 인의로 본성을 바꾼 경우가 아니겠는가. 글자 그대로 보면 본래의 성을 버리고 인의로 그것을 대치하였다는 뜻이지만, 뒤의 殉利, 殉名, 殉家, 殉天下 등의 예시를 기준으로 짐작하면 인의를 자신의 생명과 맞바꾼 것과 다를 바 없다는 의미가 내포되어 있다. 馬其昶은 司馬光의 말을 인용하여 "대체로 장자가 말한 인의는 자의가 본래 孟子와 같지 않다〔大抵莊子之所言仁義 其字義本與孟子不同〕."라고 했으며, 林希逸 또한 莊子口義發題에서 "장자에서 말하고 있는 인의나 성명 따위는 자의가 모두 우리 유가의 책과 같지 않다〔此書所言仁義性命之類 字義皆如吾書不同〕."라고 했고, 宣穎은 〈駢拇〉편의 첫머리에서 "성문에서 인의를 말한 것은 性인데, 장자에서는 仁義를 性 밖에 첨가된 것으로 보았다〔聖門言仁義卽是性 莊子卻將仁義看作性外添出之物〕."라고 지적했다.

6) 自三代以下者 天下 莫不以物 易其性矣 : 삼대 이후로 천하 사람들이 외물로 자기 본성을 바꾸지 않은 이가 없었음. 외물과 자신의 목숨을 맞바꾸었다는 뜻. 외물의 구체적인 내용은 바로 뒤에 나오는 利, 名, 家, 天下 등이다. 三代는 夏・商・周의 세 왕조.

7) 小人則以身殉利 士則以身殉名 大夫則以身殉家 聖人則以身殉天下 : 소인은 자기 몸을 이익에 바치고 사인은 자기 몸을 명예에 바치고 대부는 자기 몸을 家에 바치고 성인은 자기 몸을 천하에 바침. 殉은 따라 죽는다는 뜻으로 殉葬의 殉과 같은 의미. 司馬彪는 殉을 營으로 풀이하여 추구하다, 영위하다의 뜻으로 보았는데, 殉의 字義가 곡진하게 드러나지 않는다는 점에서 적절치 않다. 崔譔은 殺身從之曰 殉이라고 풀이했는데 이것이 적절한 견해. 한편 ≪孟子≫ 〈盡心 上〉에는 "천하에 도가 있을 때는 도를 가지고 자기 몸을 따르고, 천하가 무도할 때는 몸으로 도를 따라간다. 도를 가지고 다른 사람을 따라간다는 말은 듣지 못했다〔天下有道 以道殉身 天下無道 以身殉道 未聞以道殉乎人者也〕."라는 구절이 나오는데 ≪孟子集註≫의 注에서 朱熹가 殉자를 "殉은 殉葬의 殉과 같다. 죽음으로 사물을 따라가는 것을 이름한 것이다〔殉如殉葬之殉 以死隨物之名也〕."라고 주석한 내용을 참고할 만하다.

臧與穀二人[1])이 相與牧羊하다가 而俱亡其羊[2])하야늘 問臧奚事[3])오 則挾筴讀書[4])요 問穀奚事오 則博塞以遊[5])러라 二人者의 事業이 不同하나 其於亡羊에는 均也[6])라 伯夷는 死名於首陽之下[7])하고 盜跖은 死利於東陵之上[8])하니 二人者의 所死 不同하나 其於殘生傷性[9])에는 均也니 奚必伯夷之是而盜跖之非乎[10])리오 天下 盡殉也[11])니라 彼其所殉이 仁義也어든 則俗이 謂之君子라하고 其所殉이 貨財也어든 則俗이 謂之小人이라하나니 其殉이 一也로대 則有君子焉하며 有小人焉하니 若其殘生損性에는 則盜跖도 亦伯夷已[12])온 又惡取君子小人於其間哉[13])리오

臧과 穀 두 사람이 함께 양을 치다가 모두 양을 잃어버렸다. 장에게 무슨 일을 하고 있었느냐고 묻자 채찍을 옆구리에 끼고 글을 읽고 있었다 하고, 곡에게 무슨 일을 하고 있었느냐고 묻자 주사위놀이를 하고 있었다고 대답했다. 이 두

사람은 하고 있던 일이 같지는 않지만 양을 잃어버린 것은 마찬가지이다. 伯夷는 首陽山 아래에서 명예를 위해 죽었고 盜跖은 東陵山 위에서 이익을 탐하다가 죽었다. 이 두 사람이 목숨을 바친 목적은 같지 않으나 생명을 해치고 본성을 손상시킨 것은 마찬가지이다. 어찌 꼭 백이를 옳다 하고 도척을 그르다 하겠는가. 천하 사람들이 모두 목숨을 바친다. 그런데 그가 따라 죽은 것이 仁義이면 세속 사람들이 君子라고 일컫고 그가 따라 죽은 것이 財物이면 세속 사람들이 소인이라고 일컬으니 따라 죽은 것은 마찬가지인데 이 가운데 군자가 있고 소인이 있으니 생명을 해치고 본성을 손상시킴에 이르러서는 도척이 또한 백이와 같을 뿐인데 또 어찌 그 사이에서 군자와 소인의 차이를 가릴 것인가.

【역주】

1) 臧與穀(곡)二人 : 장과 곡 두 사람. 穀은 '누'로도 읽는다. 臧은 남자 종. 崔譔은 揚雄의 ≪方言≫을 인용하여 臧은 남자 종을 지칭한다고 풀이했다. 穀에 관해서는 穀(곡)을 獲(획)의 音轉으로 보아 장과 곡을 모두 종 즉 노비의 뜻으로 보는 설(馬叙倫) 이 외로 異說이 분분하다. 異說을 소개하면 王叔岷은 ≪莊子校詮≫에서 "穀는 鬪穀於菟(투누오도)의 穀(누)와 같이 읽어야 한다〔穀 讀爲鬪穀於菟之穀〕."는 혹자의 설을 따라 '누'를 '젖(乳)'의 뜻으로 보고 젖먹는 어린아이를 지칭하는 말로 보고 있으며 崔譔 또한 "어린아이를 누라 한다〔孺子曰 穀〕."라고 풀이했고, 朱駿聲의 경우는 穀를 누(穀)의 가차자로 풀이했다. 아울러 ≪春秋左氏傳≫ 宣公 4년에 鬪穀於菟의 이름을 풀이하면서 "초나라 사람들은 乳를 穀라 하고 虎를 於菟라 한다〔楚人謂乳穀 謂虎於菟〕."라고 풀이했는데 이 경우를 보더라도 穀가 젖 또는 젖먹이라는 뜻으로 쓰였음을 알 수 있다. 그런데 여기서는 일반적인 설을 따라 '하인인 장과 곡의 두 사람'이란 뜻으로 일단 풀이해 둔다.

2) 相與牧羊而俱亡其羊 : 함께 양을 치다가 모두 양을 잃어버림. 亡은 亡失의 뜻.

3) 問臧奚事 : 장에게 무슨 일을 하고 있었느냐고 물음. 곧 무슨 일에 정신이 팔려서 양을 잃어버렸느냐고 묻는다는 뜻.

4) 挾筴(책)讀書 : 채찍을 옆구리에 끼고 글을 읽음. 筴에 대해서는 竹簡이나 木簡 따위의 書冊으로 보는 견해와, 양을 치는 데 쓰는 채찍으로 보는 견해가 팽팽하게 대립하고 있다. 成玄英은 冊은 簡〔冊 簡也〕이라 했고, 李頤는 竹簡이라 했으며, 陸德

明은 筴은 策으로도 쓴다〔筴字又作策〕고 했는데 모두 筴을 書冊으로 풀이한 것이다. 또 蘇軾이 "책을 끼고 글을 읽어도 양을 잃어버리지 않는다〔挾冊讀書羊不亡〕." 라고 노래했던 시구도 筴을 書冊으로 본 데서 비롯된 것이다. 그러나 王先謙은 "筴은 마땅히 ≪春秋左氏傳≫에 나오는 繞朝贈策의 策과 같이 읽어야 하니 羊을 모는 데 쓰는 채찍이다〔筴 當讀如左傳繞朝贈策之策 驅羊鞭也〕."라고 하여 筴을 양을 모는 데 쓰는 채찍〔驅羊鞭〕으로 보았는데 錢穆 등이 이 견해를 따르고 있다. 두 견해 모두 일리가 있으나, 여기서는 挾筴의 挾이 '옆구리에 낀다.'는 뜻임에 주목하여 후자의 견해를 따라 채찍을 옆구리에 끼고 책을 읽는다는 뜻으로 보았다. 책을 읽으려면 죽간이든 목간이든 펼쳐 놓고 읽어야 할 것이기 때문에 책을 옆구리에 끼고 읽는다고 번역하는 것은 아무래도 어색하기 때문이다.

5) 博塞(새)以遊 : 장기놀이와 주사위놀이. 博은 ≪論語≫ 〈陽貨〉에 나오는 博奕의 博과 같이 장기놀이. 塞는 簺(새)로 쌍륙놀이를 지칭한다. 朴世堂의 ≪南華經註解刪補≫에는 博塞의 博이 慱(단)으로 표기되어 있으나 誤字인 듯하다.

6) 其於亡羊 均也 : 양을 잃어버렸다는 점에서는 마찬가지임. 均也는 一也로 된 판본도 있다. 뜻은 마찬가지.

7) 伯夷 死名於首陽之下 : 백이는 수양산 아래에서 명예를 위해 굶어 죽음. 伯夷에 관해서는 〈大宗師〉편의 注에 자세하다. 首陽은 산 이름. 陸德明은 河東 蒲坂縣에 있다고 했다. 死는 굶어 죽음. 陸德明은 "死는 굶어 죽었음을 이른 것〔死 謂餓而死〕." 이라고 풀이했다.

8) 盜跖 死利於東陵之上 : 도척은 동릉산 위에서 이익을 탐하다가 죽음. 盜跖은 유명한 도둑의 이름으로 기록마다 차이가 있다. ≪莊子≫의 〈盜跖〉편에서는 "柳下季의 아우로 이름이 盜跖이었다〔柳下季之弟 名曰盜跖〕." 하고, ≪史記正義≫에는 "黃帝 때의 大盜였다."라고 하고, ≪漢書≫의 注에는 "秦의 大盜였다."라고 기록되어 있다. 東陵은 산 이름으로 보는 견해와 陵 이름으로 보는 견해가 있다. ≪經典釋文≫에서는 李頤가 태산이라〔謂泰山也〕고 풀이한 내용과 어떤 사람이 陵의 이름으로 보고 지금의 이름은 東平陵이며 濟南郡에 속한다〔一云 陵名 今名東平陵 屬濟南郡〕라고 풀이한 내용을 기록하고 있다.

9) 殘生傷性 : 생명을 해치고 본성을 손상시킴. 뒤의 殘生損性과 같다.

10) 奚必伯夷之是而盜跖之非乎 : 어찌 꼭 백이를 옳다 하고 도척을 그르다 하겠는가.

명예를 위해서 죽었든 재물을 탐내다 죽었든 자신의 본성을 해친 것은 마찬가지라는 뜻. 之는 우리말의 목적격 조사에 해당하는 '~을, ~를'로 번역하는 것이 간편하다.

11) 天下 盡殉也 : 천하 사람들이 모두 목숨을 바침. 모든 사람들이 자신이 추구하는 가치를 위해 목숨과 맞바꾼다는 뜻.

12) 盜跖亦伯夷已 : 도척이 또한 백이임. 도척이 또한 백이와 마찬가지라는 뜻. 이 부분의 내용은 외물과 생명을 맞바꾼 것은 다 같이 잘못을 저지른 것인데 세속에서 인의를 위해 죽으면 군자라 하고 재물을 위해 죽으면 소인이라고 구분하는 세태를 비판한 내용이므로 도척이 또한 백이와 같다고 결론짓는 것보다는 백이 또한 도척과 다를 것이 없다는 내용으로 마무리하는 것이 적절하다. 따라서 바로 앞에 '伯夷亦盜跖' 한 구절이 생략되었을 가능성이 있다.

13) 又惡取君子小人於其間哉 : 또 어찌 그 사이에서 군자와 소인의 차이를 가릴 것인가. 惡는 어찌. 方勇·陸永品은 取를 分의 뜻으로 풀이했는데 적절한 견해이다. 陸德明은 崔譔본에는 '小人於' 세 글자가 없다고 했다.

第5章

且夫屬其性乎仁義者[1]는 雖通如曾史[2]라도 非吾所謂臧也[3]며 屬其性於五味[4]는 雖通如兪兒[5]라도 非吾所謂臧也며 屬其性乎五聲은 雖通如師曠이라도 非吾所謂聰也며 屬其性乎五色은 雖通如離朱라도 非吾所謂明也니 吾所謂臧者는 非仁義之謂也라 臧於其德而已矣니라 吾所謂臧者는 非所謂仁義之謂也라 任其性命之情而已矣[6]니라 吾所謂聰者는 非謂其聞彼也라 自聞而已矣[7]니라 吾所謂明者는 非謂其見彼也라 自見而已矣[8]니라 夫不自見而見彼하며 不自得而得彼者는 是는 得人之得而不自得其得[9]者也며 適人之適而不自適其適[10]者也라 夫適人之適而不自適其適이면 雖盜跖與伯夷라도 是는 同爲淫僻也[11]니라 余는 愧乎道德[12]이라 是以로 上不敢爲仁義之操하며 而下不敢

爲淫僻之行也[13)]로라

또 자기 본성을 仁義에 종속시키는 자는 비록 曾參이나 史鰌처럼 인의에 통달했다 하더라도 내가 말하는 훌륭한 실천자가 아니며, 자기 본성을 五味에 종속시키는 자는 비록 兪兒처럼 맛에 통달했다 하더라도 내가 말하는 뛰어난 요리사가 아니며, 자기 본성을 五聲에 종속시키는 자는 비록 師曠처럼 음률에 통달했다 하더라도 내가 말하는 음악에 뛰어난 사람이 아니며, 자기 본성을 五色에 종속시키는 자는 비록 離朱와 같이 눈이 밝은 자라 하더라도 내가 말하는 눈 밝은 이가 아니다. 내가 말하는 훌륭함은 인의를 말하는 것이 아니라 자신의 덕(타고난 자연)을 훌륭하다고 하는 것일 뿐이다. 내가 말하는 훌륭함은 이른바 인의를 말하는 것이 아니라 性命의 자연에 맡기는 것일 뿐이다. 내가 이른바 귀가 밝다고 하는 것은 〈대상으로서의〉 소리를 잘 듣는 것을 말하는 것이 아니라 들리는 대로 듣는 것을 말할 뿐이다. 내가 이른바 눈이 밝다고 하는 것은 대상 사물을 잘 구분해 보는 것을 말하는 것이 아니라 자연 그대로의 내면의 자기를 보는 것을 말할 뿐이다. 내면의 자기를 보지 못하고 대상 사물을 보며 내면의 자기 모습을 얻지 못하고 외적인 대상 사물만을 얻는 자는 다른 사람이 얻고자 하는 것을 얻기만 할 뿐 자신이 얻고자 하는 것을 얻지 못하는 자이며 다른 사람의 즐거움을 자기의 즐거움으로 여겨 스스로 자기의 즐거움을 즐거워하지 못하는 자이다. 다른 사람의 즐거움을 자기의 즐거움으로 여기고 스스로 자기의 즐거움을 즐거워하지 못한다면 비록 盜跖과 伯夷처럼 〈세속적 기준으로 보면〉 큰 차이가 있다 하더라도 모두 지나친 행위일 뿐이다. 나는 도덕에 부끄러움을 느낀다. 그 때문에 위로는 감히 인의를 붙들지도 아니하고 아래로는 감히 지나친 행위를 하지도 않는다.

【역주】

1) 且夫屬(속)其性乎仁義者 : 자신의 본성을 인의에 종속시키는 자. 자신의 본성보다 인의의 가치를 우위에 둔다는 뜻으로 위에 나온 奔命於仁義와 以仁義 易其性과 같은 의미. 屬은 따라가다, 예속되다의 뜻. 郭象은 속(時欲反)으로 읽는다고 했고 徐

逸은 촉(燭)으로 읽고 著(착)의 뜻으로 풀이했는데, 여기서는 '자기 본성을 인의에 예속시키다'는 뜻으로 보고 郭象의 견해를 따라 속으로 읽었다.

2) 通如曾史 : 曾參과 史鰌처럼 통달함. 곧 曾參과 史鰌처럼 인의에 통달한 사람.

3) 非吾所謂臧也 : 내가 말한 인의의 훌륭한 실천자가 아님. 臧은 善으로, 여기서는 훌륭한 행위를 의미한다. 곧 자연의 본성을 어기고 인의를 따라 실천하는 사람은 훌륭한 실천자가 아니라는 뜻이다. 成玄英은 "吾는 장주가 스스로를 호칭한 말〔吾 莊生自稱也〕."이라고 풀이했다.

4) 屬其性於五味 : 자신의 본성을 오미에 종속시킴. 곧 五味라는 음식의 맛에 자신의 본성을 종속시키는 경우를 가리킨다. 五味는 甘·鹹·酸·辛·苦의 다섯 가지 맛.

5) 兪兒 : 인명. 兪兒는 易牙와 더불어 맛을 잘 알았던 사람으로 ≪淮南子≫에는 臾兒로 나온다. 황제 때의 사람이라는 견해도 있고 易牙와 마찬가지로 齊 桓公 때의 사람이라는 견해도 있다. ≪淮南子≫ 〈氾論訓〉에 "유아와 역아는 치수와 민수가 합쳐지는 곳에서 한 모금의 물을 마셔 보고 달고 씀을 알았다〔臾兒易牙 淄澠之水合者 嘗一哈水 而甘苦知矣〕."라고 한 기록이 있으며 高誘의 注에는 "유아와 역아는 모두 제나라 사람으로 맛을 알았던 사람이다〔臾兒易牙 皆齊之知味者〕."라고 나온다.

6) 吾所謂臧者 非仁義之謂也 臧於其德而已矣 吾所謂臧者 非所謂仁義之謂也 任其性命之情而已矣 : 내가 말하는 훌륭함은 인의를 말하는 것이 아니라 자신의 덕(타고난 자연)을 훌륭하다고 하는 것일 뿐이며 내가 말하는 훌륭함은 이른바 인의를 말하는 것이 아니라 성명의 자연에 맡기는 것일 뿐임. 臧於其德의 臧은 善하다고 여긴다, 훌륭하다고 한다는 뜻의 동사. 이 부분은 '吾所謂臧者 非仁義之謂也'와 '吾所謂臧者 非所謂仁義之謂也'가 중복되고 있으므로 오탈이나 착간이 있는 듯하다. 그 때문에 王先謙은 宣穎을 인용하면서 "이 구절은 맛에 관해 말한 부분이 잘못된 것 같다〔此句疑言味之訛〕."라고 했다. 그러나 맛에 관한 언급이라면 王叔岷의 지적처럼 마지막의 任其性命之情而已와 연관이 뚜렷하지 않다. 王叔岷의 견해를 따라 억측하지 않고 闕疑해 둔다.

7) 非謂其聞彼也 自聞而已矣 : 저것을 잘 듣는 것을 말하는 것이 아니라 들리는 대로 듣는 것을 말할 뿐임. 곧 대상 사물의 소리를 잘 듣는 것을 말하는 것이 아니라 나의 본성이 들리는 대로 듣는다는 뜻으로 바로 위에 나온 任其性命之情의 구체적 사례라고 할 수 있다.

8) 非謂其見彼也 自見而已矣 : 대상 사물을 잘 구분해 보는 것을 말하는 것이 아니라 자연 그대로의 내면의 자기를 보는 것을 말할 뿐임. 陸西星은 "自聞自見이란 耳目에 관한 인위적 형식을 잊고 소리를 듣고 돌아보아 朴으로 복귀하는 것〔自聞自見者 喪其耳 忘其目 收聽返視而復歸於朴也〕."이라고 풀이했는데 참고할 만하다. 赤塚忠·池田知久는 ≪老子≫ 33章에 '知人者 知也, 自知者明也'가 있음을 참조할 것을 말하고 있다.

9) 得人之得而不自得其得 : 다른 사람이 얻고자 하는 것을 얻는 것이지 자신이 얻고자 하는 것을 얻는 것이 아님. 人之得은 다른 사람이 얻고자 하는 것으로, 得人之得은 위의 증삼, 사추, 사광, 이주, 유아 등이 결정해 놓은 인위적인 기준에 맞춘다는 뜻.

10) 適人之適而不自適其適 : 다른 사람의 즐거움을 자기의 즐거움으로 여겨 스스로 자기의 즐거움을 즐거워하지 못하는 것. 適은 즐거워함(동사), 즐거움(명사)의 뜻. 내편 〈大宗師〉편 第1章에도 '是役人之役, 適人之適, 而不自適其適者也'라고 보인다.

11) 雖盜跖與伯夷 是同爲淫僻也 : 비록 도척과 백이와 같이 언뜻 보아 정반대의 사람이라 하더라도 모두 지나친 행위라는 점에서는 같다. 도척은 재물을 위해 목숨을 바친 사람이고 백이는 명예를 위해 목숨을 바쳤기 때문에 세속적 기준으로 보면 한 사람은 도둑이고 한 사람은 성인이라는 커다란 차이가 있지만 두 사람 모두 자기 본성이 원하는 것을 따르지 않고 외물에 마음을 빼앗겼다는 점에서 지나친 행위를 한 사람들이라는 뜻.

12) 愧乎道德 : 도덕에 부끄러움. 곧 도덕의 올바름에 비추어 볼 때 스스로 부끄럽다는 뜻. 여기의 道德은 이 편 첫머리에 나온 道德之正으로 사람이 본래 타고난 道와 德을 뜻한다. 郭象은 "도덕을 실천하지 못하는 것을 부끄럽게 여긴다〔愧道德之不爲〕."라고 풀이했다.

13) 上不敢爲仁義之操 而下不敢爲淫僻之行也 : 위로는 감히 인의를 붙들지 아니하고 아래로는 감히 지나친 행위를 하지 않음. 操는 操存의 뜻. 仁義之操는 인의를 지킨다는 뜻. 王叔岷은 이를 두고 仁義와 淫僻의 사이에 머물고자 하는 기회주의적 인생관으로 不倫不類의 비인륜적 사고방식이라고 강하게 비판하기도 하였으나, 仁義의 규범에 얽매인 삶을 원하지 않고 그렇다고 外物에 탐닉·타락하여 자기상실자가 되지도 않겠다는 뜻으로 보는 것이 일반적이다.

第9篇 馬蹄

【해설】

이 편은 말〔馬〕의 본성이 伯樂과 같은 자들의 억압에 의해 서서히 변질되는 것처럼 사람 또한 聖人들이 내세우는 인의로 인해 서서히 타락해 간다는 주장을 담고 있는데 전편에 걸쳐 일체의 문명적 장치를 거부하고 있다는 점에서 과격한 무정부주의에 가까운 주장을 펼치고 있다.

제1장과 제3장에서는 말을 통해 인간과 자연의 평화로운 공존 관계가 지배·종속의 관계로 변질되었음을 드러내 밝히고 있는데, 그런 변질을 주도한 자들이 세상에서 칭송하는 성인들임을 지적하고 그들의 인위적인 통치를 없애야 비로소 사람들이 자신의 본성대로 살아갈 수 있다고 주장하고 있다.

제1장에서는 말의 본성을 예시한 다음 伯樂에 의해 서서히 파괴되는 말의 모습을 세밀하게 묘사하면서 동시에 옹기장이와 목수들이 각기 인위적인 방식으로 자연 사물을 대함으로써 사물 고유의 본성을 파괴하는 과정을 그리고 있는데 마지막 부분에서 자연의 放任을 의미하는 天放을 강조함으로써 무위적 통치의 실마리를 제시하고 있다.

제2장에 나오는 至德之世의 묘사는 무정부주의에 가까운 유토피아를 그린 정치사상이라 할 수 있다.

제3장에서도 상고시대의 통치자 赫胥氏를 거론하면서 당시에는 소박하기 짝이 없었던 백성들이 훗날 성인이 나타나 인위적인 禮樂으로 구속하면서 그때부터 서로 이익을 다투게 되었다고 비판하고 있다.

第1章

馬[1)]는 蹄[2)]可以踐霜雪이오 毛可以禦[3)]風寒이니 齕草飮水하고 翹足而陸[4)]이 此馬之眞性也니 雖有義臺[5)]路寢[6)]이라도 無所用之니라 及至伯樂[7)]이 曰我善治馬[8)]로라하야 燒之剔之[9)]하며 刻之雒之[10)]하며 連之以羈馽[11)]하며 編之以皁棧[12)]하야늘 馬之死者十二三矣오 飢之渴之[13)]하며 馳之驟之[14)]하며 整之齊之[15)]하야 前有橛飾之患[16)]하고 而後有鞭筴之威[17)]하야늘 而馬之死者 已過半矣니라 陶者[18)]曰 我는 善治埴[19)]하노니 圓者는 中規하고 方者는 中矩[20)]라하며 匠人[21)]이 曰我는 善治木하노니 曲者는 中鉤[22)]하고 直者는 應繩[23)]이라하나니 夫埴木之性은 豈欲中規矩鉤繩哉[24)]리오 然且[25)]世世에 稱之하야 曰伯樂은 善治馬하고 而陶匠은 善治埴木이라하나니 此亦 治天下者之過也[26)]니라

吾는 意컨대 善治天下者는 不然이라하노라 彼民有常性[27)]하야 織而衣하며 耕而食커늘 是謂同德[28)]이라 一而不黨[29)]이라 命曰天放[30)]이라하나니라

말은 굽으로 서리나 눈을 밟을 수 있고 털로 바람과 추위를 막을 수 있다. 풀을 뜯고 물을 마시며 발을 들고 뛰어다닌다. 이것이 말의 참된 本性이니 비록 높은 樓臺나 호화로운 邸宅이 있다 하더라도 쓸 곳이 없다. 그런데 伯樂이 "나는 말을 잘 다룬다."고 해서 털을 태우고 깎아 내며 굽을 깎고 낙인을 찍으며 연이어 굴레를 씌우고 다리를 묶으며 구유와 마판에 줄줄이 묶어 놓음에 이르러 죽는 말이 열에 두세 마리에 이르고, 굶기고 목마르게 하며 달리고 뛰게 하며 整頓시키고 가지런히 해서 앞에서는 재갈이나 가슴받이 장식으로 끌어대는 괴로움이 있고 뒤로는 가죽 채찍이나 대나무 채찍으로 때려 대는 抑壓이 있게 되면 죽는 말이 이미 절반을 넘게 된다.

옹기장이는 "나는 진흙을 잘 다룬다. 둥근 것은 그림쇠에 꼭 맞고 모난 것은 곱자에 딱 들어맞는다."고 하며, 목수는 "나는 나무를 잘 다룬다. 굽은 것은 갈

고리에 꼭 맞고 곧은 것은 먹줄에 꼭 맞는다."고 한다. 하지만 대체 진흙이나 나무의 本性이 어찌 그림쇠, 곱자, 갈고리, 먹줄에 꼭 맞기를 바라겠는가.

그럼에도 세상에서는 대대로 일컫기를 伯樂은 말을 잘 다루고 옹기장이와 목수는 진흙과 나무를 잘 다룬다고 하니 이 또한 천하를 다스리는 자의 과실이다. 나는 생각건대 천하를 잘 다스리는 자는 그렇게 하지 않을 것이다. 저 사람들은 일정하게 타고난 본성이 있어서 길쌈을 해서 옷을 지어 입으며 밭 갈아서 먹을 것을 장만하는데 이를 일러 타고나면서부터 다 같이 얻은 덕이라고 한다. 모두 한결같지만 서로 짜고 이룬 것이 아니다. 그래서 이것을 '하늘이 놓아준 것'이라고 부른다.

【역주】

1) 馬 : 말. 阮毓崧은 民을 비유한 것이라 했는데 참고할 만하다.

2) 蹄 : 굽. 여기서는 당연히 말굽이다. 司馬彪는 말굽〔馬足甲也〕이라 했다.

3) 禦 : 막음. ≪經典釋文≫에서 陸德明은 "≪廣雅≫에 이르기를 대적함이라고 했다〔廣雅云 敵也〕."라고 풀이했고 "崔譔본에는 辟자로 되어 있다〔崔本作辟〕."라고 했다. 御로 한 인용도 있지만 禦와 통용해서 쓰는 글자이기 때문에 같은 뜻이다(王叔岷).

4) 翹(교)足而陸 : 발을 높이 들어 뛰어다님. 翹는 蹻의 가차로 든다〔擧〕는 뜻이고, 陸은 踛의 가차로 뛰어다닌다는 뜻. 成玄英은 翹를 든다〔擧也〕는 뜻으로 풀이했고, 馬叙倫은 蹻(발제껴 디딜 교)의 假借字로 보았다. 陸에 대해서는 몇 가지 이설이 있다. 陸德明은 ≪經典釋文≫에서 "司馬彪가 陸은 뛰어다님이다. 자서에는 踛으로 되어 있다〔陸 跳也 字書作踛 踛馬健也〕."라고 했지만, 司馬本에는 睦(뛸 륙)으로 되어 있다(孫詒讓, 郭慶藩, 阮毓崧, 王叔岷). 때문에 陸을 睦의 잘못으로 보는 견해(郭慶藩, 奚侗)와 睦의 假借로 보는 견해(馬叙倫)가 있고, 드물게는 于鬯(≪莊子校書≫)이 陸을 '뭍에 산다〔陸居〕'는 뜻으로 본 견해도 있다. 그러나 陳景元은 陸을 踛으로 보고 踛의 뜻을 뛴다는 뜻으로 풀이했는데 이 견해가 적절하다. 阮毓崧, 王叔岷, 池田知久 등도 모두 陸을 踛과 통하는 글자로 보았고, 張君房본에는 踛으로 되어 있다.

5) 義臺 : 예의를 베푸는 높은 누대. ≪淮南子≫에 나오는 容臺와 같다. 따라서 義는 儀容, 儀禮의 뜻으로 보는 것이 적절하다. 章炳麟은 義·羲를 巍(높을 외)의 假借

라 하여 높은 臺〔高臺〕의 뜻이라 했고, 奚侗 등도 의를 峩의 가차로 풀이하여 義臺路寢을 高臺大寢의 뜻으로 보았는데 王叔岷 등이 이 견해를 지지하고 있다. 이 견해는 高와 大의 상응이 자연스럽다는 점에서 참고할 만하지만 충분한 근거가 있는 것은 아니다. 兪樾은 "예의를 베푸는 누대〔行禮儀之臺〕."라고 풀이했는데 義를 儀와 같은 글자로 본 것이며 고자에서는 이 두 글자를 통용하는 경우가 많다. 이 견해는 宋 范應元의 ≪莊子講話≫에 처음 나오며 羅勉道, 宣穎, 陸樹芝 등이 모두 이 견해를 따랐다.

6) 路寢 : 큰 집. 곧 신분이 높은 사람들이 사는 크고 편안한 집을 뜻한다. 陸德明은 ≪經典釋文≫에서 "路는 正이며 大이다〔路 正也 大也〕."라고 풀이했고, 崔譔은 "路寢은 正室."이라고 풀이했다. 路는 본래 큰길을 뜻하는데 여기서의 路는 크다는 뜻만 남은 것이다.

7) 伯樂 : ≪經典釋文≫에서 陸德明은 "성은 孫이고 이름은 陽으로 말을 잘 부렸다. 石氏星經에 이르기를 伯樂은 하늘의 별 이름으로 天馬를 담당하는데 孫陽이 말을 잘 부렸기 때문에 그것을 이름으로 삼았다〔姓 孫 名 陽 善馭馬 石氏星經云 伯樂 天星名 主典天馬 以孫陽善馭 故以爲名〕."라고 했다. 한편 成玄英은 "≪列子≫에 이르기를 성은 孫이고 이름은 陽이며 字는 伯樂이다. 秦 穆公 때 말을 잘 다루던 사람이다〔列子云 姓孫 名陽 字伯樂 秦穆公時 善治馬人〕."라고 했다.

8) 曰我善治馬 : 나는 말을 잘 다룬다고 말함. 王叔岷은 治를 調로 쓰는 인용이 있음을 들어 '길들이다'는 뜻으로 보았는데 참고할 만하다.

9) 燒之剔(체)之 : 말의 털을 태우고 깎음. ≪經典釋文≫에서 司馬彪는 "燒는 달군 쇠로 태우는 것을 말한다〔燒謂燒鐵以爍之〕."라고 풀이했다. 剔은 털을 깎는다는 뜻. ≪經典釋文≫에서 陸德明은 ≪字林≫을 인용하여 剃(깎을 체)자로 보았고, 向秀와 崔譔은 鬄(깎을 체, 뼈바를 척)자로 보았는데 모두 털을 깎는다는 뜻으로 풀이한 것이다. 司馬彪와 成玄英 등도 마찬가지.

10) 刻之雒之 : 굽을 깎고 낙인을 찍음. ≪經典釋文≫에서 司馬彪는 "刻은 굽을 깎는 것을 말한다〔謂削其甲蠶〕."라고 풀이했다. 雒은 火印을 찍어서 標識로 삼는 행위를 말한다. 郭嵩燾, 兪樾, 王叔岷 등은 모두 雒을 烙의 假借로 보고 烙印을 찍는다는 뜻으로 보았다. 池田知久도 마찬가지. 한편 兪樾은 司馬彪가 雒을 "머리를 얽어매는 것을 말한다〔謂羈雒其頭也〕."라고 풀이한 것을 따라서 雒을 絡의 가차로 보

고 얽어매다는 뜻으로 보았지만, 이어지는 連之以羈馽이라는 구절에 굴레를 씌우고 다리를 얽어맨다는 내용이 나오기 때문에 여기의 雒을 같은 뜻으로 보면 표현이 중복되므로 적절치 않다.

11) 連之以羈馽(칩) : 연이어 굴레를 씌우고 다리를 얽어맴. 羈는 머리에 굴레를 씌우는 것이고 馽은 다리를 얽어매는 것이다. 林希逸은 "羈는 머리를 묶는 것이고 馵은 다리를 묶는 것〔羈 絡其頭也 馵 絆其足也〕."이라고 풀이했다.

12) 編之以皁(조)棧 : 마판에 줄줄이 묶어 놓음. 編은 차례대로 묶어 놓다는 뜻. 皁는 말구유. 方勇·陸永品은 말구유〔馬槽〕로 풀이했다. 棧은 마판(馬板). 마판은 나무판을 마구간 바닥에 깔아서 습기를 차단하는 것으로 馬床이라고도 한다(方勇·陸永品).

13) 飢之渴之 : 굶기고 목마르게 함. 말을 순치시키기 위해 의도적으로 하는 행위. 말을 굶주리게 하거나 갈증을 느끼게 함으로써 말을 순치시키는 경우는 ≪韓非子≫에 "조보가 제왕을 위해 말을 몰 때 갈증난 말로 복마를 편성했다〔造父爲齊王駙駕渴馬服成〕. (≪韓非子≫ 卷14 〈外儲說〉)"라고 한 데서 보인다(池田知久).

14) 馳之驟之 : 달리고 뛰게 함. 馳之는 말로 하여금 달리게 하는 것이고, 驟는 멈추어 있다가 갑자기 달리게 하는 것.

15) 整之齊之 : 정돈시키고 가지런히 함. 成玄英은 "가로나무와 멍에로 말을 정돈하고, 재갈과 고삐로 말을 가지런히 한다〔整之以衡扼 齊之以鑣轡〕."라고 풀이했다.

16) 橛飾之患 : 재갈과 가슴받이 장식으로 끌어대는 괴로움. 橛은 재갈. 司馬彪는 "橛은 재갈이다〔橛 銜也〕."라고 풀이했다. 飾은 가슴걸이〔靷〕 따위의 장식.

17) 鞭筴之威 : 가죽 채찍과 대나무 채찍으로 때리는 억압. 鞭과 筴(책)은 모두 말을 때리는 도구이다. 王叔岷은 筴자가 策으로 된 인용을 소개하고 있는데 筴과 策은 서로 통용하는 글자이다. ≪經典釋文≫에서 陸德明은 "≪春秋左氏傳≫ 杜預 注에는 말채찍이라고 했다〔杜注左傳云 馬檛也〕."라고 풀이했다. 成玄英은 "가죽이 있는〔帶皮〕 것을 鞭이라 하고, 가죽이 없는〔無皮〕 것을 筴이라 하는데 모두 말채찍이다〔帶皮曰鞭 無皮曰筴 俱是馬杖也〕."라고 풀이했다.

18) 陶者 : 질그릇을 굽는 기술자. 옹기장이. 成玄英은 陶를 化로 풀이하고 "옹기장이가 물과 흙을 잘 조화시켜서 질그릇을 만드는 것을 이른다〔陶 化也 謂陶者善能調和水土而爲瓦器〕."라고 했다.

19) 埴(식) : 찰흙. 질그릇의 재료가 되는 찰진 흙. 곧 점토〔粘土〕를 말한다. ≪經典釋文≫에서 崔譔은 흙〔土〕이라 했고, 司馬彪는 "埴土로 질그릇을 만들 수 있다〔埴土可以爲陶器〕."라고 풀이했다. 陸德明은 "≪尙書傳≫에는 흙이 찰진 것을 埴이라 한다고 했고, ≪釋名≫에는 埴을 뭉친다는 뜻이라 했다〔尙書傳云 土黏曰埴 釋名云 埴 膱也〕."라고 풀이했다.

20) 圓者中規 方者中矩 : 둥근 것은 그림쇠에 꼭 맞고 모난 것은 곱자에 딱 들어맞음. 規는 그림쇠이고 矩는 곱자〔曲尺〕이다. 中은 꼭 맞다는 뜻.

21) 匠人 : 목수. 世德堂본에는 이 아래에 者자가 붙어 匠人者로 되어 있다(池田知久).

22) 曲者 中鉤 : 굽은 것은 갈고리에 꼭 맞음. 鉤는 목수가 곡선을 그릴 때 쓰는 도구.

23) 直者 應繩 : 곧은 것은 먹줄에 꼭 맞음. 應은 앞에 나온 中規, 中矩, 中鉤의 中과 같은 뜻. ≪經典釋文≫에서 陸德明은 應對의 뜻〔應對之應〕으로 풀이했다.

24) 埴木之性 豈欲中規矩鉤繩哉 : 진흙이나 나무의 본성이 어찌 그림쇠, 곱자, 갈고리, 먹줄에 꼭 맞기를 바라겠는가. 成玄英은 "흙이나 나무의 본성은 조물자에게 받아서 곡직을 구하지 않으니 어찌 네모나 원을 바라겠는가. 그런데도 옹기장이나 목수들은 제멋대로 좋고 나쁨을 가린다〔土木之性 稟之造物 不求曲直 豈慕方圓 陶者匠人 浪爲臧否〕."라고 풀이했다.

25) 然且 : 그런데도. 然而와 같다.

26) 此亦治天下者之過也 : 이 또한 천하를 다스리는 자의 과실임. 宣穎은 "이 또한 천하를 다스리는 자들이 백성들의 본성을 교정하고는 도리어 그것을 두고 잘 다스린다고 말하는 것과 같다. 백성들의 본성이나 말·찰흙이 무엇이 다르며, 古今의 천하를 다스리는 자들이 伯樂이나 옹기장이·목수와 무엇이 다른가〔亦猶治天下者 矯民之性 而反謂之善治人也 民性與馬埴木何異 古今治天下者與伯樂陶匠何異〕."라고 풀이했다(王叔岷).

27) 彼民有常性 : 사람들에게는 일정하게 타고난 본성이 있음. 成玄英은 彼民을 검은 머리〔黎首〕라고 했는데 黎首는 黎民과 같은 뜻으로 검은 머리 백성, 곧 서민들을 뜻한다. 林希逸은 常性을 〈駢拇〉편의 '常然'과 같은 뜻이라고 했는데 常然은 늘 그러함을 나타낸 표현이고 여기의 常性은 常然之性의 뜻으로 보는 것이 간편하다.

28) 同德 : 타고나면서 함께 얻은 덕. 林希逸은 "동덕이란 하늘에서 똑같이 얻은 것〔同德者 得之於天者同然〕."이라고 풀이했고, 陸樹芝는 "천성이 같기 때문에 동덕이라

한 것〔天性同然 故曰 同德〕."이라고 풀이했는데 위에서 常性을 常然之性으로 본 것과 마찬가지로 同德은 同然之德으로 보는 것이 적절하다.

29) 一而不黨 : 한결같지만 서로 짜고 이룬 것이 아님. 一은 백성들이 일치된 常性과 同德을 가지고 있다는 뜻이고, 不黨은 그런 동일성이 자연히 이루어진 것이지 인위적으로 패거리 지어 꾸며 낸 것이 아님을 나타낸 것이다.

30) 命曰天放 : 하늘이 놓아준 것이라고 부름. 天放은 하늘이 놓아준 것, 自然의 放任을 의미함. 命은 命名의 뜻. 郭象은 "내버려 두자 저절로 하나가 된 것일 뿐이고 짜고 이룬 것이 아니다. 그 때문에 하늘이 놓아준 것이라 한 것〔放之而自一耳 非黨也 故謂之天放〕."이라고 풀이했다. 또 陸樹芝는 "사람들이 합일되어 서로 무리 지어 따르지만 하늘이 그들로 하여금 저절로 그리되게 한 것이지 억지로 노력하기를 기다린 것이 아니다. 그 때문에 하늘이 놓아준 것이라고 했다〔人人合一 而阿黨以相從 是天使之自然而然 不待勉强 故曰天放〕."라고 풀이했는데 대의는 郭象과 같다. 한편 林希逸은 "자연스럽게 마음대로 행동하고 스스로 즐기는 것으로 〈齊物論〉의 '天行', '天均', '天遊'나 여기의 '天放'은 모두 莊子가 자연의 즐거움〔樂〕을 형용한 것."이라고 했다.

第2章

故로 至德之世[1]에는 其行이 塡塡[2]하고 其視 顚顚[3]하더니 當是時也하야 山無蹊隧하며 澤無舟梁[4]하니라 萬物이 群生[5]하야 連屬其鄕[6]하며 禽獸 成群하며 草木이 遂長하니 是故로 禽獸를 可係羈而遊며 鳥鵲之巢를 可攀援而闚[7]러니라

夫至德之世에는 同與禽獸로 居하며 族與萬物로 並[8]하니 惡乎知君子小人哉[9]리오 同乎無知하니 其德이 不離하며 同乎無欲하니 是謂素樸[10]이니 素樸而民性이 得矣[11]니라

及至聖人이 蹩躠爲仁[12]하며 踶跂爲義[13]하야는 而天下始疑矣니라 澶漫 爲樂[14]하며 摘僻爲禮[15]하야는 而天下 始分矣[16]니라

故로 純樸이 不殘[17]이면 孰爲犧尊[18]이며 白玉이 不毁면 孰爲珪璋[19]이며 道德이

不廢면 **安取仁義**[20)]며 **性情**이 **不離**면 **安用禮樂**[21)]이며 **五色**이 **不亂**이면 **孰爲文采**며 **五聲不亂**이면 **孰應六律**[22)]이리오 **夫殘樸**하야 **以爲器**는 **工匠之罪也**[23)]오 **毁道德**하야 **以爲仁義**는 **聖人之過也**[24)]니라

그 때문에 至德의 시대에는 사람들의 걸음걸이가 悠悠自適했으며 눈매 또한 밝고 환했다. 그때는 산에는 지름길이나 굴이 없었고 못에는 배나 다리가 없었다.

만백성이 무리 지어 살면서 사는 고을을 함께했으며 禽獸들이 무리를 이루었고 초목이 마음껏 자랄 수 있었다. 그 때문에 짐승들을 끈으로 묶어서 끌고 다니며 놀 수 있었고 새 둥지를 손으로 끌어당겨 안을 들여다볼 수 있었다.

지덕의 시대에는 짐승들과 함께 살면서 무리 지어 만물과 나란히 살았으니 어찌 君子와 小人의 차별을 알았겠는가. 함께 無知하니 그 덕을 떠나지 않았으며, 함께 無欲하니 이를 일러 素樸이라 한다. 소박함을 지키면 사람의 본성이 유지된다.

성인이 억지로 노력하여 인을 행하고 발돋움하여 의를 행함에 이르러 천하가 비로소 의심하게 되었고, 질펀하게 음악을 연주하고 번거롭게 예를 시행함에 이르러 천하가 비로소 〈上·下의 계급으로〉 나누어졌다.

무릇 자연 그대로의 통나무를 해치지 않고서 누가 犧樽 같은 제기를 만들 수 있으며, 白玉을 훼손하지 않고서 누가 珪璋을 만들 수 있으며, 도덕을 버리지 않고서 어떻게 仁義를 채택할 수 있으며, 타고난 성정을 떠나지 않고서 어떻게 예악을 쓸 수 있으며, 五色을 어지럽히지 않고서 누가 문채를 만들 수 있으며, 五聲을 어지럽히지 않고 누가 六律에 맞출 수 있겠는가. 무릇 통나무를 해쳐서 그릇을 만든 것은 기술자들의 죄이고, 도덕을 훼손하여 인의를 만들어 낸 것은 성인의 과실이다.

【역주】

1) 至德之世 : 지극한 덕이 유지되던 시대. 世를 君으로 바꾼 인용이 있지만 王叔岷과

池田知久의 지적처럼 옳지 않다.

2) 其行塡塡(전) : 걸음걸이가 유유자적함. 塡塡은 만족스러운 모습으로 여기서는 거동이 여유 있고 느긋한 모양을 나타낸다. 陸德明은 질박하고 중후한 모양〔質重貌〕으로 풀이했고, 崔譔은 중후하고 느린 모양〔重遲也〕으로 풀이했다.

3) 其視顚顚(진) : 눈매가 밝고 환함. 顚은 瞋(눈 부릅뜰 진)의 假借로 눈을 크게 뜬 모양, 맑은 눈을 뜻한다. 崔譔은 한결같은 모양〔專一也〕으로 풀이했고, 林希逸은 곧게 바라보는 모습〔直視之貌〕으로 풀이했다.

4) 山無蹊隧 澤無舟梁 : 산에는 지름길이나 굴이 없고 못에는 배나 다리가 없음. 蹊는 지름길(李頤). 崔譔은 隧를 길〔道〕로 풀이했지만 〈≪春秋左氏傳≫ 隱公 1년조에〉 鄭 莊公과 어머니 姜氏가 굴을 파서 서로 만났다〔隧而相見〕는 기록에서 알 수 있듯이 굴을 뜻하는 것으로 보는 것이 정확하다. 梁은 橋梁이다. 大意는 林希逸이 육로와 수로가 아직 통하지 않음〔路未通也 水路未通也〕이라고 풀이한 것이 적절하다. 池田知久는 이 부분이 "≪老子≫ 80장에서 '백성들로 하여금 죽음을 중시하게 하여 멀리 이사하지 않게 하며 비록 배나 수레가 있다 하더라도 타지 않게 한다〔使民重死而不遠徙 雖有舟輿 無所乘之〕.'라고 한 것의 근원이며, 오히려 ≪老子≫보다 비현실적이고 유토피아性이 강하다."라고 지적하였다.

5) 萬物群生 : 만백성이 무리 지어 삶. 萬物은 백성을 가리킨다. 群生은 무리 지어 산다는 뜻인데, ≪荀子≫ 〈富國〉편에 "사람이 살아감에 무리 짓지 않을 수 없다〔人之生 不能無羣〕."라고 하면서 인간의 군거성을 생존의 기본 조건으로 파악한 사회사상과는 다른 맥락의 공동체 사회사상이다.

6) 連屬其鄕 : 사는 고을이 이어져 있음. 王叔之는 "이미 나라와 집안의 다름이 없기 때문에 그 고을이 연속되어 있다〔旣無國異家殊 故其鄕連屬〕."라고 풀이했고, 成玄英 또한 이를 답습하고 있다. 한편 林希逸은 "사람들이 각자 자기 고을을 따라 살기 때문에 저절로 고을이 이어지고 한 고을 안에서는 저절로 어른과 아이, 윗사람과 아랫사람의 구분이 있게 되어 서로 이어져 있다〔人各隨其鄕而居 自爲連屬 一鄕之中 自有長幼上下 相連屬也〕."라고 풀이했는데 참고할 만하다. 池田知久에 의하면 林雲銘과 宣穎 등의 주석가들도 모두 유토피아의 무정부주의적 성격을 묘사하는 글로 해석한 것 같다. 連屬其鄕은 거주하는 영역의 경계를 설치하지 않는 뜻으로 풀고 있는 견해가 많지만, 각각 살고 있는 곳에 自他의 구별 없이 화합하여 생활하

는 것을 말하는 것이다(王夫之).

7) 禽獸可係羈而遊 鳥鵲之巢 可攀援而闚 : 짐승들을 끈으로 묶어서 끌고 다니며 놀 수 있고, 새 둥지를 손으로 끌어당겨 안을 들여다볼 수 있음. 사람들이나 짐승들이 서로 해치지 않았기 때문에 짐승들이 사람과 함께 어울려 놀고, 새들이 사람들을 무서워하지 않기 때문에 굳이 높은 곳에 집을 짓지 않았다는 뜻으로 앞에 나온 連屬其鄕의 구체적 사례를 제시하고 있는 내용이다. 鳥자는 烏자로 되어 있는 인용이 많다(馬叙倫, 王叔岷). 예를 들어 ≪荀子≫ 〈哀公〉편에는 "까마귀나 까치의 둥지에 머리를 들이밀고 엿볼 수 있었다〔烏鵲之巢 可俯而窺也〕."는 내용이 나오며, ≪淮南子≫ 〈氾論訓〉편에도 "까마귀나 까치의 둥지에 머리를 들이밀고 손으로 만져 볼 수 있었다〔烏鵲之巢 可俯而探也〕."는 내용이 나온다. 援은 ≪經典釋文≫에서 陸德明이 ≪廣雅≫를 인용하여 이끄는 것〔牽也, 引也〕으로 풀이했다. 또 闚자가 窺로 된 인용이 있지만 본래 통용하는 글자이다(王叔岷). 한편 劉文典은 可자가 而자로 된 인용을 소개하고 있는데 대의에 차이는 없다. 이 부분의 대의에 관해서는 두 가지 해석이 있다. 우선, 지덕의 시대에 살던 사람들은 機心이 없어서 다른 사물을 해치지 않았기 때문에 다른 사물도 잘 따른 것이라는 해석으로 郭象이나 林疑獨 등이 이 견해를 따른다. 또 無心하여 다른 사물과 더불어 서로 잊는다는 견해가 있는데 褚伯秀의 경우 "禽獸를 묶을 수 있고 새 집을 엿볼 수 있다는 것은 無心으로 物과 동화됨을 말한다."라고 했고, 陳祥道는 "남을 자기와 같이 보고 자신을 남과 같이 보기 때문에 物과 같이한다. 그 때문에 物과 我를 함께 잊고 안과 밖의 구별〔間〕이 없게 된다. 그래서 짐승의 무리에 들어가도 무리가 어지러워지지 않고 새들 속으로 들어가도 행동이 어지러워지지 않는다."라고 했다(崔大華).

8) 同與禽獸居 族與萬物竝 : 짐승들과 함께 살면서 무리 지어 만물과 나란히 살았음. 사람과 짐승, 사람과 만물의 차별이 없었다는 뜻이다. 族은 무리 짓다는 뜻. 林希逸은 모여 산다는 뜻〔聚〕으로 풀이했다. 〈齊物論〉 제1장의 '天地與我竝生 而萬物與我爲一'과 같은 뜻으로 萬物齊同의 哲學을 社會化, 政治化한 표현이다(池田知久).

9) 惡乎知君子小人哉 : 어찌 군자와 소인의 차별을 알았겠는가. 孟子나 荀子가 군자와 소인의 신분을 엄격하게 구분하는 데 대항하여 지덕의 시대에는 君子와 小人의 차별이 있지 않았다는 점을 들어 無階級社會야말로 이상적 사회임을 주장한 내용이다(池田知久).

10) 同乎無知 其德不離 同乎無欲 是謂素樸 : 함께 무지하여 그 덕을 떠나지 않았으며 다 같이 욕심이 없으니 이를 일러 소박이라 한다. 林希逸은 "온 세상 사람들이 모두 그러하기 때문에 함께 무욕하다고 한 것〔擧世皆然 故曰同乎無欲〕."이라고 풀이했는데 同을 다 같이 그러한 모양〔同然〕으로 이해한 것이다. 한편 馬叙倫은 ≪說文解字≫를 인용하여 同을 惷으로 보고 어리석은 모양〔愚〕으로 풀이했고, 陸德明도 동을 侗으로 보고 무지한 모양이라고 풀이했는데, 〈山木〉편에 侗乎其無識과 같은 표현이 나오므로(方勇·陸永品) 근거가 전혀 없는 것이라 할 수는 없지만 이 부분의 풀이로는 적절치 않다.

11) 素樸而民性得矣 : 소박함을 지키면 사람의 본성이 유지됨. 福永光司는 이 부분이 ≪老子≫ 제28장의 '常德不離……復歸於樸', 제19장의 '見素抱樸 少私寡欲', 제3장의 '常使民無知無欲'의 의미와 유사하다는 점을 들어 "至德이 실현된 사회에서는 自他의 差別이나 彼我의 대립 의식, 인간중심적이고 自己中心的인 價値判斷 등이 없으므로 인간도 鳥獸와 함께 생활하고 萬物과 함께 群居한다. 이처럼 만물과 일체가 된 생활에서는 만물 속의 하나에 지나지 않는 인간을 一面的인 가치관에 의해 다시 君子니 小人이니 하고 구별하는 일은 있을 수 없다. 사람들은 愚者처럼 無知하며 無爲自然의 道를 그대로 따르고 白痴처럼 無欲하니 ≪老子≫의 이른바 素朴이 바로 이것이다. 그리하여 이 같은 無知無欲의 素朴, 곧 人知人欲에 어지럽혀지지 않은 樸과 같은 純白한 마음을 지켜야 비로소 萬民의 本性이 완수된다."라고 해설했는데 참고할 만하다.

12) 蹩躠(별설)爲仁 : 억지로 노력하여 인을 행함. 蹩躠은 억지로 걷는 모양. ≪經典釋文≫에 의하면 向秀본과 崔譔본에는 蹩자가 弊자로 되어 있고, 躠자는 殺자로 되어 있으며, 躠자가 薛자로 표기된 판본도 있다고 했다. 成玄英은 蹩躠을 "힘을 쓰는 모양〔用力之貌〕."으로 풀이했고, 林希逸은 "억지로 행하는 모양〔勉强而行之貌〕."이라고 했으며, 羅勉道는 "발돋움하여 바라보고 힘써 행함〔跂望而勉行〕."이라고 했는데 모두 비슷한 뜻이다.

13) 踶跂爲義 : 발돋움하여 의를 행함. 踶跂의 踶는 심력을 기울이는 모양이고 跂는 발돋움하는 모양, 곧 힘들게 행한다는 뜻으로 앞의 蹩躠과 같은 뜻이다. ≪經典釋文≫에서 李頤는 "蹩躠과 踶跂는 모두 마음을 써서 인의를 행하는 모양이다〔蹩躠踶跂 皆用心爲仁義之貌〕."라고 풀이했다. 이 외에 "가고 서 있음〔行立〕에 안정되지 못

한 모양(林希逸)", "발돋움하고 억지로 행하는 모양〔企足而强行〕."이라는 주장(羅勉道), "踶는 발을 붙이고 머물러 힘을 쓰는 것이고, 跂는 발을 들어 바라보는 것이니 미칠 수 없는 것을 이루고자 하는 것〔踶 駐足用力也 跂 擧足望也 不可及而企及〕."이라는 주장(王敔), "蹩躠踶跂는 글자가 모두 발〔足〕을 따르는데, 머뭇거리고 불안한 모양〔蹩躠踶跂 字皆從足 蓋踟躕不安之意〕."이라는 주장(林雲銘), "발을 들어 힘쓰는 모양〔起足用力貌〕."이라는 주장(宣穎), "발로 힘을 쓰는 모양〔足用力之貌〕."이라는 주장(陳壽昌), "踶趹의 잘못으로 빨리 달리는 모양."이라는 주장(劉師培) 등 이설이 분분하지만 대의에는 큰 차이가 없다.

14) 澶漫爲樂 : 질펀하게 음악을 연주함. ≪經典釋文≫에는 澶자가 儃자로 된 판본도 있으며 向秀본과 崔譔본에는 但자로 되어 있다고 했다. 또 向秀본과 崔譔본에는 漫자가 曼자로 되어 있다고 했다. 李頤는 澶漫을 방탕함과 같다〔猶縱逸也〕고 풀이했고 崔譔은 넘쳐 흐르다〔淫衍也〕는 뜻으로 풀이했는데 ≪經典釋文≫에는 끌다〔牽引也〕로 풀이한 주석도 소개하고 있다. 이후 林希逸은 "방만함이니 흘러서 질탕하다는 뜻〔卽汗漫也 流蕩之意〕."으로 풀이했고, 羅勉道는 범람(氾濫)으로 풀이했다. 또 王敔는 "澶은 방탕하여 넘치는 것이고, 漫은 華美한 것이다. 번거롭고 복잡한 뭇 소리의 아름다움이 사람을 즐겁게 한다〔澶 縱衍也 漫 靡也 煩雜衆聲 靡靡娛人〕."라고 풀이했는데 모두 李頤의 주장을 답습한 것이다. 한편 馬叙倫은 澶을 嬋자의 가차로 보고 제사 지낼 때 음악을 연주하는 행위로 풀이했고, 赤塚忠은 澶을 誕자와 儃자의 가차로, 漫을 謾의 가차로 풀이했는데 지나친 천착이다.

15) 摘僻爲禮 : 번거롭게 예를 시행함. 摘僻은 번거롭게 구속되는 모습. 摘僻에 대해서는 이설이 분분하다. 李頤는 "간사하고 치우친 것을 들추어내면서 禮를 행한다〔糾擿邪辟而爲禮也〕."라고 풀이했고, 崔譔은 "예절이 많은 것〔擿僻 多節〕."이라고 풀이했다. 이 외에 成玄英은 "손을 구부리는 모양〔曲拳之行〕."으로, 林希逸은 "손발을 움직이는 모양."으로 풀이했다. 馬叙倫은 "摘을 들추어낸다는 뜻인 擿의 가차자로 보아야 한다."라고 했는데 이는 李頤의 견해를 근거로 삼은 것이다. 한편 宣穎은 "구속되어 끌려가는 것〔拘牽-拘碍하여 끌려 들어감〕."이라 했고, 郭嵩燾는 "번잡한 것을 이른 것〔謂其煩雜也〕."이라고 했는데 본문의 번역은 이 두 사람의 견해를 따른 것으로 崔譔이 多節로 풀이한 것과 크게 다르지 않다.

16) 天下始分矣 : 천하가 비로소 나누어짐. 천하가 상하의 계급으로 나누어졌다는 뜻.

成玄英은 "우내가 분리된다〔宇內分離〕."는 뜻으로 풀이했고, 林希逸은 "마음이 처음으로 나뉘어 순일하지 못함을 말한 것〔言其心迹始分矣 則不純一矣〕."이라고 풀이했고, 張之純은 "分은 紛의 借字로 어지럽고 말썽이 일어나는 것."이라고 풀이했지만 충분치 않다. 池田知久는 이 부분을 무정부주의의 유토피아 理想을 추구하는 입장에서 荀子류가 禮樂에 의한 身分秩序의 형성을 강조한 것에 대한 비판이라고 지적했는데 본문의 번역은 이 견해를 따랐다.

17) 純樸不殘 : 자연 그대로의 통나무를 해치지 않음. 成玄英이 "온전한 나무〔全木也〕."로 풀이했는데 대부분의 주석가들이 이 견해를 그대로 따르고 있다.

18) 犧尊 : 희생 소를 장식으로 그린 술통. 犧는 희생 소. 尊은 樽을 생략한 글자로 술통. 司馬彪는 "희생용 소의 모습을 그려서 술잔을 장식했다〔畵犧牛象以飾樽〕."라고 풀이했고, 王肅은 "소머리를 새긴 것〔刻爲牛頭〕."이라고 풀이했다. 희준은 〈天地〉편 15장에도 "百年之木 破爲犧樽(≪淮南子≫ 〈俶眞訓〉편에도)."이라 하여 보인다(池田知久).

19) 珪璋 : 珪와 璋. 모두 玉으로 만든 홀의 명칭으로 신분을 나타내는 도구이다. 李頤는 "모두 도구의 이름이다. 위가 좁고 뾰족하며, 밑부분이 길게 네모난 것을 珪라 하고, 珪의 절반 크기를 璋이라 한다〔皆器名也 銳上方下曰珪 半珪曰璋〕."라고 풀이했다. 赤塚忠은 "珪는 '圭'와 같다. 公的 儀式에 참가하는 귀인이 자신의 신분을 나타내기 위해 지니는 玉으로, 윗부분은 뾰족하고 아랫부분은 얇고 긴 長方形으로 되어 있다. '璋'은, 珪를 세로 방향으로 절반을 자른 모양의 笏로, 용도는 珪와 같다."라고 해설했다.

20) 道德不廢 安取仁義 : 도덕을 버리지 않고서 어떻게 인의를 채택할 수 있겠는가. 廢는 廢棄의 뜻. 安은 어찌. ≪老子≫ 제18장에 "大道廢 有仁義"라는 말이 나오는데 이와 유사하다. 한편 ≪老子≫의 이 구절은 마왕퇴에서 출토된 ≪백서노자≫에는 '大道廢 安有仁義'로 되어 있기 때문에 본래 "대도가 무너졌기 때문에 인의가 생겨나게 되었다〔大道廢 有仁義〕."는 의미로 풀이하던 종래의 견해를 바꾸어 "대도가 무너졌다면 어찌 인의가 있을 수 있겠는가〔大道廢 安有仁義〕."로 풀이하는 견해가 나타나게 되었고, 다시 '安'을 어찌로 새기지 않고 '焉'과 통용한다는 것을 근거로 삼아 "대도가 무너졌기 때문에 이에〔焉〕 인의가 나타나게 되었다."는 뜻으로 풀이하기도 하는 등 학자들의 견해가 분분하다.

21) 性情不離 安用禮樂 : 타고난 성정을 떠나지 않고서 어떻게 예악을 쓸 수 있겠는가. 性情은 情性을 잘못 기록한 것으로 보는 견해가 유력하다. 馬叙倫은 陸德明의 음의에 情性으로 되어 있다고 했고 成玄英의 疏에서도 情을 먼저 풀이하고 性을 나중에 풀이했음을 들어 여기의 性情은 情性으로 보아야 한다고 했는데 적절하다. 또 褚伯秀의 南華眞經義海纂微 도장본에 나오는 呂惠卿의 인용구에서도 情性으로 되어 있으므로 呂惠卿본 또한 情性으로 되어 있었음을 알 수 있다(方勇・陸永品). 한편 赤塚忠은 "性情은 위의 性 또는 德에 해당하는 말로, 天性의 자연스런 작용을 가리키며 不離는 후천적인 일로 쓸모없게 만들지 않음을 말한다."라고 풀이했는데 적절한 견해이다.

22) 五色不亂 孰爲文采 五聲不亂 孰應六律 : 오색을 어지럽히지 않고서 누가 문채를 만들 수 있으며, 오성을 어지럽히지 않고 누가 六律에 맞출 수 있겠는가. 五色은 青・黃・赤・白・黑의 다섯 가지 색깔. 五聲은 宮・商・角・徵・羽로 五音과 같다. 六律은 黃鐘・太簇・姑洗・蕤賓・無射・夷則의 다섯 가지 음계. 《老子》 제12장에서 "五色은 사람의 눈을 멀게 하고, 五音은 사람의 귀를 먹게 하고, 五味는 사람의 입을 버리게 하고, 말달리며 사냥하는 일은 사람의 마음을 미치게 하고, 얻기 어려운 재화는 사람의 올바른 행실을 방해한다. 이 때문에 성인은 배를 채우고 눈의 욕망을 채우지 않으니, 그래서 저것은 버리고 이것을 취한다〔五色令人目盲 五音令人耳聾 五味令人口爽 馳騁田獵 令人心發狂 難得之貨 令人行妨 是以聖人爲腹不爲目 故去彼取此〕."라고 한 내용과 관련이 있는 것 같다. 하지만 金谷治가 지적한 것처럼 《莊子》의 이 부분은 五色과 五聲 자체를 부정하지는 않는다는 점에서 앞의 〈駢拇〉편과 뒤의 〈天地〉편이나 《老子》의 경우와는 다르다.

23) 夫殘樸以爲器 工匠之罪也 : 통나무를 해쳐서 그릇을 만든 것은 기술자들의 죄임. 王叔岷은 爲자가 成자로 된 인용을 소개하고 있는데 의미의 차이는 없다. 이 부분의 내용은 《老子》 제28장에서 "통나무가 흩어지면 그릇이 된다〔樸散則爲器〕."라고 한 구절과 유사하다.

24) 毁道德以爲仁義 聖人之過也 : 도덕을 훼손하여 인의를 만들어 낸 것은 성인의 과실임. 焦竑은 이 구절을 두고 "쭉정이나 기왓장 속에도 도가 없는 곳은 없다고 하면서 유독 인의예악만 버리는 것은 莊子의 뜻이 아님이 분명하다. 그가 스스로 한 말에도 '멀리 있지만 가서 머물지 않을 수 없는 것이 義이고 작지만 쌓지 않을 수 없는

것이 예'라고 한 적이 있다. 그런데도 학자들은 그가 한 가지 주장을 한 것만 알고 또 다른 주장을 했다는 것을 알지 못한다〔稊粃瓦礫 道無不在 獨棄絶仁義禮樂 明乎非蒙莊之意矣 彼其自言有之 遠而不可不居者 義也 節而不可不積者 禮也 學者知其一說 不知其又有一說也〕."라고 하여 이 구절은 장자를 배우는 사람들의 과격한 표현일 뿐이지 장자의 본래 뜻이 아니라고 했다(王叔岷).

第3章

夫馬 陸居則食草飮水[1]하며 **喜則交頸相靡**[2]하고 **怒則分背相踶**[3]하나니 **馬知已此矣**[4]니라 **夫加之以衡扼**[5]하며 **齊之以月題**[6]에 **而馬知介倪**[7]하며 **闉扼**[8]**鷙曼**[9]**詭銜**[10]하며 **竊轡**[11]하니 **故**로 **馬之知而態(能)至盜者**[12]는 **伯樂之罪也**니라

夫赫胥氏[13]**之時**에 **民**이 **居不知所爲**하며 **行不知所之**[14]하고 **含哺而熙**하며 **鼓腹而遊**[15]하더니 **民能**이 **以此矣**[16]러니라 **及至聖人**이 **屈折禮樂**[17]하야 **以匡天下之形**[18]하며 **縣跂仁義**[19]하야 **以慰天下之心**하야는 **而民**이 **乃始踶跂好知**[20]하야 **爭歸於利**하야 **不可止也**하니 **此亦聖人之過也**[21]니라

무릇 말은 평평한 땅에서 살면서 풀을 뜯어 먹고 물을 마시며, 기쁘면 목을 대고 서로 비벼 대고, 성나면 등을 지고 서로 걷어찬다. 말이 아는 것(말의 지혜 분별)은 고작 이 정도에서 그친다. 그런데 〈인간이 이 野生의 말을 잡아 와서 수레를 끌게 하려고〉 말에게 가로나무와 멍에를 달고 달 모양의 장식을 붙여 가지런히 정돈하게 되자 말이 끌채 끝을 부러뜨리고, 멍에를 망가뜨리고 멈추고 더디 걷고 재갈을 토해 내고 고삐를 물어뜯을 줄 알게 되었다. 따라서 말의 지혜로 도둑질을 할 수 있〈을 정도로 凶暴하〉게 된 것은 伯樂의 죄이다.

赫胥氏의 시대에는 백성들이 집에 머물 때는 무엇을 해야 할지 몰랐고 길을 갈 때도 어디로 가야 할지 모르고 먹을거리를 입에 물고 즐거워하며 배를 두드리며 놀았으니 사람들이 할 줄 아는 것이 이 정도에 그쳤다. 그런데 성인이 예

악에 따라 몸을 구부리고 꺾게 해서 천하 사람들의 몸가짐을 바로잡으려 하며 인의를 내걸고 천하 사람들의 마음을 달램에 이르러서는 백성들이 비로소 발돋움하여 지혜를 좋아해서 다투어 이익을 추구하여 멈출 수 없게 되었으니 이 또한 성인의 과실이다.

【역주】

1) 夫馬 陸居則食草飮水 : 말이라고 하는 동물은 평평한 땅에 살면서 풀을 뜯어 먹고 물을 마시면서 사소한 일에는 신경 쓰지 않고 지낸다. 馬叙倫은 陸居를 끼어든 문자라 하여 夫馬則食草飮水로 보았지만 옳지 않다. 아마도 則자와의 연결이 자연스럽지 않다고 여겼기 때문인 듯한데 여기의 則은 〈逍遙遊〉편 '若是則已矣' 의 '則'과 마찬가지로 '而'와 통용하는 글자로 보고 '則'을 '～하면서'의 뜻으로 번역해야 한다. 陸居는 평평한 땅을 서식처로 삼는다는 뜻.

2) 喜則交頸相靡 : 기쁘면 목을 대고 서로 비벼 댐. 交頸은 목을 교차시킨다는 뜻. 靡는 李頤의 견해를 따라 비비다〔摩也〕의 뜻으로 보는 것이 적절하다. 成玄英, 王念孫, 郭慶藩 등도 모두 靡자를 摩자와 통한다고 풀이했고 阮毓崧은 摩자로 된 인용구를 소개하고 있기도 하다. 비벼 대는 것은 서로 친한 감정을 표시하는 행위이기 때문에 靡자가 '서로 사랑한다.', '서로 우호하다.'는 뜻으로 쓰이기도 한다. 〈人間世〉편 제2장의 '相靡以信'의 靡자가 그런 경우에 해당한다.

3) 怒則分背相踶 : 성나면 등을 지고 서로 걷어참. 分背相踶는 등을 돌리고 서로 말발굽을 들어 올리는 모습을 표현한 것이다. 分은 나란히 맞대지 않는다는 뜻으로 分背는 서로 대립하는 모습을 표현한 것이다. 踶는 李頤의 견해를 따라 '걷어차다〔蹋〕'는 뜻으로 보는 것이 적절하다. 陸德明은 "通俗文에 이르기를 살짝 차는 것을 일러 踶라 한다〔通俗文云 小蹋謂之踶〕."라고 풀이했다. 한편 范應元은 "말이 서로 찰 때는 반드시 발이 뒤로 향한다. 그래서 등을 돌리고 서로 걷어찬다고 한 것〔馬之相踶 必以足向後 故曰分背相踶〕."이라고 풀이했다. 踶는 발을 높이 들어 올리는 것. ≪韓非子≫ 〈說林 下〉에 "무릇 걷어차는 말들은 뒷다리를 들고 앞다리에 몸을 싣는다〔夫踶馬也者 擧後而任前〕."라고 했는데 踶에 대한 적절한 설명이라 할 만하다(赤塚忠).

4) 馬知已此矣 : 말이 아는 것은 이 정도에서 그침. 자연 상태의 말은 이 정도의 지혜

만 갖추고 있을 뿐이라는 뜻. 已는 '그친다〔止也〕'는 뜻. 陸西星은 "말의 지혜는 이 정도에 그칠 뿐이니 처음부터 이른바 機心이란 게 없다〔馬之知止此而已 初無所謂機心也〕."라고 풀이했다. 機心은 인위적인 욕심으로 〈天地〉편에 나오는 말이다.

5) 加之以衡扼 : 말에게 가로나무와 멍에를 매달다. 衡은 마차의 수레 끌채 끝에 댄 橫木. 여기에 말을 매단다. 扼은 軛과 같으며(羅勉道) 말 목에 거는 멍에인데 반달형〔半月形〕으로 衡에 달아 붙인다. 陸德明은 "衡扼의 衡은 수레 끌채 앞의 가로나무로 말의 멍에를 묶는 것이고 扼은 말의 목을 깍지 끼는 것이다〔衡扼 衡 轅前橫木縛馬軛者也 扼 叉馬頸者也〕."라고 풀이했다. 之는 말을 지칭하는 대명사.

6) 齊之以月題 : 달 모양의 장식을 붙여 가지런히 정돈함. 획일적인 굴레와 장식으로 얽어맨다는 뜻. 齊는 가지런히 정돈함. 林疑獨은 "장식을 가지런히 장식함을 말한다〔謂整飾〕."라고 풀이했다. 月題는 말 이마 위의 두개골을 덮는 달 모양의 장식물로 청동으로 제작된 것이 많고 當顱라고도 한다〔方勇·陸永品〕. 司馬彪와 崔譔은 모두 "月題는 말 이마 위의 두개골을 덮는 장식으로 달 모양과 같다〔馬額上當顱 如月形者也〕."라고 풀이했다. 한편 王敔는 말고삐의 장식〔馬轡飾〕이라 했고, 武延緒는 수레의 끌채와 바퀴통 끝의 쇠붙이를 의미하는 軏軑(월대)의 假借로 보았고, 馬叙倫은 軏輗(월예)의 假借로 보았지만, 題자에 본래 이마라는 뜻이 있기 때문에 앞의 견해가 옳다고 보고 취하지 않았다.

7) 介倪(올예) : 수레 끌채를 부러뜨림. 倪는 輗의 가차자로 수레 끌채(孫詒讓). 介은 兀의 잘못으로 兀(올)은 부러뜨리다〔折〕〕의 뜻(馬叙倫). 介倪에 대해서는 介을 獨의 뜻으로, 倪를 睨로 보는 전통적인 견해가 많다. 예를 들어 李頤는 介倪를 곁눈으로 엿보다〔睥睨〕는 뜻으로 보았고, 崔譔은 흘겨보다〔俾倪〕는 뜻으로 보았고, 林希逸은 "介는 홀로이다. 홀로 서서 흘겨보는 것으로 성난 모습이다〔介 獨也 獨立而睥睨 怒之狀也〕."라고 풀이했지만 근거가 충분하지 않다. 이 외에 羅勉道는 介을 전쟁에 나가는 말이 차는 갑옷으로 보았고〔介 甲也〕, 劉師培는 介倪를 우뚝 서서 흘겨보다는 뜻〔兀倪也〕으로 풀이했지만 모두 옳지 않다.

8) 闉扼(인액) : 멍에를 구부려서 망가뜨림. 李頤는 "闉은 구부림이다〔闉 曲也〕."라고 풀이했는데 이 견해를 따랐다. 司馬彪는 뒤의 鷙曼을 이어서 "멍에에서 목을 굽혀 갑자기 달려듦을 말한다〔言曲頸於扼而抵突也〕."라고 풀이했는데 같은 맥락이다. 혹 闉을 掴의 가차로 보아 '부수다'의 뜻으로 보는 해석도 있다. 羅勉道는 "아직 城

을 나오지 않고서도 이미 성문 밖 멍에가 있는 곳을 안다〔未出城而已知城門之扼處〕."라고 풀이했는데 다소 과장된 해석이라 취하지 않는다.

9) 鷙曼 : 사납게 달려들다. 林希逸은 "鷙는 사나움이고 曼은 갑자기 떠받는 것으로 굴레를 쓰지 않고 갑자기 달려드는 모습〔鷙 猛也 曼 突也 不受羈勒而相抵突之狀〕."으로 풀이했고, 李頤는 鷙는 抵의 뜻이고 曼은 突의 뜻이라 했지만 여기서는 林希逸의 견해를 따랐다. 한편 赤塚忠은 鷙는 본디 매·수리 등의 猛禽을 가리키나 여기서는 말의 발이 진흙에 빠져 앞으로 나아가지 못하는 글자를 뜻하는 驇(빠질 지)의 가차자로 쓰인 것이고 曼은 蹣(비틀거릴 반)의 가차자라고 했는데 참고할 만하다.

10) 詭銜 : 재갈을 토해 냄. 銜은 재갈〔口中勒〕. 陸德明은 詭銜을 "재갈을 토해 냄〔詭銜 吐出銜也〕."으로 풀이했다. 馬叙倫은 詭를 毁의 가차자로 보고 재갈을 훼손한다는 뜻으로 풀이했는데 참고할 만하다.

11) 竊轡 : 고삐를 물어뜯음. 陸德明은 "고삐를 물어뜯는 것〔齧轡也〕."으로 풀이했고, 馬叙倫은 竊을 齧의 가차자로 풀이했다.

12) 馬之知而態(能)至盜者 : 말의 지혜로 도둑질을 할 수 있게 됨. 古逸書叢書本을 비롯 能자가 態자로 된 판본이 많고 郭象본이나 成玄英본도 모두 態로 되어 있지만 能이 옳다(馬叙倫). 林希逸은 "사람들과 대적하는 것을 盜라고 한다. 말의 지혜로 사람을 대적함에 이르게 한 것은 백락이 그렇게 만든 것이다〔與人抗敵者曰盜 馬之知 至於抗敵人 伯樂使之也〕."라고 풀이했다.

13) 赫胥氏 : 상고시대의 제왕. ≪列子≫에 나오는 華胥氏와 동일한 인물로 추정된다. 陸德明은 司馬彪를 인용하여 "赫胥氏는 상고시대의 제왕이다〔赫胥氏 上古帝王也〕."라고 풀이하는 한편 또 다른 견해로 "큰 덕이 있어서 백성들이 서로 의지했기 때문에 혁서라 했으니 염제(神農氏)인 듯하다〔有赫然之德 使民胥附 故曰赫胥 蓋炎帝也〕."라고 풀이했는데 赫과 胥의 글자를 따라 풀이한 것으로 문헌적인 근거는 없다. 〈胠篋〉편에도 보이는 전설상의 제왕으로 兪樾의 지적처럼 ≪列子≫에 나오는 華胥氏와 동일한 인물임이 거의 확실하다.

14) 居不知所爲 行不知所之 : 집에 머물 때는 무엇을 해야 할지 모르고 길을 갈 때도 어디로 가야 할지 모름. 居는 집에 머문다는 뜻이고 行은 길을 간다는 뜻. 자신의 이익을 위해 어떤 일에 종사하지 않았다는 뜻으로 모두 순박한 삶을 표현한 것이다. 혁서씨의 시대에는 백성들이 自然의 本性이 知와 欲의 放恣에 의해 어지럽혀지

지 않고 純朴 그 자체의 생활을 하였다는 뜻.

15) 含哺而熙 鼓腹而遊 : 먹을 것을 입에 물고 즐거워하고 배를 두드리며 노닐다. 哺는 입속에 머금고 있는 음식물. 餔와 통한다(馬叙倫, 王叔岷). 熙는 嬉와 통하는 글자(王夫之)로 즐긴다는 뜻. ≪淮南子≫ 〈俶眞訓〉편에도 비슷한 내용이 보인다. 삶을 유지하는 데 충분하기만 하면 그로 만족하여 더 이상의 욕심을 부리지 않는 소박・자족한 삶의 태도를 표현하고 있다. 赤塚忠은 ≪帝王世記≫와 ≪十八史略≫에 나오는 요임금시대의 어떤 노인이 땅을 두드리며 노래한 내용을 담은 〈擊壤歌〉도 이 편의 이 내용에서 展開되어 나온 것으로 추정하였다.

16) 民能以此矣 : 사람들의 능력은 이 정도에 그쳤음. 以는 已와 통용하며 止와 같은 뜻. ≪孟子≫ 〈梁惠王 上〉의 "無以則王乎"의 '無以'와 〈梁惠王 下〉의 "無已則有一焉"의 '無已'는 같은 뜻으로 이 또한 以와 已를 통용한 예이다.

17) 屈折禮樂 : 몸을 구부려 예악을 행함. 〈駢拇〉편에 이미 나온 구절. 해설은 〈駢拇〉편 제3장의 역주를 참고할 것. 곧 儀禮나 음악에 따라 몸을 굽히고 꺾는 동작을 강요함을 뜻한다.

18) 以匡天下之形 : 천하 사람들의 몸가짐을 바로잡으려 함. 匡은 바로잡는다는 뜻. 形은 形體로 사람의 몸뚱이. 여기서는 사람들의 몸가짐, 겉모습〔威儀〕을 뜻한다.

19) 縣跂仁義 : 인의의 가르침을 높이 매달아 놓음. 인의의 가르침을 내걸고 사람들로 하여금 숭상하게 하였다는 뜻. 縣은 懸과 같은 글자로 매달다는 뜻이고 跂는 발돋움하다는 뜻으로 羅勉道가 "縣跂仁義는 마치 사물을 매달고 사람들로 하여금 발돋움하여 그것에 미치도록 하는 것과 같이 함〔如縣物而使人跂足及之〕."이라고 풀이한 것이 적절하다.

20) 踶跂好知 : 발돋움하여 지혜를 좋아함. 踶跂는 발돋움하다는 뜻으로 억지로 노력한다는 의미이고 好知의 知는 智와 통용한다.

21) 此亦聖人之過也 : 이 또한 성인의 과실이다. 仁義를 내세우는 유가적 聖人이 바로 莊子的 유토피아 세계의 파괴자라는 뜻이다.

第10篇 胠篋

【해설】

'胠篋'은 작은 상자를 연다, 篋을 胠한다, 즉 상자를 열어 상자 안의 물건을 훔친다는 뜻이다.

≪經典釋文≫에서는 '擧事以名篇'이라 하나 篇首의 두 글자를 취하여 제목으로 한 것. 또 이 편은 〈騈拇〉·〈馬蹄〉 두 편과 관계가 깊고, 같은 그룹에 의해 쓰인 것으로 보인다.

유가적인 仁義·聖知 등은 위정자의 본질 - 大盜를 덮고 감추는 허위의식에 불과하다고 비난하고, 그것들을 棄去하여 옛날의 素朴한 이상사회 '至德之世'로 돌아가자고 호소한 문헌이다.

篇中, 이상사회의 이미지는 그 전의 아나키한 유토피아에서 후퇴하여 노자적인 리얼리즘(80장)에 접근해 있고 또 '故曰'을 머리에 얹은 ≪老子≫와 같은 句가 두 차례(3장. 魚不可脫於淵, 國之利器, 不可以示人. - 老子36장, 3장. 大巧若拙 - 老子45장)나오는 것 등에서, ≪老子≫ 형성의 과정과 竝行하여, 이미 ≪老子≫風 文獻의 一部가 성립하고 있음을 확인할 수 있다.

林希逸처럼 戰國時代의 莊周의 自筆로 믿는 학자도 없는 것은 아니나 근자에는 王夫之, 福永光司처럼 ≪老子≫의 祖述로 파악하는 자가 많다. 그러나 林疑獨 ≪莊子解≫·朱得之가 西漢의 文이라고 한 것이 옳을지도 모르겠다(≪史記≫ 莊子傳에 篇名이 보인다). 또한 武內義雄·許地山 ≪道敎史≫는 이 편과 ≪鬼谷子≫의 관계를 지적한다.

全篇이 1장을 이룬 논문이나(陳景元, 姚鼐), 편의상 4장으로 나눈다.

이 篇에서 주목되는 점은 池田知久도 지적하고 있듯이 "爲政者의 政治支配와 儒家의 '仁義' '聖知' 등의 이데올로기와의 相互依存의 交利關係를 예리하고도 명석하게 분석하고 있는 점."이라 할 수 있다.

第1章

將爲[1]胠篋[2]探囊發匱[3]之盜하야 而爲守備인댄 則必攝緘縢[4]固扃鐍[5]하나니 此 世俗之所謂知也라 然而巨盜至면 則負匱揭篋擔囊而趨[6]하야 唯恐緘縢扃鐍之不固也[7]하나니 然則鄕之所謂知者[8]不乃爲大盜積者也[9]아

故로 嘗試論之하노라 世俗之所謂知者 有不爲大盜하야 積者乎아 所謂聖者有不爲大盜하야 守者乎아 何以知其然邪오 昔者에 齊國에 隣邑이 相望하며 鷄狗之音이 相聞[10]하야 罔罟之所布와 耒耨之所刺[11]에 方二千餘里러니 闔四竟之內[12]하야 所以立宗廟社稷治邑屋州閭鄕曲者[13]는 曷嘗不法聖人哉[14]리오마는 然而田成子[15] 一旦[16]에 殺齊君而盜其國[17]하니 所盜者는 豈獨其國邪리오 竝與其聖知之法而盜之하니라 故로 田成子 有乎盜賊之名하나 而身處堯舜之安이라 小國이 不敢非하며 大國이 不敢誅하야 十二世를 有齊國[18]하니 則是는 不乃竊齊國과 竝與其聖知之法하야 以守其盜賊之身乎아

작은 상자를 열고 주머니를 뒤지고 궤짝을 뜯는 도둑을 염려하여 지키고 방비하기 위해서는 반드시 끈이나 줄을 당겨 단단히 묶고 빗장과 자물쇠를 튼튼히 채운다. 이것이 世俗에서 이른바 〈도둑을 방비하는〉 지혜이다. 그러나 큰 도둑이 오면, 궤짝을 통째로 등에 지고 상자를 손에 들고 주머니를 어깨에 메고 달아나면서 오직 끈이나 줄, 빗장이나 자물쇠가 견고하지 못할까 두려워한다. 그렇다면 앞서 이른바 지혜라는 것은 큰 도둑을 도와주는 것이 아니겠는가.

그 때문에 시험 삼아 따져 보려고 한다. 세속에서 이른바 지혜라는 것이 큰 도둑을 위해 도와준 것이 아니겠으며 이른바 聖이란 것이 큰 도둑을 위해 지켜

준 것이 아니겠는가.

어떻게 그렇다는 것을 알 수 있는가. 옛날 齊나라는 이웃 고을이 서로 바라보이며 닭 우는 소리와 개 짖는 소리가 서로 들려서 그물이 펼쳐지는 곳과 쟁기와 보습이 찌르는 곳이 사방 2천 리에 달했는데 사방 국경 안을 통틀어 宗廟와 社稷을 세우고 邑·屋·州·閭·鄕 등의 고을을 구석구석까지 다스림에 어찌 성인을 본받지 않았겠는가마는 田成子가 하루아침에 제나라 임금을 죽이고 그 나라를 훔쳤으니 훔친 것이 어찌 나라뿐이었겠는가. 聖知의 규범도 함께 훔쳤다. 그 때문에 田成子는 도적이라는 이름을 얻었지만 몸은 堯·舜과 같이 편안한 지위에 머물러 작은 나라가 감히 비난하지 못하고 큰 나라가 감히 誅伐하지 못해서 열두 세대 동안이나 제나라를 차지하였으니, 이는 제나라를 훔쳤을 뿐만 아니라 聖知의 규범까지 아울러 훔쳐서 도적의 몸을 지킨 것이 아니겠는가.

【역주】

1) 將爲 : 장차 염려함. 爲는 '때문에'라는 뜻으로 여기서는 '도둑질당할 것을 염려하다'는 의미가 포함되어 있다.
2) 胠篋 : 작은 상자를 엶. 곧 상자 안의 물건을 훔친다는 뜻. 胠(거)는 '열다'는 뜻. 馬叙倫은 劫의 가차자로 보고 빼앗는다는 뜻으로 보았지만 이 부분의 내용은 뒤의 큰 도둑과는 달리 상자를 통째로 빼앗는 것이 아니라 상자 속의 물건을 몰래 훔치는 좀도둑질을 의미하는 것으로 보는 것이 적절하다. 篋은 작은 상자. 큰 것을 箱이라 하고 좁고 긴 것을 篋이라 한다〔大曰箱 狹而長曰篋〕. 司馬彪는 "옆으로 여는 상자를 胠라 한다〔從旁開爲胠〕."라고 했다.
3) 探囊發匱 : 주머니를 뒤지고 나무 상자를 뜯어냄. 探은 손으로 더듬는 동작을 나타내는데 여기서는 '뒤지다'는 뜻이다. 囊은 주머니. 發은 열다는 뜻으로 여기서는 '뜯다'는 뜻으로 쓰였다. 匱(궤)는 궤짝으로 나무 상자. 陸德明은 우리〔檻〕라고 했다.
4) 攝緘縢 : 끈이나 줄을 당겨 단단히 묶음. 攝은 묶는다는 뜻이고 緘(함)과 縢(등)은 모두 끈의 종류. 李頤는 攝을 묶다〔結也〕는 뜻으로 풀이했고, 陸德明은 "緘과 縢은 모두 끈이다〔緘縢 皆繩也〕."라고 풀이했다. 한편 林希逸은 攝을 "얽어매다〔纏繞也〕."는 뜻으로 풀이했지만 의미의 차이는 없다.

5) 固扃鐍 : 빗장과 자물쇠를 튼튼히 채움. 固는 단단히 하다는 뜻이고 扃(경)과 鐍(결)은 모두 잠금 장치의 일종으로 扃은 빗장〔關〕이고 鐍은 자물쇠〔鎖〕. 崔譔과 李頤 모두 扃을 빗장〔關〕으로 풀이했다. 成玄英은 鐍을 자물쇠〔鎖〕로 풀이했다.

6) 負匱揭篋擔囊而趨 : 궤짝을 등에 지고 상자를 손에 들고 주머니를 어깨에 메고 달아남. 負는 등에 짊어짐. 揭는 손에 든다는 뜻이고 擔은 어깨에 멘다는 뜻. 匱, 篋, 囊은 각각 궤짝, 상자, 주머니. 馬叙倫은 ≪說文解字≫에서 "竭은 등에 짐이다〔竭負擧也〕."라고 한 풀이를 따라 揭를 竭의 가차자로 풀이했다.

7) 唯恐緘縢扃鐍之不固也 : 끈이나 줄, 빗장이나 자물쇠가 견고하지 못할까 두려워함. 도둑을 방비하기 위해서 만들어 놓은 것이 도리어 도둑이 바라는 것을 도와주는 도구가 됨을 풍자한 표현이다. 唯恐은 오직 ~할까 염려함.

8) 鄕之所謂知者 : 앞서 말한 지혜란 것. 곧 세속에서 말하는 도둑을 방비하는 지혜〔世俗之所謂知〕를 지칭한다. 鄕은 아까, 접때의 뜻으로 曏, 嚮, 向과 통용하며 여기서는 '앞서'의 뜻. 道藏본 林希逸의 ≪南華眞經口義≫와 褚伯秀의 ≪南華眞經義海纂微≫, 羅勉道의 ≪南華眞經循本≫, 趙諫議본 등에는 鄕이 모두 向자로 되어 있다(王叔岷, 方勇·陸永品).

9) 不乃爲大盜積者也 : 큰 도둑을 도와주는 것이 아니겠는가. 不乃는 無乃와 같고 무내는 無와 같다. 뒤의 의문사 也와 함께 "~한 것이 아니겠는가."로 번역하는 것이 적절하다. ≪論語≫의 無乃大簡乎(雍也), 無乃爲佞乎(憲問), 無乃爾是過與(季氏)의 "無乃~乎·與"와 같은 구문으로 이해하는 것이 옳다. 奚侗은 不은 無로 읽고 也는 乎로 읽어야 한다고 했는데 아래의 문장 '不乃竊齊國~盜賊之身乎'의 경우를 보더라도 타당한 견해이다. 陸樹芝, 陳壽昌 등도 不乃는 毋乃나 無乃와 같다고 풀이했다. 반면 不자를 끼어든 문자로 보거나(兪樾), 乃가 反자로 쓰인 인용을 들어 '도리어'의 뜻으로 풀이한 견해가 있지만 본문(아래의 則是不乃竊齊國 竝與其聖知之法 以守其盜賊之身乎)에서 동일한 표현이 반복되는 걸로 볼 때 적절치 않다. 또 馬叙倫은 乃를 啻의 가차자로 보고 不乃를 "~할 뿐만이 아니다."라는 뜻으로 보았지만 다소 지나친 견해이다. 積은 '미리 준비하다'의 뜻으로 결국 '도와주다'의 뜻이다.

10) 隣邑相望 鷄狗之音相聞 : 이웃 고을이 서로 바라보이며 닭 우는 소리와 개 짖는 소리가 서로 들림. 백성들의 수가 많음을 표현한 것으로 ≪孟子≫ 〈公孫丑 上〉에 "닭 우는 소리와 개 짖는 소리가 서로 들려서 사방 국경까지 이른다〔雞鳴狗吠相聞 而

達乎四境〕."라고 한 것과 마찬가지로 제나라의 부강함을 묘사한 것이다. 또 ≪老子≫ 제80장에 나오는 "이웃 나라가 서로 바라보이고 닭 우는 소리와 개 짖는 소리가 서로 들리는데 백성들은 죽을 때까지 서로 왕래하지 않는다〔隣國相望 鷄犬之聲相聞 民至老死不相往來〕."라고 한 표현과도 유사하다.

11) 罔罟之所布 耒耨之所刺 : 그물이 펼쳐지는 곳과 쟁기와 보습이 찌르는 곳. 곧 통치의 힘이 미치는 영역으로 여기서는 제나라의 영토가 넓음을 표현한 것이다. 罔罟(망고)는 鳥獸와 물고기를 잡는 그물. 耒耨(뇌누)는 쟁기와 보습. 罔罟之所布는 그물이 설치되어 있는 곳, 즉 山林川澤을 뜻하며 耒耨之所刺는 쟁기와 보습이 찌르는 곳, 즉 경작하는 땅을 의미한다.

12) 闔四竟之內 : 사방 국경 안을 통틀어. 闔(합)은 '문(짝)을 닫다'는 뜻. 金谷治는 '合'의 의미로, 池田知久는 '덮어서'의 의미로 보았다. 竟은 境과 통용하는 글자로 古逸叢書本에는 境으로 쓰여 있다(池田知久). 四竟之內는 사방 국경 안.

13) 治邑屋州閭鄕曲者 : 邑·屋·州·閭·鄕 등의 고을을 구석구석까지 다스린 법칙. 邑·屋·州·閭·鄕은 모두 행정구역의 대소를 나누는 단위. 成玄英은 ≪司馬法≫을 인용하여 "6尺=1步, 100步=1畝, 100畝=1夫, 3夫=1屋, 3屋=1井, 4井=1邑, 5家=1比, 5比=1閭, 5閭=1族, 5族=1黨, 5黨=1州, 5州=1鄕〔六尺爲步 步百爲畝 畝百爲夫 夫三爲屋 屋三爲井 井四爲邑 又云 五家爲比 五比爲閭 五閭爲族 五族爲黨 五黨爲州 五州爲鄕〕."으로 정리했다. 한편 鄭玄의 ≪周禮注≫에 나온 정리를 따르면 25家가 閭이고, 2500家가 州이고, 12500家가 鄕〔二十五家爲閭 二千五百家爲州 萬二千五百家爲鄕〕이다. 曲은 행정구역이 아니라 여러 단위로 표시된 고을의 일부분을 의미하는데 坊坊曲曲의 曲과 같다.

14) 曷嘗不法聖人哉 : 어찌 성인을 본받지 않았겠는가마는. 제나라 또한 앞에서 말한 종묘와 사직을 세우고 邑·屋·州·閭·鄕 등의 고을로 나누어 나라를 다스렸는데 이는 모두 성인의 법도를 본받은 것이라는 뜻. 曷은 어찌.

15) 田成子 : 齊나라 대부 田常(陳恒). 陳나라에서 제나라로 도망친 田完의 손자로 당시 제나라의 군주였던 簡公을 죽이고 간공의 아우였던 驁를 추대하여 평공을 세우고 국정을 전횡했다. 田常의 증손인 田和에 이르러 결국 군주를 내쫓고 스스로 제나라의 군주가 되었다. ≪論語≫ 등의 문헌에는 陳恒 또는 陳成子로 표기되어 있고 ≪史記≫ 등의 문헌에는 田常 또는 田成子로 표기되어 있는데 陳과 田의 음이 같고

常과 恒의 뜻이 같기 때문에 통용한 듯하다.

16) 一旦 : 하루아침에. 一朝와 같다. 一日로 된 인용이 있다(馬叙倫).

17) 盜其國 : 그 나라를 훔침. 田氏 일족이 제나라를 차지한 것은 위에서 밝힌 것처럼 田和에 이르러서이다. 그런데 여기서는 마치 田成子가 나라를 훔친 것처럼 표현하고 있는데 제나라를 훔치려는 계획이 전성자 때부터 시작된 것을 두고 과장해서 말한 것일 수도 있고, 司馬彪의 풀이처럼 "전성자가 안읍 이동에서 낭야에 이르는 지역을 분할하여 자신의 봉읍으로 삼은 것을 두고 말한 것〔謂割安邑以東至郎邪自爲封邑也〕."일 수도 있다. 其國이 齊國으로 된 인용이 있다(王叔岷).

18) 十二世有齊國 : 열두 세대 동안 제나라를 차지함. 十二의 위에 而자가 있는 인용이 있다(王叔岷). 十二世에 대해서는 陸德明이 "전경중에서 장자에 이르기까지 아홉 세대 동안 제나라 정치를 담당했고 태공 전화부터 위왕에 이르기까지 세 세대 동안 제나라 임금이었기 때문에 열두 세대라 한 것이다〔自敬仲至莊子 九世知齊政 自太公和至威王 三世爲齊侯 故云十二世也〕."라고 한 이래로 成玄英, 羅勉道, 焦竑 등 모두 그것을 정설로 따랐지만, 兪樾 등이 지적한 것처럼 전경중부터 헤아려서 열두 세대를 억지로 기워 맞추는 것은 적절치 않다. 兪樾과 馬叙倫은 十二世를 世世의 오기라 하고, 嚴靈峯은 十二世를 專의 오기라고 했지만 역시 근거가 지리멸렬하여 따르기 어렵다. 한편 于鬯은 ≪史記≫ 〈田完世家〉의 ≪索隱≫의 설을 채용하여 田成子에서 최후의 王建에 이르기까지 十世이지만, ≪竹書紀年≫에 근거해서 田成子와 太公 田和의 사이에 田悼子를 보충하고, 田和와 桓公 田午의 사이에 田剡을 보충하면 十二世가 된다(武內義雄, 關鋒)고 했는데 이 견해를 따를 만하다. 또한 陸樹芝, 金谷治 등은 B.C. 221년 王建이 秦始皇에게 항복하여 제나라는 멸망하였고, 이때에 천하가 통일되었으므로, ≪莊子≫ 이 편의 저작 시대는 제나라 마지막 제후인 왕건(B.C. 265 즉위)보다 이후의 것이고, 장주 본인보다는 후대의 것임을 확인할 수 있다(金谷治)고 했는데 참고할 만하다.

第2章

嘗試論之하노라 **世俗之所謂至知者**는 **有不爲大盜積者乎**아 **所謂至聖者**는 **有不爲大盜守者乎**아

何以知其然邪오 昔者에 龍逢이 斬[1]하며 比干이 剖[2]하며 萇弘이 胣[3]하며 子胥靡[4]하니 故로 四子之賢으로도 而身不免乎戮[5]하니라 故로 跖之徒 問於跖하야 曰盜亦有道乎아 跖曰 何適而無有道邪[6]리오 夫妄意室中之藏[7]이 聖也요 入先이 勇也요 出後 義也요 知可否 知也요 分均이 仁也라 五者 不備而能成大盜者天下未之有也라하니 由是로 觀之컨댄 善人이 不得聖人之道하야 不立하리며 跖도 不得聖人之道하야 不行하리라 天下之善人이 少하고 而不善人이 多하니 則聖人之利天下也 少하고 而害天下也多하도다

故로 曰 脣竭則齒寒[8]하고 魯酒薄而邯鄲圍[9]라하고 聖人生而大盜起하니 掊擊聖人하며 縱舍盜賊[10]하야서 而天下 始治矣리라 夫川竭而谷虛하고 丘夷而淵實하나니 聖人이 已死하면 則大盜不起[11]하야 天下平而無故[12]矣니라

시험 삼아 이에 대해 따져 보고자 한다. 세속에서 이른바 최고의 지혜라고 하는 것이 큰 도둑을 도와주지 않은 것이 있으며 이른바 지고의 성인이 큰 도둑을 위해 지켜 주지 않은 것이 있는가.

어떻게 그러함을 알 수 있는가. 옛적에 關龍逢은 〈桀王에게 간하다가〉 斬殺되었고, 比干은 〈紂王에게 간하다가〉 가슴을 찢겨 죽음을 당했으며, 萇弘은 〈靈王에게 간하다가〉 창자가 끊겨 죽음을 당했으며, 伍子胥는 〈夫差에게 간하다가〉 시신이 물속에서 썩게 되었다. 그러므로 이 네 사람의 현명함으로도 몸이 刑戮을 면치 못했다고 할 수 있다.

그래서 盜跖의 무리 중 한 사람이 도척에게 이렇게 물었다. "도둑질하는 데도 도가 있습니까?" 도척은 이렇게 대답했다. "어디엔들 도가 없겠느냐? 방 속에 감추어진 재화를 멀리서 바라보는 것만으로 짐작할 줄 아는 것이 聖이고, 도둑질할 때 먼저 들어가는 것이 勇이고, 맨 뒤에 나오는 것이 義이고, 도둑질이 가능할지 여부를 미리 아는 것이 知이고, 도둑질한 물건을 고루 분배하는 것이 仁이다. 이 다섯 가지를 갖추지 않고 큰 도둑이 된 자는 천하에 아직 없다."

이로 말미암아 살펴보건대 착한 사람이 聖人의 도를 얻지 못하면 자신의 善을 이룰 수 없지만 도척 같은 도둑도 성인의 도를 얻지 못하면 도둑질을 하지 못할 것이다. 그런데 천하에는 착한 사람이 적고 착하지 않은 사람이 많으니 성인이 천하를 이롭게 하는 것은 적고 천하를 해롭게 하는 것은 많다고 할 수 있다.

그 때문에 입술이 없어지면 이가 시린 것처럼 魯나라에서 담근 술이 시원찮자 趙나라의 邯鄲이 포위되고 성인이 나타나자 큰 도둑이 일어났다고 한다. 그러므로 성인을 배격하고 도둑들을 내버려 두어야 천하가 비로소 다스려질 것이다. 냇물이 마르면 골짜기가 비고, 언덕이 무너지면 깊은 연못이 메워진다. 성인이 죽고 나면 큰 도둑이 일어나지 않아서 천하가 다스려져서 변고가 없게 될 것이다.

【역주】

1) 龍逢斬 : 關龍逢은 참살당함. 龍逢은 關龍逢을 말하며 〈人間世〉편 제1장에 이미 나왔다. 夏나라 桀王의 충신으로 걸왕에게 간언하다가 살해되었다고 하는데 〈外物〉편에도 보인다.

2) 比干剖 : 비간은 가슴을 찢겨 죽음. 역시 〈人間世〉편 제1장에 나왔으며 〈山木〉, 〈外物〉, 〈盜跖〉편에도 보인다. 剖는 陸德明이 “심장을 가름을 말함〔謂剖心也〕.”이라고 풀이했다.

3) 萇弘胣 : 장홍은 창자가 끊겨 죽음. 萇弘은 周나라 靈王의 신하(司馬彪)라 하기도 하고, ≪春秋左氏傳≫의 기록을 들어 주나라 景王과 敬王의 신하라 하기도 한다(陸德明). 胣(이)는 ‘창자를 끊다, 가르다’는 뜻. 陸德明은 肔로 쓴 판본이 있다고 했는데, 趙諫議본을 비롯한 몇몇 판본은 지금도 肔로 되어 있다(王叔岷). 池田知久에 의하면 萇弘은 春秋 後期 周나라 景王과 敬王의 신하로 晉 叔向의 계략에 걸려 闇愚한 周王에 의해 살해되었는데, 그를 闇愚한 군주에게 살해된 충신·현인의 대표적인 예로 들고 있는 것은, ≪韓非子≫ 〈內儲說 下〉, ≪呂氏春秋≫ 〈必記〉편·〈離謂〉편, ≪韓非子≫ 〈難言〉편, ≪莊子≫ 〈外物〉편 등이라 했다.

4) 子胥靡 : 오자서는 시신이 물속에서 썩게 됨. 靡는 司馬彪의 풀이처럼 糜자의 뜻으로 썩어 문드러진다는 뜻. 崔譔이 “강 속에서 썩어 문드러짐이다〔爛之於江中也〕.”라고 풀이한 것도 같은 뜻이다. 陸德明은 “자서는 오원이다. 부차에게 간했는데 부차가 따르지 않고 촉루라는 검을 내려 주면서 자결하게 하자 강에 빠져 죽었다〔子

胥 伍員也 諫夫差 夫差不從 賜之屬鏤以死 投之江也].”라고 풀이했는데 伍子胥에 대한 자세한 전기는 ≪史記≫의 〈伍子胥列傳〉에 보인다.

5) 四子之賢 而身不免乎戮 : 이 네 사람의 현명함으로도 몸이 형륙을 면치 못함. 이 대목은 현자가 반드시 그 정당한 대접을 받는 것은 아니며 不賢者가 날뛰고 不賢者들이 그들의 賢明함을 거꾸로 利用하게 마련임을 말하고 있다. 成玄英은 “이 네 사람은 모두 충성스러운 마음과 어진 행실을 지니고 있었는데도 형륙을 면치 못했는데 그 이유는 무도한 자들이 군주의 세력을 믿고 성인들이 남긴 자취의 위엄에 의지하였기 때문에 충신들을 넘어뜨려 죽이고 해독을 마음대로 끼칠 수 있었음을 말한 것[言此四子共有忠賢之行 而不免于刑戮者 爲無道之人 恃君人之勢 賴聖迹之威 故得躓頓忠良 肆其毒害].”이라고 풀이했다.

6) 何適而無有道邪(야) : 어디엔들 도가 없겠는가. 王念孫이 ≪呂氏春秋≫ 〈當務〉편에 근거해서 ‘何適其有道邪’로 쓰고, 適은 啻와 같다는 주장을 한 이래 郭慶藩, 王叔岷, 阮毓崧 등이 여기에 찬성하고 있지만 본문의 맥락을 고려할 때 적절치 않다. 適은 往의 뜻으로 보는 견해(成玄英, 奚侗 등)가 고전의 용례에 부합되며 何適은 焉往과 같이 ‘어디에 간들’로 번역하는 것이 자연스럽다. 無有는 王念孫이 無를 끼어든 문자[衍文]라고 했는데 적절한 견해가 아니다. 또 武延緖는 ≪淮南子≫에 의해서 有를 衍文이라고 했는데 굳이 연문으로 처리하지 않고 본문을 그대로 두고 번역해도 의미의 차이는 없기 때문에 따르지 않는다.

7) 夫妄意室中之藏 : 방 속에 감추어진 재화를 멀리서 바라보는 것만으로 짐작하여 알아맞힘. 妄意는 멀리서 바라보기만 하고도 알아맞힌다는 뜻으로 여기의 妄은 멀리서 바라본다는 뜻인 望과 통용하는 글자로, ≪周易≫의 无妄이 ≪史記≫에 無望으로 인용되어 있는 것이 그 예이다. 福永光司와 金谷治는 妄을 ‘함부로’라는 의미로 해석하였고, 池田知久는 妄意를 ‘대강 짐작으로 알아맞히는 것’으로 풀이하였는데 모두 적절치 않다. 室中之藏은 방 속에 감추어진 재화. 여기의 中을 알아맞힌다는 뜻으로 풀이하는 견해(馬叙倫, 王叔岷)가 있고 나름대로 근거가 있으나 意자와 중복될 뿐더러 室中의 뜻이 분명하기 때문에 따르지 않는다.

8) 脣竭則齒寒 : 입술이 없어지면 이가 시림. ≪呂氏春秋≫ 〈權勳〉편, ≪淮南子≫ 〈説林訓〉편에 脣亡而齒寒이란 구절이 있고, ≪韓非子≫ 〈十過〉편, ≪春秋左氏傳≫ 僖公 5년에는 脣亡齒寒이란 구절이 있으며, ≪墨子≫ 〈非攻 中〉편, ≪戰國策≫ 趙

策一, ≪春秋公羊傳≫ 僖公 2년, ≪春秋穀梁傳≫ 僖公 2년 등에는 脣亡則齒寒, ≪戰國策≫ 漢策二에는 脣揭者其齒寒이라고 한 구절이 있다. 竭에 대해 兪樾은 負擧라 했고, 孫詒讓은 揭擧의 뜻으로 모두 들어 올린다는 뜻으로 보았지만 다른 문헌에 나온 것처럼 없어진다는 뜻으로 보는 것이 간명하다.

9) 魯酒薄而邯鄲圍 : 魯나라에서 담근 술이 시원치 않자 趙나라의 수도 邯鄲이 포위됨. 전혀 상관이 없을 것 같은 두 가지 일이 사실은 서로 연관되어 일어난다는 뜻으로 뜻밖의 因果관계로 인한 사건의 전개를 비유한다. 陸德明은 이에 관한 두 가지 고사를 소개하고 있는데 첫 번째는 "초나라 선왕이 제후들의 조공을 받을 때 노나라 공공이 나중에 도착한데다 바친 술마저 시원치 않자 선왕이 노해 공공을 모욕하려 했다. 그러자 공공이 명령을 받지 않고 마침내 말하기를 '우리 노나라는 주공의 맏이로 제후들의 어른이고 천자의 예악을 시행하며 주나라 왕실에 공훈을 세웠다. 내가 술을 보낸 것이 이미 실례한 것인데 바야흐로 술이 시원치 않다고 질책하는 것은 너무 심하지 않은가.' 하고는 마침내 인사도 하지 않고 노나라로 돌아가 버렸다. 선왕이 노하여 마침내 군대를 출동시켜 제나라와 함께 노나라를 쳤다. 당시 梁나라 惠王은 일찍이 趙나라를 치려고 했지만 楚나라가 趙나라를 구원할까 두려워서 하지 못했는데 초나라가 노나라와 전쟁을 하게 되었기 때문에 양나라가 조나라의 수도 한단을 포위할 수 있게 되었으니 상관없는 일이 서로 말미암음을 말한 것이다〔楚宣王朝諸侯 魯恭公後至而酒薄 宣王怒 欲辱之 恭公不受命 乃曰我周公之胤 長於諸侯 行天子禮樂 勳在周室 我送酒已失禮 方責其薄 無乃太甚 遂不辭而還 宣王怒 乃發兵與齊攻魯 梁惠王常欲擊趙 而畏楚救 楚以魯爲事 故梁得圍邯鄲 言事相由也〕."라고 했고, 두 번째는 "허신 주 ≪淮南子≫에 이르기를 '楚나라가 제후들과 회맹할 때 노나라와 조나라가 모두 초왕에게 술을 바쳤는데 노나라의 술은 시원찮았고 조나라의 술이 좋았다. 초나라에서 술을 담당하는 관리가 조나라에 술을 달라고 하자 조나라가 주지 않았다. 그 때문에 초나라 관리가 노하여 마침내 조나라의 좋은 술과 노나라의 시원찮은 술을 바꿔서 초왕에게 올렸다. 초왕은 조나라가 바친 술이 시원찮다고 여겼기 때문에 한단을 포위하였다.'고 했다〔許愼注淮南云 楚會諸侯 魯趙俱獻酒於楚王 魯酒薄而趙酒厚 楚之主酒吏求酒於趙 趙不與 吏怒 乃以趙厚酒易魯薄酒 奏之 楚王以趙酒薄 故圍邯鄲也〕."라고 풀이했다.

10) 縱舍盜賊 : 도둑들을 내버려 둠. 곧 성인의 법으로 도둑을 없애려 하는 것은 도리

어 도둑들을 가르치는 것이므로 차라리 그냥 내버려 두는 것이 도둑을 막는 길이라는 뜻이다. 縱舍는 내버려 둔다는 뜻. ≪老子≫ 제57장의 "법령이 드러날수록 도적이 더 많아진다〔法令滋彰 盜賊多有〕."는 내용과 유사한 취지이다.

11) 川竭而谷虛 丘夷而淵實 聖人已死 則大盜不起 : 냇물이 마르면 골짜기가 비고, 언덕이 무너지면 깊은 연못이 메워지고 성인이 죽고 나면 큰 도둑이 일어나지 않음. 냇물과 언덕은 성인을 비유하고, 골짜기와 연못은 도적을 비유한 것으로 성인이 만든 법도가 도둑을 없어지게 하기는커녕 도둑을 도와주는 것임을 풍자한 내용이다. 곧 냇물이 마르면 골짜기가 비고, 언덕이 무너지면 연못이 메워지는 것처럼 성인이 죽고 나면 큰 도둑이 나타나지 않을 것이라는 뜻. 丘夷의 夷는 平이니 丘夷는 곧 언덕이 무너져 평평해진다는 뜻.

12) 天下平而無故 : 천하가 다스려져서 변고가 없게 될 것임. 故는 事와 같은 의미로 여기서는 事故, 變故의 뜻으로 쓰였다.

第3章

聖人이 不死하면 大盜 不止하리니 雖重聖人하야 而治天下[1]하야도 則是重利盜跖也니라 爲之斗斛以量之인댄 則竝與斗斛而竊之[2]하고 爲之權衡以稱之[3]인댄 則竝與權衡而竊之하고 爲之符璽以信之[4]인댄 則竝與符璽而竊之하고 爲之仁義以矯之[5]인댄 則竝與仁義而竊之하나니 何以知其然邪오 彼竊鉤者는 誅호대 竊國者는 爲諸侯하나니 諸侯之門에 而[6]仁義存焉하니 則是非竊仁義聖知邪아 故로 逐於大盜하고 揭諸侯하야 竊仁義하고 竝斗斛權衡符璽之利者[7]란 雖有軒冕之賞하야도 弗能勸[8]하며 斧鉞之威라도 弗能禁하나니 此는 重利盜跖하야 而使不可禁者니 是乃聖人之過也니라

故曰 魚는 不可脫於淵이오 國之利器는 不可以示人[9]이니라 彼聖人者[10]는 天下之利器也라 非所以明天下也[11]니라 故로 絶聖棄知하여야 大盜 乃止[12]하며 擿玉毁珠하여야 小盜 不起[13]하며 焚符破璽하여야 而民朴鄙하며 掊斗折衡하여야 而民

이 不爭[14)]하며 殫殘天下之聖法[15)]하여야 而民始可與論議[16)]하리라 擢亂六律[17)]하며 鑠絶竽瑟[18)]하고 塞瞽曠之耳[19)]하여야 而天下에 始人含其聰矣[20)]리며 滅文章하며 散五采하고 膠離朱之目하여야 而天下에 始人含其明矣리며 毁絶鉤繩하며 而棄規矩 攦工倕之指[21)]하여야 而天下에 始人有其巧矣[22)]리라 故로 曰 大巧若拙[23)]이라하니라 削曾史之行하며 鉗楊墨之口하고 攘棄仁義 而天下之德이 始玄同矣[24)]리라 彼人含其明 則天下 不鑠矣[25)]오 人含其聰 則天下 不累矣[26)]오 人含其知 則天下不惑矣오 人含其德 則天下不僻矣리니 彼曾史와 楊墨과 師曠과 工倕와 離朱[27)]는 皆外立其德[28)] 而以爚亂天下者也[29)]라 法之所無用也[30)]니라

성인이 죽지 않으면 큰 도둑이 사라지지 않을 것이다. 비록 성인이 거듭 나타나 천하를 다스린다 해도 이는 盜跖 같은 도둑을 거듭 이롭게 해 주는 일일 뿐이다. 〈성인이 천하를 다스리기 위해〉 됫박을 만들어 곡식의 양을 헤아리면 도둑은 됫박까지 아울러 훔치고, 저울을 만들어 무게를 재면 저울까지 아울러 훔치고, 符璽를 만들어 신표로 삼으면 부새까지 아울러 훔치고, 인의를 만들어 바로잡으려 하면 인의까지 아울러 훔친다. 어떻게 그러함을 알 수 있는가. 혁대 고리를 훔친 자는 죽임을 당하지만 나라를 훔친 자는 제후가 된다. 제후들의 문에는 인의가 있으니 그렇다면 仁義와 聖知까지 훔친 것이 아니겠는가.

그 때문에 큰 도둑이라는 惡名을 떨쳐 버리고 제후라는 이름을 내세워 인의를 훔치고 됫박과 저울, 부새의 이로움까지도 아울러 훔치는 자들이란 높은 관직으로 보상을 해 줘도 선을 권장할 수 없고 도끼의 위협이 있다 하더라도 도둑질을 금지할 수 없다. 이는 도척 같은 도둑을 거듭 이롭게 해서 금지할 수 없게 하는 것이니 이것이 바로 성인의 잘못이다.

그래서 물고기는 깊은 물 속에서 벗어나서는 안 되고 나라의 이로운 기물은 사람들에게 보여 주어서는 안 된다고 말하는 것이다. 성인이라는 존재는 천하

를 다스리는 利器인지라 천하에 밝게 드러낼 것이 아니다. 그 때문에 聖과 知를 끊어 버려야 큰 도둑이 그칠 것이며, 보옥을 던져 버리고 구슬을 부숴 버려야 작은 도둑들이 일어나지 않을 것이며, 부새를 깨 버려야 백성들이 소박함을 회복하며, 됫박을 부수고 저울을 분질러 버려야 백성들이 다투지 않을 것이며, 천하의 聖法을 없애 버려야 백성들이 비로소 의논할 수 있게 될 것이다.

六律의 가락을 흩뜨려 버리고 악기를 태워 버리고 師曠의 귀를 막아 버려야만 천하에 비로소 사람들이 밝은 귀를 간직하게 될 것이며, 화려한 무늬를 없애고 다섯 가지 채색을 흩어 버리고 離朱의 눈을 갖풀로 붙여 버려야만 비로소 천하 사람들이 밝은 눈을 간직하게 될 것이며, 갈고리를 부수고 먹줄을 끊어 버리고 그림쇠와 곱자를 버리고 工倕의 손가락을 꺾어 버려야만 비로소 천하 사람들이 기술을 간직하게 될 것이다. 그 때문에 큰 기술은 마치 졸렬한 것 같다고 말하는 것이다.

曾參과 史鰌의 행실을 깎아 버리고 楊朱와 墨翟의 입에 재갈을 물리고 인의를 물리쳐 버리면 천하의 덕이 비로소 하나가 될 것이다. 천하의 사람들이 본래의 밝은 눈을 간직하게 되면 천하가 녹아 버리지 않을 것이고 천하의 사람들이 본래의 밝은 귀를 간직하게 되면 천하가 얽매이지 않을 것이고 천하의 사람들이 본래의 지혜를 간직하게 되면 천하가 미혹되지 않을 것이고 천하의 사람들이 본래의 덕을 간직하게 되면 천하가 치우치지 않게 될 것이다.

저 증삼과 사추, 양주와 묵적, 사광과 공수, 이주 같은 자들은 모두 밖으로 자신의 덕을 세워서 천하를 어지럽히는 자들이다. 참다운 규범으로서는 하나도 쓸모가 없는 존재들이다.

【역주】

1) 重聖人而治天下 : 성인이 거듭 나타나 천하를 다스림. 重은 거듭, 重複의 뜻. 代를 이어 거듭 나온다는 뜻이다. 郭象과 成玄英이 輕重의 重으로 풀이한 것은 잘못이다. 陶鴻慶은 增益의 뜻으로 풀이했는데 重複의 뜻으로 본 것이다.

2) 爲之斗斛以量之 則竝與斗斛而竊之 : 됫박을 만들어 곡식의 양을 헤아리면 도둑은

됫박까지 아울러 훔침. 向秀는 "이 이후로는 모두 참으로 올바른 사람이 아니면 비록 법도가 있어도 이로움이 없음을 밝힌 것〔自此以下 皆所以明苟非其人 雖法無益〕."이라고 풀이했다. 斗가 㪷로 인용된 경우가 있는데 斗의 俗字일 뿐 같은 뜻이다(王叔岷). 斗斛(두곡)은 量器의 이름. 斗는 대략 1.94리터, 斛은 그 10배이다(金谷治). 제나라는 중량을 헤아리는 단위를 네 종류를 쓰고 있었는데 豆(4升), 區(1斗6升), 釜(6斗4升), 鍾(6斛4斗)이다. 그런데 田成子의 집에서는 중량을 각각 늘려서 豆는 5升, 區는 2斗6升, 釜는 1斛2斗5升, 鍾은 12斛5斗로 중량을 제멋대로 늘려 사용하고 있었다. 그리고 인민에게 곡물을 빌려 줄 때는 자기 집의 큰 중량을 사용하고, 반납받을 때는 국가가 정한 작은 중량을 사용하여 인민들의 환심을 사서 은밀하게 찬탈을 준비하였는데 이런 내용이 ≪春秋左氏傳≫ 昭公 3년조에 보인다(福永光司). 池田知久는 ≪史記≫ 〈田完世家〉의 기록을 들어 "田乞(釐子)이 齊景公에게 등용되어 대부가 된 뒤 백성들에게 세금을 징수할 때는 적은 되로 받고, 백성에게 줄 때는 커다란 되를 사용하여 백성에게 음덕을 베풀었는데 景公이 금지하지 않았고, 그 아들인 田成子(田恒)도 백성들에게 대출할 때는 커다란 되를 사용하고 돌려받을 때는 작은 되를 사용하였다고 하는 고사와 이 대목은 관련이 있는 내용이며, 또한 이 부분은 진시황의 도량형 통일을 몰래 비난하고 있는 것 같다."라고 했는데 참고할 만하다. ≪韓非子≫, ≪晏子春秋≫, ≪春秋左氏傳≫ 등에도 비슷한 고사가 나온다(池田知久).

3) 爲之權衡以稱之 : 저울을 만들어 무게를 잼. 權衡은 저울. 엄밀하게 말하면 權은 저울추이고, 衡은 저울대에 해당한다. 稱은 저울로 재다는 뜻. 李頤는 "權은 저울추이고 衡은 저울대〔權 稱鎚 衡 稱衡也〕."라고 풀이했다. 馬叙倫은 權을 銓의 假借, 衡을 稱의 假借로 풀이했지만 본문을 그대로 두고도 무리 없는 해석이 가능하므로 굳이 따를 것은 없다.

4) 爲之符璽以信之 : 부새를 만들어 신표로 삼음. 符는 符信 또는 符節이고, 璽는 印章. 成玄英은 "符는 나누어 조각을 만들었다가 합치면 하나가 되는 것이니 요즘의 銅魚나 木契와 같은 것이고 璽는 왕자의 玉印이니 그것을 손에 쥐고 천하의 모든 사람을 신하로 부르는 도구이다〔符者 分爲而片 合而成一 卽今之銅魚木契也 璽者是王者之玉印也 握之所以攝召天下也〕."라고 풀이했다.

5) 爲之仁義以矯之 : 인의를 만들어 바로잡음. 矯는 바로잡다는 뜻. 馬叙倫은 ≪鄧析

子≫에는 矯가 敎로 되어 있다고 소개했다.

6) 而 : 곧.

7) 逐於大盜 揭諸侯 竊仁義 竝斗斛權衡符璽之利者 : 큰 도둑이라는 악명을 떨쳐 버리고 제후라는 이름을 내세워 인의를 훔치고 됫박과 저울, 부새의 이로움까지도 아울러 훔치는 자들. 逐於大盜 揭諸侯에 대해서는 이설이 분분하다. 成玄英은 逐을 '따르다'는 뜻〔逐 隨也〕으로 보아 대도가 되려 하는 것으로 보았고, 陸長庚은 "대도가 이미 성인의 법도를 훔쳐 나라를 차지하게 되면 모든 사람들이 나라를 얻으려는 이익을 추구하여 다투어 서로 도둑질을 하게 된다〔大盜旣竊聖人之法以得國 則人人逐於得國之利 而爭相盜竊〕."라고 풀이했고, 王敔는 달려가서 대도가 되려는 자〔馳逐而爲大盜者〕로 보았고, 阮毓崧 또한 逐을 좇아가다는 뜻〔逐 追隨也〕으로 풀이했는데 이처럼 逐於大盜를 대도가 되려 한다는 뜻으로 해석하는 그룹이 있다. 이와는 정반대로 林希逸의 경우 "대도라고 이름이 붙은 자는 사람들이 모두 쫓아내려고 한다〔名爲大盜者 人皆欲逐之〕."는 뜻으로 풀이했고, 赤塚忠은 "큰 도둑을 쫓아 버리다."는 뜻으로 해석하는 그룹으로 나뉘어진다. 그러나 이어지는 揭諸侯라는 구의 내용을 고려하면 이들의 견해는 모두 옳지 않으며 池田知久가 '大盜의 이름을 쫓아 버리다'는 뜻으로 풀이한 것이 가장 타당하다. 揭諸侯은 제후라는 이름을 내건다는 뜻. 陳景元은 "나라를 훔친 뒤에 밝게 드러내어 제후라고 스스로 이름을 붙인다〔盜國之後 顯然昭揭 以諸侯自名〕."라고 풀이했다.

8) 雖有軒冕之賞 弗能勸 : 비록 높은 관직으로 보상을 해 줘도 善을 권장할 수 없음. 軒은 고관이 타고 다니는 수레. 冕은 고관의 갓〔冠〕, 곧 軒冕之賞은 높은 관직으로 유혹해서 惡을 行하지 못하게 하는 것을 말한다. 賞은 賞與, 勸은 惡을 행하지 않고 善을 행하도록 권면하는 것.

9) 魚不可脫於淵 國之利器 不可以示人 : 물고기는 깊은 물 속에서 벗어나서는 안 되고 나라의 이로운 기물은 사람들에게 보여 주어서는 안 됨. 이 구절은 ≪老子≫ 36장에도 魚不可脫於淵 國之利器 不可以示人으로 나오며 ≪韓非子≫ 〈喩老〉편 · 〈內儲說 下〉 · ≪淮南子≫ 〈道應訓〉편에도 老子의 말로써 인용되어 있다. 단지 ≪莊子≫의 이 부분과 ≪韓非子≫ 등에 인용된 내용과는 약간의 차이점이 있다. 곧 여기서는 단순히 故曰이라고 말하고 노자와 관계가 없다는 점, 그리고 利器에 관한 구체적인 내용이 上文에 기술되어 있다는 점 등에서 주목할 만하다(赤塚忠, 池田知久).

10) 彼聖人者 : 褚伯秀, 吳汝綸 등은 聖人을 聖知로 써야 한다고 했는데 ≪莊子闕誤≫의 張君房본에도 聖知로 되어 있다. 본문에서는 굳이 바꾸지 않아도 뜻이 통하므로 그대로 두고 번역하였다.

11) 非所以明天下也 : 천하에 밝게 드러낼 것이 아님. 武延緖는 明을 利의 誤記, 또는 所를 可의 誤記라고 주장했고, 王叔岷은 明자 아래에 示자가 누락되었다고 주장하지만 모두 근거가 박약하다. 여기서는 그대로 두고 번역하였다.

12) 絶聖棄知 大盜乃止 : 聖과 知를 끊어 버려야 큰 도둑이 비로소 그침. ≪老子≫ 19장에 이와 유사한 내용으로 "성과 지를 끊어 버리면 백성들의 이익이 백 배가 될 것이며 仁과 義를 끊어 없애면 백성들이 다시 孝와 慈를 회복할 것이며 기술과 이로움을 없애 버리면 도적이 없어질 것이다〔絶聖棄智 民利百倍 絶仁棄義 民復孝慈 絶巧棄利 盜賊無有〕."라고 한 대목이 보인다.

13) 擿(척)玉毁珠 小盜不起 : 보옥을 던져 버리고 구슬을 부숴 버려야 작은 도둑들이 일어나지 않을 것임. 陸德明은 "擿의 뜻은 擲자와 같다〔擿 義與擲字同〕."라고 풀이했고, 崔譔은 "투기함과 같다〔猶投棄之也〕."라고 풀이했다. 이하의 취지는 ≪老子≫ 3장에서 "얻기 어려운 재화를 중시하지 않아서 백성들로 하여금 도둑질하지 않게 한다〔不貴難得之貨 使民不爲盜〕."라고 한 대목과 같다(池田知久).

14) 掊斗折衡 而民不爭 : 됫박을 부수고 저울을 분질러 버려야 백성들이 다투지 않을 것임. 掊는 剖로 쓴 인용(劉文典, 王叔岷)을 따라 부수다는 뜻으로 보는 것이 적절하다. 馬叙倫은 ≪說文解字≫를 인용하여 剖를 判의 뜻으로 풀이했는데 같은 뜻이다.

15) 殫殘天下之聖法 : 천하의 성법을 다 없애 버림. 陸德明은 殫을 다하다〔盡〕의 뜻으로 풀이했다.

16) 民始可與論議 : 백성들이 비로소 논의할 수 있게 됨. 곧 백성들이 순박해져서 함께 도를 말할 수 있게 된다는 뜻. 林希逸은 "성인의 법도를 다 없애 버리면 백성들이 비로소 순수해져서 함께 도를 말할 수 있게 된다〔盡去聖人之法 民始純一可與言道也〕."라고 풀이했다.

17) 擢亂六律 : 육률의 가락을 흩뜨려 버림. 成玄英은 擢을 뽑아 버리다〔拔〕의 뜻으로 풀이했고, 馬叙倫은 攪의 假借로, 楊樹達은 아래의 爚과 같다고 풀이했고, 高亨은 挑의 假借, 赤塚忠은 掉의 假借라고 주장했지만 擢을 拔擢의 뜻으로 풀이한 成玄英의 견해가 간명하다. 擢亂은 '흩뜨려 놓다', '빼내어 어지럽히다'의 뜻.

18) 鑠絶竽瑟 : 피리나 거문고 따위의 악기를 태워 버림. 鑠은 崔譔이 "불태워 없애 버린다〔燒斷之也〕."는 뜻으로 풀이한 것이 적절하다. 竽瑟은 피리나 거문고 따위의 악기. 竽는 笙과 비슷한 대나무 피리이고 瑟은 거문고의 일종이다.

19) 塞瞽曠之耳 : 사광의 귀를 막아 버림. 瞽曠은 본서의 〈齊物論〉 제1장, 〈駢拇〉 제1장, 제5장에 나왔던 師曠이다. 맹인이었기 때문에 瞽라 호칭한 것으로 王叔岷이 師曠의 誤字라고 주장하면서 師曠으로 표기된 판본을 소개하고 있지만 채택하지 않는다. 塞은 崔譔이 "가로막는다〔杜〕."는 뜻으로 풀이한 것이 적절하다.

20) 天下始人含其聰矣 : 천하에 비로소 사람들이 밝은 귀를 간직하게 될 것임. 福永光司는 이 구절은 ≪老子≫ 제55장에서 "德을 두터이 지니고 있는 사람은 어린아이와 비슷하다〔含德之厚 比於赤子〕."라고 한 부분과 관계가 있을 것이라고 주장했는데 참고할 만하다.

21) 攦工倕之指 : 공수의 손가락을 꺾어 버림. 工倕는 전설상의 인물로 ≪書經≫ 〈舜典〉에 의하면 舜임금에게 부름 받아 共工의 관직에 임명되었다고 한다. 그러나 本書 〈達生〉·≪墨子≫ 〈非儒 下〉·≪楚辭≫ 〈九章〉·〈七諫〉 등에도 보이는데, 여기의 工倕와 舜과의 관계는 분명하지 않다. 攦(려)는 꺾어 버리다의 뜻. 李頤는 꺾다〔折〕로 풀이했고 崔譔은 찢다〔撕〕로 풀이했는데 큰 차이는 없다.

22) 天下始人有其巧矣 : 천하 사람들이 비로소 기술을 간직하게 될 것임. 王叔岷은 有를 含으로 쓴 인용을 소개하면서 含이 옳다고 하지만 굳이 바꿀 것까지는 없다.

23) 故曰大巧若拙 : 그래서 큰 기술은 마치 졸렬한 것 같다고 말하는 것이다. 이 구절은 ≪老子≫ 제45장에도 보인다. 다만 林雲銘, 王懋竑 등은 잘못 끼어든 글자라고 의심했는데 참고할 만하다.

24) 天下之德始玄同矣 : 천하의 덕이 비로소 하나 될 것임. 郭象은 玄同을 "현덕과 같아질 것이다〔同於玄德也〕."라고 풀이했고, 成玄英 또한 "현도와 뒤섞여 하나될 것이다〔與玄道混同也〕."라고 풀이했다. 한편 赤塚忠은 〈馬蹄〉편의 同德과 거의 같은 사상이라고 했는데 참고할 만하다.

25) 天下不鑠矣 : 천하가 녹아 버리지 않을 것임. 不鑠은 녹아 버리지 않는다는 뜻으로 여기서는 현혹당하지 않는다는 뜻으로 쓰였다. 崔譔은 鑠을 소멸되다〔消壞也〕로 풀이했고, 馬叙倫은 흐리다는 뜻인 眊의 假借로 풀이했다.

26) 天下不累矣 : 천하가 얽매이지 않을 것임. 馬叙倫은 ≪說文解字≫에서 聵는 귀가

먹음이다〔聵 聾也〕라고 풀이한 것을 들어 累를 聵의 가차로 풀이했지만 成玄英이 "근심하고 걱정한다〔憂患也〕."는 뜻으로 풀이한 것이 간명하다.

27) 離朱 : 古逸叢書本에는 者자가 없다(池田知久).

28) 外立其德 : 밖으로 자신의 덕을 세움. 林希逸은 "외물을 중시하여 본심을 잃어버림〔重外物而失本心也〕."이라고 풀이했다.

29) 爚亂天下者也 : 천하를 어지럽힘. 爚亂은 현혹시키고 어지럽힌다는 뜻. 陸德明은 ≪三蒼≫을 인용하면서 爚을 "화광이 흩어짐〔火光銷也〕."이라고 풀이했고, 司馬彪와 崔譔은 "흩어짐〔散也〕."으로 풀이했다. 林希逸은 "연기를 피워 대고 구워 발라서 어지럽게 함을 말한 것〔言熏灼而撓亂也〕."이라고 풀이했고, 宣穎은 "불이 어지럽게 흩날림〔火亂飛也〕."으로 풀이했고, 阮毓崧은 ≪說文解字≫를 인용하여 "불이 날리는 모양〔火飛也〕."으로 풀이했다. 한편 馬叙倫은 爚亂을 앞에 나온 擢亂과 같은 것〔爚亂 與擢亂同〕이라고 했는데 참고할 만하다.

30) 法之所無用也 : 참다운 규범으로서는 하나도 쓸모가 없는 존재들임. 法은 위 문장의 聖法을 받는다. 高亨은 所無用을 無所用의 잘못 쓴 것이라고 하지만 굳이 고칠 것까지는 없다. 林希逸은 "올바른 법도를 기준으로 말하면 이런 사람들은 모두 쓸모가 없으니 모두 사라져야 마땅함을 말한 것이다〔以正法言之 此等人皆無所用 言皆當去也〕."라고 풀이했다.

第4章

子는 獨不知至德之世乎[1]아 昔者容成氏[2]와 大庭氏[3]와 伯皇氏[4]와 中央氏[5]와 栗陸氏[6]와 驪畜氏[7]와 軒轅氏[8]와 赫胥氏[9]와 尊盧氏[10]와 祝融氏[11]와 伏犧氏[12]와 神農氏[13]왜니라(와이니라) 當是時也[14]하야 民이 結繩而用之[15]하야(하면서) 甘其食하며 美其服하며 樂其俗하며 安其居라 隣國이 相望하며 鷄狗之音이 相聞[16]호대 民이 至老死하도록 而不相往來[17]하더니 若此之時는 則至治已[18]러니라 今에 遂至使民으로 延頸擧踵하야 曰某所에 有賢者라하야 贏糧而趣之[19]하니 則內棄其親하며 而外去其主之事[20]하고 足跡이 接乎諸侯之境[21]하며 車軌 結乎千

里之外[22)]하나니 則是上이 好知之過也[23)]니라

上이 誠好知而無道하면 則天下 大亂矣리라 何以知其然邪오 夫弓弩畢弋機變[24)]之知 多則鳥 亂於上矣[25)]오 鉤餌[26)]罔罟罾笱[27)]之知 多則魚 亂於水矣[28)]오 削格[29)]羅落[30)]罝罘[31)]之知 多則獸 亂於澤矣오 知詐漸毒[32)]과 頡滑[33)]堅白[34)]과 解垢[35)]同異[36)]之變이 多則俗이 惑於辯矣라 故로 天下每每[37)]大亂홈이 罪在於好知하니라 故로 天下 皆知求其所不知하고 而莫知求其所已知者하며 皆知非其所不善하고 而莫知非其所已善者라 是以로 大亂이니라 故로 上悖日月之明[38)]하며 下爍山川之精[39)]하며 中墮四時之施[40)]하야 惴耎之蟲[41)]과 肖翹之物[42)]이 莫不失其性하나니 甚矣夫라 好知之亂天下也여 自三代以下者 是已라 舍夫種種之民[43)]하고 而悅夫役役之佞[44)]하며 釋夫恬淡無爲[45)]하고 而悅夫啍啍之意[46)]하나니 啍啍已면 亂天下矣[47)]니라

그대도 至德이 유지되었던 시대를 알고 있을 것이다. 그 옛날 容成氏·大庭氏·伯皇氏·中央氏·栗陸氏·驪畜氏·軒轅氏·赫胥氏·尊盧氏·祝融氏·伏犧氏·神農氏 등 열두 명의 제왕이 천하를 다스렸던 시대가 있었다. 그 시대에는 백성들이 새끼줄을 묶어서 서로 뜻을 전달하면서 자기들이 먹는 음식을 달게 여겼으며 자기들이 입는 옷을 아름답게 여겼으며 자기들의 풍속을 즐거워했으며 자기들이 사는 집을 편안하게 여겼다. 이웃 나라가 서로 바라다 보이고 닭 우는 소리와 개 짖는 소리가 서로 들릴 정도였는데도 백성들은 늙어 죽을 때까지 서로 오가지 않았으니 이 시대야말로 지극히 잘 다스려진 시대였다.

그런데 지금에 와서는 마침내 백성들로 하여금 목을 길게 빼고 발뒤꿈치를 들고서 "어디 어디에 賢者가 있다."고 해서 식량을 짊어지고 달려가게 함에 이르렀다. 그렇게 해서 결국 안으로는 어버이를 버리고 밖으로는 군주에 대한 의무를 내던져 발자취가 다른 제후국의 영토까지 미치고 수레바퀴 자국이 천 리 밖에까지 연결되게 되었으니 이것은 윗사람이 지혜를 좋아하게 되었기 때문에

비롯된 과실이다.

윗사람이 참으로 지혜를 좋아하고 도를 무시하게 되면 천하는 크게 어지러워질 것이다. 어떻게 그러함을 알 수 있는가. 무릇 활과 쇠뇌, 새그물과 주살 따위의 도구를 이용하는 지혜가 많아지면 새들은 하늘에서 어지러움에 빠지고, 낚싯바늘과 미끼, 크고 작은 그물, 삼태그물과 통발 따위를 이용하는 지혜가 많아지면 물고기들은 물속에서 어지러움에 빠지고, 木柵과 새잡는 그물, 토끼그물, 짐승잡는 그물 따위의 도구가 많아지면 짐승들이 늪에서 어지러움에 빠지고, 남을 속이는 못된 지혜, 매끄러운 말재주와 堅白論 따위의 그릇된 언변과 同異의 궤변이 많아지면 세속의 사람들이 이 같은 말다툼으로 인해 어지러움에 빠진다. 그 때문에 천하가 캄캄해져 크게 어지러워지는 것은 그 죄가 지혜를 좋아하는 데 있다.

그러므로 천하 사람들이 모두 아직 알지 못하는 것을 알려고만 하고 이미 알고 있는 것을 추구할 줄 모르며, 모두 좋지 않다고 생각하는 것을 비난할 줄만 알고 이미 좋다고 생각한 것을 그르다고 할 줄은 모른다. 그 때문에 세상이 크게 어지러워지는 것이다. 그러므로 위로는 해와 달의 밝음에 어긋나고, 아래로는 산천의 精氣를 태워 버리고, 중간에서는 사계절의 자연스런 운행을 파괴하여 땅 위를 꿈틀거리는 벌레와 나비나 벌 같은 작은 곤충까지도 모두 그 자연스런 본성을 잃고 만다. 심하구나. 지혜를 좋아함이 천하를 어지럽힘이여. 夏, 殷, 周 삼대 이하의 세상이 바로 이런 시대에 해당한다. 저 소박한 민중들을 버리고 곰상스러운 말재간꾼이나 좋아하며, 편안하고 담백하며 작위가 없는 무위를 버리고 어지러이 말재주를 부리는 인위적 욕망을 좋아하니 말이 많아지면 천하가 어지러워진다.

【역주】

1) 子獨不知至德之世乎 : 그대만 홀로 至德이 유지되었던 시대를 알지 못하는가. 곧 틀림없이 알고 있을 것이라는 뜻. 世자가 時자로 쓰인 인용이 있지만 唐 太宗 李世民의 諱를 피한 것일 뿐 같은 뜻이다(池田知久).

2) 容成氏 : 고대의 제왕. 이하 열두 사람은 모두 고대의 제왕이다. 司馬彪는 "이 열두 사람은 모두 옛날 제왕이다〔此十二氏皆古帝王〕."라고 풀이했다. 容成氏는 ≪呂氏春秋≫ 〈勿躬〉편이나 ≪世本≫ 〈作篇〉에는 曆을 만든 사람이라 했고, 본서 〈則陽〉편에도 보이는데 옛날 帝王이라고 분명하게 밝히고 있는 것은 이 편뿐이다(池田知久).

3) 大庭氏 : ≪漢書≫ 古今人表에는 大廷氏로 되어 있고 ≪帝王世紀≫에도 보인다(池田知久).

4) 伯皇氏 : ≪漢書≫, ≪帝王世紀≫에서는 相皇氏로 되어 있고, 또 栢皇氏로 표기한 인용도 있다(馬叙倫, 池田知久).

5) 中央氏 : ≪漢書≫, ≪帝王世紀≫ 등에 보인다. 中皇氏로 표기된 引用도 있다(王叔岷). 본서의 〈應帝王〉편에 나오는 '中央之帝'와 관계가 있는지 알 수 없다(池田知久).

6) 栗陸氏 : ≪漢書≫, ≪帝王世紀≫ 등에 보인다. ≪鄧析子≫ 〈轉辭〉편에는 "栗陸氏가 東里子를 죽였다〔栗陸氏殺東里子〕."는 내용이 나온다(池田知久).

7) 驪畜氏 : 陳景元은 ≪莊子音義≫에서 인용한 江南古藏本에는 驪運氏로 되어 있고, 그 외에 驪運氏로 표기한 인용도 있다(馬叙倫). ≪漢書≫, ≪帝王世紀≫ 등에도 나온다(池田知久).

8) 軒轅氏 : 흔히 황제를 軒轅氏라고 하지만 여기의 軒轅氏가 바로 黃帝를 지칭하는지는 분명치 않다(池田知久).

9) 赫胥氏 : 〈馬蹄〉편 제3장의 赫胥氏 이야기를 擴大하여 모두 12人으로 한 것이 이 편의 記述이다. ≪漢書≫, ≪帝王世紀≫ 등에도 보인다(池田知久).

10) 尊盧氏 : ≪漢書≫, ≪帝王世紀≫ 등에도 보인다(池田知久).

11) 祝融氏 : ≪呂氏春秋≫ 〈勿躬〉편이나 ≪世本≫ 〈作篇〉에는 저자〔市〕를 만든 文化英雄으로 나와 있고, ≪呂氏春秋≫ 孟·仲·季夏記에는 여름〔夏〕의 神으로 되어 있다(池田知久).

12) 伏犧氏 : 伏을 虙으로 표기한 인용(清末 吳汝綸), 犧를 戱 또는 羲로 표기한 판본(寺岡龍含)과 引用(馬叙倫)이 있다. 〈人間世〉편 제1장과 〈大宗師〉편 제1장에 이미 나왔다. 〈繕性〉편이나 〈田子方〉편과 다르게 '至德之世'의 제왕으로 나온 것을 주목할 만하다. 삼황(伏犧, 神農, 燧人)의 한 사람으로 처음으로 팔괘를 만들고 수렵, 어업, 목축 등을 백성에게 가르쳤다고 한다(池田知久).

13) 神農氏 : ≪周易≫ 〈繫辭傳 下〉에 인류에게 농업과 상업을 가르쳐 준 神으로 나온

다. 본서의 〈至樂〉·〈讓王〉·〈盜跖〉 등의 편에서도 여기서처럼 '至德之世'의 제왕과 비슷한 인물로 그려지고 있다(池田知久).

14) 當是時也 : 이 때를 맞이하여. 이 시대에는. 馬叙倫은 時也가 之時로 표기된 인용을 소개하고 있다.

15) 民結繩而用之 : 새끼줄을 묶어서 사용함. 곧 문자를 사용하지 않고 새끼줄을 묶어서 서로 뜻을 전달한다는 뜻. 이 구절에 以爲政 세 글자가 붙어 있는 인용이 있다(馬叙倫). 《周易》〈繫辭傳 下〉에 "상고시대에는 새끼줄을 묶어서 다스렸는데 후세에 성인이 서계문자로 바꾸었다〔上古結繩而治 後世聖人易之以書契〕."라고 한 내용이 보이며, 《老子》 제80장에서는 "백성들로 하여금 다시 새끼줄을 묶어서 서로의 뜻을 전달하게 하고 자신들의 음식을 맛있게 여기고 자신들의 옷을 아름답게 여기며, 자신들의 거주지를 편안하게 여기고 자신들의 풍속을 즐기게 해서 이웃 나라가 서로 바라보일 정도로 가까이 있고 닭 우는 소리와 개 짖는 소리가 서로 이어져 들릴 정도로 사람 수가 많다 하더라도 백성들이 늙어 죽을 때까지 서로 왕래하지 않게 한다〔使民復結繩而用之 甘其食 美其服 安其居 樂其俗 隣國相望 鷄犬之聲相聞 民至老死不相往來〕."라고 했는데 본서의 이 부분과 거의 같은 내용이다. 赤塚忠은 後者에 使字가 머리에 쓰이고 있음을 들어 《老子》에서는 法律·文書·學問 등을 배척하고 素朴主義를 취하게 하는 정책의 하나로 나타나고 있고, 이 편에서는 이것도 인민의 素朴自足의 상태를 나타내는 표현으로 轉用한 것이라고 해석했는데 참고할 만하다.

16) 鷄狗之音相聞 : 닭 우는 소리와 개 짖는 소리가 서로 들림. 곧 닭 우는 소리와 개 짖는 소리가 이어져 들릴 정도로 거주하는 백성들의 수가 많다는 뜻. 狗가 犬으로 표기된 판본과 인용이 있다(馬叙倫, 王叔岷). 마왕퇴 帛書 《老子》에도 甲本은 狗, 乙本은 犬으로 표기되어 있다. 《老子》에는 音이 聲으로 표기되어 있다(池田知久).

17) 不相往來 : 서로 왕래하지 않음. 不相與往來로 되어 있는 판본도 있다(陸德明).

18) 若此之時則至治已 : 이 시대야말로 지극히 잘 다스려졌음. 唐寫本에는 之자가 없고(羅振玉), 없는 인용도 있다(王叔岷). 已자가 也자로 된 인용도 있고(劉文典, 王叔岷), 也已로 된 인용도 있다(王叔岷).

19) 贏糧而趣之 : 식량을 싸 짊어지고 달려감. 崔譔은 贏을 "싸다〔裹也〕."는 뜻으로 풀

이했는데 王念孫의 견해처럼 '메다'는 뜻인 擴자로 풀이하는 것이 좀 더 정확하다. 馬叙倫은 ≪廣雅≫ 〈釋言〉에 짊어지다〔負也〕라고 풀이한 것을 들고 齊楚陳宋 지역의 方言이라 했는데 참고할 만하다. 〈庚桑楚〉편에도 贏糧이라는 표현이 나오며 古逸叢書本에는 糧이 粮으로 되어 있다. 또 趣자가 赴자로 된 인용이 있다(劉文典, 池田知久).

20) 外去其主之事 : 밖으로는 군주에 대한 의무를 내던짐. 去자가 棄로 표기된 인용이 있다(劉文典).

21) 足跡接乎諸侯之境 : 발자취가 다른 제후국의 영토까지 미침. 乎자가 빠져 있는 판본이 있다(馬叙倫).

22) 車軌結乎千里之外 : 수레바퀴 자국이 천 리 밖에까지 연결됨.

23) 則是上好知之過也 : 이는 윗사람이 지혜를 좋아하게 되었기 때문에 비롯된 과실임. 唐寫本에는 上자 아래에 之자가 붙어 있다(羅振玉). 古逸叢書本에는 之過가 也過로 되어 있지만 잘못된 것이다(劉文典). 이 부분은 ≪老子≫ 제65장에 보이는 "지혜를 가지고 나라를 다스리는 것은 나라를 해치는 것이다〔以智治國 國之賊〕."라고 된 부분과 관련이 있다.

24) 畢弋機變 : 새그물과 주살 등 속임수를 써서 짐승을 잡는 도구. 畢은 罼로 된 인용이 있다(馬叙倫). 李頤는 "토끼그물을 畢이라 한다〔兎網曰畢〕."라고 했지만 여기서는 뒤의 鳥亂於上矣라는 구절에 따라 새그물로 보는 것이 적절하다. 成玄英은 "그물이 작으면서 빛나고 모양이 필성처럼 생겼기 때문에 필이라고 이름을 붙인 것〔網小而炳 形似畢星 故名爲畢〕."이라고 풀이했다. 弋(익)은 李頤가 "실을 묶어서 쏘는 것을 익이라 한다〔繳射曰弋〕."라고 풀이한 것이 적절하다. 機變에 대해서는 機와 變을 각각 기계나 그물 따위의 도구로 보고 기를 쇠뇌의 방아쇠를 말한다〔弩牙曰機〕고 풀이한 李頤와 변을 羉의 잘못이라고 한 奚侗의 견해가 있지만, ≪孟子≫ 〈盡心 上〉에 "爲機變之巧者"라고 나오는 맥락을 고려할 때 林希逸이 "機變은 속임수를 쓰는 것〔機變 變詐也〕."이라고 풀이한 것이 적절하다.

25) 鳥亂於上矣 : 새들은 하늘에서 어지러움에 빠짐. 上은 上天. 武延緖는 上을 山의 잘못이라고 했지만 뚜렷한 근거가 없다(池田知久).

26) 鉤餌 : 낚싯바늘과 미끼. 鉤는 낚싯바늘. 餌는 미끼. 王念孫은 鉤자가 釣자로 되어 있는 인용을 들어 釣가 옳다고 했는데 鉤와 釣는 본래 통하는 글자이므로 그대로

두고 해석하는 것이 무난하다. 陸德明 또한 "鉤는 낚시하는 것이고 餌는 물고기 밥이다〔鉤 釣也 餌 魚餌也〕."라고 풀이했다.

27) 罔罟罾笱(망고증구) : 크고 작은 그물, 삼태그물과 통발 따위. 罾은 주살을 뜻하는 矰자로 된 인용이 있으나(馬叙倫) 여기서는 물고기를 잡는 도구이므로 주살로 보는 것은 옳지 않다. 陸德明은 罾을 어망〔罾 魚網也〕이라 풀이했는데 여기서는 成玄英이 罟와 罾을 모두 그물로 풀이한 것을 따라 罾을 그물의 종류인 삼태그물로 풀이했다.

28) 魚亂於水矣 : 물고기들이 물속에서 어지러움에 빠짐. 王叔岷은 水자가 下자로 된 인용을 소개하고 있는데 위의 이 구절이 鳥亂於上矣와 대구를 이루고 있기 때문에 筆寫 과정에서 바뀐 것으로 추정된다.

29) 削格 : 그물을 걸어두는 木柵. 이설이 분분하지만 李頤와 林希逸의 견해를 따라 그물을 설치하는 목책으로 보는 것이 무난하다.

30) 羅落 : 줄줄이 엮어져 있는 그물. 羅는 그물. 落자가 絡으로 된 인용이 있는 것으로 미루어 絡의 假借일 것이라는 견해(王敔, 奚侗, 馬叙倫, 王叔岷 등)가 유력하다. 王敔는 "끈으로 덫을 만들어 여우나 토끼를 잡는 것〔以繩爲機而取狐兎者〕."이라고 풀이했다.

31) 罝罘(저부) : 토끼그물과 짐승잡는 그물. 罝는 토끼그물. 罘 또한 짐승을 잡는 데 쓰는 그물. 陸德明은 "토끼그물을 罝라 한다〔兎罟謂之罝〕."라고 풀이했고, 成玄英은 罝罘를 모두 토끼그물〔兎網也〕이라고 풀이했다. 罘가 罦로 된 판본도 있는데(武延緒, 馬叙倫) 역시 짐승을 잡는 데 쓰는 그물이다.

32) 漸毒 : 속임수. 李頤는 漸毒을 "점차 스며드는 독은 모르는 사이에 깊이 중독된다〔漸漬之毒 不覺深也〕."라고 풀이했고, 崔譔도 "깊이 해침과 같다〔猶深害〕."라고 하여 점차 깊이 중독되는 것, 또는 조금씩 상대를 해친다는 뜻으로 보는 것이 定說로 받아들여지고 있으나 池田知久에 의하면 漸은 王引之가 말한 것처럼 詐欺의 뜻으로 보는 것이 적절하다(郭慶藩, 陶鴻慶도 마찬가지). 한편 漸毒 이하의 여덟 글자가 없는 인용도 있다(劉文典, 池田知久).

33) 頡滑(힐골) : 매끄러운 말재주. 〈徐无鬼〉편에도 같은 용어가 나온다. 陸德明은 "이해하기 어려움을 말한다〔謂難料理也〕."라고 풀이하는 한편 "올바르지 못한 말〔不正之語〕."로 보는 견해를 소개했고, 李頤는 滑稽라 했다. 滑(골)을 어지러울 亂

의 뜻으로 취하여 頡滑을 錯亂된 論理의 뜻으로 취하는 설도 유력하나 여기서는 '매끄러운 말재주'로 해석하는 쪽을 택하였다.

34) 堅白 : 견백론. 〈齊物論〉과 〈騈拇〉편에 이미 나왔다.

35) 解垢 : 궤변. 陸德明은 "속이고 왜곡하는 말〔詭曲之辭〕."로 풀이했다. 唐寫本에는 垢자가 詬로 되어 있는데(羅振玉) 이 두 글자는 통용한다(王叔岷). 馬其昶은 〈天地〉편 제4장에 나오는 喫詬와 같다고 풀이했다.

36) 同異 : 〈騈拇〉편에 이미 나왔다.

37) 每每 : 어두움. 곧 어리석음. 李頤는 "昏昏과 같다〔猶昏昏也〕."라고 풀이했는데 昏昏은 어두운 모양이다.

38) 上悖日月之明 : 위로는 해와 달의 밝음에 어긋남. 悖자가 倍자로 된 인용이 있다(王叔岷).

39) 下爍山川之精 : 아래로는 산천의 精氣를 태워 버림. 爍을 櫟으로 풀이하는 崔譔과 向秀의 주장을 비롯하여 여러 가지 견해가 있지만 馬叙倫이 《說文解字》에 근거하여 쇠를 녹인다는 뜻인 鑠의 가차로 본 것이 적절하다.

40) 中墮四時之施(이) : 중간에서는 사계절의 자연스런 운행을 파괴함. 墮는 陸德明의 풀이대로 훼손하다〔毁也〕는 뜻. 施는 馬叙倫이 《說文解字》를 인용하여 옮겨간다〔遷徙〕는 뜻인 迻(이)의 가차로 본 것이 적절하다.

41) 惴耎之蟲 : 땅 위를 꿈틀거리는 벌레. 惴耎(췌연)은 발 없는 벌레가 꿈틀거리는 모양. 惴耎은 陸德明과 王叔岷 등이 지적한 것처럼 蝙蝡으로 된 판본이 있으므로 蝙蝡의 가차로 보고 꿈틀거리는 모습으로 풀이하는 것이 적절하다.

42) 肖翹之物 : 나비나 벌 따위의 날아다니는 작은 곤충들. 李頤는 "날아다니는 종류〔翾飛之屬也〕."라 했고, 成玄英은 "공중을 날아다니는 것들을 肖翹라 하는데 모두 작고 가벼운 것들〔飛空之類曰肖翹 皆輕小物也〕."이라고 풀이했다. 또 林希逸은 "肖는 작다는 뜻이고 翹는 가볍다는 뜻인데 날아다니는 것들로 벌이나 나비 따위이다〔肖 小也 翹 輕也 飛物也 蜂蝶之類〕."라고 풀이했는데 적절한 견해이다. 한편 崔譔은 肖翹를 식물〔植物也〕로 풀이했는데 적절치 않다.

43) 舍夫種種之民 : 소박한 민중들을 버림. 民자가 機자로 된 판본이 있기 때문에 機자로 보고 《說文解字》에서 "機는 치밀하게 삼가는 것〔機 精謹也〕."이라고 풀이한 것을 따르는 것이 옳다는 견해(馬叙倫)가 있지만 奚侗과 王叔岷의 견해를 따라 民

으로 보는 것이 옳다. 種種은 순박한 모양. 李頤는 삼가는 모양〔謹慤貌〕으로 풀이했다. 池田知久에 의하면, 淸代 中期 胡文英의 ≪莊子獨見≫에서는 種種은 소박함〔朴〕이라고 풀이하고 있다.

44) 悅夫役役之佞 : 곰상스러운 말재간꾼을 좋아함. 役役은 곰상스러운 모양. 林希逸이 "밖으로 꾸미는 데 힘쓰는 모양〔務外作爲之貌〕."이라고 풀이한 것이 적절하다.

45) 釋夫恬淡無爲 : 편안하고 담백하며 작위가 없는 무위를 풀어 버림. 〈天道〉편 제2장에도 '虛靜恬淡 寂漠無爲'라는 표현이 나온다.

46) 悅夫啍啍之意 : 어지러이 말재주를 부리는 인위적 욕망을 좋아함. 啍啍은 말이 많은 모양. 郭象은 啍啍을 "자기가 다른 사람을 가르치는 모양〔以己誨人之貌〕."이라 했고, 司馬彪는 "하찮은 지혜를 부리는 모양〔小智貌〕."이라고 풀이했지만, 奚侗이 諄자와 같이 보고 "자세하게 일러 준다〔告曉之孰也〕."는 뜻으로 풀이한 것이 적절하다. 한편 馬叙倫은 啍啍(순순)을 訰訰(준준)으로 보고 ≪爾雅≫ 〈釋訓〉을 인용 "訰訰은 어지러움이다〔訰訰 亂也〕."라고 풀이했는데 (福永光司도 이것을 따르고 있지만) 맥락상 적절치 않다.

47) 啍啍已 亂天下矣 : 말이 많아지면 천하가 어지러워진다. 그런데 여기 啍啍已(순순이)는 세 가지로 해석이 가능하다. 첫째는 已를 '이미'로 해석하는 것이고 둘째는 已를 '심하게, 몹시'의 뜻으로 보는 해석이다. 첫째의 해석은 물론 부적당하고 둘째의 해석은 이것을 택하여 '말재주를 부리는 인위적 욕망을 몹시(甚하게) 좋아하면 천하가 어지러워진다'로 해석하는 주석가들이 있다. 그러나 굳이 已字에 의미를 부여하지 않고 단순한 助字로 보아 '啍啍已면 亂天下矣니라'라고 읽는 셋째의 해석이 더 좋은 것 같다.

第11篇 在宥

【해설】

無爲自然의 정치란 만물을 있는 그대로 있게 하고(在=放任) 그 본성을 이지러뜨리는 어떤 간섭도 加하지 않는 것(宥=不拘束) 즉 在宥(自由放任)하는 정치인 것이다. 池田知久가 말한 것처럼 1장의 테마는 '君子不得已而臨莅天下 莫若無爲……從容無爲而萬物炊累焉'. 漢初의 laisser-faire(自由放任主義) 정책을 述한 것으로 ≪老子≫ 57장(以正治國 以奇用兵 以無事取天下 吾何以知其然哉 以此 天下多忌諱 而民彌貧 民多利器 國家滋昏 人多伎巧 奇物滋起 法令滋彰 盜賊多有 故聖人云 我無爲而民自化 我好靜而民自正 我無事而民自富 我無欲而民自樸)에 가깝다. 在宥 즉 무위자연의 정치에 대응하는 것은 여러 가지의 法律이나 도덕규범을 인위적으로 설정하여 거기에 꿰맞추려는 정치, 즉 이른바 有爲의 정치이다. 무위자연의 정치는 有爲의 정치를 부정하는 데에 成立한다.

福永光司는, 이런 의미에서 무위자연의 정치를 '政治 없는 政治'라고 할 수 있을 것이라고 한다. 政治 없는 정치, 즉 만물을 在宥하는 laisser-faire(自由放任主義)의, 무위자연의 정치가 행해지는 곳에서는 이른바 정치(즉 有爲의 政治)는 존재할 여지가 없다. 그래서 천하를 在宥한다는 이야기는 들을 수 있어도 천하를 다스린다는 이야기는 들을 수가 없는 것이다.

第1章

聞在宥天下[1)]오 不聞治天下也[2)]케라 在之也者는 恐天下之淫其性也[3)]오 宥

之也者는 **恐天下之遷其德也**4)니라 **天下不淫其性**하며 **不遷其德**이면 **有治天下者哉**5)아

천하를 있는 그대로 놓아둔다는 이야기는 들었어도 천하를 다스린다는 말은 듣지 못했다. 천하를 있는 그대로 두는 까닭은 천하 사람들이 〈知와 欲의 作爲 때문에〉 타고난 本性을 어지럽힐까 염려해서이고, 놓아두는 까닭은 천하 사람들이 타고난 덕을 바꿀까 염려해서이다. 천하 사람들이 자기 본성을 어지럽히지 않고 자신의 덕을 바꾸지 않는다면 〈따로 특별히〉 천하를 다스릴 일이 있겠는가.

【역주】

1) 在宥天下 : 천하를 있는 그대로 놓아둠. 在는 成玄英이 "在는 있는 그대로를 따르는 것이다〔在 自在也〕."라고 한 풀이를 따라 "있는 그대로 놔둔다."는 뜻으로 보는 것이 가장 자연스럽다. 宥도 같은 뜻. 司馬彪, 章炳麟, 張之純 등은 모두 在를 살핀다〔察〕는 뜻으로 풀이했고, 馬叙倫은 ≪說文解字≫를 인용하여 存의 뜻으로 "근심하면서 묻는다〔恤問也〕."는 뜻으로 풀이했으며, 李勉은 맡긴다는 뜻으로 任의 잘못이라고 풀이했지만 근거가 충분치 않을 뿐더러 천하를 다스리지 않고 방임한다는 이 편 전체의 맥락과 어울리지 않는다. 陸德明은 宥를 너그러움〔寬〕으로 풀이했고, 郭象은 "있는 그대로 놔두면 다스려지고 억지로 다스리면 어지러워진다〔宥使自在則治 治之則亂也〕."라고 풀이했다.

2) 不聞治天下也 : 천하를 다스린다는 말은 듣지 못했음. 王叔岷은 '未聞理天下也'로 된 인용이 있다고 소개하고, 劉文典은 治자 위에 在가 있는 引用을 따르는 것에 대해 옳지 않다고 지적했는데 타당한 견해이다.

3) 淫其性也 : 타고난 본성을 어지럽힘. 呂惠卿은 "본성을 잃어버리는 것을 淫이라 하며 또 耽溺하는 것을 淫이라 한다〔失性曰淫 又耽滯曰淫〕."라고 풀이했고, 馬叙倫은 나무가 흔들린다는 뜻인 榣자의 假借라고 풀이했지만, 林希逸이 "어지럽힘이다〔亂也〕."라고 풀이한 것이 간명하다. 사람들이 知와 欲과 作爲의 과잉 속에서 타고난 自然의 本性을 어지럽히는 것에 대한 경고의 메시지를 담고 있다.

4) 遷其德也 : 타고난 덕을 바꿈. 遷에 대해서 呂惠卿은 "덕을 잃어버리는 것을 遷이라

한다〔失德曰遷〕."라고 풀이했고, 林希逸은 "외물에 의해 옮겨지는 것이다〔爲外物所遷移也〕."라고 풀이했는데 여기서는 阮毓崧이 "바꿈이다〔變易也〕."라고 풀이한 것이 가장 간명하다.

5) 有治天下者哉 : 천하를 다스릴 일이 있겠는가. 사람들이 본성을 어지럽히지 않고 타고난 덕을 변질시키지 않는다면 따로 천하를 다스릴 일이 없다는 뜻. ≪經典釋文≫에 소개된 崔譔본에는 이 구절이 '有治天下者材失'로 되어 있고 "억지로 다스리면 재질을 잃어버리게 된다〔强治之 是材之失也〕."라고 풀이하고 있는데 이에 대해 于鬯은 材는 哉와 通하고 失은 夫의 잘못이라고 했는데 馬叙倫도 이 견해에 동의하고 있다.

昔堯之治天下也에 使天下로 欣欣焉 人樂其性[1]**케하니 是는 不恬也**[2]**요 桀之治天下也에 使天下로 瘁瘁焉人苦其性**[3]**케하니 是는 不愉也라 夫不恬不愉는 非德也니 非德也오 而可長久者 天下에 無之**[4]**하니라**

옛날 堯임금이 천하를 다스릴 적에는 천하 사람들로 하여금 기뻐하면서 자신의 본성을 작위적으로 즐기게 했으니 이는 편안하게 한 것이 아니고, 桀이 천하를 다스릴 적에는 천하 사람들로 하여금 고달프게 자신의 본성을 괴롭히게 했으니 이는 즐겁게 한 것이 아니다. 편안하지 않고 즐겁게 하지 못한 것은 타고난 덕이 아닌데 타고난 덕이 아니고서 장구할 수 있는 경우는 천하에 하나도 없다.

【역주】

1) 使天下欣欣焉 人樂其性 : 천하의 사람들로 하여금 기뻐하면서 자신의 본성을 즐기게 함. '使天下之人 欣欣焉 樂其性'이 도치된 표현. 馬叙倫은 天下 아래에 人자가 있는 引用을 소개하고 있고 劉文典은 그것을 衍文으로 보았는데 人자가 두 번 들어간 인용문은 도치된 문장을 필사하다 생긴 오류인 것으로 추정된다. 여기서는 또 人樂其性의 人을 굳이 해석한다면 '사람마다'의 뜻으로 볼 수도 있다. 이 구절은 요임금이 천하 사람들로 하여금 억지로 자신의 본성을 즐기게 하였다는 뜻으로 자연스럽지 않게 작위적으로 즐기게 하였음을 비판한 내용이다.

2) 是不恬也 : 이는 편안하게 한 것이 아님. 恬은 安靜의 뜻으로 억지로 노력함이 없이

자연스럽게 어떤 일을 하는 것. 成玄英은 恬을 고요함〔恬 靜也〕이라고 풀이했다. 〈盜跖〉편에는 恬愉가 붙어서 熟語로 쓰이는 예가 나온다. ≪淮南子≫ 〈原道訓〉편의 高誘 注에는 恬愉를 "좋아하거나 싫어함이 없는 것〔無所好憎也〕."이라고 풀이했는데 이를 따르면 恬愉는 억지로 좋아하거나 억지로 싫어하지 않고 자연스럽게 자신의 본성을 따라 좋아하기도 하고 싫어하기도 하는 태도를 의미한다.

3) 使天下瘁瘁焉 人苦其性 : 천하 사람들로 하여금 고달프게 자신의 본성을 괴롭히게 함. 위의 使天下欣欣焉 人樂其性의 경우와 마찬가지로 '使天下之人 瘁瘁焉 苦其性'이 도치된 표현. 또한 여기서도 人苦其性의 人을 굳이 逐字解한다면 '사람마다'의 뜻으로 볼 수도 있다. 陸德明은 瘁瘁를 병든 것〔病也〕이라 풀이하고 ≪廣雅≫를 인용하여 근심하는 것〔憂也〕이라 했다. 또 崔譔본에는 醉로 되어 있으나 옳지 않다. 한편 馬叙倫은 ≪說文解字≫에서 "顇는 顦顇함이다〔顇 顦顇也〕."라고 한 것을 따라 瘁瘁를 顦顇, 곧 고달픈 모습으로 풀이했는데 적절하다.

4) 可長久者 天下無之 : 장구할 수 있는 경우는 천하에 없음. 馬叙倫과 王叔岷은 可가 求로 되어 있고, 之 아래 也가 있는 引用을 소개하고 있는데 이 편의 맥락상 적절치 않다.

人大喜邪에는 毗於陽[1]하고 大怒邪에는 毗於陰하나니 陰陽이 竝毗하면 四時 不至하며 寒暑之和 不成하야 其反傷人之形乎인저 使人으로 喜怒 失位하며 居處 無常하며 思慮 不自得하며 中道 不成章[2]하야 於是乎에 天下 始喬詰卓鷙[3]한 而後에야 有盜跖曾史之行[4]하나니 故로 擧天下하야 以賞其善者하야도 不足하며 擧天下하야 以罰其惡者하야도 不給[5]하니 故로 天下之大로도 不足以賞罰이어늘 自三代以下者 匈匈焉終以賞罰로 爲事[6]하나니 彼는 何暇에 安其性命之情[7]哉리오

사람들이 지나치게 기뻐하면 자연계의 陽氣가 손상되고 지나치게 화를 내면 자연계의 陰氣가 손상되는데 陰陽이 모두 손상되면 사계절이 제때에 이르지 않으며 자연계의 춥고 더운 계절의 조화가 제대로 이루어지지 않으면 도리어 사람의 몸을 손상하게 된다. 사람들로 하여금 기뻐하고 노여워함에 마땅함을 잃

어버리게 하고 거처함에 일정함이 없게 하고 생각함에 스스로 터득하지 못하게 하고 중용의 도리를 아름답게 이루지 못하게 하니 이렇게 되자 천하 사람들이 비로소 거만한 태도로 남을 나무라고 사람들에게 사납게 굴게 되었으니 이렇게 된 뒤에 盜跖이나 曾參, 史鰌와 같은 자들의 행위가 나타나게 된 것이다. 그 때문에 온 천하의 재물을 다 동원하여 잘하는 이에게 상을 주어도 〈다 상 주기에〉 부족하며 온 천하의 형벌을 다 동원해서 악한 자들을 처벌해도 〈다 처벌하기에〉 부족하다. 이처럼 천하의 광대함으로도 상 주고 벌 주기에 부족한데도 삼대 이후의 위정자들은 시끄럽게 떠들어 대면서 끝내 상벌을 일삼으니 저들이 어느 겨를에 타고난 性命의 자연스런 實情에 마음 편안히 머물 수 있겠는가.

【역주】

1) 人大喜邪(야) 毗於陽 : 사람들이 지나치게 기뻐하면 자연계의 양기가 손상됨. 武延緖는 人자를 夫자가 잘못된 것이라 했는데 일리가 있으나 그대로 둔다. 毗자에 대해서는 '도와준다'는 뜻으로 보는 견해와 '손상시킨다'는 뜻으로 보는 견해가 팽팽하게 대립하고 있다. 陸德明의 ≪經典釋文≫에는 司馬彪가 도와준다〔助也〕는 뜻으로 풀이한 견해와 일설에 함께한다는〔並也〕는 뜻으로 풀이한 견해를 나란히 소개하고 있는데 宋의 羅勉道나 淸의 林雲銘 등은 司馬彪의 견해를 따르고, 陸長庚 등은 일설의 견해를 지지하였다. 그 외에 林希逸이 "毗는 보태 준다는 뜻이니 의학서에 이른바 남아서 생기는 병이다〔毗 益也 醫書所謂有餘之病也〕."라고 한 견해가 있다. 그러나 여기서는 池田知久의 說에 따라, 兪樾이 ≪淮南子≫ 〈原道訓〉의 "사람이 너무 노여워하면 陰을 파괴하게 되고 너무 기뻐하면 陽을 떨어뜨린다〔人大怒破陰 大喜墜陽〕."라고 한 내용과 같은 의미로 본 견해를 따라 傷의 뜻으로 보는 것이 적절하다. 馬叙倫과 阮毓崧 등도 같은 견해.

2) 中道不成章 : 중용의 도리를 아름답게 이루지 못함. 羅勉道가 "일을 함에 중도에 이르러 조리를 이루지 못함을 말한 것〔言作事至中道 而不成條理〕."이라고 풀이한 이래 陸樹芝, 陳壽昌, 阮毓崧, 福永光司, 森三樹三郎 등이 이 견해를 따랐으나 부적절하다. 우리나라에서 간행된 林希逸 懸吐本에는 이와 달리 "中道 不成章"으로 되어 있는데 이는 林希逸이 "문장을 이룬다는 것은 조리가 있음이니 문장을 이루지 못했다는 것은 중도를 잃어버린 것이다〔成章 有條理也 不成章 則失中道矣〕."라고 주해

한 것과 일치한다. 따라서 중도를 일의 중간 정도를 의미하는 것으로 본 羅勉道 이하의 견해와는 달리 중용의 도리를 의미하는 것으로 풀이한 것이다. 본문의 번역은 林希逸의 견해를 따른 것이다. 물론 中道를 중용의 도리로 본 주석가는 林希逸 이 외에도 呂惠卿이 平易中正으로 풀이한 것, 또 赤塚忠이 ≪禮記≫ 〈中庸〉편의 中和로 풀이했는데 같은 의미이다. 成章은 福永光司, 池田知久가 지적한 것처럼 ≪論語≫ 〈公冶長〉편의 斐然成章을 참조할 것.

3) 喬詰卓鷙 : 거만한 태도로 남을 나무라고 사람들에게 사납게 굴다. 喬, 詰, 卓, 鷙 네 글자의 의미에 대해서는 주석가마다 이설이 분분하지만 대체로 喬詰은 고압적인 태도로 남을 책망하는 태도를 뜻하고 卓鷙는 孤高함을 뽐내면서 남을 업신여기거나 남에게 사납게 구는 모양으로 풀이하고 있다. 崔譔은 "喬詰은 뜻이 고르지 않음이고 卓鷙는 행동이 고르지 않음〔喬詰 意不平也 卓鷙 行不平也〕."이라고 풀이했고, 成玄英은 "喬는 속임이고 詰은 문책함이고 卓은 홀로이고 鷙는 사나움이다…… 속이고 힐책하며 홀로 서서 무리들과 어울리지 아니하여 홀로 사나운 마음을 품고 다른 사람을 업신여기는 것이다〔喬 詐僞也 詰 責問 卓 獨也 鷙 猛也……喬僞詰責卓爾不群 獨懷鷙猛 輕陵於物〕."라고 풀이했다. 또 呂惠卿은 "喬는 고원함을 숭상함이고 詰은 끝까지 따짐이고 卓은 사람들이 미치기 어려움이고 鷙는 어울리지 못함이니 모두 평이하고 중정한 도리가 아니다〔喬則尙高 詰則窮盡 卓則難及 鷙則不群 皆非平易中正〕."라고 풀이했는데 林雲銘도 거의 같다. 한편 林希逸은 "喬는 고원함을 정도에 지나치게 좋아함이고 詰은 의논함에 서로 힐책함이고 卓은 홀로 섬이고 鷙는 사나움이다. 이 네 글자는 모두 조화롭지 못한 뜻을 형용한 것이다〔喬 好高而過當也 詰 議論相詰責也 卓 孤立也 鷙 猛厲也 此四字皆形容不和之意〕."라고 풀이했다. 또 羅勉道는 "喬, 詰, 卓, 鷙는 제어할 수 없는 모양이다〔喬詰卓鷙 不可制馭之貌〕."라고 풀이했고, 宣穎은 "喬는 스스로 높은 체하는 것이고, 詰은 다른 사람을 질책하는 것이고, 卓은 자랑하는 것이고, 鷙는 사나움이다〔喬 自高 詰 責人 卓 矜異 鷙 猛戾〕."라고 풀이했다. 이 외에 胡文英, 陸樹芝, 張之純, 馬叙倫, 楊樹達, 赤塚忠 등이 약간 다른 견해를 내놓고 있으나 대의에 큰 차이는 없다.

4) 有盜跖曾史之行 : 도척이나 증삼, 사추와 같은 자들의 행위가 나타나게 됨. 馬叙倫은 아래의 문장에 근거하여 盜跖은 桀跖의 잘못으로 보아야 한다고 주장했다. 그러나 金谷治의 지적처럼 桀은 이미 위 문장에서 堯와 대비하여 등장하였으므로 여기

는 그대로 盜跖으로 보는 것이 타당하다. 도척은 큰 도적의 이름이고 曾參·史鰌는 作爲的 賢者로 일컬은 것이다.

5) 擧天下 以賞其善者 不足 擧天下 以罰其惡者 不給 : 온 천하의 재물을 다 동원하여 잘하는 이에게 상을 주어도 〈다 상 주기에는〉 부족하며 온 천하의 형벌을 다 동원해서 악한 자들을 처벌해도 〈다 처벌하기에는〉 부족함. 앞의 천하는 상을 주는 수단이므로 온 천하의 재물을 뜻하며, 뒤의 천하는 악을 벌하기 위한 수단을 의미하므로 온갖 수단의 형벌을 뜻한다. 不足의 足과 不給의 給은 같은 뜻. 賞其善者는 其자가 없는 인용이 있다(馬叙倫).

6) 匈匈焉終以賞罰爲事 : 시끄럽게 떠들어 대면서 끝내 상벌을 일삼음. 成玄英은 匈匈을 "시끄럽게 떠들어 댐이니 앞다투어 좇아감을 말함이다〔讙譁也 競逐之謂也〕."라고 풀이했는데 적절한 견해이다. 奚侗 또한 ≪說文解字≫에서 "訩은 다툼이다〔訩訟也〕."라고 풀이한 것을 따라 匈을 訩의 가차로 보았다. 馬叙倫도 마찬가지. 이 밖에 陸樹芝는 匈匈을 물살이 세찬 모양을 표현한 洶洶과 같다고 본 견해, 陳壽昌이 不安한 모양으로 본 견해 등이 있다. 한편 吳汝綸은 終을 終日로 보아야 한다고 주장했으나 명확한 근거가 없다.

7) 性命之情 : 타고난 성명의 자연스러운 實情. 性은 타고난 그대로, 內的인 타고남을 말하고, 命은 運命, 外的인 自然必要性을 말한다. 〈騈拇〉편 제2장에 이미 나왔다. 人情과 거의 같은 뜻으로 볼 수도 있음.

而且說明邪[1)]인댄 是淫於色也오 說聰邪인댄 是淫於聲也오 說仁邪인댄 是亂於德也오 說義邪인댄 是悖於理也오 說禮邪인댄 是相於技也[2)]오 說樂邪인댄 是相於淫也[3)]오 說聖邪인댄 是相於藝也[4)]오 說知邪인댄 是相於疵也[5)]니라

뿐만 아니라 눈 밝은 것을 좋아한다면 이는 아름다운 색깔을 耽溺하는 것이고, 귀 밝은 것을 좋아한다면 이는 아름다운 소리를 탐닉하는 것이고, 仁을 좋아한다면 이는 사람이 본래 타고난 德을 어지럽히는 것이고, 義를 좋아한다면 이는 자연의 조리를 어기는 것이고, 禮를 좋아한다면 이는 技巧를 助長하는 것이고, 악을 좋아한다면 이는 넘침을 조장하는 것이고, 성인을 좋아한다면 이는 재주를 조장하는 것이고, 지식을 좋아한다면 이는 헐뜯음을 조장하는 것이다.

【역주】

1) 而且說(열)明邪(야) : 뿐만 아니라 눈 밝은 것을 좋아한다면. 而且는 그런데, 또한, 뿐만 아니라의 뜻이고, 說은 기뻐하다는 뜻으로 열로 읽는다. 이하의 내용은 〈騈拇〉편의 제1장, 제5장에 이미 나와 있는 내용과 유사하다. 또는 ≪老子≫ 제12장의 "아름다운 색깔은 사람의 눈을 멀게 하고 아름다운 음악은 사람의 귀를 먹게 하고 맛있는 음식은 사람의 입맛을 해치고 말달리고 사냥하는 것은 사람의 마음을 미치게 하고 얻기 어려운 재화는 사람의 행동을 어긋나게 한다. 이 때문에 성인은 배를 채우지 눈의 욕망을 채우지 않는다. 그 때문에 저것은 버리고 이것을 취한다〔五色令人目盲 五音令人耳聾 五味令人口爽 馳騁田獵 令人心發狂 難得之貨 令人行妨 是以聖人爲腹不爲目 故去彼取此〕."라고 한 내용과도 유사하다.

2) 是相於技也 : 기교를 조장하는 것임. 相은 돕는다는 뜻으로 郭象, 林希逸 모두 돕는다〔助也〕는 뜻으로 풀이했다. 곧 相은 도울 상, 조장할 상. 특히 林希逸은 "도와주어서 더욱 심해짐이다〔助益之而愈甚也〕."라고 풀이하여 부정적인 의미로 파악하고 있는데 정확한 견해이다. 王敔와 宣穎 등은 풀이하는 내용이 약간 다르지만 대의는 같다. 이 외에 馬叙倫, 楊樹達 등은 傷의 假借로 보고 빠지다, 실수하다의 뜻으로 풀이하지만 적절치 않다.

3) 是相於淫也 : 넘침을 조장하는 것임. 耽溺을 助長한다는 뜻. 淫은 馬叙倫이 아래 문장의 藝와 바꾸는 것이 옳다고 했는데 일리는 있지만 굳이 고칠 필요는 없다. 池田知久도 같은 견해. 또 馬叙倫은 淫을 婬의 假借라고 풀이했지만 일반적인 의미의 넘침으로 풀이하는 宣穎 등의 견해가 무난하다.

4) 是相於藝也 : 재주를 조장하는 것임. 다재다능의 만능주의를 조장한다는 뜻. 藝는 재능이 많은 것을 뜻한다. ≪論語≫ 〈雍也〉편에 "염구는 재능이 많다〔求也 藝〕."라고 한 내용이 보인다(王叔岷).

5) 是相於疵也 : 헐뜯음을 조장하는 것임. 남의 결점이나 남이 뒤지게 조장한다는 뜻. 池田知久는 '說聖邪 是相於藝也'는 ≪論語≫ 〈子罕〉편의 '子云 吾不試 故藝'와 관계가 있을 것이라 하였으며, 疵는 赤塚忠이 말하는 것처럼 訾의 假借로 보고 헐뜯는다는 뜻으로 이해하는 것이 적절하다.

天下將安其性命之情인댄 **之八者 存**이라도 **可也**며 **亡**라도 **可也**[1)]오 **天下將不安其性命之情**인댄 **之八者 乃始臠卷獊囊**[2)]**而亂天下也**이어늘 **而天下乃始尊之惜之**하나니 **甚矣**라 **天下之惑也**여 **豈直過也而去之邪**[3)]리오 **乃齊戒**[4)]**以言之**하며 **跪坐以進之**[5)]하며 **鼓歌以儛之**[6)]하나니 **吾若是何哉**오

천하 사람들이 타고난 性命의 실정을 편안히 누릴 수 있다면 이 여덟 가지(明·聰·仁·義·禮·樂·聖·知)는 있어도 그만이고 없어도 그만이다. 그러나 천하 사람들이 타고난 성명의 정을 편안히 누리지 못한다면 이 여덟 가지는 비로소 서로 얽히고설켜서 번거롭게 흔들어 대며 천하를 어지럽힐 것이다. 그런데도 천하 사람들은 마침내 그것을 높이고 애석히 여기니 천하 사람들의 미혹됨이 심하다. 어찌 지나다 들러 보기만 하고 그냥 떠나가겠는가. 〈들러 보기만 하고 그냥 지나쳐 가 버리면 그래도 괜찮은데〉 마침내 재계하여 그것을 말하고, 꿇어앉아 그것을 〈위정자들에게〉 올리고, 북 치며 노래하며 춤을 추면서 찬양하니 내가 이것을 어찌하겠는가.

【역주】

1) 存可也 亡(무)可也 : 있어도 그만이고 없어도 그만이다. 亡는 無와 같은 뜻으로 음도 무.

2) 臠卷獊囊 : 서로 얽히고설켜서 번거롭게 흔들어 댐. 馬叙倫은 臠卷과 獊囊은 모두 疊韻으로 이루어진 하나의 단어라 했는데 적절한 지적이다. 崔譔본에는 臠자가 欒으로 되어 있다. 奚侗은 ≪說文解字≫에서 "攣은 엮임이다〔攣 係也〕."라고 풀이한 것을 따라 攣의 假借라 풀이했고, 馬叙倫은 臠과 欒이 모두 ≪說文解字≫에서 䜌은 어지러움이다〔䜌 亂也〕고 풀이한 것을 따라 䜌의 假借라 풀이했고, 王叔岷은 崔譔과 奚侗의 견해를 따라 臠을 欒자로 보고 攣으로 풀이했는데 모두 비슷한 견해이다. 司馬彪와 崔譔은 "臠卷은 펴지지 못한 모양〔臠卷 不申舒之狀也〕."이라고 풀이했고, 林希逸은 "구속된 모습〔拘束之貌〕."이라 했는데 역시 큰 차이가 있는 것은 아니다. 獊囊의 獊은 崔譔본에는 戕으로 되어 있고 "戕囊은 搶攘과 같다〔戕囊 猶搶

擾〕."라고 풀이했으며, 呂惠卿은 "獊은 쌓여서 흩어지지 않음이고 囊은 맺혀서 풀리지 않음이다〔獊 積而不散 囊 結而不解〕."라고 풀이했다. 王叔岷에 따르면 囊은 儴으로 된 인용이 있고 ≪說文解字≫에 "孃은 번거롭게 흔들어 댐이다〔孃 煩擾也〕."라고 했으므로 이것을 따라 孃의 假借로 보았는데 본문의 번역은 王叔岷의 견해를 따른 것이다.

3) 豈直過也而去之邪 : 어찌 지나다 들러 보기만 하고 떠나가겠는가. 그냥 지나가지 않고 떠받든다는 뜻. 陸德明은 "崔譔본에는 오직 이 부분에만 邪자로 되어 있고 나머지는 모두 咫자로 되어 있다〔崔本唯此一字作邪 餘皆作咫〕."라고 했는데 이로 인해 王念孫과 奚侗은 아래의 言之, 進之, 儛之의 아래에도 邪자가 붙어 있었을 것이라 했지만 池田知久의 지적처럼 陸德明이 말한 것은 위 문장의 說明邪, 說聰邪 등을 두고 한 말일 것이므로 옳지 않다.

4) 齊戒 : 齋戒함. 齊는 齋와 같다. 齊와 齋를 통용하는 경우는 非一非再.

5) 跪坐以進之 : 꿇어앉아서 그것을 〈위정자들에게〉 올림. 羅勉道는 ≪老子≫ 제62장의 "앉아서 이 도를 바침만 못하다〔不如坐進此道〕."라고 한 내용과 관계가 있을 것이라고 풀이했다. ≪淮南子≫ 〈本經訓〉편에도 "꿇어앉아서 그것을 말하고 북 치고 노래하면서 그것을 춤춘다〔危坐而說之 鼓歌而舞之〕."라고 하여 비슷한 내용이 보인다.

6) 鼓歌以儛之 : 북을 치며 노래하며 춤을 춤. 찬양한다는 뜻. 馬叙倫은 儛를 舞의 俗字라 했는데 타당한 견해이다.

故로 君子 不得已而臨莅天下[1]인댄 莫若無爲니 無爲也而後에야 安其性命之情하리라 故로 貴以身於爲天下면 則可以託天下[2]하리며 愛以身於爲天下면 則可以寄天下리라 故로 君子 苟能無解其五藏[3]하며 無擢其聰明[4]하면 尸居而龍見[5]하며 淵默而雷聲[6]하며 神動而天隨[7]하야 從容無爲 而萬物이 炊累焉[8]하리니 吾 又何暇에 治天下哉[9]리오

그 때문에 君子가 어쩔 수 없이 천하를 다스리게 되면 無爲보다 나은 것이 없다. 무위한 뒤에야 타고난 性命의 정을 편안히 누릴 수 있다. 그러므로 자기

몸을 천하를 돌보는 것보다 중시하는 사람에게 천하를 맡길 수 있으며 자기 몸을 천하를 돌보는 것보다 아끼는 사람에게 천하를 맡길 수 있다. 그 때문에 군자가 자신의 五藏을 해부하지 않고 자기의 총명을 끄집어내지 않을 수 있다면 직무를 放棄하고 가만히 있어도 용처럼 자유롭게 출현할 수 있을 것이며 깊은 물처럼 침묵하고 있어도 우레처럼 커다란 소리를 낼 수 있을 것이며 정신이 움직이면 천지가 따라서 조용히 아무 하는 일이 없어도 만물이 저절로 생육될 것이니 내 어느 겨를에 천하를 다스리겠는가.

【역주】

1) 不得已而臨莅天下 : 어쩔 수 없이 천하를 다스리게 됨. 臨과 莅는 모두 군림, 곧 군주로서 다스린다는 뜻.

2) 故貴以身於爲天下 則可以託天下 : 그러므로 자기 몸을 천하를 돌보는 것보다 중시하는 사람에게 천하를 맡길 수 있음. ≪老子≫ 제13장에 "그러므로 자기 몸을 천하를 위하는 것보다 중시하면 곧〔若〕 이런 사람에게 천하를 맡길 수 있고 자기 몸을 천하를 위하는 것보다 아끼면 곧〔若〕 이런 사람에게 천하를 맡길 수 있다〔故貴以身爲天下 若可寄天下 愛以身爲天下 若可託天下〕."라고 한 내용과 같다. 池田知久는 以身의 以를 爲의 뜻으로 보았고 福永光司는 用의 뜻으로 풀이했는데 以를 爲자의 뜻으로 쓰는 경우는 ≪論語≫ 〈爲政〉편의 '視其所以' 등에서도 보인다. 王念孫과 奚侗은 於爲天下의 於를 爲와 같다고 풀이하고 爲자는 필사자가 잘못 붙인 것으로 보았지만 여기의 於자는 비교를 나타내는 조사로 보는 것이 적절하므로 爲天下의 爲를 잘못 끼어든 글자로 보는 것은 옳지 않다. ≪淮南子≫ 〈道應訓〉에도 "그 때문에 노자가 이렇게 말했다. 자기 몸을 천하를 위하는 것보다 중시하면 이에 천하를 맡길 수 있고 자기 몸을 천하를 위하는 것보다 아끼면 이에 천하를 맡길 수 있다〔故老子曰 貴以身爲天下 焉可以託天下 愛以身爲天下 焉可以寄天下矣〕."라고 한 내용이 있다. 이것을 근거로 陶鴻慶은 故를 故曰로 고쳐야 한다고 주장하지만 池田知久의 지적처럼 적절치 않다.

3) 無解其五藏 : 자신의 오장을 해부하지 않음. 解는 陸德明의 풀이대로 해산의 뜻〔散也〕. 藏은 臟과 통용. 五藏은 〈騈拇〉편 제1장에 이미 나왔다.

4) 無擢其聰明 : 자기의 총명을 끄집어내지 않음. 자신의 총명을 지나치게 믿고 남용

한다는 뜻. 擢은 林希逸이 뽑아내다〔抽也〕는 뜻으로 풀이한 것이 적절하다. 馬叙倫은 鑿의 假借라 했는데 옳지 않다. 池田知久는 〈騈拇〉편 제1장의 '擢德塞性'을 비슷한 용례로 소개하고 있지만 擢德의 탁은 뽑아서 없애 버린다는 뜻이고 여기의 탁은 끄집어내서 활용한다는 뜻이므로 정반대의 의미로 쓰였다.

5) 尸居而龍見 : 직무를 방기하고 가만히 있어도 용처럼 자유롭게 출현할 수 있음. 尸居는 가만히 앉아서 봉록만 받아먹는다는 뜻인 尸祿, 하는 일 없이 관직만 차지한다는 뜻인 尸官, 자리만 차지하고 공밥 먹는다는 뜻인 尸位素餐의 예와 같이 쓰인다. 龍見(용현)은 날개 없이 날 수 있는 용처럼 자유롭게 출현할 수 있다는 뜻. 羅勉道는 "尸居는 앉을 때 시동같이 가만히 있음이고 龍見은 용이 변화하는 것과 같음이다〔尸居 坐如尸也 龍見 如龍之變化也〕."라고 풀이했다. 따라서 尸居를 尸位에 있는 사람처럼 조용히 있어도 龍見 즉 용처럼 變幻自在로 出現할 수 있다고 보는 것도 좋을 것 같다.

6) 淵默而雷聲 : 깊은 물처럼 침묵하고 있어도 우레처럼 커다란 소리를 낼 수 있음. 羅勉道는 "淵默而雷聲은 고요히 깊은 연못과 같지만 들리는 소리는 우레처럼 크다〔淵默而雷聲 默然如淵之深沈 而若聽雷聲也〕."라고 풀이했다. 〈天運〉편 제6장에도 "그렇다면 사람 중에는 참으로 가만히 있어도 용처럼 자유롭게 출현할 수 있고 연못처럼 침묵하고 있어도 우레처럼 커다란 소리를 내며 움직임이 천지와 같은 자가 있단 말인가〔然則人固有尸居而龍見 淵默而雷聲 發動如天地者乎〕."라고 하여 비슷한 비유가 나온다(池田知久).

7) 神動而天隨 : 정신이 움직이면 천지가 따름. ≪周易≫ 〈乾卦 文言傳〉에서 "하늘보다 앞서 움직이면 하늘이 어기지 않고 하늘의 운행보다 뒤에 움직이면 하늘의 때를 받든다〔先天而天弗違 後天而奉天時〕."라고 하여 德合天地를 말한 것을 연상시키는 내용이다. 郭象은 "정신은 사물을 따라 움직이고 天은 理를 따라 운행한다〔神順物而動 天隨理而行〕."라고 풀이했다. 池田知久는 〈天運〉편의 "움직임이 천지와 같다〔發動如天地〕."라고 한 내용을 참조하라고 지적했다.

8) 從容無爲而萬物炊累焉 : 조용히 아무 하는 일이 없어도 만물이 저절로 생육될 것임. 從容은 陳景元의 풀이처럼 '있는 그대로의 모습〔自在貌〕'을 뜻하는데 〈中庸〉에 나오는 從容中道의 경우와 마찬가지로 이어지는 무위와 같은 뜻이다. 炊累에 대해서는 諸說이 분분하지만 여기서는 羅勉道가 "만물이 모두 내가 생육하는 가운데 모

여서 마치 기가 쌓여서 성숙됨과 같음을 말한 것〔謂萬物皆囿吾生育之中 如炊氣積累而熟〕."이라 풀이한 것을 따라 생육의 의미로 번역하였다.

9) 吾又何暇治天下哉 : 내 어느 겨를에 천하를 다스리겠는가. 새삼 천하를 다스릴 필요가 없다는 뜻. 〈逍遙遊〉편 제2장에 "나는 천하를 가지고 할 일이 아무 것도 없다〔予無所用天下爲〕."라고 한 내용이 있고 제3장에 "누가 세상일 따위를 기꺼이 일삼으려 하겠는가〔孰弊弊焉以天下爲事〕."라고 한 내용이 있고, 또 〈讓王〉편에도 "천하를 다스릴 겨를이 없다〔未暇治天下也〕."는 내용이 있다(福永光司). 이 章 머리의 不聞治天下와 호응함은 물론이다(池田知久).

第2章

崔瞿[1] 問於老聃[2]하야 曰 不治天下면 安藏人心[3]이리오

老聃曰 女愼하야 無攖人心[4]하라 人心은 排下而進上[5]하나니 上下囚殺[6]하며 淖約柔乎剛彊[7]하며 廉劌彫琢[8]하며 其熱이 焦火며 其寒이 凝氷이며 其疾[9]이 俛仰之間에 而再撫四海之外[10]하며 其居也에 淵而靜하고 其動也에 縣而天[11]이라 僨驕[12]而不可係者 其唯人心乎인저

崔瞿가 老聃에게 물었다.

"천하를 다스리지 않는다면 어떻게 사람들을 착하게 할 수 있겠습니까?"

노담이 대답했다.

"그대는 삼가서 사람들의 마음을 흔들지 마라. 사람의 마음은 남을 밀쳐 내리고 자신을 올리려고 하는데 위에 있는 자와 아래에 있는 자가 서로 죽이려 하여 나긋나긋하게 하면서 강한 것을 부드럽게 하며 모질게 해쳐서 새기고 쪼아 대니 그 뜨거움은 타오르는 불길 같고 차가움은 얼어붙은 얼음 같고 빠르기는 고개를 숙였다 드는 순간에 온 세상을 두 바퀴나 돌 정도이고 가만히 있을 때에는 깊은 물처럼 고요하고 움직일 때에는 어느덧 하늘에 걸린다. 이처럼 제멋대로 내달려서 붙들어 둘 수 없는 것이 사람의 마음이다."

【역주】

1) 崔瞿 : 인명. 成玄英은 "성은 최이고 이름은 구이다. 어느 곳 사람인지 알 수 없다〔姓崔 名瞿 不知何許人也〕."라고 풀이했다. 陸德明은 向秀와 崔譔은 瞿자를 臞자로 썼다고 했으며 "최구는 사람의 성명이다〔崔瞿 人姓名也〕."라고 했다. 실제의 인물이 아니라 가공의 인물로 보는 것이 타당하다.

2) 老聃 : 인명. 〈騈拇〉 이하의 네 편은 여러 주석가들이 지적하듯이 ≪老子≫와 깊은 관계가 있는데, 崔瞿의 질문을 통해 보면 이편 이장의 作者는 제1장을 노담의 사상을 서술한 것으로 생각하고 있음을 알 수 있다. 池田知久는 이 편의 成立이 앞의 세 편보다 약간 뒤진다고 보고 이 편의 이와 같은 문제의식은 ≪老子≫ 書의 整理・編纂과 관계가 있을 것이라고 추정했다.

3) 安藏人心 : 어떻게 사람들을 착하게 할 수 있겠는가. 〈騈拇〉편 제5장에 이미 나왔다. 藏은 郭象과 成玄英의 풀이처럼 善의 뜻으로 보는 것이 적절하다. 馬叙倫은 ≪說文解字≫에서 "臧은 마음으로 복종함이다〔臧 心服也〕."라고 풀이한 것을 따라 臧의 假借字로 풀이했는데 의미는 좀 더 분명해지지만 그렇게 확정할 만한 근거는 없다.

4) 無攖人心 : 사람들의 마음을 흔들지 마라. 攖은 흔들어 대다는 뜻. 司馬彪는 攖을 끌어당기다〔引也〕로 풀이했고 崔譔은 끌어댐〔羈落也〕이라고 했는데 적절치 않다. 林希逸이 "無攖은 요란하게 흔들어대지 말라는 뜻〔無攖者 無撓亂攖拂之也〕."이라고 풀이한 것이 무난하다. 이 밖에 陳景元은 ≪呂氏春秋≫의 高誘 注를 인용하여 攖은 戾와 같다고 했고, 阮毓崧은 觸과 같다고 했으며, 馬叙倫은 ≪說文解字≫를 인용하여 攖은 繞의 잘못이라고 한 주장 등이 있다(池田知久).

5) 排下而進上 : 남을 밀쳐 내리고 자신을 올리려고 함. 陸德明은 崔譔본에는 排가 俳로 되어 있다고 했는데 馬叙倫의 지적처럼 排가 옳다. 郭象이 "밀치면 내려가게 되고 떠받들면 올라가게 되니 쉽게 동요함을 말한 것이다〔排之則下 進之則上 言其易搖蕩也〕."라고 풀이했고, 成玄英은 "사람의 마음은 다른 사람은 밀쳐서 아래에 있게 하고 자기를 올려서 위에 있게 하려고 하니 모두 정상적인 마음이다〔人心排他居下進己在上 皆常情也〕."라고 풀이했다.

6) 上下囚殺 : 위에 있는 자와 아래에 있는 자가 서로 죽이려 함. 囚殺은 구속시켜 죽인다는 뜻. 陸德明은 "囚殺은 만물을 가두어 죽임을 말함이다〔囚殺 言囚殺萬物

也〕."라고 풀이했다. 成玄英은 "탐닉에 빠진 마음이 위아래로 이리저리 움직여 마침내 끌리는 것이 마치 구금당한 죄수와 같아서 두려워함이 죽임과 같다〔溺心上下 爲境所牽 如禁之囚 其恐也如殺〕."라고 풀이했는데 여기서는 上下를 마음이 상하로 이리저리 움직이는 모습으로 보고 囚殺을 그 比喩로 理解하고 있는데 적절치 않다. 上下는 바로 위 문장에 나온 排下而進上의 상하와 같은 뜻으로 〈人間世〉편 제1장에 "아랫사람으로서 윗사람을 밀치다〔以下拂其上〕."라고 한 것과 같은 의미의 윗사람과 아랫사람으로 보는 것이 타당하다. 囚殺의 구체적인 예는 아래의 堯임금과 三王 등에 나온다.

7) 淖約柔乎剛彊 : 나긋나긋하게 하면서 강한 것을 부드럽게 함. 淖約은 成玄英이 "부드럽고 약함이다〔柔弱也〕."라고 풀이했는데 〈逍遙遊〉편 제3장에 이미 나왔다.

8) 廉劌彫琢 : 모질게 해쳐서 새기고 쪼아 냄. 廉은 王先謙에 의거, 모질다는 뜻인 棱으로 보는 것이 적절하다. 馬叙倫은 ≪說文解字≫에서 剡은 예리함이다〔剡 銳利也〕라고 한 풀이를 따라 剡의 假借字라고 했는데 참고할 만하다. 劌(귀)는 司馬彪가 해침이다〔傷也〕라고 풀이했고, 林雲銘과 王敔 등은 割의 뜻으로 풀이했다.

9) 其疾 : 王叔岷은 疾의 아래에 也가 있는 引用이 있다고 소개했는데 아래의 其居也, 其動也의 경우를 볼 때 잘못해서 也가 빠진 듯하다.

10) 再撫四海之外 : 사해를 두 바퀴 돈다. 온 세상을 두 바퀴 돈다, 두 번 往復한다는 뜻. 成玄英은 撫를 臨으로 보고 다스린다는 뜻으로 풀이했고 林雲銘도 撫를 나아가 어루만짐〔臨撫也〕이라고 했지만, 馬叙倫이 ≪說文解字≫의 "幠(俗音 무)는 덮음이다〔幠 覆也〕."라고 풀이한 것을 따라 幠의 假借字로 보는 것이 무난하다(福永光司, 池田知久).

11) 其居也 淵而靜 其動也 縣而天 : 가만히 있을 때에는 깊은 물처럼 고요하고 움직일 때에는 어느덧 하늘에 걸림. 武延緖는 郭象 注의 해석과 押韻을 근거로 삼아 淵而靜은 靜而淵의 잘못이고 而는 如의 뜻으로 보았는데 奚侗과 高亨도 거의 같은 견해이다. 陸德明은 "向秀본에는 而자가 없고 높고 멀기를 바라기 때문에 하늘에 걸렸다고 말한 것이라고 했다〔向本無而字云 希高慕遠 故曰縣天〕."라고 했는데 兪樾은 陸德明의 이 주장을 따르는 것이 옳다고 주장했고 劉師培도 이를 근거로 而자 두 자를 衍文으로 보았다. 그러나 池田知久의 지적처럼 충분한 근거가 없으므로 본문을 고칠 것까지는 없다.

12) 僨驕 : 제멋대로 내달림. 郭象은 "금지할 수 없는 형세〔不可禁之勢〕."라고 풀이했다.

昔者에 **黃帝**[1] **始以仁義**로 **攖人之心**하니 **堯舜**이 **於是乎**에 **股無胈 脛無毛**[2]하야 **以養天下之形**하며 **愁其五藏**[3]하야 **以爲仁義**하며 **矜其血氣**[4]하야 **以規法度**하나 **然**이나 **猶有不勝也**하야 **堯於是**에 **放讙兜於崇山**[5]하며 **投三苗於三峗**[6]하며 **流共工**[7]**於幽都**[8]하니 **此**는 **不勝天下也**니라

옛날 黃帝가 처음 仁義로 사람들의 마음을 흔들어 댔으니 堯와 舜이 이 때문에 다리의 털이 없어질 정도로 부지런히 일해서 천하 사람들의 몸을 기르고 온몸을 수고롭게 하면서 인의를 행하고, 혈기를 괴롭히면서 법도를 만들었다. 그러나 여전히 다 감당하지 못해서 堯가 결국 讙兜를 崇山으로 추방하고 三苗를 三峗에 몰아내고 共工을 幽都로 유배 보냈으니 이는 천하를 감당하지 못해서이다.

【역주】

1) 黃帝 : 인명. 池田知久의 지적처럼 여기서는 人類 최초의 帝王으로 설정되고 있다. 道家는 黃帝를 理想의 인물로 들고 있는데 이 장에서는 그까지도 人間의 素朴한 性命을 손상한 張本人으로 비난하고 있다. 이 편 제3장, 〈天運〉편 제6장, 〈盜跖〉편도 이에 가깝고 〈繕性〉편은 이 생각을 더 미루어 나아가 張本人의 범위를 神農, 伏犧, 燧人氏까지 遡及하고 있다.

2) 股無胈 脛無毛 : 넓적다리에 털이 없어지고 정강이에 털이 없어짐. 다리의 털이 없어질 정도로 부지런히 일했다는 뜻. 股는 넓적다리, 脛은 정강이. ≪經典釋文≫의 李頤는 胈(발)을 흰 살〔白肉也〕이라고 했지만 奚侗과 馬叙倫이 ≪廣韻≫의 "胈은 넓적다리의 작은 털이다〔胈 股上小毛也〕."라고 한 것을 따라 털로 보는 것이 무난하다.

3) 愁其五藏 : 오장을 근심스럽게 함. 온몸을 수고롭게 한다는 뜻. 藏은 臟과 통용. 이 편의 제1장에 나오는 '解其五藏'을 참조할 것.

4) 矜其血氣 : 혈기를 괴롭힘. 矜은 郭慶藩이 ≪爾雅≫ 〈釋言〉에서 "긍은 괴롭힘이다

〔矜 苦也〕."라고 풀이한 것을 따라 괴롭힌다는 뜻으로 보는 것이 적절하다.

5) 放讙兜於崇山 : 환도를 숭산으로 추방함. 讙兜는 인명. ≪書經≫ 〈堯典〉과 ≪史記≫ 〈五帝本紀〉에 환도에 대한 기록이 나오는데 ≪書經≫ 〈堯典〉에는 驩兜로 되어 있다.

6) 投三苗於三峗 : 삼묘를 삼위에 몰아냄. ≪經典釋文≫에 따르면 崔譔본에는 投자가 殺자로 되어 있다고 했는데 ≪書經≫에는 竄으로 되어 있다. 三苗에 대해서는 陸德明이 "진운씨의 아들로 바로 도철이다〔縉雲氏之子 卽饕餮〕."라고 풀이했다. ≪史記≫ 〈五帝本紀〉에는 "삼묘는 강수, 회수, 형주 지역에 살면서 자주 반란을 일으켰다〔三苗在江淮荊州 數爲亂〕."라고 기록하고 있다. ≪書經≫에는 三峗가 三危로 되어 있다.

7) 共工 : 관직명. ≪經典釋文≫에는 "공공은 관직명이니 바로 궁기이다〔共工 官名 卽窮奇〕."라고 했는데 궁기는 神獸의 이름으로 모습은 소와 같고 고슴도치 같은 털을 가지고 있으며 개 짖는 소리를 내는 신화 속의 괴물이다. ≪書經≫의 〈堯典〉이나 ≪史記≫ 〈五帝本紀〉에 의하면 驩兜가 堯에게 추천하였을 때 堯는 "말은 번드레하지만 행실은 어긋난다."라고 비판하고 그의 천거를 받아들이지 않았다.

8) 幽都 : 지명. ≪經典釋文≫에서 李頤가 "곧 유주이다〔卽幽州也〕."라고 했고, ≪書經≫ 〈堯典〉에 幽州로 되어 있다.

夫施及三王[1]하야는 **而天下 大駭矣**[2]니 **下有桀**跖하고 **上有曾史**[3]커늘 **而儒墨**이 **畢起**하야 **於是乎**에 **喜怒相疑**하며 **愚知相欺**하며 **善否相非**[4]하며 **誕信相譏**라 **而天下衰矣**니 **大德**이 **不同**[5] **而性命**이 **爛漫**[6]**矣**며 **天下 好知 而百姓**이 **求竭矣**[7]니라 **於是乎**에 **斤鋸**로 **制焉**[8]하며 **繩墨**으로 **殺焉**[9]하며 **椎鑿**으로 **決焉**[10]한대 **天下 脊脊 大亂**[11]하니 **罪在攖人心**[12]이니라 **故**로 **賢者**는 **伏處大山嵁巖之下**[13]어든 **而萬乘之君**은 **憂慄乎廟堂之上**하나니라

이윽고 삼왕의 시대에 이르러서는 천하가 크게 놀라게 되었으니 아래로는 桀과 盜跖 같은 대악당이 나타나고 위로는 曾參이나 史鰌 같은 큰 인물이 나오게 되어, 儒家와 墨家가 모두 일어나 이들을 좋아하고 싫어하는 이가 서로 의심하

며 어리석은 이와 지혜로운 이가 서로 속이며 착한 이와 악한 이가 서로 비난하며 거짓된 자와 신의를 중시하는 자가 서로 비웃어 천하가 쇠퇴하게 되었다. 玄同의 大德이 해체되고 타고난 性命이 어지러워지고 천하 사람들이 지식을 좋아하고 욕심을 끝까지 부리게 되었다. 이에 이르러 자귀나 톱으로 자르는 형벌이 가해지고 새끼줄이나 밧줄로 묶어 죽이고, 몽치나 끌로 사람을 결딴내게 되어, 천하가 크게 어지러워졌으니 이 죄는 사람들의 마음을 흔든 데에 있다. 그 때문에 현자들은 높은 산이나 험준한 바위 아래 숨어 살게 되고 한편 萬乘 大國의 군주는 조정의 권좌 위에서 근심 속에 두려워 떨게 되었다.

【역주】

1) 夫施(이)及三王 : 삼왕에 이르러서는. 삼왕의 시대에 이르러. 三王은 夏·殷·周 三代의 聖王(禹·湯·文·武)을 말함. 羅勉道, 宣穎, 王先謙, 阮毓崧 등은 夫를 위 문장에 이어서 不勝天下也夫로 보고 감탄형 종결사 정도로 풀이했지만 그대로 두는 것이 무난하다. 施(이)는 ≪經典釋文≫에서 崔譔이 "도달하다〔延也〕."로 풀이한 것이 적절하다.

2) 大駭矣 : 크게 놀람. ≪經典釋文≫에서 "駭는 놀람이다〔駭 驚也〕."라고 풀이했다.

3) 下有桀跖 上有曾史 : 아래로는 걸과 도척 같은 대악당이 나타나고 위로는 증삼이나 사추 같은 큰 인물이 나오게 됨. 上下는 행실의 상하, 곧 상등의 행실과 하등의 행실을 의미한다. 桀跖과 曾史는 〈騈拇〉, 〈胠篋〉 두 편에 이미 나왔다. 桀과 跖을 병렬한 경우는 이 책에서는 이 편이 유일한데 ≪荀子≫의 영향이 엿보인다(池田知久).

4) 善否相非 : 착한 이와 악한 이가 서로 비난함. 否(비)는 陳景元이 "음은 비이고 악함이다〔音鄙 惡也〕."라고 풀이했다.

5) 大德不同 : 대덕이 같지 않게 됨. 玄同의 대덕이 해체되었다는 뜻. 大德은 〈馬蹄〉편과 〈胠篋〉편 등에 나온 至德과 같다(赤塚忠). 〈馬蹄〉편에 "저 사람들은 일정하게 타고난 본성이 있어서 길쌈을 해서 옷을 지어 입으며 밭 갈아서 먹을 것을 장만하는데 이를 일러 타고나면서부터 다 같이 얻은 덕이라고 한다〔彼民有常性 織而衣 耕而食 是謂同德〕."라고 나왔으며, 〈胠篋〉편에도 "천하의 덕이 비로소 하나 될 것이다〔天下之德 始玄同矣〕."라고 나온 것처럼 본래 모든 인간에게 공통으로 갖추어졌던 大德이 堯임금과 三王의 정치에 의해 喜와 怒로, 善과 否(비)로, 誕과 信으로 갈라

지게 되었음〔不同〕을 말한다(池田知久).

6) 性命爛漫 : 타고난 성명이 어지러워짐. 爛漫은 成玄英이 "흩어지고 어지러워짐이다〔散亂也〕."라고 풀이한 것이 적절하다.

7) 天下好知 而百姓求竭矣 : 천하의 사람들이 지식을 좋아하고 백성들이 욕심을 끝까지 부리게 됨. 郭象이 "지식을 끝없이 좋아하기 때문에 그 요구에 맞출 수가 없다〔知無涯而好之 故無以供其求〕."라고 풀이한 것이 간명하다. 한편 林希逸은 "끝까지 요구하였다는 것은 아랫사람이 그 요구에 호응할 수 없게 됨을 말한다〔求竭者 言下無以應之也〕."라고 풀이하여 求를 윗사람의 요구〔上之求〕로 해석하였는데 그 외의 많은 주석가들(褚伯秀, 陸長庚, 林雲銘, 宣穎, 陸樹芝, 陳壽昌, 王先謙 등)도 그와 같은 주장을 했지만 아무래도 天下의 모든 백성들의 요구로 보는 것이 타당하다. 求竭에 대하여는 이 밖에도 異說이 분분하지만 그중에도 章炳麟 ≪莊子解故≫의 설이 특이하다. 馬叙倫도 거의 같은 의견인데, 章炳麟 說을 따르면, 求竭은 糾竭(매우 어지러움)의 假借이니, 百姓求竭은 곧 온 천하의 백성들이 무질서하게 어지러워졌다는 뜻이 된다. 池田知久는 적당하다고는 생각되지 않는다고 하였으나, 특이하여 여기 紹介한다.

8) 釿鋸制焉 : 자귀나 톱으로 자르는 형벌이 加해짐. 釿은 자귀. 斤과 같다. ≪經典釋文≫에는 "음은 근이고 본래 斤으로 쓰기도 한다〔音斤 本亦作斤〕."라고 풀이하고 있다. 制는 베고 자르다는 뜻. 釿鋸制焉은 곧 자귀나 톱으로 베고 자르는 형벌이 加해짐을 말한다. 林希逸은 "釿鋸와 繩墨과 椎鑿은 모두 형벌을 집행하는 도구이다〔釿鋸繩墨椎鑿 皆用刑之具也〕."라고 풀이했는데 陸長庚, 林雲銘, 宣穎, 陳鼓應 등도 거의 같은 견해이다. 成玄英은 "기술자는 자귀나 톱으로 나무를 치고 성인은 예법으로 도를 해친다〔工匠運斤鋸以殘木 聖人用禮法以傷道〕."라고 하여, 예법으로 다스리는 것은 자귀나 톱 따위로 나무를 해치는 것과 같다고 비유했는데 참고할 만하다.

9) 繩墨殺焉 : 새끼줄이나 밧줄로 묶어 죽임. ≪經典釋文≫에서 崔譔은 "활로 쏘아 맞혀서 죽임을 말함이다〔謂彈正殺之〕."라고 풀이했고, 林希逸은 "노끈은 묶는 도구이고 먹은 검은 물로 먹을 치는 것이다〔繩 束縛者也 墨 黥淄也〕."라고 하여 죄인을 묶는 포승과 墨刑으로 보았는데 崔譔의 견해도 일리가 있지만 후자의 견해를 따르는 것이 일반적인 해석에 가깝다. 赤塚忠은 "墨은 纆의 가차자〔墨은 纆의 假字〕."라

고 했는데 참고할 만하다. 한편 殺자를 죽인다는 뜻으로 보지 않고 대나무의 푸른 색을 없애는 공정인 살청의 살과 같은 뜻〔如殺青之殺〕으로 보는 견해(王敔)가 있고, 設자의 잘못이라고 보는 견해(吳汝綸, 武延緒), 또 成玄英처럼 "승묵은 나무의 곡직을 바로잡는 것이고 예의는 사람이 높이고 낮춰야 할 것을 보여 준 것이다〔繩墨 正木之曲直 禮義 示人之隆殺〕."라고 풀이하여 殺을 내린다는 뜻의 殺(쇄)자로 보는 견해가 있고 陸樹芝, 陳壽昌, 王先謙 등이 동의하고 있지만 지나친 천착이다.

10) 椎鑿決焉 : 몽치나 끌로 사람을 결딴냄. 《經典釋文》의 崔譔은 "육형이기 때문에 몽치와 끌을 쓴다〔肉刑 故用椎鑿〕."라고 풀이했다. 한편 成玄英은 "몽치나 끌은 나무의 구멍을 뚫고 형법은 사람의 몸과 머리를 결딴낸다〔椎鑿 穿木之孔竅 刑法 決人之身首〕."라고 풀이하여 몽치나 끌로 사람을 직접 죽인다는 뜻으로 보지 않고 형법의 가혹함을 비유한 것으로 이해했는데 참고할 만하다.

11) 脊脊大亂 : 천하가 크게 어지러워짐. 脊脊은 어지럽게 깔아뭉갠 모양으로 狼藉와 같은 뜻. 《經典釋文》의 崔譔은 "서로 밟고 깔아뭉갬이다〔相踐籍也〕."라고 풀이했다. 陸德明은 "어떤 本에서는 肴肴라고도 쓰고 있는데 《廣雅》에 이르기를 肴는 어지러움이라고 했다〔本亦作肴肴 廣雅云 肴 亂也〕."라고 풀이했는데 이 견해를 참고하면 脊자는 肴자의 오자인 듯하다. 羅勉道는 蹐과 같다 했고, 宣穎은 "번쇄하여 공평하지 않음이다〔繁碎不平〕."라고 했으며, 高亨은 迹과 통한다고 했는데 모두 적절치 않다.

12) 罪在攖人心 : 이 죄는 사람들의 마음을 흔든 데에 있다. 곧 성인이 인의를 제창하여 사람들의 마음을 흔들었기 때문에 이 같은 혼란상이 빚어졌다는 뜻이다. 위의 '昔者 黃帝 始以仁義 攖人之心'과 이어지는 맥락.

13) 伏處大(태)山嵁巖之下 : 높은 산이나 험준한 바위 아래 숨어 살게 됨. 大가 太로 된 판본이 있고(王孝魚), 《經典釋文》에도 "음은 태이다〔音泰〕."라고 했다. 嵁(감)에 대해서는 兪樾이 湛으로 보고 깊다는 뜻으로 풀이하고, 馬叙倫은 《說文解字》의 "참은 암석이다〔磛 礹石也〕."의 假借라고 한 것을 따라 돌산으로 풀이했는데 이 견해가 간명하다.

今世에 **殊死者 相枕也**[1]하며 **桁楊者 相推也**[2]하며 **刑戮者 相望也**어늘 **而儒墨**이

乃始離跂攘臂[3]乎桎梏之間하나니 **意[4]**라 **甚矣哉**라 **其無愧而不知恥也 甚矣**라 **吾 未知聖知之不爲桁楊**의 **椄槢也[5]**며 **仁義之不爲桎梏**의 **鑿枘也[6]**로니 **焉知曾史之不爲桀跖**의 **嚆矢[7]也**리오 **故**로 **曰 絶聖棄知**하야사 **而天下 大治[8]**라하노라

지금의 세상에서는 사형당해 죽은 사람들의 시신이 서로 베개를 베고 누워 있고, 차꼬를 차고 칼을 쓴 죄수들이 서로 밀칠 정도로 바글거리고, 刑戮을 당한 자들이 서로 마주 볼 정도로 많은데 유가와 묵가의 선생이란 자들은 차꼬와 수갑을 찬 죄인들 사이에서 뛰어다니며 팔을 걷어붙이며 뽐내고 있으니 아! 심하구나! 그들이 부끄럼 없이 수치를 모름이 심하다. 나는 聖과 知가 차꼬나 목에 씌우는 칼 따위의 쐐기가 되지 않는다고 확신하지 못하겠고, 인의가 桎梏을 채우는 자물쇠가 되지 않는다고 확신하지 못하겠으니 어찌 증삼이나 사추가 桀이나 盜跖의 嚆矢가 아니라고 확신할 수 있겠는가. 그 때문에 성과 지를 끊어 버려야 천하가 크게 다스려질 것이라고 하는 것이다.

【역주】

1) 殊死者 相枕也 : 사형당해 죽은 사람들의 시신이 서로 베개를 베고 누워 있음. 殊는 사형을 당하다는 뜻. ≪經典釋文≫에서 陸德明은 "≪廣雅≫에는 끊음이라고 했다〔廣雅云 斷也〕."라고 했고, 司馬彪는 "결단함〔決也〕."이라 했고, 一說에는 "죽임〔誅也〕."이라 했는데 모두 같은 뜻이다. 특이한 견해로 陸樹芝는 "殊死는 한 일은 같지 않지만 죽은 결과는 같은 것〔殊死 事不同而死同者〕."이라고 풀이했는데 뚜렷한 근거는 없다. 이 陸樹芝나 李勉의 해석에 대해 池田知久는 잘못된 것으로 보고 있다.

2) 桁楊者 相推也 : 차꼬를 차고 칼을 쓴 죄수들이 서로 밀칠 정도로 바글거림. 桁楊(항양)은 형틀로, 목에 씌우는 칼과 다리에 채우는 차꼬를 모두 일컫는 말. ≪經典釋文≫에서 崔譔은 "형틀로, 목과 정강이에 채우는 것을 모두 桁楊이라 한다〔械夾頸及脛者 皆曰桁楊〕."라고 했다.

3) 離跂攘臂 : 뛰어다니며 팔을 걷어붙이며 뽐냄. 離跂는 뛰어다니는 모양. 成玄英은 "힘을 쓰는 모양〔用力貌〕."이라고 했는데 적절치 않다. 池田知久가 지적했듯이, 羅勉道가 "서두는 모양〔促抵忤離地〕."으로 풀이한 것이 적절하다. 陸樹芝도 같은 견

해. 宣穎과 陳壽昌은 발돋움〔企足〕이라 했는데 이 또한 대동소이하다. 池田知久의 지적처럼 〈馬蹄〉편의 踶跂, 〈天地〉편의 離跂와 같다. 攘臂는 팔을 걷어붙이며 뽐내는 모양. 〈人間世〉편 支離疏의 說話에 이미 나왔다.

4) 意(희) : 감탄사. 噫로 된 인용이 있다(陳任中). 馬叙倫에 의하면 成玄英본은 噫(희)로 되어 있는 것 같다. 章炳麟은 噫의 假借로 보았고 馬叙倫은 誒의 假借로 보았는데 같은 뜻이다(池田知久).

5) 不爲桁楊椄槢也 : 차꼬나 목에 씌우는 칼 따위의 쐐기가 되지 아니함. 椄槢은 쐐기. ≪經典釋文≫의 司馬彪는 "接槢은 쐐기이다〔接槢 械楔〕."라고 풀이했다. 馬叙倫은 接槢을 楔의 假借라 했다.

6) 不爲桎梏鑿枘也 : 질곡을 채우는 자물쇠가 되지 아니함. ≪經典釋文≫에 의하면 向秀본에는 枘자가 內로 되어 있다. 成玄英이 "착은 구멍이다. 물건을 가지고 구멍 속에 집어넣는 것을 枘라 한다〔鑿 孔也 以物內孔中曰枘〕."라고 풀이한 것이 적절하다.

7) 嚆矢 : 사물의 시작을 나타내는 비유. ≪經典釋文≫에는 嗃로 된 本이 있다 했고, 向秀는 효시는 소리 내는 화살〔嚆矢 矢之鳴者〕이라 했고, 郭象은 사나운 화살〔矢之猛者〕이라 했다. 沈一貫이 "효시는 바로 소리 내는 화살촉이니 증삼이나 사추가 걸이나 도척을 위해 먼저 소리를 내서 방향을 가르쳐 주었음을 말한 것이다〔嚆矢 卽鳴鏑 言曾史爲桀跖之先聲而指嚮也〕."라고 한 풀이가 간명하다.

8) 故曰 絶聖棄知而天下大治 : 그 때문에 성과 지를 끊어 버려야 천하가 크게 다스려질 것이라고 말함. ≪老子≫ 제19장에 "성과 지를 끊어 버리면 백성들의 이익이 백 배가 될 것이다〔絶聖棄知 民利百倍〕."라고 한 부분이 있으며, 이 책 〈胠篋〉편 제3장에도 "絶聖棄知 大盜乃止"라고 하고 있다. 맨 앞에 故曰이라 붙였으므로 인용문으로 보는 것이 적절하지만 반드시 ≪老子≫라고만 국한할 수는 없다는 것이 池田知久의 견해이다.

第3章

黃帝 立爲天子十九年[1)]에 **令行天下**어늘 **聞廣成子**[2)] **在於空同之上**[3)]하고 **故往見之**하야 **曰 我**는 **聞吾子 達於至道**라호니 **敢問至道之精**[4)]하노라 **吾 欲取天地**

之精하야 **以佐五穀**하야 **以養民人**하며 **吾又欲官陰陽**하야 **以遂群生**[5)]하노니 **爲之奈何**오

黃帝가 천자의 자리에 오른 지 19년. 그의 政令은 천하에 시행되고 있었는데 廣成子가 空同山 위에 있다는 말을 듣고 일부러 찾아가 만나 보고 이렇게 말했다. "나는 선생께서 지극한 도에 도달하셨다고 들었습니다. 감히 묻습니다. 지극한 도의 정수가 무엇입니까? 나는 천지의 精氣를 가져다가 五穀의 생장을 도와 백성들을 기르고, 또 나는 陰陽을 다스려 뭇 생명을 이루게 하고자 하니 어떻게 하면 좋겠습니까?"

【역주】

1) 十九年 : 黃帝立爲天子十九年은 황제가 임금이 된 지 19년이란 뜻. 19년은 ≪莊子≫에서 오랜 기간을 상징적으로 나타내는 말로 쓰인다. 福永光司의 ≪莊子≫에 자세하다. 예컨대 〈養生主〉편의 庖丁과 〈德充符〉편의 申徒嘉 등이 수련한 기간도 19년이다. 이에 대하여는, 池田知久의 註解에 의하면 呂惠卿의 주석도 참고할 필요가 있을 것이다.

2) 廣成子 : 인명. ≪經典釋文≫에는 "어떤 사람은 바로 노자라 했다〔或云 卽老子也〕."라고 했는데 兪樾이 지적한 것처럼 ≪神仙傳≫의 기록에 근거한 듯하다. 여기서는 池田知久의 견해와 같이 作者가 만들어 낸 理想적인 인물로 보기도 한다. 즉 道를 의인화한 것으로 보는 것이 타당하다. 呂惠卿은 "넓은 것은 땅과 짝하고 이룸은 시종을 완전히 한 것이니 광성은 도에 이르러 자신을 완전하게 한 사람이다〔廣則配地 成則終始之全 廣成者則至於道而全也〕."라고 寓意를 추측했다. ≪淮南子≫ 〈詮言訓〉편에도 廣成子가 인용되어 있는데 아마도 ≪莊子≫의 이 부분으로부터 취한 것일 터이다(池田知久).

3) 空同之上 : 空同은 산 이름. 崆峒 또는 空橦으로 된 인용이 있다(馬叙倫, 王叔岷). ≪經典釋文≫에서는 司馬彪가 "북두성 아래를 떠받치고 있는 산〔當北斗下山也〕."이라 했다고 소개하고, ≪爾雅≫를 인용하여 "북쪽으로 북두성을 이고 있는 것이 공동산이다〔北戴斗極爲空同〕."라고 풀이했다. 또 일설에는 "양나라 우성 동쪽 30리 지역에 있다〔在梁國虞城東三十里〕."라고 하는 등 장소에 관한 고증이 많지만 呂惠

卿이 "공은 어떤 사물도 없다는 뜻이고 동은 크게 뚫렸다는 뜻이므로 공동산 위라고 말한 것은 아무 사물도 없이 크게 소통되어서 어떤 것도 올려놓을 수 없는 곳이다〔空則無物 同則大通 空同之上 則無物大通 而無以加之之處也〕."라고 寓意를 설명한 것이 적절하다. 上자가 山으로 된 인용이 있다(馬叙倫, 王叔岷).

4) 至道之精 : 지극한 도의 정수. 馬叙倫은 精을 '性命之情'과 같은 것으로 眞相의 뜻이라고 했지만 부적절하다(池田知久). 精髓로 보는 일반적인 견해가 간명하다(池田知久). 바로 이어지는 '天地之精'은 精氣로 보는 것이 적절하다(赤塚忠).

5) 欲官陰陽以遂群生 : 음양을 다스려 뭇 생명을 이루게 하고자 함. 官은 成玄英이 "음양을 본떠 관직을 만든다〔象陰陽設官分職〕."라고 풀이한 것이 적절하다. 遂는 완수하게 한다는 뜻인데 王叔岷이 育으로 풀이한 것도 적절하다.

廣成子曰 而의 所欲問者는 物之質也[1]요 而의 所欲官者는 物之殘也[2]니라 自而의 治天下로 雲氣不待族而雨[3]하며 草木不待黃而落[4]하며 日月之光이 益以荒矣[5]로소니 而는 佞人之心이 翦翦者[6]온(이니) 又奚足以語至道[7]리오

廣成子는 이렇게 말했다.

"당신이 묻고자 하는 것은 事物의 本性이지만 당신이 다스리고자 하는 것은 사물을 해치는 것이다. 당신이 천하를 다스린 뒤로 구름은 충분히 모이기도 전에 비가 되어 내리고, 초목은 잎이 누렇게 변하기도 전에 떨어졌으며 해와 달의 빛도 더욱 황폐해졌으니 당신은 말만 잘하는 천박한 사람이다. 그러니 어찌 지극한 도를 일러 주기에 충분하겠는가."

【역주】

1) 物之質也 : 사물의 올바른 본성. 郭象, 林希逸, 陸長庚 등은 至道・本然의 긍정적인 의미로 보고 있고, 成玄英, 陳景元 등은 形質의 의미로 부정적인 것으로 보고 있는데 成玄英, 陳景元 등은 애초 황제가 질문하고자 하는 의도 혹은 대상〔物之質〕부터 잘못되어 있는 것으로 보고 있는 것이다. 본문에서 '吾欲取天地之精 以佐五穀 以養民人'이 묻고자 하는 것〔所欲問者〕 곧 物之質에 포함되는 것인지 아니면 다스리고자 하는 것〔所欲官者〕 곧 物之殘也에 포함되는 것인지에 따라 묻고자 하는 내용〔所

欲問者]에 대한 긍정・부정의 해석이 달라질 수 있다(崔大華).

2) 物之殘也 : 사물을 해침. 物之質과 物之殘은 林希逸이 "사물의 본연을 質이라 한 것이니 바로 앞서 말한 至道이다. 物之殘이라 한 것은 사물을 해치는 일을 말함이다〔物之本然者曰質 卽前言至道也 物之殘者 言害物之事也〕."라고 풀이한 것이 간명하다(池田知久). 〈馬蹄〉편에서 "무릇 통나무를 해쳐서 그릇을 만든 것은 기술자들의 죄이고, 도덕을 훼손하여 인의를 만들어 낸 것은 성인의 과실이다〔夫殘樸以爲器 工匠之罪也 毁道德以爲仁義 聖人之過也〕."라고 한 것과 같은 맥락. 福永光司는 物之質의 質은 渾然一體가 된 사물의 본질 또는 根源을 의미하고, 物之殘의 殘은 分散되고 解體된 사물의 形而下的인 모습이라고 주석하고 있는데, 이것도 크게 참고할 만한 해석이다.

3) 雲氣不待族而雨 : 구름은 충분히 모이기도 전에 비가 되어 내림. 族자가 簇으로 된 인용이 있다(王叔岷). ≪經典釋文≫의 司馬彪는 "族은 모임이니 모이지 못하고 비로 내리는 것이니 적셔 줌이 적음을 말한 것이다〔族 聚也 未聚而雨 言澤少〕."라고 풀이했다. 馬叙倫은 族을 湊자의 假借로 보았다.

4) 草木不待黃而落 : 초목은 잎이 누렇게 변하기도 전에 떨어짐. ≪經典釋文≫의 司馬彪는 "살기(秋冬의 寒氣)가 많음을 말한 것이다〔言殺氣多也〕."라고 풀이했다.

5) 益以荒矣 : 더욱 황폐해짐. ≪經典釋文≫의 崔譔은 益을 蓋자로 썼고 赤塚忠은 협애하다는 뜻의 隘자로 보고 널리 비치는 日月의 빛마저 좁아졌다는 뜻으로 풀이했지만 있는 그대로 더욱의 뜻으로 보는 것이 무난하다. 福永光司는 荒은 散漫하다는 뜻으로 여기서는 빛에 光輝가 없는 것을 말한다고 하고 있다.

6) 而佞人之心翦翦者 : 당신은 말만 잘하는 천박한 사람이다. 翦翦者는 말만 잘하는 천박한 모양. 翦翦이 剪剪으로 표기된 인용이 있다(馬叙倫). 而佞人之心翦翦者의 而는 앞에 보이는 而所欲問者, 而所欲官者, 自而治天下 등의 而와 마찬가지로 '너' 즉 you의 뜻. 而佞人之心翦翦者는 逐字譯을 하면 '당신은 말만 잘하는 사람의 마음이 천박한 사람이다'가 된다. ≪經典釋文≫의 郭象과 司馬彪는 "말을 잘함〔善辯也〕."이라 했고, 일설에는 "말재주를 부리는 모양〔佞貌〕."이라 했다. 王先謙은 譾譾의 가차자로 보았는데 모두 일리가 있지만 ≪經典釋文≫에서 李頤가 "식견이 얕고 지식이 짧은 모양〔淺短貌〕."으로 풀이한 것이 간명하다. 林希逸은 이 견해를 따라 "淺淺과 같다〔猶淺淺也〕."라고 풀이했다.

7) 奚足以語至道 : 어찌 지극한 도를 일러 주기에 충분하겠는가. 至자 아래에 哉자가 있는 인용이 있다(劉文典).

黃帝 退하야 捐天下[1]하고 築特室[2]하야 席白茅[3]코 閒居三月에야 復往邀之[4]한대 廣成子 南首而臥[5]어늘 黃帝順下風하야 膝行而進[6]하야 再拜稽首而問하야 曰 聞吾子의 達於至道호니 敢問하노이다 治身을 奈何라야 而可以長久잇고

黃帝는 물러나 천하를 잊고 홀로 머무는 집을 짓고 흰 띠풀로 자리를 깔고 석 달 동안 조용히 머문 다음에 다시 찾아가 만나기를 요청하였다. 廣成子는 머리를 남쪽으로 하고 누워 있었는데 황제가 아래쪽에서 무릎으로 기어 나아가 두 번 절하고 머리를 조아리면서 물었다. "저는 선생께서 지극한 도에 이르렀다고 들었으니 감히 묻겠습니다. 몸을 어떻게 닦아야 長生久視할 수 있겠습니까?"

【역주】

1) 捐天下 : 천하를 방기함. 천하를 잊어버렸다는 뜻. 구체적으로 천자의 자리를 버리고(捐=棄) 천하의 支配를 포기하였다는 뜻임.

2) 築特室 : 特室을 지음. 特室은 잡다한 일을 피해 홀로 재계하는 집. 陳壽昌은 齋宮(天子가 大廟에서 제사 지내기 前에 재계하는 별궁)이라 했다. 福永光司는 "特室은 훗날 道敎에서 '靖室'과 같은 것으로 고려되는 것이 좋다. 또한 六朝시대 이후 天子가 道士를 초빙할 때, 館舍를 건축하여 齋戒하는 형식을 채택한 것은 이 문장에 근거한다."라고 했고, 赤塚忠은 "특실을 세우고 흰 띠풀을 까는 것〔築特室 席白茅〕은 재계하며 반성하는 것을 가리킨다. 築特室은 사람들과의 교제를 끊기 위해 별도로 방 하나를 만들어 그곳에서 두문불출한다는 뜻이다."라고 했는데 모두 참고할 만하다.

3) 席白茅 : 흰 띠풀로 자리를 깔다. 席이 籍로 된 인용이 있다(王叔岷). 白茅는 하얀 띠풀로 고대 중국에는 더러움을 깨끗이 하는 주술적인 힘이 있다고 믿어서 神에게 바치는 공물도 띠풀을 아래에 까는 습관이 있었다(福永光司). 席白茅는 띠〔茅〕의 하얀 줄기로 짠 깔개에 앉는 것으로 白茅의 깔개는 본디 신에게 바치는 물건 밑에 깔거나 높은 사람에게 올리는 물건 밑에 깔거나 했다. 사람이 白茅에 앉는다는 것

은 자신을 신에게 바친다는 뜻이며 또 의미가 바뀌어서 심신을 청정하게 하는 儀禮로 생각되었던 듯하다(赤塚忠).

4) 復往邀之 : 다시 찾아가 요구함. 邀는 ≪經典釋文≫에서 陸德明이 풀이한 것처럼 "요구하다〔要也〕."는 뜻. 王先謙은 "邀는 요청함이다〔邀 求請也〕."라고 풀이했다.

5) 南首而臥 : 머리를 남쪽으로 하고 눕다. 福永光司가 "廣成子를 南面하는 사람〔帝王〕에 비긴 것."이라고 풀이한 것이 적절하다. 赤塚忠은 "南面은 본디 천자가 政務를 볼 때의 禮이다. 그런데 南面한 채 잠을 잔다는 것이니 상식적인 禮를 무시하고 마음 내키는 대로 행동하는 것을 표현한 것이다."라고 풀이했는데 이 또한 참고할 만하다.

6) 順下風 膝行而進 : 아래쪽에서부터 무릎으로 기어 나아감. 順자가 從자로 된 인용이 있다(馬叙倫, 王叔岷). 馬叙倫은 順을 循의 假借字로 보았다. 風은 李勉이 方의 뜻으로 풀이한 것을 따른다. 李勉은 "風은 方이다. 옛날에는 風과 方의 音이 통했다. 그 때문에 두 글자를 통용하게 된 것이다〔風 方 古風方通音 故二字通用〕."라고 풀이했다. 〈天運〉편에도 "수놈이 위쪽에서 울면 암놈이 아래쪽에서 응답한다〔雄鳴於上風 雌應於下風〕."라고 했고, 〈天地〉편에도 "우임금이 종종걸음으로 아래쪽으로 나아갔다〔禹趨就下風〕."라고 했으며, 〈漁父〉편에도 "몰래 선생님 아래쪽에서 기다리다가〔竊待於下風〕."라고 했는데 모두 風이 方의 뜻으로 쓰인 예이다.

廣成子 蹶然[1]而起하야 曰 善哉라 問乎[2]여 來하라 吾 語女至道호리라 至道之精은 窈窈冥冥[3]하며 至道之極은 昏昏默默[4]하니 無視無聽[5]하야 抱神以靜하면 形將自正하리니 必靜必淸[6]하야 無勞女形하며 無搖女精하여야 乃可以長生[7]하리라 目無所見하며 耳無所聞하며 心無所知하야 女神이 將守形하여야 形乃長生하리라 愼女의 內하며 閉女의 外[8]하라 多知면 爲敗[9]니라

廣成子가 벌떡 일어나 말했다. "좋은 질문입니다. 이리 오시오. 내 당신에게 지극한 도를 말씀드리지요. 지극한 도의 精髓는 그윽하고 어두우며 지극한 도의 극치는 모습도 없고 소리도 없으니 보려 하지도 들으려 하지도 말고 정신을 지켜서 고요함을 유지하면 몸도 저절로 바르게 될 것입니다.

반드시 고요하고 반드시 깨끗함을 지켜서 당신의 몸을 수고롭게 하지 말고,

당신의 정신을 흔들어 대지 않아야만 비로소 장생할 수 있을 것입니다. 눈으로 아무것도 보지 말고 귀로 아무것도 듣지 말고 마음으로 아무것도 알려고 하지 말아서 당신의 정신이 몸을 지킬 수 있어야 몸이 비로소 長生할 수 있을 것입니다. 당신의 안에 있는 정신을 삼가 지키며 당신의 밖으로 향하는 지각을 닫으십시오. 지각하는 것이 많아지면 실패할 것입니다."

【역주】

1) 蹶然 : 벌떡 일어나는 모양. ≪經典釋文≫에서 陸德明은 "놀라 일어남이다〔驚而起也〕."라 했고, 司馬彪는 "빨리 일어나는 모양〔疾起貌〕."이라 했다.

2) 善哉問乎 : 좋은 질문입니다. 郭象은 "사람들이 모두 자신을 수양하고 천하를 다스리지 않으면 천하가 다스려질 것이기 때문에 훌륭하게 평가한 것이다〔人皆自修而不治天下 則天下治矣 故善之也〕."라고 풀이했고, 成玄英은 "사람들로 하여금 사물을 다스리게 하면 사물이 어지러워지고 각각 자신을 다스리게 하면 천하가 청정해진다. 그 때문에 훌륭하게 평가한 것이다〔使人治物 物必擾煩 各各治身 天下淸正 故善之〕."라고 풀이했는데 郭象의 견해와 큰 차이가 없다.

3) 至道之精 窈窈冥冥 : 지극한 도의 精髓는 그윽하고 어두움. 窈자가 杳(묘)로 된 인용이 있다(馬叙倫, 王叔岷). 窈窈冥冥은 그윽하고 어두운 모습. ≪老子≫ 제21장의 "도라고 하는 것의 됨됨이는……그윽하고 어둡다〔道之爲物……窈兮冥兮〕."라고 한 내용은 이 부분과 관련이 있을 것이다. 呂惠卿은 "窈는 깊고 그윽함이고 冥은 어두움이니 그 모습을 진실로 볼 수 없다〔窈則深窈 冥則玄冥 則其形固不得而見也〕."라고 풀이했다.

4) 至道之極 昏昏默默 : 지극한 도의 극치는 모습도 없고 소리도 없음. 昏昏은 어두워서 모습이 보이지 않는다는 뜻이고 默默은 소리를 내지 않아서 들리지 않는다는 뜻. 馬叙倫은 ≪說文解字≫에서 "昒(물)은 여전히 어두움이다〔昒 尙冥也〕."라고 풀이한 것을 근거로 默을 昒의 假借라고 했는데 지나친 견해이다. 李勉이 '목소리를 내지 않는 것'으로 풀이한 것이 적절하다. 呂惠卿은 "알 수 있어서 말로 표현하면 그 극치가 아니니 모습도 보이지 않고 소리도 들리지 않는 것이 바로 도의 극치가 되는 것이다. 어두우면 알아볼 수 없고 소리가 없으면 말이 없을 것이니 이것이 도의 본체를 말한 것이다. 도의 본체를 안 뒤에 함께 도에 들어갈 수 있다〔可知而言

則非其極也 則昏昏默默 乃所以爲道之極也 昏則無知 默則無言 此則言道之體也 知道之體 而後可與入道也〕."라고 풀이했는데 참고할 만하다.

5) 無視無聽 : 보려 하지도 들으려 하지도 마라. 郭象은 "보는 것을 잊어버리면 저절로 보이고 듣는 것을 잊어버리면 저절로 들리니 정신이 동요하지 않고 육체가 부정해지지 않기 때문이다〔忘視而自見 忘聽而自聞 則神不擾而形不邪也〕."라고 풀이했다. 〈人間世〉편 顔回와 孔子의 心齋問答 중에서 "너는 뜻을 한결같이 해서 사물의 소리를 귀로 듣지 말고 마음으로 들으며, 또 마음으로 듣지 말고 氣로 들어야 한다〔若一志 无聽之以耳 而聽之以心 无聽之以心 而聽之以氣〕."라고 한 내용을 응용한 것이다(赤塚忠).

6) 必靜必淸 : 반드시 고요하게 하고 반드시 깨끗하게 함. 心靜神淸으로 된 인용이 있다(馬叙倫). 馬叙倫은 靜을 竫의 假借로 淸을 瀞(정)의 가차라 하지만 글자 그대로 읽어도 의미가 자연스럽게 통하므로 굳이 따르지 않는다.

7) 無勞女形 無搖女精 乃可以長生 : 당신의 몸을 수고롭게 하지 말고, 당신의 정신을 흔들어 대지 않아야만 비로소 장생할 수 있을 것임. 女자가 爾자로 된 인용이 있고 以자가 없는 인용이 있다(王叔岷).

8) 愼女內 閉女外 : 당신의 안에 있는 정신을 삼가 지키며 당신의 밖으로 향하는 지각을 닫으라. 閉자가 閑으로 된 本이 있지만 王叔岷의 지적처럼 閉의 잘못으로 보는 것이 타당하다. 成玄英은 "시청을 끊고 분수를 지킴이다〔絶視聽 守分也〕."라고 풀이했다.

9) 多知爲敗 : 지각하는 것이 많아지면 실패하게 됨. 〈養生主〉편에서 "우리의 생명은 한계가 있지만, 지식은 무한하다. 끝이 있는 것을 가지고 끝이 없는 것을 추구하게 되면 위태로울 뿐이다. 그런데도 知를 추구하는 것은 더더욱 위태로울 뿐이다〔吾生也有涯 而知也無涯 以有涯隨無涯 殆已 已而爲知者 殆而已矣〕."라고 경고하고 있는 것과 비슷한 맥락이다. 〈養生主〉편 해당 부분의 郭象 注에 "앎에 끝이 없기 때문에 실패한다〔知無崖 故敗〕."라고 풀이한 내용이 있음을 상기할 필요가 있다.

我爲女하야 **遂於大明之上矣**[1]오 **至彼至陽之原也**[2]하며 **爲女**하야 **入於窈冥之門矣**오 **至彼至陰之原也**하노라 **天地 有官**하며 **陰陽**이 **有藏**[3]하니 **愼守女身**하면 **物**

將自壯[4)]하리라

我守其一하야 **以處其和**[5)]하노니 **故**로 **我**는 **修身**이 **千二百歲矣**로대 **吾形**이 **未常衰**[6)]호라

내가 당신을 위하여 해나 달 같은 커다란 광명이 있는 하늘 위에 올라 저 至陽의 근원에 이르며, 당신을 위해 그윽하고 어두운 문에 들어가 至陰의 근원에 갔다 오겠습니다. 하늘과 땅은 맡아서 다스리는 것이 있고 음과 양은 간직하고 있는 작용이 있으니 당신의 몸을 삼가 지키면 만물이 장차 저절로 생장할 것입니다. 나는 純一한 도를 지켜서 조화 속에 머물러 있습니다. 그 때문에 나는 몸을 닦은 지 1,200년이 흘렀는데도 내 몸이 아직 쇠약해지지 않았습니다.

【역주】

1) 我爲女遂於大明之上矣 : 〈그리하여 당신이 내가 말한 대로 모든 것을 잘하면〉 내가 당신을 위하여 해나 달 같은 커다란 광명이 있는 하늘 위에 올라갈 것임. 女는 2인칭. 汝로 된 판본이 있다(馬叙倫). 我爲女는 사람이 虛靜을 이룬다면 道가 저절로 작용하기 시작한다는 趣向의 표현일 것이다(池田知久). 遂는 奚侗의 견해를 따라 올라간다〔登進〕는 뜻으로 보는 것이 무난하다. 大明은 ≪管子≫를 근거로 日月을 지칭하는 것으로 해석한 것은 池田知久의 견해이고, 여기서는 그것을 따랐으나 한편 福永光司는 大明과 달〔月〕을 구별해서 "大明은 동쪽에서 生하고 月은 서쪽에서 生한다."는 ≪禮記≫ 〈禮器〉편의 글을 근거로 大明을 太陽이라고 해석하고 있기도 하다.

2) 至彼至陽之原也 : 저 지극한 양의 근원에 이름. 〈田子方〉편에 "지음은 고요하고 차가우며 지양은 밝고 성대하다〔至陰肅肅 至陽赫赫〕."라고 한 내용이 보인다.

3) 天地有官 陰陽有藏 : 하늘과 땅은 맡아서 다스리는 것이 있고 음과 양은 간직하고 있는 작용이 있음. 官이 宮으로 된 인용이 있다(馬叙倫). 馬叙倫은 館의 뜻으로 보았는데 옳지 않다. 成玄英이 "천관은 日·月·星·辰을 말함이니 사방을 비추어 만물의 중심이 되기 때문에 官이라 일컬은 것이다. 지관은 金·木·水·火·土를 말함이니 동식물을 유지하고 여러 품물을 싣고 있으니 또한 官이라 일컫는다〔天官 謂日月星辰 能照臨四方 綱維萬物 故稱官也 地官 謂金木水火土 能維持動植 運載羣品

亦稱官也〕."라고 풀이한 것이 적절하다. 〈德充符〉편 제1장에도 "천지를 마음대로 부리고 만물을 어루만진다〔官天地 府萬物〕."는 표현이 나온다.

4) 愼守女身 物將自壯 : 당신의 몸을 삼가 지키면 만물이 장차 저절로 생장할 것임. 앞 구절과 마찬가지로 女가 汝로 된 판본이 있다(馬叙倫). 《經典釋文》의 陸德明은 "만물이 저절로 자랄 것이라는 말은 천하를 다스리지 않으면 만물이 모두 스스로의 뜻대로 움직일 것이니 스스로의 뜻대로 움직이면 자라나게 된다〔物將自壯 謂不治天下 則衆物皆自任 自任而壯也〕."라고 풀이했다.

5) 守其一 以處其和 : 純一한 도를 지켜 조화 속에 머묾. 《老子》 제10장에 '抱一'이라는 말이 나오고, 제22장에는 '執一'이라는 말이 나오는데 이 부분과 관련이 있을 것이다.

6) 修身千二百歲矣 吾形未常衰 : 몸을 닦은 지 1,200년이 흘렀는데도 내 몸이 아직 쇠약해지지 않음. '千二百歲'는 道라고 하는 존재의 영원성과 생명력을 문학적으로 표현한 것(池田知久). 常은 嘗의 뜻. 常자가 嘗으로 된 판본도 있다(馬叙倫).

黃帝 再拜稽首하야 **曰 廣成子之謂天矣**1)샷다

廣成子曰 來하라 **余 語女**2)호리라 **彼 其物**이 **無窮**3)이어늘 **而人**이 **皆以爲有終**이라하며 **彼 其物**이 **無測**이어늘 **而人**이 **皆以爲有極**4)이라하나다 **得吾道者**는 **上爲皇 而下爲王**5)커든 **失吾道者**는 **上見光 而下爲土**6)하나니라

황제가 두 번 절하고 머리를 조아리면서 말했다.

"廣成子 선생이야말로 하늘이라고 일컬을 만합니다."

광성자가 말했다.

"이리 오시오. 내 당신에게 말해 주겠소. 저 道라고 하는 것은 영원 무궁한 것인데 사람들은 모두 언젠가는 끝나는 날이 있을 것이라 생각하며 저 道라고 하는 것은 헤아릴 수 없이 광대한 것인데 사람들은 모두 끝이 있을 것이라고 생각합니다. 그러나 나의 도를 체득한 사람은 위로는 皇이 되고 아래로는 王이 될 수 있지만 나의 도를 잃어버린 사람들은 위로는 해나 달의 빛을 받는 동식물

이나 되고 아래로는 흙덩어리 따위가 될 수밖에 없습니다."

【역주】

1) 廣成子之謂天矣 : 광성자야말로 하늘이라고 일컬을 만함. 逐字譯을 하면 廣成子를 당신을〔之〕 天이라 할 만하다〔謂天矣〕가 될 것이다. 成玄英은 "검푸른 하늘과 덕이 부합될 만하다〔可與玄天合德也〕."라고 풀이했으며, 馬其昶은 "존경하는 사람을 들어서 공경을 표시한 것이다. 하늘이라고 일컫는 것 또한 이와 같다〔擧所尊者以爲敬也 稱天亦猶此矣〕."라고 풀이했다.

2) 余語女 : 내가 당신에게 말해 주겠다. 역시 女자가 汝로 된 판본이 있다(馬叙倫, 池田知久).

3) 彼其物無窮 : 저 도라고 하는 것은 헤아릴 수 없이 광대함. 成玄英은 "죽고 사는 변화 속에 물리가 무궁한데 속인들은 어리석어서 처음과 끝이 있다고 생각한다〔死生變化 物理無窮 俗人愚惑 謂有終始〕."라고 하여 彼其物의 物을 事物의 뜻으로 풀이하고 있는데 옳지 않다. 呂惠卿 등이 풀이한 것처럼 道를 가리킨다고 보는 것이 옳다.

4) 彼其物無測 而人皆以爲有極 : 저 도라고 하는 것은 헤아릴 수 없이 광대한 것인데 사람들은 모두 끝이 있을 것이라고 생각함. 無測은 헤아릴 수 없음. 곧 인간이 다할 수 없다는 뜻. 郭慶藩은 "도는 본래 다함이 없는 것인데 사람들은 다함이 있다고 여긴다〔道本無盡 而人以爲有盡〕."라고 하여 無測을 無盡의 뜻으로 풀이했다.

5) 上爲皇 而下爲王 : 위로는 황이 되고 아래로는 왕이 됨. 上과 下는 시대의 先後, 곧 上古시대와 後代를 뜻한다. 皇과 王은 成玄英의 풀이를 따라 皇은 伏羲와 神農(羲・農)이고 王은 湯王과 武王(湯・武) 등을 지칭하는 것으로 보는 것이 적절하다.

6) 上見光 而下爲土 : 위로는 해나 달의 빛을 받는 동식물이 되고 아래로는 흙덩어리 따위가 됨. 成玄英이 "무위의 도를 잃어버리고 욕망에 빠지게 되면 살아서는 광명을 보지만 죽어서는 흙덩어리가 된다. 생사에 잘못 집착해서 삶과 죽음을 균등한 것으로 여기지 못하기 때문에 두 가지 명칭이 있게 된 것이다〔喪無爲之道 滯有欲之心 生則覩於光明 死則便爲土壤 迷執生死 不能均同上下 故有兩名也〕."라고 주석한 이래 上下를 生死로 풀이한 견해가 많지만 위 문장의 상하는 시간의 선후를 나타내고 여기의 상하는 공간적인 상하, 곧 위아래를 의미하는 것으로 보는 것이 간명하

다. 한편 赤塚忠은 廣成子는 一元의 精氣를 비유한 것으로 廣成子의 道를 잃은 자는 혼백이 분리되어 있음을 말한 것이라고 풀이하면서 ≪禮記≫ 〈祭義〉편에 "살아있는 것은 언젠가 죽고 죽으면 반드시 흙으로 돌아간다. 이것을 일러 鬼라 한다. 인간의 뼈와 살은 땅속에서 썩어 흙이 된다. 그런데 그 氣는 하늘에 올라 밝게 빛난다. 쑥을 태워 냄새를 피워 올리면 사람들이 슬픈 감정을 느끼게 되니 이것은 온갖 사물의 精이며 神이 드러난 것이기 때문이다〔衆生必死 死必歸土 此之謂鬼 骨肉斃于下 陰爲野土 其氣發揚于上 爲昭明 焄蒿悽愴 此百物之精也 神之著也〕."라고 한 내용과 연관짓고 있는데 이어지는 '百昌'을 이해하는 데 참고할 만하다.

今夫百昌[1)]이 **皆生於土 而反於土**[2)]하나니 **故**로 **余將去女**[3)]하고 **入無窮之門**하야 **以遊無極之野**[4)]호리라 **吾與日月**로 **參光**하며 **吾與天地**로 **爲常**[5)]하노니 **當我緍乎**며 **遠我昏乎**[6)]아 **人其盡死**어든 **而我獨存乎**[7)]인저

"지금 세상에서 왕성하게 생장하는 만물은 모두 흙에서 나와 흙으로 돌아갑니다. 그 때문에 나도 이제 곧 당신을 떠나 무궁한 문으로 들어가 끝없이 광대한 들판에서 노닐고자 합니다. 나는 해와 달과 함께 빛나고 천지와 함께 영원할 것이니 사람들이 나에게 가까이 다가오더라도 어지러워서 보이지 않을 것이며 나에게서 멀리 떨어지더라도 어두워서 보이지 않을 것입니다. 사람들이 다 죽고 나면 나만 홀로 남을 것입니다."

【역주】

1) 百昌 : 만물. ≪經典釋文≫에서 司馬彪가 "백물과 같다〔猶百物也〕."라고 풀이한 것이 적절하다. 于鬯과 馬叙倫 등은 昌을 菖의 가차로 보았는데 池田知久가 不可하다고 하였듯이 맥락상 특정 사물을 지시하는 글자로 보는 것은 무리가 있다. 위 문장에 나온 物將自壯의 壯과 같은 의미로 보는 것이 무난하다(赤塚忠).

2) 生於土 而反於土 : 흙에서 나와 흙으로 돌아감. ≪老子≫ 제14장의 "무물로 돌아간다〔復歸於無物〕.", 제16장의 "근본으로 돌아간다〔復歸其根〕.", 제28장의 "무극으로 돌아간다〔復歸於無極〕."라고 한 내용과 유사한 맥락이다.

3) 余將去女 : 내 곧 당신을 떠날 것임. 일정한 한계를 가진 상대를 떠나 무궁한 곳으

로 간다는 뜻. 女자가 汝로 된 판본이 있다(馬叙倫).

4) 以遊無極之野 : 끝없이 광대한 들판에서 노닒. 遊자 아래에 乎자가 있는 인용이 있다(王叔岷).

5) 吾與日月參光 吾與天地爲常 : 나는 해와 달과 함께 빛나고 천지와 함께 영원할 것임. 參은 참여하다, 곧 함께하다는 뜻. 成玄英은 "參은 함께함이다〔參 同也〕."라고 풀이했다.

6) 當我緡乎 遠我昏乎 : 나에게 가까이 다가오더라도 어지러워서 보이지 않을 것이며 나에게서 멀리 떨어지더라도 어두워서 보이지 않을 것임. 緡은 어지러운 모양. 郭象은 緡을 뒤섞임〔混合也〕이라 풀이했고, 馬叙倫은 惛(혼)의 假借, 赤塚忠은 泯의 假借로 보았는데 대의에 큰 차이는 없다. 昏은 어둡다는 뜻. ≪經典釋文≫에서 陸德明은 "어두움이다〔暗也〕."라고 풀이했다. 司馬彪는 "緡과 昏은 모두 무심함을 일컬음이다〔緡昏 並無心之謂也〕."라고 했는데 이처럼 광성자를 주어로 보는 것이 일반적이지만, 福永光司는 세상 사람들〔世人〕을 주어로 보았는데 참고할 만하다. ≪老子≫ 제14장에서 "뒤따라가도 그 뒷모습을 볼 수 없고 앞에서 맞이해도 그 머리를 볼 수 없다〔隨而不見其後 迎而不見其首〕."라고 한 내용과 비슷한 취향이다(赤塚忠).

7) 人其盡死 而我獨存乎 : 사람들이 다 죽고 나면 나만 홀로 남을 것임. 이 편 제5장에 "홀로 가고 홀로 올 것이니 이것을 일러 홀로 존재하는 것이라 하니 홀로 존재하는 사람을 일러 지극히 귀한 존재라고 한다〔獨往獨來 是謂獨有 獨有之人 是謂至貴〕."라고 한 내용을 참조할 필요가 있다. 또 ≪老子≫ 제25장의 "홀로 서서 변하지 않는다〔獨立而不改〕."라고 道의 모습을 표현한 부분과도 관련이 있을 것이다. 赤塚忠은 有形의 인간은 멸망하지만 道를 체득한 자는 不滅함을 말한 것이라고 풀이했다.

第4章

雲將[1)]이 東遊하야 過扶搖[2)]之枝하다가 而適遭鴻蒙[3)]한대 鴻蒙이 方將拊脾雀躍而遊[4)]어든 雲將이 見之하고 倘然止[5)]하며 贄然立[6)]하야 曰 叟[7)]는 何人邪며 叟는 何爲此잇고

鴻蒙이 拊脾雀躍不輟[8)]하고 對雲將하야 曰 遊하노라

雲將이 **曰 朕**은 **願有問也**하노라

鴻蒙이 **仰而視雲將**하야 **曰** 吁[9]라

雲將이 동쪽으로 놀러 나가 거대한 扶搖나무의 가지를 지나가다 때마침 鴻蒙과 만났다. 홍몽이 막 넓적다리를 두드리며 껑충껑충 뛰면서 놀고 있었는데 운장이 그를 보고 멈칫하며 발걸음을 멈추고 가만히 서 있다가 말을 걸었다.

"어르신께서는 어떤 분이십니까? 왜 그렇게 하고 있습니까?"

홍몽이 계속해서 넓적다리를 두드리며 껑충껑충 뛰면서 운장에게 이렇게 대답했다.

"놀고 있다."

운장이 말했다.

"제가 묻고 싶은 것이 있습니다."

홍몽이 머리를 들어 운장을 올려다보면서 말했다.

"으응? 그래."

【역주】

1) 雲將 : 인명. 작자가 구름을 의인화하여 가공한 인물. ≪經典釋文≫에서 李頤는 "구름을 거느리는 장수"라 했고, 兪樾은 "≪楚辭≫ 〈九歌〉의 雲中君과 같은 것"이라 했다(池田知久). 또 福永光司는 제3장에 나오는 雲氣의 의인화라 했고, 呂惠卿은 "천하를 적시는 것을 자신의 임무로 삼는다〔以澤天下爲己任也〕."라고 풀이했다.

2) 扶搖 : 뽕나무. 扶桑. 바람이라는 주장도 있으나 〈逍遙遊〉편 제1장의 扶搖는 회오리바람이고 여기의 扶搖는 扶桑으로 보는 것이 적절하다. 扶桑은 東海에 있는 巨大한 神木으로 ≪山海經≫에 의하면 태양이 나오는 곳이라 한다. ≪經典釋文≫에는 扶자가 夫로 된 판본이 있다 했고, 李頤는 "扶搖는 신목이니 동해에서 자란다〔扶搖神木也 生東海〕."라고 했다.

3) 鴻蒙 : 역시 인명. 우주의 근원의 氣를 의인화하여 가공한 인물. ≪經典釋文≫에서 司馬彪는 "자연의 원기이다〔自然元氣也〕."라고 했고, 일설에는 "해상의 기이다〔海上氣也〕."라고 풀이했다. 또 呂惠卿은 "鴻은 크다는 뜻이고 蒙은 입었다는 뜻이다. 그 이름을 살펴보면 그 물건의 됨됨이를 알 만하다〔鴻大而蒙被 觀其名 則

其物可知也〕."라고 풀이했다. ≪淮南子≫ 〈俶眞訓〉편과 〈道應訓〉편에는 '鴻濛'으로 되어 있다.

4) 方將拊髀雀躍而遊 : 막 넓적다리를 두드리며 껑충껑충 뛰면서 노닒. 拊는 치다는 뜻. 成玄英은 친다〔拍也〕는 뜻으로 풀이했다. 髀는 넓적다리〔髀〕. 奚侗의 주장처럼 髀의 假借로 보는 것이 타당하다. 雀은 ≪經典釋文≫에서는 一本에는 爵으로 되어 있다고 했고, 지금도 爵으로 된 판본과 인용이 있다(王叔岷). 雀躍은 작은 새처럼 경망스럽게 폴짝폴짝 뛰어다니는 모양. ≪經典釋文≫에는 일설에 "새가 뛰는 것과 같다〔如雀之跳躍也〕."라고 풀이했다.

5) 倘然止 : 멈칫하며 발걸음을 멈춤. 林希逸의 ≪莊子口義≫에는 倘(당)이 儻으로 되어 있다. 倘然은 멈칫하는 모양. ≪經典釋文≫에서 司馬彪는 "멈추려 하는 모양〔欲止貌〕."이라고 풀이했고, 李頤는 "스스로를 잃어버린 모양〔自失貌〕."이라고 풀이했는데 다소 지나친 견해이며 맥락상 司馬彪의 견해가 무난하다.

6) 贄然立 : 가만히 섬. 贄然은 움직이지 않고 가만히 서 있는 모양. ≪經典釋文≫의 李頤는 贄를 "움직이지 않는 모양〔不動貌〕."이라고 풀이했다. 林希逸은 "우뚝 선 모양〔屹立之貌〕."이라 했고, 羅勉道는 "공손함을 극진히 하고 서서 마치 예물을 바치러 온 것 같이 함〔致恭而立如執贄然〕."이라 했는데 대의에 큰 차이는 없다.

7) 叟 : 어르신. ≪經典釋文≫에서 司馬彪는 "연장자에 대한 호칭〔長者稱〕."이라고 풀이했다. ≪孟子≫ 〈梁惠王 上〉의 '叟不遠千里而來'의 경우와 마찬가지로 長老에 대한 호칭〔長老之稱 - 朱熹〕으로 쓰였다.

8) 不輟 : 그만두지 않음. 輟은 ≪經典釋文≫의 李頤가 그침〔止也〕이라고 풀이한 것처럼 그만두다는 뜻.

9) 吁 : 의아하게 여기며 대답하는 소리. 吁는 부정적인 함의를 담은 대답으로 ≪書經≫에 자주 나오는 표현이다. ≪經典釋文≫에 의하면 呼로 된 판본이 있다. 池田知久는 劉淇의 ≪助字弁略≫에 탄식하는 소리〔嘆也〕, 말의 느릿함〔語之舒也〕, 의심하는 말〔疑怪之辭〕, 그렇지 않다고 탄식하는 말〔歎其不然之辭〕 등의 풀이가 있음을 소개하고 뒤의 두 해석을 적절하다고 보고 있다.

雲將이 曰 天氣 不和하며 地氣 鬱結[1])하며 六氣 不調하며 四時 不節일새 今我 願

合六氣之精하야 以育群生하노니 爲之奈何[2]오

鴻蒙이 拊髀雀躍掉頭하야 曰[3] 吾는 弗知로다 吾는 弗知[4]로다

雲將이 不得問[5]하다

又三年에 東遊하야 過有宋之野[6]하다가 而適遭鴻蒙하야 雲將이 大喜하야 行趨而進하야 曰 天은 忘朕邪[7]잇가 天은 忘朕邪잇가하고 再拜稽首하야 願聞於鴻蒙한대

鴻蒙이 曰 浮遊하야 不知所求하고 猖狂[8]하야 不知所往하야서 遊者 鞅掌하야 以觀無妄[9]하노니 朕은又何知리오

雲將이 曰 朕也 自以爲猖狂이어늘 而民이 隨予所往[10]일새 朕也 不得已於民[11]이라 今則民之放也[12]로니 願聞一言하노라

鴻蒙이 曰 亂天之經하며 逆物之情[13]하면 玄天弗成[14]하야 解獸之群하며 而鳥 皆夜鳴하며 災及草木하며 禍及止蟲[15]하나니 意[16]라 治人之過也니라

雲將이 曰 然則吾는 奈何오

鴻蒙曰 意라 毒哉[17]로소니 僊僊乎歸矣[18]어다

雲將曰 吾는 遇天[19]이 難하린대 願聞一言하노라

鴻蒙曰 意라 心養[20]하라 汝 徒處無爲하면 而物自化[21]하리니 墮爾의 形體[22]하며 吐爾의 聰明[23]하고 倫與物忘[24]하면 大同乎涬溟[25]하리라 解心釋神하야 莫然無魂[26]하면 萬物이 云云하고 各復其根[27]하나니 各復其根而不知[28]면 渾渾沌沌[29]하야 終身不離하리라 若彼知之면 乃是離之[30]니라 無問其名하며 無闚其情하면 物固自生[31]하리라

雲將曰 天이 降朕以德[32]하시며 示朕以默[33]하실새 躬身求之하야 乃今也得[34]호라하고 再拜稽首하고 起辭而行하니라

운장이 말했다.

“天氣가 고르지 않고 地氣가 엉기며, 六氣가 조화를 잃고 사계절이 질서에 맞지 않기 때문에 지금 제가 육기의 정수를 모아 뭇 생물을 기르려고 하는데 어떻게 하면 되겠습니까?”

홍몽이 넓적다리를 두드리고 껑충껑충 뛰면서 고개를 젓고는 말했다.

“나는 몰라. 나는 몰라.”

운장은 더 이상 묻지 못했다.

또 3년이 지난 뒤에 운장이 동쪽으로 놀러 나가 송나라의 들을 지나다가 마침 홍몽을 만났다. 운장은 크게 기뻐하면서 달려 나아가서 이렇게 말했다.

“하늘께서는 저를 잊어버리셨습니까? 하늘께서는 저를 잊어버리셨습니까?”

운장이 두 번 절하고 머리를 땅에 조아리면서 홍몽에게 가르침을 받고자 했다.

홍몽은 이렇게 말했다.

“나는 이리저리 떠돌면서 무엇을 찾는지도 알지 못하고 마음 내키는 대로 돌아다니면서 어디로 갈지도 모르면서 오로지 바삐 놀기만 하면서 萬物의 거짓 없는 실상을 볼 뿐이니 내가 또 무엇을 알겠는가?”

운장이 말했다.

“저도 스스로는 마음 내키는 대로 한다고 생각하는데 백성들은 제가 가는 데를 따라옵니다. 저도 백성들을 어찌할 수 없어서 백성들의 의지가 되고 있으니 한 마디 가르쳐 주시기 바랍니다.”

홍몽이 말했다.

“하늘의 常道를 어지럽히고 만물의 實情을 어기면 현묘한 자연〔玄天〕은 이루어지지 않아서 짐승의 무리를 흩어서 새들이 모두 밤에 울고 災殃은 초목에까지 미치고 禍는 벌레에까지 미치게 된다. 아! 이는 모두 〈無爲에 맡기지 않고〉 사람을 다스렸기 때문에 생긴 잘못이다.”

운장이 말했다.

“그렇다면 어떻게 하는 것이 좋겠습니까?”

홍몽이 말했다.

"아! 길러야 할 것이다. 그리하면 하늘 위로 날아가게 될 것이다."

운장이 이렇게 말했다.

"저는 여간해서는 선생님을 만나기 어렵습니다. 꼭 한 마디 가르쳐 주십시오."

홍몽이 말했다.

"아! 마음을 길러라. 그대가 무위에 머물기만 하면 만물이 저절로 감화될 것이다. 그대의 몸을 잊어버리고 그대의 총명을 버리고 세상의 규범이나 외물을 잊어버리면 혼돈한 도와 완전히 같아질 것이다. 마음을 비우고 정신을 놓아서 고요히 혼도 없는 경지에 이르게 되면 만물이 성대하게 자라나고 각기 근본으로 돌아갈 것이니 각각 근본으로 돌아가면서도 그것을 알지 못하게 되면 혼돈의 도와 일체가 되어 종신토록 떠나지 않을 것이다. 그러나 만약 저들이 그것을 알게 된다면 곧 도에서 떠나게 될 것이다. 그대도 이름을 묻지 말고 실정을 엿보려 하지 마라. 그러면 만물은 저절로 생육될 것이다."

운장이 말했다.

"하늘이신 선생께서 덕을 내리셨으며 말하지 않는 도를 보이셨습니다. 저는 지금까지 몸소 이 도를 찾았는데 이제 비로소 얻었습니다."

이렇게 말하고는 두 번 절하고 머리를 조아린 다음 일어나 작별 인사를 하고 떠났다.

【역주】

1) 天氣不和 地氣鬱結 : 천기가 고르지 않고 지기가 엉김. ≪經典釋文≫에서 崔譔본에는 結이 縮으로 되어 있다 했는데 이는 아마도 轉寫者의 잘못일 것이다(池田知久). 馬叙倫, 吳承仕도 要參照. 역시 池田知久에 의하면, 朱得之는 '天氣不和' 이하의 네 구절은 이 편 제1장 '陰陽並毗' 이하의 세 구절이나 제3장 '雲氣不待族而雨' 이하의 세 구절과 같은 趣旨라고 했는데 참고할 만하다.

2) 今我願合六氣之精 以育群生 爲之奈何 : 지금 내가 육기의 정수를 모아 뭇 생물을 기르려고 하는데 어떻게 하면 되겠는가. '六氣'는 陰・陽・風・雨・晦・朔 등의 자연현상(成玄英, 林希逸 등). 〈逍遙遊〉편 제1장에 이미 나왔다. 대의는 이 편 제3장

의 "내가 천지의 정기를 가져다가 오곡의 생장을 도와 백성들을 기르고 또 나는 음양을 다스려 뭇 생명을 이루게 하고자 하니 어떻게 하면 좋겠는가〔吾欲取天地之精 以佐五穀 以養民人 吾又欲官陰陽 以遂羣生 爲之奈何〕." 하고 물은 내용과 같다(林希逸, 褚伯秀 등).

3) 拊脾雀躍掉頭曰 : 넓적다리〔脾〕를 두드리고〔拊〕 껑충껑충 뛰면서〔雀躍〕 고개〔頭〕를 젓고〔掉〕는 말하였다. 여기서 掉頭는 머리를 젓다, 고개를 젓다는 否定하는 동작을 말한다. 흔들 도.

4) 吾弗知 吾弗知 : 나는 몰라. 나는 몰라. 呂惠卿이 "나는 알지 못한다고 말한 것을 보면 참으로 알고 있음을 알 수 있다〔吾弗知 則是眞知也〕."라고 말한 것처럼 앞의 〈齊物論〉 편 등에 나온 '無知의 知'를 답습한 것이라 할 수 있다. 아래 문장에서 "이리저리 떠돌면서 무엇을 찾는지도 알지 못하고 마음 내키는 대로 돌아다니면서 어디로 갈지도 모르면서 오로지 바삐 놀기만 하면서 만물의 거짓 없는 실상을 볼 뿐이니 내가 또 무엇을 알겠는가〔浮遊 不知所求 猖狂 不知所往 遊者 鞅掌 以觀無妄 朕又何知〕." 하고 말한 것은 이것을 구체화한 것이다(池田知久).

5) 不得問 : 더 이상 묻지 못했다. 곧 答을 듣지 못했다는 뜻.

6) 有宋之野 : 宋나라의 들판. 有는 有商, 有周 등의 경우와 마찬가지로 國名 앞에 붙이는 接頭語. 성대하다는 뜻의 美稱이기도 하다.

7) 天忘朕邪 : 天은 하늘인데 여기서는 鴻蒙에 대한 극존칭. 成玄英 疏에 上天처럼 공경한다고 하였다. 앞 장에서 黃帝가 廣成子를 하늘로 일컬은 것〔廣成子之謂天矣〕과도 같은 표현이다. 忘朕邪의 朕은 1인칭 대명사, 邪(야)는 의문의 助字.

8) 猖狂 : 마음 내키는 대로 행동함. 곧 제멋대로 행동하는 모습이다. 林希逸은 "질탕함〔軼蕩也〕."으로 풀이했고, 林雲銘은 "방일한 모양〔放佚貌〕.", 陸樹芝는 "방탕해서 구속됨이 없음〔放蕩無拘束也〕."으로 풀이했는데 대동소이하다.

9) 遊者鞅掌 以觀無妄 : 오로지 바삐 놀기만 하면서 만물의 거짓 없는 실상〔眞實無妄〕을 봄. 鞅掌은 바쁜 모양. 成玄英은 鞅掌을 "많은 모양〔衆多〕."으로 풀이했고, 林希逸은 "어지러운 모양〔紛汨也〕."으로 풀이했으며, 宣穎은 "어지러이 흔드는 모양〔紛擾貌〕."으로 풀이했다. 呂惠卿이 "鞅과 掌은 모두 얽매임이 있는 것을 말함이다〔鞅也掌也 皆有所拘係之謂也〕."라고 풀이했는데 이 견해를 따르면 遊者鞅掌은 노는 데에 얽매인 것이므로 사실상 무심히 자유로운 상태를 의미한다. 王敔는 "수고로움

〔勞也〕."으로 풀이했고, 林雲銘은 "겉으로는 수고롭지만 마음은 편안함〔外勞而心逸〕."이라 풀이했다. 그런데 福永光司는 林希逸이나 宣穎 등에 의거하여 鞅掌을 容貌가 어지러운 모양 또는 형체에 얽매이지 않는 모습으로 보아 遊者鞅掌 以觀無妄을 떠돌아다니는 漂泊者는 外形에 얽매이지 않고 진실만을 본다고 해석하고 있다. 이 해석도 참고할 만하다.

10) 民隨予所往 : 백성들은 내가 가는 곳을 따라옴. 趙諫議본에는 予자가 子자로 잘못 표기되어 있다.

11) 朕也 不得已於民 : 나도 백성들을 어찌할 수 없음. 백성들의 請을 그만둘 수 없다, 거절할 수 없다는 뜻. 已는 여기서는 그만둘 이. 林希逸이 "사절하고자 하지만 되지 않음을 말한 것〔言欲謝絶之而不可也〕."이라고 풀이한 것이 적절하다.

12) 民之放也 : 백성들의 의지가 됨. 放은 依放의 뜻. ≪經典釋文≫에서 陸德明은 "본받음〔效也〕."이라 풀이했고, 郭象은 "백성들이 의지하고 본받는 바가 됨이다〔爲民所放效〕."라고 풀이했다. 王敔는 "放과 倣은 같다〔放倣同〕."라고 했고, 吳汝綸은 "의지함이다〔依也〕."라고 했는데 모두 비슷한 뜻이다. ≪論語≫ 〈里仁〉편에 있는 "이익에 따라 행동하면 원망이 많게 된다〔放於利而行多怨〕."라고 할 때는 放도 依의 뜻.

13) 亂天之經 逆物之情 : 하늘의 常道를 어지럽히고 만물의 실정을 어김. 天이 天下로 된 판본이 있다(朱得之본, 林雲銘본 등). 林希逸은 "하늘의 경상과 만물의 실정은 모두 자연일 따름이다. 지금 이미 인위적인 마음으로 그것을 실천하려 한다면 이는 자연을 어지럽히는 것이다〔天之經常 物之情實 皆自然而已 今旣以有心爲之 則是亂迹其自然矣〕."라고 풀이했다. 天之經은 ≪孝經≫과 ≪春秋左氏傳≫에도 보인다(福永光司, 赤塚忠).

14) 玄天弗成 : 현묘한 자연이 이루어지지 않음. 成玄英은 "자연의 변화가 이루어지지 않음이다〔自然之化不成也〕."라고 풀이했고, 朱得之는 玄天을 "심원하고 끝이 없는 자연의 도〔深遠無涯自然之道〕."라고 풀이했는데 본문의 번역은 이들의 견해를 따른 것이다. 한편 宣穎은 "일 년 중에 玄天이 있으니 冬至가 이에 해당하고 한 달 중에 玄天이 있으니 그믐이 이에 해당하고 하루 동안에 현천이 있으니 한밤중이 이에 해당하며 사람에게도 현천이 있다〔歲有玄天 冬至是也 月有玄天 晦日是也 日有玄天 夜半是也 而人亦有玄天〕."라고 풀이했다.

15) 解獸之群 而鳥皆夜鳴 災及草木 禍及止蟲 : 짐승의 무리를 흩어서 새들이 모두 밤에 울고 재앙은 초목에까지 미치고 화는 벌레에까지 미침. ≪經典釋文≫에는 "昆蟲으로도 쓴다. 崔譔본에는 正蟲으로 되어 있다〔亦作昆蟲 崔本作正蟲〕."라고 풀이했다. 王敔는 "止자는 豸와 통한다〔止豸通〕."라고 했고 洪頤煊, 兪樾, 蘇輿, 吳汝綸, 阮毓崧 등도 같은 견해이다. 成玄英본에는 "昆은 밝다는 뜻이다〔昆 明也〕."라고 하여 昆蟲으로 쓰고 있다.

16) 意(희) : 감탄사. ≪經典釋文≫에는 噫로 된 판본이 있다 했고, 현재도 噫로 된 판본이 있다(王叔岷). 馬叙倫은 誒(희)의 假借라고 주장.

17) 意 毒哉 : 아! 길러야 할 것이다. 阮毓崧은 意를 "내 뜻으로 헤아려 본다고 말한 것과 같다〔猶言以吾意度之也〕."라고 풀이했고 章炳麟, 朱得之 등도 그렇게 주장하지만 바로 위의 경우와 마찬가지로 '희'로 읽고 감탄사로 보는 것이 적절하다. 馬叙倫이 기뻐하다는 뜻인 歖의 假借라 했지만 취하지 않는다. 毒은 기르다는 뜻. 郭象과 陳壽昌은 深으로 풀이했고, 馬叙倫은 篤의 가차로, 呂惠卿은 '병을 치료하는 것〔所以治疾也〕'으로, 林雲銘은 '해침〔害也〕'으로, 姚鼐는 每字로, 阮毓崧은 安으로 풀이하지만 모두 부적당하다. 陸樹芝의 ≪莊子雪≫에서는 "약을 써서 질병을 고친다〔以藥治疾也〕."라고 하고 있거니와, 여기서는 ≪老子≫ 제51장의 '亭之毒之'의 경우와 마찬가지로 기르다〔育〕의 뜻으로 보는 것이 옳다. 이어지는 대화 속에 홍몽이 마음을 길러야 한다〔心養〕고 말한 것은 이를 구체화한 표현이다. 일단 이상과 같은 근거로 意 毒哉를 "아! 길러야 할 것이다."라고 해석하였으나, 위에 든 諸說 가운데 馬叙倫의 毒을 篤의 가차로 보는 주석을 따라 "아! 〈당신의 정치병도 참〉 지독한 重症이로구나."로 해석하는 說이 또한 유력하다. 福永光司, 池田知久, 安東林 등이 바로 이런 해석을 하고 있다.

18) 僊僊乎歸矣 : 하늘 위로 날아가게 됨. 僊僊이 仙仙으로 된 판본이 있다(趙諫議본, 莊子口義本 등). 僊僊에 대해서는 제설이 분분하다. 郭象은 "앉았다 일어나는 모양〔坐起之貌〕.", 成玄英은 "가볍게 드는 모양〔輕擧之貌〕."으로 풀이했고, 林希逸은 "급히 떠나는 모양〔急去之貌〕."으로 풀이했고, 林雲銘은 바로 앞 장에 나온 "翦翦(말만 잘하는 천박한 모양)과 같다〔猶翦翦也〕."라고 했고, 姚鼐는 "이것은 운장이 떠돌아다니는 것을 나무란 뜻이다〔此譏雲將有浮動之意〕."라고 풀이했고, 赤塚忠은 遷의 假借, 阮毓崧은 "춤추는 모양〔舞貌〕."이라 했다. 여기서는 僊이 신선을 뜻하는

仙의 古字임을 중시하여 呂惠卿이 "선은 사람이 지상을 떠나 하늘로 가는 것이다〔僊則人之遷去而天者也〕."라고 풀이한 것을 따라 "하늘 위로 날아간다."는 뜻으로 번역했다. 歸는 돌아간다는 뜻으로 池田知久의 지적처럼 〈逍遙遊〉편 제2장의 "그대는 돌아가 쉬시오〔歸休乎君〕."라고 할 때의 歸와 유사한 뜻이다. 앞의 注까지 합해서 번역하면 "아! 〈마음을〉 길러야 할 것이다. 그러면 하늘 위로 날아가게 될 것이다."가 되는데, 여기서도 앞의 毒을 篤의 뜻으로 보아 "아! 〈당신의 정치병도〉 참 重症이로구나!"라고 해석하고 이어서 雲將(구름의 의인화)에게 "〈쓸데없는 욕심 버리고 얼른〉 하늘 위로 훨훨 날아가 버리게."라고 한 말로 해석될 수도 있을 것이다.

19) 天 : 雲將이 하늘처럼 높은 스승으로 존경한 鴻蒙을 말함.

20) 心養 : 마음을 기름. 陸樹芝는 "심양은 심재와 같다〔心養猶心齋也〕."라고 풀이하고, "마음을 길러 至虛의 경지에 도달하면 사물이 저절로 감화될 것이다〔能養心於至虛 物自化也〕."라고 부연하고 있는데 心齋는 〈人間世〉편 제1장에 공자와 안연의 대화 속에 나오는 말로 이 편과 유사한 논의구조를 갖고 있다는 점에서 주목할 만한 견해이다.

21) 徒處無爲而物自化 : 단지 무위에 머물기만 하면 만물이 저절로 감화됨. ≪老子≫ 제2장에서 "성인은 무위의 일에 머문다〔聖人處無爲之事〕."라고 했고, 제57장에서는 "성인이 말하기를 나는 아무것도 하는 일이 없는데 백성들이 저절로 감화된다〔聖人云 我無爲而民自化〕."라고 했는데 이 부분의 사상과 유사하다.

22) 墮爾形體 : 그대의 몸을 잊어버림. 이하의 내용과 비슷한 표현이 〈大宗師〉편 제7장, ≪淮南子≫ 〈覽冥訓〉편, ≪文子≫ 〈上禮〉편 등에 보인다(池田知久). 墮는 떨어트림〔落〕, 버림〔棄〕, 잊어버림.

23) 吐爾聰明 : 그대의 총명을 버림. 吐는 버린다는 뜻이다. 陳壽昌은 "吐는 버림과 같다〔吐猶棄也〕."라고 풀이했는데 이 견해를 따랐다. 王引之는 吐를 咄로 고쳐야 한다고 주장했고 武延緖, 王叔岷 등이 이 견해에 동의했는데 陳壽昌의 견해와 크게 다르지 않다. 王叔岷의 견해에 따르면 咄은 黜 또는 絀과 같은 뜻이다. 이 밖에 林希逸은 "종전에 지니고 있던 허다한 총명을 모두 토해 버리고 붙들어 두지 마라〔將從前許多聰明 皆吐去而莫留之〕."라고 풀이했다(池田知久). 한편 池田知久에 의하면 兪樾은 "吐자는 마땅히 杜자가 되어야 한다〔吐當作杜〕."라고 하고 있는데, 聰明은 외부의 물건이나 재화가 아니라 몸에서 발휘되는 기능이라는 점에서 막는다〔杜〕

고 풀이하는 것이 의미상 적절한 해석이지만 吐자를 그대로 두고도 의미가 통하는 해석이 가능하므로 굳이 兪樾의 說을 따를 것까지는 없다.

24) 倫與物忘 : 세상의 규범이나 외물을 잊어버림. 倫은 세상의 도리, 규범 따위를 말한다. 物은 外物. 倫은 郭象이 도리〔理〕라고 풀이하고 成玄英이 답습한 이래 거의 정설이 되었다. 朱得之가 "인륜에 의거함이다〔依據人倫〕."라고 풀이한 것도 대의는 郭象의 견해와 같다. 한편 林希逸은 "倫은 淪과 같고 淪은 빠진다는 뜻이다. 빠져들어서 대상 사물과 서로를 잊어버리면 혼돈한 도와 완전히 같아질 것이다〔倫與淪同 淪 沒也 泯沒而與物相忘 則與涬溟大同矣〕."라고 풀이했는데 武延緖나 奚侗이 이 견해에 동의했다. 또 다른 견해로 林雲銘은 "倫은 類이다. 대상 사물과 서로를 잊어버리게 되면 분별하는 견해가 생기지 않을 것이다〔倫 類也 與物相忘 則不生分別之見〕."라고 풀이했는데 池田知久도 지적하고 있듯이 羅勉道, 宣穎, 陸樹芝, 陳壽昌 등이 이와 유사하게 풀이했다. 池田知久는 "또한 이 외에 章炳麟은 ≪說文解字≫에서 '侖은 생각함이다〔侖 思也〕.'라고 풀이한 것을 따라 倫을 侖의 가차자로 보았고 馬叙倫이 이 견해에 동의하지만 아무래도 朱得之를 따라 人倫의 뜻으로 보고 싶다."고 하고 있어 많은 참고가 되었다.

25) 大同乎涬溟 : 혼돈한 도와 완전히 같아짐. 涬溟은 도의 혼돈한 모습을 표현한 것이다. ≪經典釋文≫에서 司馬彪는 "자연의 기〔自然氣也〕."라 했고 成玄英도 이 견해를 답습하고 있다. 또 呂惠卿은 "기가 비어서 사물을 기다리는 것〔氣之虛而待物者也〕."이라 풀이했고, 宣穎은 "커다란 기〔浩氣〕."라 했고, 陸樹芝는 "혼융한 자연의 기〔渾融自然之氣也〕."라 했으며, 陳壽昌은 "원기가 혼연하여 몸체도 조짐도 없다〔元氣渾然 無朕無兆〕."라고 했는데 대체로 기를 지칭한 것으로 본 견해이다. 池田知久는 ≪淮南子≫ 〈覽冥訓〉편에 "대도는 混冥하다〔大道混冥〕."라고 한 것을 근거로 삼아서 여기의 涬溟을 混冥과 같다고 보았는데 이 견해를 따른다. 물론 池田知久 이전에 陳景元이 "혼연한 모양〔渾然貌〕."이라 했고, 林希逸이 "모습도 없고 조짐도 없어 기가 아직 있지 않은 처음〔無形無朕 未有氣之始也〕."이라 풀이했고, 林雲銘이 "모두 기가 없었던 처음으로 돌아감이니 무극보다 먼저이다〔總歸於無氣之始無極之先也〕."라고 풀이했는데 모두 涬溟을 도의 모습으로 풀이한 것이다.

26) 解心釋神 莫然無魂 : 마음을 비우고 정신을 놓아서 고요히 혼도 없는 경지에 이름. ≪淮南子≫에는 "解意釋神 漠然若無魂魄"으로 되어 있다. 成玄英은 莫然을 "알

지 못함〔無知〕.", 林希逸은 "안정됨〔定也〕.", 王敔는 "없는 모양〔無貌〕.", 陳壽昌은 "가만히 앉아서 모든 것을 잊어버린 모양〔坐忘之貌〕."으로 풀이하였는데 '고요한 모습', '고요함을 표현한 것'으로 보면 된다.

27) 萬物云云 各復其根 : 만물이 성대하게 자라나고 각기 근본으로 돌아감. 王敔와 蘇輿는 云云을 "자연스런 모양〔自然貌〕."이라 했는데 이것은 池田知久가 不適當하다고 지적했듯이 옳지 않다. 成玄英이 "많음〔衆多也〕."으로 풀이한 것이 무난하며, 呂惠卿이 "사물이 바야흐로 일어나는 때이다〔物之方興之時也〕."라고 풀이한 것과, 陳壽昌이 "성대한 모양〔盛貌〕."이라고 풀이한 것을 보충하는 것이 적절하다. 赤塚忠은 "萬物의 生氣가 솟아 일어나는 모양."이라고 풀이했다. ≪老子≫ 제16장에 "만물이 성대하게 자라나 각각 그 근본으로 돌아간다〔夫萬物云云 各復歸於其根〕."라고 한 부분과 거의 같다.

28) 不知 : 알지 못함. 林雲銘이 "또한 누가 그렇게 했는지 알지 못함이다〔亦不知誰爲之者〕."라고 풀이했고, 陸樹芝도 비슷하게 풀이했는데 이는 池田知久의 지적처럼 옳지 않다. 스스로 道로 돌아가는 道에의 復歸運動을 하면서도 자기 스스로는 그것을 意識하지 않고 있음을 말하는 것이다. 역시 池田知久의 지적처럼 〈齊物論〉편 제1장의 '已而不知其然謂之道'를 답습한 것이다.

29) 渾渾沌沌 : 혼돈의 도와 일체가 됨. 渾沌에 대해서는 〈應帝王〉편 제7장을 참조할 것.

30) 若彼知之 乃是離之 : 만약 저들이 그것을 알게 된다면 곧 도에서 떠나게 될 것이다. 林希逸의 '纔有知覺, 則與道爲二'로 可함. 褚伯秀, 陸樹芝도 거의 같음. 〈齊物論〉편 제1장의 '唯其好之也 以異於彼其好之也 欲以明之 彼非所明而明之'를 承襲하고 있다(池田知久).

31) 無問其名 無闚其情 物固自生 : 이름을 묻지 말고 실정을 엿보려 하지 마라. 그러면 만물은 저절로 생육될 것이다. 林希逸이 "묻지도 않고 엿보지도 않게 되면 분별함이 없게 되어 좋아하고 싫어함도 없게 될 것이니 이것이 바로 무위자연이다. 내가 무위자연을 실천하면 모든 대상 사물이 각기 자신의 삶을 이루게 되니 이것은 본래 그런 것이다〔無問無窺 則無所分別 無所好惡矣 此則無爲自然也 我能無爲自然 則物物各遂其生 是其固然者也〕."라고 풀이한 것이 적절하다. 林雲銘과 宣穎도 비슷한 견해. 成玄英은 두 차례 나오는 其를 道로 해석했는데 맥락상 적절치 않다. 道로

보지 말고 만물로 보는 것이 적절하다. 池田知久는 道에 대해서가 아니고 萬物에 대해서의 無知를 提唱하는 것을 齊物論 哲學의 原初의 모습이 殘存한 것이라고 하고 있다.

32) 天降朕以德 : 하늘이신 선생께서 덕을 내려 줌. 하늘은 鴻蒙을 지칭하고 朕은 雲將 자신을 일컬음. 降은 林希逸이 "'나에게 하사하셨다.'고 말한 것과 같다〔猶言賜我也〕."라고 풀이했고 馬叙倫도 비슷한 견해를 제시했다.

33) 示朕以默 : 말하지 않는 도를 보여 줌. 默은 말하지 않음. 林希逸은 "말하지 않음이다〔不言也〕."라고 풀이했다. 馬叙倫은 法 또는 謐(밀)의 가차자라 했는데 謐로 보는 것은 林希逸과 같은 견해이다.

34) 躬身求之 乃今也得 : 몸소 이 도를 찾았는데 이제 비로소 얻음. 求之의 之는 道를 지시하는 대명사. 成玄英은 "몸을 움직인 이래로 지금에 이르러 비로소 깨달았다〔立身以來 方今始悟〕."라고 풀이했다. 林希逸은 "자신에게 돌이켜 찾아보니 이미 이 도를 얻음이다. 躬은 스스로 함이니 스스로 내 몸에서 찾았더니 비로소 얻으려 한 것을 얻게 되었음을 말한 것이다〔反身而求之 已得此道 躬 親也 自也 言自於吾身求之 乃得其所得矣〕."라고 했고, 羅勉道도 비슷한 견해를 제시했는데 참고할 만하다. 한편 武延緖와 馬叙倫은 躬을 終 또는 窮의 假借라 하고 있다(池田知久).

第5章

世俗之人은 皆喜人之同乎己하고 而惡人之異於己也하나니 同於己를 而欲之[1]하고 異於己를 而不欲者는 以出乎衆으로 爲心也[2]니라 夫以出乎衆으로 爲心者는 曷常出乎衆哉[3]리오 因衆以寧所聞[4]하면 不如衆技衆矣[5]니라 而欲爲人之國者[6]는 此는 攬乎三王之利하고 而不見其患者也[7]라 此以人之國으로 僥倖也[8]니 幾何僥倖而不喪人之國乎[9]리오 其存人之國也는 無萬分之一[10]이오 而喪人之國也는 一不成而萬有餘喪矣[11]니 悲夫라 有土者[12]之不知也여

夫有土者는 有大物也[13]오 有大物者는 不可以物[14]이니 物而不物[15]이라 故로 能物物[16]하나니 明乎物物者之非物也면 豈獨治天下百姓而已哉[17]오 出入

六合하며 **遊乎九州**[18]호대 **獨往獨來**[19]하나니 **是謂獨有**[20]니 **獨有之人**을 **是謂至貴**[21]라하니라

세속 사람들은 모두 남들이 자신과 견해가 같은 것만 기뻐하고 남들이 자신과 다른 것은 싫어한다. 자기와 같기를 바라고 자기와 다른 것을 바라지 않는 것은 많은 사람들보다 뛰어나기를 바라서이다. 그러나 많은 사람들보다 뛰어나기를 바라는 자들이 어찌 많은 사람들보다 뛰어날 수 있겠는가. 많은 사람이 동조하는 것을 가지고 자기가 들은 것을 정당화하려고 하는 것은 이미 많은 사람들이 가진 기예가 많음만 못하기 때문이다. 남의 나라를 도와주려고 하는 자들은 삼왕의 이로움에만 눈을 빼앗기고 문제를 보지 않는 자들이다. 이는 남의 나라를 가지고 요행을 바라는 것이니 요행을 바라고서 남의 나라를 멸망시키지 않은 예가 얼마나 있을 것인가. 그중에서 남의 나라를 보존해 주는 경우는 만분의 일도 없고 남의 나라를 멸망시키는 경우는, 한 나라도 〈보존에〉 성공하는 경우는 없고 만이 넘는 나라가 모두 멸망하고 말 것이다. 슬프다. 국토를 가지고 있는 자들이 그것을 알지 못함이여.

한 나라를 소유하고 있는 자는 만물을 지배하는 자다. 만물을 지배하는 자는 단순한 하나의 物이어서는 안 된다. 〈그 자신〉 하나의 物(存在)이면서 物의 차원을 초월하고 있다. 그 때문에 物을 物로서 존재케 할 수 있다. 物을 物로서 존재하게 하는 것이 단순한 物의 차원의 존재가 아님을 밝게 자각한다면 어찌 다만 천하 백성들을 다스릴 정도일 뿐이겠는가. 천지사방을 자유로이 출입하며 지상의 세계를 마음껏 노닐고 다니되 홀로 가고 홀로 올 것이니 이런 경지를 홀로 존재함이라고 하니, 이 홀로 존재하는 경지에 이른 사람을 일러 지극히 귀한 존재라고 한다.

【역주】

1) 同於己 而欲之 : 자기와 같기를 바란다. 而는 여기서는 '…하고 그리고'의 접속사 역할을 하고 있지 않음. '곧'이라는 의미의 助字에 불과하다.

2) 爲心也 : '…을 마음으로 삼아서이다.', 즉 '…을 바라서이다.'

3) 曷常出乎衆哉 : 어찌 많은 사람들보다 뛰어날 수 있겠는가. '曷常'은 '曷嘗'과 같다.

4) 因衆以寧所聞 : 많은 사람이 동조하는 것을 가지고 자기가 들은 것을 정당화하려고 함. 자기가 들은 바에 마음 편안하려고 한다〔寧所聞〕는 것은 곧 자기가 들은 것을 정당화하려는 것. ≪經典釋文≫에서는 "많은 사람들이 보고 들은 것을 따라서 그에 맡기면 스스로는 편안하다〔因衆人之所聞見 委而任之 則自寧安〕."라고 풀이했는데 많은 사람들이 보고 들었다는 것을 근거로 자신이 옳다고 주장하는 의존적인 태도를 지적한 것이다. 明나라의 沈一貫은 "여기에 들어서 알게 된 것이 있으면 스스로 믿지 못하고 반드시 많은 사람들이 모두 옳다고 여긴 뒤에야 스스로 믿는다. 그렇다면 그 재능이 다른 사람보다 아래에 있음이 분명하다〔有所聞於此 而不能自信 必因衆皆是之 而後自信 然則其才之出衆人之下明矣〕."라고 좀 더 친절하게 풀이했다. 陸長庚, 宣穎, 陳壽昌 등도 비슷한 견해이다. 朱得之는 이 편의 저작 시기를 東漢시대라 보았는데 〈齊物論〉편 제4장에서 "시비를 따지는 소리에 의지하는 것은 처음부터 아예 의지하지 않는 것과 같다〔化聲之相待 若其不相待〕."라고 한 내용을 답습하고 있으므로 저작 시기를 東漢까지 내리는 것은 지나친 견해이다(池田知久). 한편 郭象은 所聞을 아래 문장에 연결시켰고 많은 주석가들이 따르고 있기도 하지만 맥락상 옳지 않다.

5) 不如衆技衆矣 : 많은 사람들이 가진 기예가 많음만 못함. 郭象은 "나 한 사람이 들은 것은 많은 사람들이 기예를 많이 가진 것만 못하기 때문에 많은 사람들이 동조하는 것을 따르게 되면 마음이 편안해진다〔吾一人之所聞 不如衆技多 故因衆則寧也〕."라고 풀이했다.

6) 欲爲人之國者 : 남의 나라를 도와주려고 하는 자. 爲는 治의 뜻. 여기서는 다스린다, 도와준다는 뜻으로 보았음.

7) 攬乎三王之利 而不見其患者也 : 삼왕의 이로움에 눈을 빼앗기고 문제를 보지 못함. 삼왕이 남긴 인위적인 제도의 이로움만 보고 폐해는 보지 못한다는 뜻. 攬은 본래는 붙잡는다는 뜻이지만 여기서는 馬叙倫이 ≪經典釋文≫의 一本에 覽으로 되어 있다는 것을 근거로 삼아 '본다는 뜻'으로 풀이한 것이 적절한 견해이다. 삼왕의 이로움〔三王之利〕은 宣穎이 "聖知와 仁義를 이롭게 여김이다〔以聖知仁義爲利〕."라고 풀이한 것이 적절하다. 不見其患의 患은 弊害, 폐단, 문제점 등의 뜻.

8) 此以人之國僥倖也 : 이는 남의 나라를 가지고 요행을 바라는 것임. 남의 나라를 담

보로 삼아 一身의 요행을 구하는 도박이라는 뜻. 僥를 要로 보고 倖을 幸으로 보는 成玄英 疏를 취하면 僥倖이 곧 '행복을 요구한다'가 된다. 僥倖은 ≪經典釋文≫에서 "僥자가 儌로 된 경우가 있다〔僥字或作儌〕."라고 했는데 僥와 儌는 같은 뜻이다. 또 "어떤 사람은 僥倖을 이익을 추구하여 그치지 않는 모양이라고 했다〔一云 僥倖 求利不止之貌〕."라고 풀이했다.

9) 幾何僥倖而不喪人之國乎 : 요행을 바라고서 남의 나라를 멸망시키지 않은 예가 얼마나 있을 것인가. 요행을 바라고 남의 나라의 정치를 맡아 하고서 그 남의 나라를 잃어버리게 하지 않은 경우가 얼마나〔幾何〕 되는가. 잃어버리게 함은 곧 멸망시킴을 말한다.

10) 其存人之國也 無萬分之一 : 남의 나라를 보존해 주는 경우는 만분의 일도 없음. 남의 나라를 존속시킬 수 있는 가능성은 만분의 일에도 미치지 못한다는 뜻. 世德堂본에는 '其存人之國也'의 여섯 글자가 없다(池田知久).

11) 喪人之國也 一不成而萬有餘喪矣 : 남의 나라를 멸망시키는 경우는, 한 나라도 보존에 성공하는 경우는 없고 만이 넘는 나라가 모두 멸망하고 말 것임. 郭象은 "그 때문에 자기 한 몸도 이루지 못하고 만방이 모두 망하게 된다〔故一身旣不成 而萬方有餘喪矣〕."라고 풀이했는데 王叔岷의 지적처럼 적절치 않다. 奚侗이 "이는 다른 사람의 나라를 잃어버리는 경우에 한 나라도 이루지 못함이니 곧 잃어버림이 만이 넘음을 말한 것이다〔此言其於喪人之國也 一有不成 則喪之萬有餘矣〕."라고 풀이한 것이 적절하다.

12) 有土者 : 국토를 가지고 있는 자. 곧 한 나라를 다스리는 자. 林希逸은 有土를 "나라를 가지고 있음이니 당시의 제후들을 지칭해서 말한 것이다〔有國也 指當時諸侯而言也〕."라고 풀이했다.

13) 有大物也 : 큰 물건을 가지고 있는 자임. 成玄英은 大物을 "군왕은 높고 사해는 크다〔九五尊高 四海宏巨〕."라고 풀이했고, 羅勉道도 "천하가 바로 혼전한 큰 물건 중의 하나〔天下 乃是渾全一箇大物〕."라고 풀이했다. 여기서는 福永光司의 해석에 따라 萬物을 소유하고 支配하는 者로 봄.

14) 不可以物 : 단순한 하나의 物이어서는 안 된다. 郭象이 '不可以物物'로 절구한 이래로 그것이 정설이 되어 왔으나 王敔, 兪樾, 武延緖 등이 말하듯 '不可以物'로 절구하는 것이 옳다(王叔岷). 奚侗은 不을 衍文이라 했는데 옳지 않다. 陸樹芝는 "形器

를 가지고 있는 것들은 모두 物이다. 국토를 가진 것은 형기 중에서도 지극히 큰 것이니 이것은 큰 물건을 가진 것이다. 이미 큰 물건을 가지고 있으면 사람이 만물 중의 일물이지만 반드시 物과 다른 점이 있어서 物과 동일하게 간주할 수 없다〔有形器者 皆物也 有土 形器之至大者 是有大物也 旣有大物 則雖人亦萬物中之一物 必有以異於物 而不可等之於物矣〕."라고 풀이했다.

15) 物而不物 : 〈그 자신〉 하나의 物이면서 物을 초월하고 있다. 〈知北遊〉편에서 "천지보다 앞서 생긴 것은 物인가? 物을 物로서 存在케 해 주는 것은 〈道이지〉 物이 아니다. 하나의 物은 다른 物에 先行하여 나올 수는 없다〔有先天地生者 物邪 物物者 非物 物出不得先物也〕."라고 한 내용과 유사하다.

16) 故能物物 : 그 때문에 物을 物로서 존재케 할 수 있음. 郭象은 "物을 초월하고 있기〔不物〕 때문에 천하의 물을 물로 存在케 해서 각기 자득하게 할 수 있다〔不物 故物天下之物 使各自得也〕."라고 풀이했다. 곧 物이 그 본래의 모습으로 존재하게 한다는 점에서 無爲의 실천이라 할 수 있다.

17) 豈獨治天下百姓而已哉 : 어찌 다만 천하 백성들만 다스릴 뿐이겠는가. 〈逍遙遊〉편 제1장의 "그 때문에 지식이 하나의 관직을 담당할 만하다〔故夫知效一官〕."라고 한 부분의 내용과 거의 비슷한 사상이다(池田知久).

18) 出入六合 遊乎九州 : 육합에 출입하며 구주에 노닒. 六合은 천지사방, 九州는 지상의 세계 전체를 말한다. 〈齊物論〉편 제3장에서 "그 같은 사람은 구름을 타고 해와 달을 몰아서 四海의 밖에서 노닌다〔若然者 乘雲氣 騎日月 而遊乎四海之外〕."라고 한 내용과 유사한 표현이다. 林希逸은 "도는 만물 밖에 초월함을 말한 것이다〔言道超乎萬物之表也〕."라고 풀이했다. 九州는 세계를 아홉 개의 州로 나눈 전체. 神州(東南), 次州(正南), 戎州(西南), 弇州(正西), 冀州(正中), 台州(西北), 泲州(正北), 薄州(東北), 陽州(正東)로 이루어진다(池田知久).

19) 獨往獨來 : 홀로 가고 홀로 옴. 福永光司의 지적처럼 〈天下〉편에 "홀로 천지의 정신과 왕래한다〔獨與天地精神往來〕."라고 한 내용을 참조할 필요가 있다. ≪荀子≫ 〈不苟〉편에도 獨行이란 말이 보인다(池田知久).

20) 是謂獨有 : 이것을 일러 홀로 道를 保有함이라 함. 獨有는 이 편 제3장에서 "사람들이 다 죽고 나면 나만 홀로 남을 것〔人其盡死 而我獨存乎〕."라고 했을 때의 獨存과 같다(赤塚忠, 池田知久). 福永光司는 홀로 道를 保有함이라고 하고 있는데 이

해석도 참고할 만하다. 成玄英은 "중인들은 이런 능력이 없기 때문에 獨有라 이름한 것이다〔衆無此能 故名獨有〕."라고 풀이했고, 陸樹芝는 "바로 중인들이 가지지 못한 것을 홀로 가짐이다〔乃獨有衆人之所不有者也〕."라고 했다.

21) 是謂至貴 : 이를 일러 지극히 귀한 존재라 함.

第6章

大人[1]**之教**는 **若形之於影**하며 **聲之於響**[2]하야 **有問而應之**호대 **盡其所懷**하야 **爲天下配**[3]하나니라 **處乎無響**하며 **行乎無方**[4]하야서 **挈汝**하야 **適復之撓撓**[5]하야 **以遊無端**[6]하며 **出入**이 **無旁**[7]하며 **與日**로 **無始**[8]하나니 **頌論形軀**[9] **合乎大同**[10]하나니 **大同而無己**니 **無己**면 **惡乎得有有**[11]리오 **覩有者**[12]는 **昔之君子**[13]오 **覩無者**는 **天地之友**[14]니라

대인의 가르침은 마치 형체와 그림자, 소리와 메아리의 관계와 같아서 남이 물으면 대답하되 자기가 생각하는 것을 극진히 하여 천하의 모든 사람과 짝이 된다. 메아리 없는 곳에 머물며 일정한 장소를 가리지 않고 움직여서 그대들을 데리고 어지럽고 혼돈한 카오스〔道〕의 세계로 〈몇 번이고〉 왕복하면서 〈끝없는 경지에〉 한없이 노닐며 출입함에 일정한 장소가 없으며 해와 함께 시간의 흐름을 초월하여 그 말과 몸이 커다란 萬物齊同의 세계와 부합된다. 커다란 萬物齊同의 도를 이루어 자기가 없으니 자기가 없는데 어떻게 있는 것을 있다 할 수 있겠는가. 있는 것만 보는 사람들은 옛날의 군자들이고, 없는 것을 보는 이는 천지의 벗이다.

【역주】

1) 大人 : ≪莊子≫에서는 〈秋水〉, 〈知北遊〉, 〈徐无鬼〉, 〈則陽〉편 등에 보이며 ≪論語≫ ≪孟子≫는 물론이고 ≪墨子≫를 비롯한 제자서에도 빈번히 나오지만 池田知久의 지적처럼 본래 유가의 용어로 보는 것이 옳다. 丁若鏞에 의하면 大人은 "덕이 훌륭한 사람, 지위가 높은 사람, 아버지, 몸집이 큰 사람〔德大者 位大者 嚴父 體大者〕."

등 네 경우에 쓰인다고 한다. 여기서는 물론 덕이 훌륭한 사람에 해당하는 의미로 쓰였을 것이며 ≪莊子≫에 빈번히 나오는 방식으로 표현하면 神人, 至人, 聖人 등에 가깝다. 福永光司는 大人을 아예 至人과의 同義語로 간주하고 앞 章의 '獨有之人'을 답습한 것이라고 하고 있다.

2) 若形之於影 聲之於響 : 형체와 그림자, 소리와 메아리의 관계와 같음. 響 아래에 也자가 있는 인용문도 있다(王叔岷). 池田知久는 "馬叙倫은 그림자와 형체, 메아리와 소리〔影之於形 響之於聲〕가 도치된 문장이라 했지만 赤塚忠이 於를 與로 본 주석을 취하는 것이 좋다."고 하였는데 두 說이 다 참고가 된다.

3) 爲天下配 : 천하의 모든 사람과 짝이 됨. 대인은 남의 질문에 자기가 생각하는 것을 극진히 하여(다 내보여 주어) 천하의 누구와도 대담 상대가 된다(伴侶가 된다)는 뜻. 配는 成玄英이 "짝이다〔匹也〕."라고 풀이한 것이 적절하다. 대의는 郭象이 "질문하는 사람이 주인인데 그에게 대답하기 때문에 짝이 된다〔問者爲主 應故爲配〕."라고 풀이한 것이 좋다. ≪老子≫ 제28장에 '爲天下谿', '爲天下谷' 등 이와 유사한 표현이 있다.

4) 處乎無響 行乎無方 : 메아리 없는 곳에 머물며 일정한 장소를 가리지 않고 자유자재로 움직임. 郭象은 "고요히 사물을 기다리고 사물에 따라 변화한다〔寂以待物 隨物轉化〕."라고 풀이했다. 褚伯秀는 響을 方으로 풀이했는데 池田知久의 지적처럼 無方이 중복되므로 택하지 않는다. 赤塚忠은 鄕의 假借로 보고 無鄕을 〈逍遙遊〉편의 '無何有之鄕'이라 했는데 이 역시 池田知久의 지적처럼 다소 무리한 해석이다.

5) 挈汝適復之撓撓 : 그대들을 데리고 어지럽고 혼돈한 카오스〔道〕의 세계로 〈몇 번이고〉 왕복함. ≪經典釋文≫에서는 ≪廣雅≫를 인용하여 挈을 '데리고 감〔持〕'으로 풀이했다. 汝는 郭象의 '萬物', 成玄英의 '너희들 여러 품〔汝等羣品〕', 呂惠卿의 '天下', 林希逸의 '온 세상 사람들을 지칭함〔指擧世之人〕' 등 여러 견해가 있으나 내용상 큰 차이가 있는 것은 아니다. 赤塚忠은 이 편 제3장의 "내가 당신을 위하여 해나 달 같은 커다란 광명이 있는 하늘 위에 올라갈 것〔我爲女遂於大明之上矣〕."이라고 한 것과 같은 맥락이라고 했지만 池田知久의 지적처럼 여기에는 질문자와 대답하는 자가 따로 등장하지 않으므로 작자가 독자에게 한 말로 보는 것이 적절하다. 適과 復은 朱得之가 각각 往과 來로 풀이한 것이 적절하다. 之는 於와 같다(朱得之). 撓撓는 郭象과 成玄英이 "스스로 움직임이다〔自動也〕."라고 풀이했지만 兪樾이 어지

러운 모습으로 풀이한 것이 무난하다. 다만 世俗人들에 대한 형용은 아니고 아래 문장의 無端·無旁·無始와 나란히 혼돈한 카오스의 道의 한 측면을 말한 것으로 보는 것이 타당하다(池田知久).

6) 以遊無端 : 〈끝없는 경지에〉 한없이 노닒. 無端은 〈達生〉편, 〈田子方〉편에도 보인다. 成玄英은 "조짐이나 자취의 끝이 없다〔無朕迹之端崖〕."라고 풀이했다.

7) 出入無旁 : 출입함에 일정한 장소가 없음. 旁은 章炳麟의 견해를 따라 方으로 보는 것이 적절하다. 대의는 呂惠卿이 "장소를 한정할 수 없음이다〔方之所不能閡也〕."라고 풀이한 것이 좋다.

8) 與日無始 : 해와 함께 시작이 없음. 시간의 흐름을 초월한 영원한 존재라는 뜻. 呂惠卿은 "때를 한정할 수 없음이다〔時之所不能拘也〕."라고 풀이했다. 〈大宗師〉편 제1장에 "해와 달이 그것을 얻어서 영원토록 쉬지 않는다〔日月得之 終古不息〕."라고 한 내용과 유사한 표현이다.

9) 頌論形軀 : 말과 몸. 대의는 郭象이 "그 모습이 천지와 다름이 없다〔其形容 與天地無異〕."라고 풀이한 것이 무난하나, 成玄英이 "頌은 찬송함이고 論은 말이다〔頌 贊論 語〕."라고 풀이한 것을 근거로 말과 몸으로 번역함. 林希逸, 褚伯秀, 朱得之, 林雲銘, 宣穎 등 대다수의 학자들이 頌論을 동사로 形軀를 명사로 읽었다고 지적한 池田知久도 그렇고, 章炳麟의 說을 끌어서 해석하고 있는 福永光司도 모두 頌論과 形軀를 명사와 명사로 보았다. 池田知久는 精神과 肉體(또는 문장·議論과 肉體)로, 福永光司는 容貌와 體軀로 풀이하고 있다.

10) 合乎大同 : 커다란 만물제동의 세계와 부합됨. 大同은 이 편 제4장의 "혼돈한 도와 완전히 같아질 것〔大同乎涬溟〕."이라고 한 부분, 그리고 〈齊物論〉편 제1장의 "天地도 나와 나란히 生하고 萬物도 나와 하나이다〔天地與我竝生 而萬物與我爲一〕."라고 한 내용과 거의 같은 思想의 표현이다(池田知久).

11) 大同而無己 無己 惡乎得有有 : 커다란 만물제동의 도를 이루어 자기가 없으니, 자기가 없는데 어떻게 있는 것을 있다 할 수 있겠는가. 郭象은 "내가 있게 되면 만물제동의 세계를 이룰 수 없다〔有己則不能大同也〕."라고 풀이했고, 林希逸은 "내 몸이 이미 만물과 같아지면 스스로 사심을 부릴 수 없어서 자기가 없게 될 것이다. 이미 자기가 없으니 무엇을 있는 것으로 여기겠는가〔我身旣與萬物皆同 則不得而自私無己矣 旣已無己 則何者爲有〕."라고 풀이했다. '惡乎得有有'에서 위의 有는 '있는

것으로 간주하다', '존재한다고 인정하다'는 뜻이고 아래의 有는 池田知久도 지적하였듯이 萬物·世界로 보는 것이 적절하다. 또한 福永光司는 아래의 有를 物·存在·現象의 뜻으로 보아 '有有'를 현상 세계의 차별과 대립의 相에 집착함을 말한다고 하고 있다.

12) 覩有者 : 있는 것만 보는 사람들. 잡다한 有의 세계에 눈을 빼앗기는 사람들을 말함.

13) 昔之君子 : 옛날의 군자들. 堯·舜 등 儒家의 聖人을 지칭하는 것. 天地之友에 비해 貶下한 표현.

14) 天地之友 : 천지의 벗. 〈大宗師〉편, 〈應帝王〉편에 "조물자와 벗이 된다〔與造物者爲人〕."는 유사한 표현이 있다.

第7章

賤而不可不任者[1)]는 物也오 卑而不可不因者는 民也오 匿而不可不爲者는 事也[2)]오 麤而不可不陳者는 法也[3)]오 遠而不可不居者는 義也[4)]오 親而不可不廣者는 仁也오 節而不可不積者는 禮也[5)]오 中而不可不高者는 德也[6)]오 一而不可不易者는 道也[7)]오 神而不可不爲者는 天也[8)]니라 故로 聖人은 觀於天而不助[9)]하며 成於德而不累[10)]하며 出於道而不謀[11)]하며 會於仁而不恃[12)]하며 薄於義而不積[13)]하며 應於禮而不諱[14)]하며 接於事而不辭[15)]하며 齊於法而不亂[16)]하며 恃於民而不輕하며 因於物而不去하나니라 物者 莫足爲也나 而不可不爲[17)]니 不明於天者[18)]는 不純於德하고 不通於道者는 無自而可[19)]하니 不明於道者 悲夫[20)]라

何謂道오 有天道하며 有人道하니 無爲而尊者는 天道也오 有爲而累者는 人道也[21)]라

主者는 天道也오 臣者는 人道也[22)]니 天道之與人道也 相去遠矣니 不可不察也니라

보잘것없지만 쓰지 않을 수 없는 것이 물건이고, 낮지만 따르지 않을 수 없는 것이 백성들이고, 번거롭지만 하지 않을 수 없는 것이 일이고, 거칠지만 베풀지 않을 수 없는 것이 法이고, 멀지만 지키지 않을 수 없는 것이 義이고, 친근하여 인정에 빠지기 쉬운 것이지만 넓히지 않을 수 없는 것이 仁이고, 절도를 귀찮게 따지지만 익혀 두지 않을 수 없는 것이 禮이고, 중용을 따라 세상과의 화합을 도모하는 것이지만 높여 나가지 않을 수 없는 것이 德이고, 唯一 絶對의 하나이지만 때에 따라 바꾸지 않을 수 없는 것이 道이고, 영묘하지만 닦지 않을 수 없는 것이 하늘이다.

그 때문에 성인은 天道의 변화를 살피기는 하지만 조장하지는 않으며, 덕을 이루기는 하지만 인위에 얽매이지는 않으며, 행동이 도에서 나오기는 하지만 계획하지는 않으며, 행동이 仁에 부합되지만 그것을 믿지 아니하며, 義에 다가가면서도 쌓지 않으며, 禮를 지키면서도 금기에 얽매이지 않으며, 일을 처리하면서도 핑계 대지 않으며, 법으로 백성들을 가지런히 하면서도 지배하지 않으며, 백성들에 의지하면서도 〈백성들의 노동력을〉 가볍게 사용하지 않으며, 물건을 용도에 따라 쓰기는 하지만 버리지 않는다.

물건이란 추구할 만한 가치는 없지만 쓰지 않을 수 없는 것이다. 〈그러니 이때〉 천도를 분명히 알지 못하는 자는 덕이 순일하지 못하고 도를 통달하지 못하는 자는 할 수 있는 것이 없으니 도를 분명히 알지 못하는 이야말로 슬프다.

무엇을 도라 하는가. 天道가 있고 人道가 있으니 아무런 작용 없이 존귀한 것은 천도이고 인위적으로 움직여서 번거롭게 얽매이는 것이 인도이다. 군주는 천도를 실천해야 하는 자이고 신하는 인도를 실천해야 할 자이다. 천도와 인도는 서로 차이가 크니 살피지 않아서는 안 된다.

【역주】

1) 不可不任者 : 쓰지 않을 수 없는 것. 任은 맡길 임. 그 功用에 맡기지 않을 수 없는 것이니, 곧 쓰지 않을 수 없는 것이란 뜻이 된다.

2) 匿而不可不爲者 事也 : 번거롭지만 하지 않을 수 없는 것이 일임. 일상의 잡무는 번

거롭지만 처리하지 않을 수 없다는 뜻. 郭象과 成玄英은 匿을 감추다〔藏〕는 뜻으로 풀이했고, 馬其昶과 武延緖는 친하다〔暱(닐)〕는 뜻으로 풀이했지만, 馬叙倫이 번거롭다는 뜻의 縟(욕=繁)字의 뜻으로 취한 것을 따른다(福永光司, 池田知久).

3) 麤而不可不陳者 法也 : 거칠지만 베풀지 않을 수 없는 것이 법임. 麤는 馬叙倫이 粗 또는 伹의 가차자로 본 것이 적절하다. 陳은 成玄英 疏를 따라 陳言한다, 말한다는 뜻으로 취하는 해석도 있으나(安東林) 赤塚忠의 주석에 따라 布陳·施行의 뜻으로 취한다(池田知久). 즉 베푼다, 施行한다는 뜻으로 보는 것이 좋을 듯.

4) 遠而不可不居者 義也 : 멀지만 지키지 않을 수 없는 것이 의임. 居는 몸을 둔다는 뜻. 成玄英은 遠을 道로부터 멀다는 뜻으로 풀이했지만 적절치 않다. 呂惠卿, 陸樹芝 등이 지적한 것처럼 仁이 가깝다〔親〕면 義는 멀다는 뜻에서 遠으로 표현한 것이다. 좀 더 구체적으로 설명하면, 福永光司도 말했듯이, 仁이 친근한 사람에 대한 사랑의 倫理라고 한다면 義는 親近 관계가 없는 사회 일반의 사람들에 대한 行爲의 規範이다.

5) 節而不可不積者 禮也 : 절도를 귀찮게 따지지만 익혀 두지 않을 수 없는 것이 예임. 節은 절도를 귀찮게 따진다는 뜻이고 不可不積의 積은 익혀 둔다는 뜻. 積은 池田知久도 지적하였듯이 成玄英 疏의 '厚也'를 따르기보다는 陸樹芝의 "積之以至於習熱也"를 참고할 필요가 있다. ≪荀子≫ 〈性惡〉편에 보이는 '禮儀積僞'의 積과 같은 뜻.

6) 中而不可不高者 德也 : 중용을 따라 세상과의 和合을 도모하는 것이지만 높여 나가지 않을 수 없는 것이 덕임. "中은 따름이다. 본성을 따라 높여 나감이다〔中者 順也 順其性而高也〕."라고 한 ≪經典釋文≫의 주석, 中은 中庸일 것이라는 주석(赤塚忠), 그리고 "덕은 사람이 다 같이 生得的으로 타고난 것이다. 그리하여 비록 세상과 和同하는 것이지만 거기에는 마땅히 自立하는 것이 있으니 어찌 世人과 같을 수 있겠는가〔德 人所同得也 雖與世和同 有當自立處 豈得與人同〕."라고 하면서 세상과 같을 수 없는 德과 대비하여 "中은 和同이다〔中 和同也〕."라고 한 林希逸의 주석을 참조하여 이상과 같이 해석하였음. 그러나 어딘가 똑 떨어진 해석이 되는 것 같지 않은 점이 있어, 馬叙倫(福永光司도)의 해석을 따르고 싶지만 '中'을 '得'의 假借字로 보는 해석에 얼른 따르기가 어려워 취하지 않는다. 다만 이 해석을 따르면 "生得의 것이지만 높여 나가지 않을 수 없는 것이 덕이다."라고 해석됨을 참고

삼아 제시한다.

7) 一而不可不易者 道也 : 唯一絶對의 하나이지만 때에 따라 바꾸지 않을 수 없는 것이 도임. 易은 郭象이 難易의 易(이)라고 풀이했고, 成玄英도 郭象의 견해를 답습하여 簡易(이)라고 풀이했지만 池田知久가 지적한 것처럼 林希逸, 陸樹芝, 馬叙倫, 錢穆 등의 견해를 따라 變易의 뜻으로 보는 것이 적절하다. 특히 錢穆은 ≪管子≫ 〈形勢〉편에 "도가 말하는 것은 하나이지만 그것을 쓰는 것은 다르다〔道之所言者一也 而用之者異〕."라고 한 부분이 있음을 들어 變易의 易으로 보아야 한다고 했는데 타당한 견해이다.

8) 神而不可不爲者 天也 : 靈妙하지만 닦지 않을 수 없는 것이 하늘〔天〕임. 爲는 닦음의 뜻. 安東林은 실천한다고 번역하였음.

9) 觀於天而不助 : 천도의 변화를 살피기는 하지만 〈인위적으로〉 조장하지는 않음. 〈大宗師〉편 제1장에 "心知로 道를 손상시키지 아니하고, 인위적인 행위로 무리하게 자연의 운행을 助長하지 않는다〔不以心捐道 不以人助天〕."라고 한 내용과 유사한 표현이다. 助는 ≪孟子≫ 〈公孫丑 上〉의 '勿助長'의 助와 같은 뜻으로 쓰였다(王敔).

10) 成於德而不累 : 덕을 이루기는 하지만 인위에 얽매이지는 않음. 累는 成玄英이 흠〔瑕累〕으로 한 이래 이를 따르는 견해가 많지만 적절치 않다(池田知久). 또 林希逸은 "不累란 쌓아서 높이지 않음이다. 쌓아서 높이면 마음을 씀이 자연스럽지 못하다〔不累者 不累積以高也 累積以爲高 則是容心不自然矣〕."라고 하여 累를 累積의 뜻으로 풀이했다(池田知久).

11) 出於道而不謀 : 행동이 道에서 나오기는 하지만 계획하지는 않음. 道는 무위자연의 도이고 出於의 於는 from으로도 해석이 되고 to로도 해석이 됨. 道에서 나오거나, 道로 나가거나 모두 無爲自然의 도를 따른다는 뜻. 謀는 계획한다, 思慮・努力을 한다는 뜻.

12) 會於仁而不恃 : 행동이 인에 부합되지만 그것을 믿지 아니함. 會는 부합된다는 뜻으로 合과 같다. 不恃는 믿고 과시하지 않는다는 뜻. 王先謙은 "행동이 저절로 인과 부합되지만 그것을 믿고 의지하지는 않는다〔所爲自與仁會 不恃賴之〕."라고 풀이했는데 적절한 견해이다. 不恃는, 池田知久는 ≪老子≫ 제2장에 나오는 '爲而不恃'와 관계가 있을 것이라 하고 있음.

13) 薄於義而不積 : 의에 다가가면서도 쌓지 않음. 薄은 林希逸이 풀이한 것처럼 "가까이 다가가다〔逼也 近也〕."는 뜻으로 보는 것이 무난하다. 王敔, 馬叙倫의 경우 迫과 迫의 가차자라 했는데 林希逸의 견해와 차이가 있는 것은 아니다. 馬其昶은 그만두다〔止也〕는 뜻으로 보았는데 맥락상 적절치 않고, 沈一貫은 이 구절을 '積於義而不薄'이 도치된 표현이라고 보았지만 뚜렷한 근거가 없다(池田知久).

14) 應於禮而不諱 : 예를 지키면서도 금기에 얽매이지 않음. 諱는 말하지 말아야 할 금기. 成玄英은 "어찌 기휘에 구애되겠는가〔豈拘忌諱〕."라고 풀이했다. 池田知久는 兪樾이 諱를 違의 가차자로 본 것은 터무니없는 잘못이라 하고 있다.

15) 接於事而不辭 : 일을 처리하면서도 핑계 대지 않음. 不辭는 핑계 대지 않는다는 뜻. 이때의 辭는 사양이 아니라 핑계 댄다, 일일이 설명의 말을 한다는 뜻. 그런데 口義本에는 辭가 讓으로 되어 있는데 郭象, 成玄英 이래 辭를 辭讓의 뜻으로 본 데서 기인한 오류인 듯하다(池田知久).

16) 齊於法而不亂 : 법으로 백성들을 가지런히 하면서도 지배하지 않음. 亂은 反訓文字로 다스리다는 뜻으로, '治亂曰亂'에 해당한다. 民國 胡遠濬의 《莊子詮詁》, 日本의 池田知久, 金谷治 등이 이 해석을 따름. 그러나 법으로 백성들을 가지런히 하면서도 다스리지 않는다고 번역할 때에 오해의 소지가 있어 여기서는 '지배하지 않는다'고 번역하였음. 亂을 글자 그대로 어지러움으로 해석하는 번역본도 많이 있음. 또 '齊於法'은 《論語》 〈爲政〉편의 '齊之以刑'을 참조할 것(福永光司).

17) 物者 莫足爲也 而不可不爲 : 물건이란 추구할 만한 가치는 없지만 쓰지 않을 수 없는 것임. 《經典釋文》에서 陸德明은 '물건이란 추구할 만한 가치가 없는 것〔物者莫足爲也〕.'을 "분수 밖의 것을 가리킨다〔分外也〕."라고 풀이했고, 이어지는 '쓰지 않을 수 없는 것〔不可不爲〕.'을 "분수 안의 것을 가리킨다〔分內也〕."라고 풀이했다(池田知久).

18) 不明於天者 : 천도를 분명히 알지 못하는 자. 大意는 褚伯秀가 "그렇다면 물건은 사람에게 없애기 어려운 것임을 알 수 있다. 다만 천도를 분명히 알고 도에 통달하고 덕에 순일하게 되면 물건이 없어지기를 기다리지 않고도 물건이 저절로 얽매이지 않게 될 것이다〔然則物之於人 難去者矣 但能明于天 通于道 純于德則不待去物而物自不能爲之累矣〕."라고 풀이한 것이 무난하다(池田知久).

19) 無自而可 : 할 수 있는 것이 없음. 무엇에 의해서도〔自〕 可함이 없다는 뜻. 그런데

自는 往 또는 適과 같이 나아가다는 뜻과 통한다고 볼 수도 있는데, 林希逸은 "어디에 간들 막히지 않음이 없음을 말한 것이다〔言無往而不窒礙也〕."라고 풀이했는데 이것도 自를 往의 뜻으로 풀이한 것이다.

20) 不明於道者 悲夫 : 도를 분명히 알지 못하는 이야말로 슬픔. 池田知久의 註解에도 인용되어 있듯이 林希逸은 "위에서는 천도를 분명히 알지 못하면 도에 통달하지 못함을 말했고, 이곳 마무리 부분에 이르러 또 도를 분명히 알지 못하면 천도를 알 수 없고 도에 통할 수 없다고 말했으니 두 구절은 같은 뜻이다〔上言不明於天 不通於道 致此結處 又曰不明於道 則知不明於天 不通於道 兩句只是一意〕."라고 풀이하고 있다.

21) 有爲而累者 人道也 : 인위적으로 움직여서 번거롭게 얽매이는 것이 인도임. 累는 위 문장과 마찬가지로 얽매이다는 뜻.

22) 臣者 人道也 : 신하는 인도를 실천해야 함. 林希逸은 "여기의 臣자와 主자는 조정의 군주와 신하가 아니다. 종래에 ≪莊子≫를 읽는 이들이 이것을 단지 군주와 신하로 보고 말했는데 잘못이다. 이것은 일신 중의 君臣을 말한 것이다〔此臣主字 不是朝廷君臣 從來讀者 只作君臣說 誤矣 此是一身中君臣〕."라고 하여 이 문장의 主와 臣을 몸의 군주와 신하를 비유한 것이라고 풀이했는데 특이한 견해이지만 池田知久도 지적하였듯이 맥락상 오류인 듯하다.

第12篇 天地

【해설】

이 편에서는 內篇에서 근원적인 실재로 표현되었던 '道'를 대신해서 '天'이 강조되고 있다는 점에 주목할 필요가 있는데 편명 '天地'는 篇首의 두 字를 따서 命名한 것이다.

'天'의 강조는 도가의 문헌만이 아니라 유가의 문헌인 ≪中庸≫의 '天'은 물론 ≪禮記≫ 〈學記〉편의 '天理', 또 ≪周易≫ 〈繫辭傳〉의 '天地之道' 등에서 두루 찾을 수 있는 것처럼 유가적 색채가 강한 범주이다. 이 때문에 이 편의 내용은 대부분의 학자들이 지적하고 있는 것처럼 儒家와 타협적인 색채가 강하다. 아울러 天의 강조는 이 편뿐만 아니라 바로 뒤의 〈天道〉편에도 현저하게 나타나는데 이런 점은 유가사상과 도가사상의 융합을 모색하고 있다는 점에서 두 사상 간의 적극적인 교류의 흔적으로 간주할 수 있다. 그 때문에 福永光司 같은 학자는 이 편의 저작 시기를 戰國末에서 漢初라고 추정했다.

第2章에서는 공자로 추정되는 인물을 등장시켜 "道란 만물을 덮어 주고 실어 주는 것이다. 넓고도 크구나. 군자는 사심을 도려내지 않아서는 안 된다. 無爲로 행하는 것을 天이라 일컫고 무위로 말하는 것을 일러 德이라 하고 사람을 사랑하고 남을 이롭게 해 주는 것을 仁이라 일컫고 같지 않은 것을 같게 보는 것을 일러 大라 한다."고 하여 유가적 가치인 천지, 인 등의 개념과 도가적 가치인 무위가 혼재되고 있는 모습을 보이는데 이 또한 내편의 사상에서 크게 변화된 부분이라 할 수 있다.

하지만 第11章에서 현실(세속)의 사회를 '부득이한 것'으로 일단 긍정하고,

그 속에 사는 초월자의 자유를 강조하는 철학은, 내편 특히 〈人間世〉편 등에서 특별히 강조되었던 내용이기도 하다. 또 이 같은 현실 긍정의 사상은 〈山木〉편의 "지인은 자신을 비워서 세상에 노닐 줄 안다〔至人能虛己以遊世〕."라고 한 내용과 〈外物〉편의 "오직 지인만이 비로소 세상에 노닐면서 치우치지 않을 수 있다〔唯至人乃能遊於世而不僻〕."라고 한 언급에서도 한층 명확하게 표현되고 있는데, 晉의 王康琚가 "小隱은 陵藪에 숨고 大隱은 市朝에 숨는다."고 한 유명한 말도 이 편에 나온 현실 긍정의 六朝的 표현으로 볼 수 있을 것이다.

이 때문에 자공을 질타하는 漢陰丈人의 隱遁的 無爲가 莊子의 이 같은 현실 긍정의 철학에 의해 비판받는 것으로 이해되기도 하는데(이 번역서에서는 莊子가 비판하는 것이 아니라 긍정하는 것으로 보았지만 주석가에 따라서 莊子가 孔子의 말을 빌어 漢陰丈人이 송영자 수준에 지나지 않는 인물로 비판한 것으로 보는 견해도 있다.) 이런 점에서 이 章의 서술은 無爲의 사상을 장자적인 遊의 철학과 결합하여 전개한 것이라고 할 수 있다.

'識其一 不知其二'는 漢陰丈人에 대한 비판으로 제11장에서 사용된 말인데, 晉의 王坦之는 莊周 철학에 대한 과격한 비판을 제기한 〈廢莊論〉에서 이 말을 오히려 莊子批判으로 그대로 사용하고 있다는 점이 아이러니하다. 王坦之는 〈폐장론〉에서 莊周의 철학을 "하나만 알고 둘은 모른다〔識其一 而不知其二〕."고 비판하고 孔子의 철학이 莊周의 철학에 비해 優位라고 주장하면서 장주의 책을 불태우는 것이 옳다고 극언하기도 했다.

第1章

天地雖大[1)]나 其化均也[2)]며 萬物이 雖多나 其治一也[3)]며 人卒[4)]이 雖衆이나 其主 君也니라 君은 原於德 而成於天[5)]하나니 故로 曰 玄古之君天下[6)]하니는 無爲也라하노니 天德而已矣[7)]니라

以道로 觀言하면 而天下之君이 正[8)]하고 以道로 觀分하면 而君臣之義 明[9)]하고 以

道로 觀能하면 而天下之官이 治하고 以道로 汎觀이면 而萬物之應이 備[10])하리라 故로 通於天地者는 德也요 行於萬物者는 道也[11])요 上治人者는 事也[12])요 能有所藝者는 技也[13])니 技兼於事[14])하고 事兼於義하고 義兼於德하고 德兼於道하고 道兼於天하니라 故로 曰 古之畜天下者는 無欲而天下 足하며 無爲而萬物이 化하며 淵靜而百姓이 定[15])이라하노라 記曰[16]) 通於一而萬事 畢[17])하며 無心得而鬼神이 服[18])이라하도다

천지가 비록 광대하지만 거기서 일어나는 만물의 생성 변화는 평등하며, 만물이 비록 잡다하지만 그것이 질서 정연하게 다스려지는 것은 동일하며, 민중의 수가 비록 많지만 그 주인은 한 사람의 군주이다. 군주는 德에 근거하고 자연〔天〕 속에서 성취된다. 그 때문에 아주 오랜 옛날 천하에 군림한 임금은 아무것도 함이 없었다고 말하는 것이니 이것이 바로 天德의 실천일 따름이다.

도를 기준으로 사람들의 말을 살펴보면 천하의 군주들이 올바르게 될 것이고, 도를 기준으로 상하의 신분 질서를 살펴 조정하면 군신 간의 의가 밝혀지고, 도를 기준으로 사람들의 재능을 살펴 헤아리면 천하의 모든 관직이 잘 다스려지고, 도를 기준으로 널리 모든 사물을 관찰하면 모든 사물에 대한 대응이 완비될 것이다. 그러므로 천지 사이에 널리 通하는 것은 德이고 만물 가운데에서 널리 작용하는 것은 천지자연의 도이다. 사람을 다스리는 것을 최고의 가치로 여기는 것은 정사에 지나지 않고 재능이 많은 것을 유능한 것으로 여기는 것은 기술에 지나지 않으니, 기술은 政事에 包攝되고, 정사는 義에 포섭되고, 義는 德에 포섭되고, 德은 道에 포섭되고, 道는 자연〔天〕에 포섭된다.

그래서 古人의 말에 이르기를 "옛날 천하를 다스렸던 군주는 스스로 無欲하여 천하 인민의 삶이 충족되었으며, 스스로 無爲하여 만물이 저절로 化育되었으며 스스로 깊은 못처럼 고요히 침묵하여 천하 만민의 삶이 安定되었다."라고 하였다. 전해 오는 기록에도 이르기를 "根源의 一인 道에 통달하면 만사가 모두 잘

되었으며 無心의 경지에 도달하면 鬼神들까지도 感服한다."고 하였다.

【역주】

1) 天地雖大 : 천지가 비록 크다 하나. ≪經典釋文≫에서는 天地에 대해 "≪釋名≫에 이르기를 '天은 드러남이니 높이 드러나 위에 있음이다. 또 드넓음이니 드넓게 고원함이다. 땅은 낮음이니 그 형체가 아래에 있으면서 만물을 실어 준다.'고 했다〔釋名云 天顯也 高顯在上也 又坦也 坦然高遠也 地 底也 其體底下 載萬物也〕."라고 풀이했다(池田知久).

2) 其化均也 : 만물의 생성 변화는 평등함. 均은 均等 또는 平等無差別의 뜻. 천지 사이에서 일어나는 만물의 생성 변화가 균등하다는 뜻. 化는 천지 사이에서 일어나는 만물의 생성 변화.

3) 其治一也 : 질서 정연하게 다스려지는 것은 동일함. 一은 郭象과 成玄英이 均一하다, 똑같다〔一様〕고 풀이한 것을 따른다. 林希逸과 宣穎은 각각 一元과 專一로 해석했지만 적절치 않다(池田知久).

4) 人卒 : 일반 백성. '爲人之卒者(남의 졸도가 된 자)'의 줄임말. 人主에 상대되는 말로 여기서는 바로 뒤의 主와 대비된다. 成玄英의 疏를 참조할 것.

5) 原於德而成於天 : 德에 근거하고 자연 속에서 성취된다. 덕에 근거함이란 만물 본래의 生得의 作用〔德〕에 근거〔原〕함이고, 자연 속에서 성취한다는 것은 天 속에서, 즉 天理自然에 의해 〈군주로〉 완성되어 간다는 뜻이다. ≪經典釋文≫에서는 原을 "근본함이다〔本也〕."라고 풀이했다. 王敔는 "덕이 있으면 천하를 다스릴 수 있으니 하늘이 그에게 명령한다〔有德乃可君天下 天命之〕."라고 했는데 池田知久의 지적처럼 지나치게 儒家的인 해석이다.

6) 故曰 玄古之君天下 : 그 때문에 아주 오랜 옛날 천하에 군림한 임금은 …라고 말하는 것이다. 呂惠卿, 褚伯秀, 朱得之, 王敔, 林雲銘, 宣穎, 陸樹芝, 蘇輿 등은 故曰玄에서 絶句했지만 成玄英이 玄을 遠의 뜻으로 보고 "아주 오랜 옛날의 성군들은 무위로 천하를 다스렸음을 말한 것이다〔言玄古聖君 無爲而治天下也〕."라고 풀이한 것이 옳다. 福永光司, 池田知久 등이 모두 成玄英 疏를 택하고 있음. 林希逸도 "玄은 遠이다. 玄古는 오랜 옛날과 같다〔玄 遠也 玄古 猶邃古也〕."라고 풀이했다.

7) 天德而已矣 : 〈이것이 바로〉 天德일 따름이다. 天德은 천지자연의 本來的 作用을

말하는데 赤塚忠이 말하는 것처럼 위 문장 '原於德 而成於天'을 압축한 말로 보는 것이 적절하다. 따라서 天德而已矣는 故曰의 인용 속에 포함된 말이 아니라 (인용은 無爲也에서 끝남), 장자가 평가하는 말로 보아야 한다. 그러나 故曰의 내용을 '天德而已矣'까지로 보는 讀法도 있다. 天德은 이 책의 〈天道〉편과 〈刻意〉편, ≪荀子≫ 〈不苟〉편 등에 보인다(福永光司, 池田知久).

8) 以道觀言而天下之君正 : 도를 기준으로 사람들의 말을 살펴보면 천하의 군주들이 올바르게 됨. 道는 앞에 설명된 天地自然의 理法을 말하고, 言은 사람들의 發言 또는 言論을 말함. 天下之君正의 君은 名의 譌라고 하는 설(錢穆)이 있으나 이에 대하여는 無知의 愚說이라고 하는 혹평(池田知久)이 있기도 하다. 오히려 福永光司는 言을 名과 같다고 하고 있다. 天下之君正은 천하의 군주들이 올바르게 됨, 즉 잘못을 저지를 걱정이 없다는 뜻이다. 而天下之君正의 而는 접속사가 아니고 '곧'이라는 정도의 語詞. 아래에 세 번 보이는 而도 마찬가지임.

9) 以道觀分而君臣之義明 : 도를 기준으로 상하의 신분 질서를 살펴 조정하면 군신 간의 의가 밝혀짐. 成玄英의 견해를 따라 군주는 無爲하고 신하는 有爲한다는 의미로 풀이하는 것이 일반적이다. 成玄英은 "군도는 하는 일이 없고 신도는 담당하는 일이 있다. 신분의 존비와 수고롭게 일하고 편안함이 이치상 본디 같지 않다. 비유하자면 머리는 스스로 위에 있고 발은 스스로 아래에 있는 것과 같아서 도를 가지고 관찰하면 분의 의리가 분명해진다〔夫君道無爲而臣道有事 尊卑勞逸 理固不同 譬如首自居上 足自居下 用道觀察 分義分明〕."라고 풀이했다.

10) 萬物之應備 : 모든 사물에 대한 대응이 완비됨. 郭象은 萬物之應을 만물의 君主에 대응하는 뜻으로 보았고, 成玄英은 만물의 자기 자신의 用에 對應하는 뜻으로, 林希逸은 만물 내부에 對應하는 뜻으로 보았지만, 만물의 군주에 대응하는 뜻으로 보는 것이 옳을 것 같다는 池田知久의 설을 따름.

11) 故通於天地者德也 行於萬物者道也 : 그러므로 천지 사이에 널리 通하는 것은 德이고 만물 가운데에서 널리 작용하는 것은 천지자연의 도임. 陳景元이 ≪莊子闕誤≫에서 인용하고 있는 江南古藏本에는 "故通於天者道也 順於地者德也 行於萬物者義也"로 되어 있고 劉文典과 王叔岷은 이것이 옳다고 주장했고, 이보다 앞서 淸의 宣穎 또한 "여기의 道자는 마땅히 義자의 잘못일 것이다〔此道字當是義字之訛〕."라 했고, 陳壽昌도 "道는 義와 같다〔道猶義也〕."라고 한 바도 있으나 원문을 그대로 두고

도 번역이 가능하므로 굳이 원문을 고칠 것까지는 없다. 日本의 주석에서도 福永光司가 글자를 고치자는 쪽에 찬성하여 그것을 근거로 해석하고 있기도 하나 赤塚忠과 池田知久는 改作에 반대하고 있다.

12) 上治人者事也 : 사람을 다스리는 것을 최고의 가치로 여기는 것이 정사임. 사람을 잘 다스리는 능력은 정사에 지나지 않는다는 뜻. 政事는 道와 德에 견줄 때 상대적으로 질이 떨어지는 하급의 가치라는 의미이다. 여기서 上은 다른 일반적인 해석처럼 윗사람·上位者·君主 등으로 풀이하는 名詞가 아니다. 爲上 즉 위로 여김, 최고의 가치로 여긴다는 뜻의 動詞이다. 褚伯秀는 "무릇 남을 다스리는 것을 최고의 가치로 여기는 것은 형정과 상벌을 뜻대로 하는 것이니 모두 정사일 뿐이다〔凡以治人爲上 縱意乎刑政賞罰 皆事而已〕."라고 풀이했다. 한편 林希逸은 "윗사람이 다스리는 것은 禮樂이나 刑政과 같은 것이니 모두 다스리는 일이다〔上之所以治者 如禮樂刑政 皆治之事〕."라고 풀이하여 上자를 군주를 비롯한 통치자, 곧 上之人과 같은 뜻으로 보았는데, 이 견해를 따르면 上治人者는 '윗사람인 군주로서 남을 다스리는 것'으로 번역해야 하지만 뒤의 '能有所藝者技也'와의 연결을 고려할 때 褚伯秀의 견해를 따르는 것이 자연스럽다.

13) 能有所藝者技也 : 재능이 많은 것을 유능한 것으로 여기는 것이 기술임. 재능이 많은 것은 하찮은 기술상의 장점에 지나지 않는다는 뜻. 바로 위의 政事와 마찬가지로 세속에서 중시하는 재능〔藝〕도 道와 德과 견주면 하급의 가치라는 의미이다. 阮毓崧이 "所藝는 所長이라 말한 것과 같다〔所藝 猶言所長也〕."라고 풀이한 것과, 역시 所藝를 ≪論語≫를 끌어대며 "뛰어난 재능이 있는 것을 평가하는 것"을 말한다고 註解한 赤塚忠을 근거로 能有所藝者를 "才能에 뛰어난 才藝로서 인정할 만한 점이 있는 것"으로 보는 주석(池田知久)이 여기서는 취하지는 않으나 또한 유력하여 참고로 소개한다. 여기서는 역시 앞의 上治人者를 "사람을 다스리는 것을 최고의 가치로 여김"으로 보는 것과 마찬가지로 有所藝者 즉 재능이 많이 있는 것을 能 즉 유능한 것으로 여긴다는 뜻의 동사로 취하기로 한다.

14) 技兼於事 : 기술은 군주의 政事에 包攝됨. 곧 기술은 예악이나 형정의 구속, 통제를 받는 하위개념에 해당한다는 뜻. 陸樹芝가 "兼은 統과 같다〔兼猶統也〕."라고 풀이한 것이 적절하다(池田知久). 林希逸이 "둘을 합쳐서 하나로 통일한다는 뜻〔合二爲一之意〕."으로 풀이한 것도 역시 참고가 된다. 福永光司는, 技兼於事 이하로 天

을 最上位에 놓고서 그 아래로 道·德·義·事·技의 순서로 系列化한 것을, 儒家思想에의 타협적인 태도의 표시로 보고 있는데, 이에 대하여는 池田知久 등 조금씩 달리 생각하는 주석들이 있으나 참고삼아 소개한다.

15) 淵靜而百姓定 : 깊은 못처럼 고요히 침묵하여 천하 만민의 삶이 安定됨. 淵靜은 깊은 못처럼 말없이 하는 일이 없음을 비유한 것이다. 定은 安定의 뜻. 앞의 '無欲而, 無爲而'의 경우와 마찬가지로 淵靜而의 '而'는 접속사가 아닌 '곧' 정도의 뜻.

16) 記曰 : 전해 오는 기록에 이르기를. 陸德明은 "記는 책 이름이다. 老子가 지은 것이라 한다〔記 書名也 云老子所作〕."라고 했고, 褚伯秀는 "이것은 老子가 지은 ≪西昇≫에서 關尹 喜에게 해 준 말이다〔此老君西升 告尹喜之言〕."라고 풀이했는데 자세하지 않다. '傳曰'과 마찬가지로 전해 오는 기록을 인용하는 표현으로 보는 것이 무난하다.

17) 通於一而萬事畢 : 道에 통달하면 만사가 모두 잘 이루어짐. 여기의 '而'도 '곧' 정도의 語辭. 一은 道를 지칭한다. 林雲銘은 "一者는 道일 따름이다〔一者 道而已矣〕."라고 풀이했다.

18) 無心得而鬼神服 : 無心의 경지에 도달하면 鬼神들까지도 感服함. 無心得은 무심의 경지를 터득했다는 뜻. 林雲銘은 "無心得은 반드시 얻겠다는 데 마음이 없음이다〔無心得 無心於必得也〕."라고 풀이했는데(福永光司, 金谷治도 비슷한 생각) 부자연스럽다. 福永光司에 의하면, ≪莊子≫에서 '無心'이란 말이 보이는 것이 여기가 처음이며, 無心得이면 而鬼神도 服하리라는 생각은 內篇 〈人間世〉편 제1장에 "耳目이 전해 주는 것을 따라 외부의 사물을 안으로 받아들이고 안에 있는 교활한 心知를 버리면 귀신도 와서 머무르려 한다〔夫徇耳目 內通 而外於心知 鬼神將來舍〕."라고 하고 있음을 참조할 필요가 있다.

第2章

夫子[1)]曰 夫道는 覆載萬物者也[2)]니 洋洋乎大哉라 君子는 不可以不刳心焉[3)]이니라 無爲爲之 之謂天[4)]이오 無爲言之 之謂德[5)]이오 愛人利物 之謂仁[6)]이오 不同同之 之謂大[7)]요 行不崖異 之謂寬[8)]이오 有萬不同 之謂富[9)]요 故執德 之謂紀[10)]오 德成 之謂立[11)]이오 循於道 之謂備[12)]오 不以物로 挫志 之謂完[13)]이니

君子 明於此十者면 則韜乎其事心之大也[14]며 沛乎其爲萬物逝也[15]니라 若然者는 藏金於山하며 藏珠於淵[16]하며 不利貨財하며 不近貴富[17]하며 不樂壽하며 不哀夭하며 不榮通하며 不醜窮[18]하며 不拘一世之利하야 以爲己私分[19]하며 不以王天下로 爲己處顯[20]하나니 〔顯則明[21]이라〕 萬物이 一府며 死生이 同狀[22]이니라

선생이 말했다. "대저 道란 만물을 덮어 주고 실어 주는 것이다. 넓고도 크구나. 군자는 사심을 도려내지 않아서는 안 된다. 無爲로 행하는 것을 天이라 일컫고 무위로 말하는 것을 일러 德이라 하고 사람을 사랑하고 남을 이롭게 해 주는 것을 仁이라 일컫고 같지 않은 것을 같게 보는 것을 일러 大라 하고 행동을 표나게 다르게 하지 않는 것을 寬이라 하고 만 가지 다른 것을 모두 갖추는 것을 富라 한다. 그 때문에 덕을 굳게 잡는 것을 紀라 하고 덕을 이루는 것을 立이라 하고 도를 따르는 것을 備라 하고 외물로 뜻을 좌절시키지 않는 것을 完이라 하니 군자가 이 열 가지를 분명하게 알면 널리 만물을 포용하여 마음을 크게 세울 수 있으며 덕택이 성대하게 베풀어져 만물이 돌아가는 곳이 될 것이다.

그 같은 사람은 황금은 산속에 그대로 감추어 두고 구슬은 깊은 연못 속에 그대로 감추어 두며 재물을 탐내지 않고 부귀를 가까이하지 않는다. 오래 사는 것을 기뻐하지 않고 일찍 죽는 것을 슬퍼하지 않으며 출세하는 것을 영예로 알지 않고 곤궁하게 사는 것을 수치로 생각지 않으며 온 세상의 부를 모두 긁어모아 자기의 사사로운 몫으로 삼지 않고 왕으로서 천하를 다스리는 것을 자신이 드러난 地位를 차지했다고 생각하지 않는다. 〈이런 사람은〉 만물을 한 곳집 속에 함께 있는 것이라고 생각하며 生死를 같은 모양으로 여긴다."

【역주】

1) 夫子 : 여기의 夫子가 누구를 가리키는지에 대해서는 이설이 분분하다. 司馬彪는 장자라 하면서 一說에는 노자를 가리킨다는 설도 있다고 하였고, 成玄英은 노자라 보았고 陳景元은 長桑公이라 하는 등 推測들이 무성하다. 여기서는 方勇・陸永品

이 이 편 제9장에 노자가 이름이 丘인 사람과 대화하는 내용이 나오는 것으로 보아 공자를 지칭하는 것으로 보는 것이 무난한 것으로 생각되어 그것을 소개하는 데 그친다.

2) 夫道覆載萬物者也 : 道란 만물을 덮어 주고 실어 주어 만물을 生成化育해 나가는 것임. 王叔岷은 《鶡冠子》〈學問〉편 陸注에 인용된 같은 내용의 문장에서 '覆載' 밑에 '天地' 두 글자가 있고, 이 책 〈大宗師〉편에 '至道覆載天地'라 한 것, 또 《淮南子》〈原道訓〉편에 '夫道者覆天載地'라 한 것을 근거로 이 문장은 본래 '夫道覆載天地 化生萬物者也'였을 것으로 추정했는데 근거가 박약하다는 주장도 있으나 참고할 만하다.

3) 君子不可以不刳心焉 : 군자는 마음을 도려내지 않아서는 안 됨. 여기서의 마음은 사심을 뜻한다. 刳(고)는 '도려내다, 제거하다'의 뜻. 成玄英은 "刳는 제거함이니 씻어 낸다는 뜻이다〔刳 去也 洒也〕."라고 풀이했고, 陸長庚은 "刳心은 사사로운 지식을 제거함이다〔刳心 去其知識之私〕."라고 풀이했다.

4) 無爲爲之之謂天 : 無爲로 행하는 것을 天이라 일컬음. 사심 없이 만물을 다스려서 만물이 스스로 이루어지게 함을 말한다. 天은 자연의 도.

5) 無爲言之之謂德 : 무위로 말하는 것을 일러 德이라 함. 《淮南子》〈原道訓〉편에서 '無爲爲之而合于道 無爲言之而通乎德'이라 한 내용은 이 문장에 근거하고 있다(王叔岷, 池田知久).

6) 愛人利物之謂仁 : 사람을 사랑하고 남을 이롭게 해 주는 것을 仁이라 일컬음. 物은 人物 또는 人民을 말함. 王叔岷은 《廣雅》를 인용하여 "사랑하고 이롭게 해 주는 것이 仁이다〔愛利 仁也〕."라고 풀이했다.

7) 不同同之之謂大 : 같지 않은 것을 같게 보는 것을 일러 大라 함. 동등하지 않은 것을 차별하지 않고 포섭하는 것이 大라는 뜻. 같지 않은 것을 같다고 보는 것은 〈齊物論〉편 제1장에 보이는 "문둥이〔醜〕와 西施〔美〕를 道는 통해서 하나가 되게 한다.〔厲與西施……道通爲一〕."라든가 '兩行'이라 하여 是非를 떠나지 않고 시비를 無化할 수 있는 논리를 제시하고 있음을 참조할 것.

8) 行不崖異之謂寬 : 행동을 표 나게 다르게 하지 않는 것을 寬이라 함. 崖異는 보통 사람들과 아주 다르게 행동함을 뜻한다. 呂惠卿은 "행동을 세속과 달리하지 않는 것은 너그러움이 극진한 것이다〔行不殊俗 寬之至也〕."라고 풀이했다.

9) 有萬不同之謂富 : 만 가지 다른 것을 모두 갖추는 것을 富라 함. '有'는 '차지하다, 갖

추다'의 뜻. 陸西星은 "만 가지 다른 것을 모두 갖게 되면 가지지 않는 것이 없게 된다. 그 때문에 富라 일컫는 것이다〔有萬不同 則無所不有矣 是故謂之富〕."라고 풀이했다. 有萬不同은 〈齊物論〉편 제1장에 '吹萬不同'이라 있음을 참조할 것(福永光司).

10) 故執德之謂紀 : 덕을 굳게 잡는 것을 紀라 함. 故는 固의 假借. 紀는 郭象이 綱要, 成玄英이 綱紀라 함이 可함(池田知久). 劉鳳苞는 "천덕을 지키면 만물의 강기가 된다〔執持天德 爲萬物紀〕."라고 풀이했다.

11) 德成之謂立 : 덕을 이루는 것을 立이라 함. 立은 自立. 즉 덕이 자기 내면에서 완성되는 것. 陸西星은 "덕이 완성되면 탁연히 홀로 서 있는 것 같다. 이 때문에 立이라 한 것이다〔德成 則卓乎如有所立 是故謂之立〕."라고 풀이했다.

12) 循於道之謂備 : 도를 따르는 것을 備라 함. 循은 成玄英 疏에 의거 '順也'. 備는 모두 갖추어졌다는 뜻으로 바로 뒤의 完과 통한다. 劉鴻典은 "도를 따르게 되면 온갖 선이 완전해지므로 완비함이 된다〔循於道 萬善皆全 則爲備〕."라고 풀이했다.

13) 不以物挫志之謂完 : 외물로 뜻을 좌절시키지 않는 것을 完이라 함. 成玄英은 挫를 屈로 풀이했다.

14) 韜乎其事心之大也 : 널리 만물을 포용하여 마음을 크게 세울 수 있음. 韜는 감출 도. 成玄英 疏의 '包容也'가 좋다(池田知久). 事心은 立心의 뜻으로 事는 傳의 假借字이다. 兪樾은 "郭象은 '마음이 크기 때문에 용납하지 못할 일이 없다.'고 풀이했는데 이것은 事자의 뜻을 제대로 알지 못한 것이다. 事心은 立心과 같으니 마음을 크게 세움을 말한 것이다. ≪禮記≫ 〈郊特牲〉편 鄭玄 注에 事는 立과 같다고 했고 ≪釋名≫의 〈釋言語〉에서도 事는 傳이니 세운다는 뜻이라 했으니 모두 그 증거이다〔郭注曰 心大故事無不用也 此未得事字之義 事心 猶立心也 言其立心之大也 禮記郊特牲篇鄭注曰 事猶立也 釋名釋言語曰 事傳也 傳立也 幷其證也〕."라고 풀이했는데 이 견해를 따른다.

15) 沛乎其爲萬物逝也 : 덕택이 성대하게 베풀어져 만물이 돌아가는 곳이 됨. 沛는 덕택이 성대하게 흐르는 모양. '爲萬物逝'는 만물이 돌아가는 곳이 됨〔爲萬物歸往之所〕이다(方勇·陸永品). 만물이 돌아가는 곳이 된다는 것은 만물의 生成變化의 展開가 저절로 이루어진다는 뜻으로도 볼 수 있다. 爲萬物逝也의 '爲'에 대하여는 이것을 '與'와 같다고 하여 "만물과 더불어 함께 갈 것이다."라고 번역하는 설(福永光司)도 있으나 취하지 않는다.

16) 藏金於山 藏珠於淵 : 황금은 산속에 그대로 감추어 두고 구슬은 깊은 연못 속에 그대로 감추어 둠. 황금이 산속에 묻혀 있고 보주가 물속에서 나지만 그것을 그대로 두고 탐내지 않는다는 뜻(方勇·陸永品). 가지고 있는 황금을 산속에 묻거나 물속에 몰래 감춘다는 뜻이 아니다. 그러나 이에 대하여는 阮毓崧이 道를 '깊이 마음속에 감추어 흔들리지 않음〔深藏其心而不動也〕'이라 한 것에 근거하여 "황금을 산속 깊이 감추고 구슬을 깊은 연못 속에 감추어 두듯 道를 마음속 깊이 감춘다는 뜻으로 취하는 說이 있다(池田知久). 참고할 만한 설이기는 하나 取하지는 않는다. 여기서는 郭象 注의 통설대로 얻기 어려운 물건이라도 이것을 귀하게 여기지 않는다는 뜻으로 해석한다.

17) 不利貨財 不近貴富 : 재물을 탐내지 않고 부귀를 가까이하지 않음. 郭象은 "얻기 어려운 재물을 중시하지 않음이다〔不貴難得之物〕."라고 풀이했는데 《老子》 제3장의 '不貴難得之貨'를 인용한 것이다.

18) 不榮通 不醜窮 : 출세하는 것을 영예로 알지 않고 곤궁하게 사는 것을 수치로 생각지 않음. 通은 宦路가 열려 벼슬길에 나아감을 뜻하고 窮은 곤궁하게 사는 것을 의미한다.

19) 不拘一世之利 以爲己私分 : 온 세상의 부를 모두 긁어모아 자기의 사사로운 몫으로 삼지 아니함. 拘는 '긁어모으다'의 뜻으로 鉤의 가차자. 鉤는 갈고리 구로 取한다는 뜻. 馬其昶, 章炳麟, 楊樹達 등이 모두 비슷한 해석이다(池田知久).

20) 不以王天下爲己處顯 : 왕으로서 천하를 다스리는 것을 자신이 드러난 地位를 차지했다고 생각하지 않음. 천하의 왕이 되었다 하더라도 자신이 출세했다고 생각하지 않는다는 뜻. 郭象은 "홀연히 영예가 자신의 몸에 있다는 사실을 깨닫지 못함이다〔忽然不覺榮之在身〕."라고 풀이했고, 劉鳳苞는 "천하를 왕으로서 다스리면서도 자신이 공을 차지하지 않는다〔王天下而己不居功〕."라고 풀이했다.

21) 顯則明 : 드러나면 밝아짐. 이설이 분분한 대목이다. 郭象은 "드러나지 않으면 침묵할 뿐이다〔不顯則默而已矣〕."라고 풀이하고 있는데 이 주석을 참고하면 '顯則明 不顯則默'의 두 구가 대비되므로 본래 郭象의 주석이었다는 견해(王叔岷)가 설득력이 있다. 곧 《莊子》 본문은 '不以王天下爲己處顯 萬物一府 死生同狀'으로 이어져 '顯則明' 세 글자가 없었는데 郭象의 주석 일부인 '顯則明' 세 글자가 잘못 끼어든 것으로 본 것이다. 본문의 번역에서는 이 견해를 따라 '顯則明' 세 글자를 제외하고

번역하였다. 한편 劉鴻典의 경우 이 구를 "그가 드러나기를 바라지 않는 까닭은 도의 입장에서 바라보면 어두움을 중시하므로 드러나게 되면 밝음에 미치기 때문이다〔其所以不欲顯者 道以闇爲貴 顯則涉於明也〕."라고 풀이하였고 方勇·陸永品 등이 이 견해를 지지하여 "드러나게 되면 밝아지므로 어두움을 특성으로 하는 도와 어긋난다는 뜻."으로 풀이하였지만 여기서는 따르지 않는다. 朱得之의 ≪莊子通義≫에 의거 "顯則明 三字는 衍文"으로 보아야 한다는 池田知久의 설을 따라 刪去함이 마땅하다.

22) 萬物一府 死生同狀:〈이런 사람은〉 만물을 한 곳집 속에 함께 있는 것이라고 생각하며 生死를 같은 모양으로 여김. 陸西星은 "萬物一府는 만물을 모아서 대동의 세계로 돌아가게 함을 말함이다〔萬物一府 言聚萬物而歸之大同〕."라고 풀이했다. 이 번역문은 "〈이런 사람에게 있어〉 만물은 한 곳집 속에 함께 있는 것이고(즉 萬物一體이고) 生과 死는 같은 모양(즉 生死一如)인 것이다."로 번역하여도 可하다.

第3章

夫子曰 夫道는 淵乎其居也[1]며 漻乎其淸也[2]라 金石이 不得이면 無以鳴[3]이니 故로 金石이 有聲이나 不考하면 不鳴[4]하리니 萬物孰能定之[5]오

夫王德之人[6]은 素逝[7]而恥通於事[8]하며 立之本原而知通於神[9]이라 故로 其德이 廣하니라 其心之出호대 有物이 採之[10]니 故로 形이 非道不生하여 生이 非德인댄 不明[11]하니라 存形窮生[12]하며 立德明道하린 非王德者邪아 蕩蕩[13]乎라 忽然出하며 勃然動[14]이어든 而萬物이 從之乎인댄 此謂王德之人이니라

視乎冥冥하며 聽乎無聲[15]하니 冥冥之中에 獨見曉焉[16]하며 無聲之中에 獨聞和焉[17]이로다 故로 深之又深이오 而能物焉[18]하며 神之又神이오 而能精焉하나니 故로 其與萬物로 接也에 至無而供其求하나니 時騁而要其宿[19]컨댄 大小長短脩遠[20]이로다

선생이 말했다. "도는 깊은 못처럼 고요히 머물러 있으며 맑은 물처럼 깨끗하다. 쇠붙이나 돌이 그것을 얻지 못하면 소리를 낼 수 없다. 그 때문에 쇠붙이나

돌에 소리를 낼 수 있는 자질이 있지만 도에 맞추어 두드리지 않으면 소리가 울리지 않을 것이니 만물 중에서 누가 그것을 일정하게 규정할 수 있겠는가.

王者의 德을 갖춘 사람은 타고난 소박함을 지켜 만물의 변화에 따라가면서 세속의 雜事에 능통하게 되는 것을 부끄러이 여기며, 사물의 本原인 道를 확립하여 知가 神妙한 경지에 통한다. 그 때문에 그 德이 광대하다. 그 마음이 밖으로 나타날 때에는 다른 사물이 먼저 그것을 요구하는 것을 말미암는다. 그 때문에 형체는 道가 아니면 생성되지 못하고, 이렇게 생성된 事物은 德이 아니면 밝게 빛나지 못한다. 형체를 가진 사물을 사물로 존재케 하고 만물이 각기 삶을 끝까지 누리게 하며 德을 이루고 道를 밝힌 사람이, 王者의 덕을 갖춘 이가 아니겠는가. 廣大하구나. 홀연히 나와 勃然히 움직이면 만물이 모두 그것을 따르니 이런 사람을 일러 왕자의 덕을 갖춘 이라고 하는 것이다.

어둡고 어두운 가운데서 보며 고요한 정적 속에서 귀 기울이니 캄캄한 어둠 속에서 홀로 새벽빛을 보며 소리 없는 정적 속에서 홀로 커다란 和音을 듣는다. 그 때문에 깊이 하고 또 깊이 해서 만물을 만물로 존재케 하고 신묘하고 또 신묘하게 해서 만물이 精妙하게 한다. 그 때문에 만물과 접촉할 때에 스스로 완전한 無이면서 만물의 각기 다른 요구에 이바지할 수 있으니 나그네가 때때로 말을 타고 달리면서 잠잘 곳을 찾는 것처럼 대소장단에 맞추어 마침내 영원한 곳에 이르기까지 만물이 쉴 곳을 찾아 준다."

【역주】

1) 淵乎其居也 : 깊은 못처럼 고요히 머묾. 淵은 못처럼 깊음을 비유. 居는 움직이지 않는다, 靜止하고 있다는 뜻. 林希逸은 "居란 움직이지 않음이니 안정함이다〔居者不動也 定也〕."라고 풀이했고, 羅勉道는 "居는 멈춤이다〔居 止也〕."라고 풀이했다. 道 즉 만물을 만물로서 존재케 하는 窮極根源의 實體는 그윽하고 깊은 못처럼 고요히 머물고 있다는 뜻. 《老子》 제4장에 보이는 '淵兮似萬物之宗'을 참조할 것.

2) 漻乎其清也 : 맑은 물처럼 깨끗함. 漻(료)는 깨끗한 모양.

3) 金石不得 無以鳴 : 쇠붙이나 돌이 그것을 얻지 못하면 소리를 낼 수 없음. 금석은 악기의 재료로 쇠붙이와 돌 등으로 만든 鐘이나 磬 등의 악기를 가리키는데 이른바

八音인 金石絲竹匏土革木의 맨 앞에 배열된 두 가지를 악기의 대표로 삼아서 표현한 것. 郭象이 "소리는 고요한 道로부터 드러난다〔聲由寂彰〕."라고 풀이한 것이 간명하다. '그것을 얻지 못하면〔不得이면〕'은 鐘이나 磬 등의 악기가 '道를 얻지 못하면, 즉 도와 맞지 않으면'의 뜻이다.

4) 金石有聲 不考不鳴 : 쇠붙이나 돌에 소리를 낼 수 있는 자질이 있지만 도에 맞추어 두드리지 않으면 소리가 울리지 않음. 考는 '두드리다'의 뜻. 成玄英은 "考는 擊이다〔考 擊也〕."라고 풀이했다. 王叔岷은 ≪淮南子≫ 〈詮言訓〉편에 "金石有聲 不叩不鳴"으로 되어 있는 것을 근거로 여기의 考를 叩와 같다고 했는데 타당한 견해이다.

5) 萬物孰能定之 : 만물 중에서 누가 그것을 일정하게 규정할 수 있겠는가. 郭象은 "감응에 일정한 방향이 없음이다〔應感无方〕."라고 풀이했는데 만물의 감응에 일정함이 없으므로 누구도 그것을 규정할 수 없고 바로 뒤에 등장하는 王德을 가진 사람만이 그것을 규정할 수 있다는 맥락이다.

6) 王德之人 : 王者의 德을 갖춘 사람. 林希逸의 "天下에 王 노릇 할 덕을 갖춘 사람을 말한다〔言有王天下之德也〕."는 주가 可하다. 福永光司는 王자를 성대하다는 뜻인 旺으로 보았고, 方勇・陸永品 등도 이 견해를 따라 王德之人을 盛德之人으로 풀이했다. 그러나 이 편 제2장에 王天下라는 말이 나오고 이 편 전체에 유가적 색채가 강한 것을 감안하여 여기서는 王者의 德을 갖춘 사람으로 보고 번역하였다.

7) 素逝 : 타고난 소박함을 지켜 만물의 변화에 따라감. 素는 소박하다는 뜻으로 無爲自然의 道를 형용한 것이고 逝는 간다, 만물의 변화에 따라간다는 뜻. 〈山木〉편의 '與之偕逝' '體逝'의 逝와 같을 것이다(蘇輿, 池田知久). 成玄英도 "素는 眞이고 逝는 감이다〔素 眞也 逝 往也〕."라고 풀이했는데, 많은 주석가들이 지적하듯이 難解한 대목이다.

8) 恥通於事 : 세속의 雜事에 능통하게 되는 것을 부끄러이 여김. 事는 세속의 雜事. 王先謙은 蘇輿의 견해를 인용하여 "通於事와 通於神이 대구를 이루기 때문에 恥자는 잘못 들어간 것 같다〔通於事 與通於神 對文 恥字疑誤〕."라고 하여 通於事를 '사리에 능통하다'는 긍정적인 뜻으로 풀이했지만, 王叔岷의 지적처럼 여기의 通於事는 〈逍遙遊〉에서 "누가 수고스럽게 애쓰면서 천하를 다스리는 따위를 일삼겠는가〔孰弊弊焉 以天下爲事〕."라고 한 것과 "누가 세상일 따위를 기꺼이 일삼으려 하겠는가〔孰肯以物爲事〕."라고 한 의미와 같은 맥락으로 보는 것이 무리가 없으므로 취

하지 않는다.

9) 立之本原而知通於神 : 사물의 本原인 道를 확립하여 智가 神妙한 경지에 통함. 本原은 사물의 근본, 곧 道를 지칭한다. 知는 智와 같다. 陸德明은 "知는 智로 읽어야 한다〔知音智〕."라고 풀이했다. 王叔岷은 "立之本原의 之는 於와 같다. 그 본원을 확립하면 智가 신묘함과 통한다〔之猶於也 謂立其本原則智通於神妙也〕."라고 풀이했다.

10) 其心之出 有物採之 : 그 마음이 밖으로 나타날 때에는 다른 사물이 먼저 그것을 요구하는 것을 말미암음. 採는 구한다는 뜻. 郭象은 "다른 사물이 구한 뒤에 마음을 드러낼 뿐이고 사물보다 앞서 唱導하지 않음이다〔物採之而後出耳 非先物而唱也〕."라고 풀이했고, 成玄英은 "採는 구한다는 뜻이다. 성인의 마음이 밖으로 드러나는 것은 진실로 다른 사물이 먼저 요구하는 것을 말미암는다〔採 求也 聖心之出 良由物採〕."라고 풀이했다. 有는 由와 같다. 王叔岷은 成玄英이 有를 由로 풀이한 것을 근거로 이 책 〈至樂〉편의 '種有幾'의 有도 由자와 같은 의미라고 풀이하면서 成玄英의 해석을 가장 옳다고 하였다.

11) 形非道不生 生非德不明 : 형체는 道가 아니면 생성되지 못하고, 이렇게 생성된 事物은 德이 아니면 밝게 빛나지 못함. 成玄英은 ≪老子≫ 제51장을 인용하면서 "≪노자 도덕경≫에 이르기를 '도는 만물을 낳고 덕은 만물을 기른다.'고 했다〔老經曰 道生之 德畜之也〕."라고 풀이했는데 적절한 풀이라 할 만하다.

12) 存形窮生 : 형체를 가진 사물을 사물로 존재케 하고 만물이 각기 삶을 끝까지 누리게 함. 王叔岷은 '窮生'을 "천수를 다함〔盡其天年〕."으로 풀이했다.

13) 蕩蕩 : 광대한 모양. 王叔岷은 ≪漢書≫ 顔師古 注를 인용하여 "蕩蕩은 廣大한 모양〔蕩蕩 廣大貌〕."이라고 풀이했는데 이 견해를 따른다. 成玄英은 "너그럽고 공평함을 이름함〔寬平之名〕."이라고 풀이했으나 광대한 모양으로 보는 것이 더 적절하다. ≪論語≫ 〈泰伯〉편에도 "위대하시다. 堯의 임금 노릇 하심이여! ……넓고 커서 백성들이 무엇이라 형용하지 못하는구나〔大哉 堯之爲君也……蕩蕩乎 民無能名焉〕."라고 한 말이 보인다(福永光司, 池田知久). 朱子 注에는 "蕩蕩 廣遠之稱也"라 하였다.

14) 忽然出 勃然動 : 忽然히 나와 勃然히 움직임. 문득 나타나고 盛하게 활동함을 말하는데, 이러한 움직임이 무심한 가운데 이루어진다. 郭象은 "忽과 勃은 모두 무심히 대응하는 모양이다〔忽勃 皆无心而應之貌〕."라고 풀이했다.

15) 視乎冥冥 聽乎無聲 : 어둡고 어두운 가운데서 보며 고요한 정적 속에서 귀 기울임. 무엇을 보고 무엇을 듣는지에 대해서는 이어지는 문장에서 曉와 和를 말하고 있는 것처럼 밝은 빛과 커다란 和音이다. 視乎冥冥 聽乎無聲에 대하여는 ≪老子≫ 제14장・제21장에 근거한 설명들이 많으나 異說도 없지 않다.

16) 冥冥之中 獨見曉焉 : 캄캄한 어둠 속에서 홀로 새벽빛을 봄. 曉는 밝은 빛. 昭와 같다. ≪呂氏春秋≫ 〈離謂〉편에는 '冥冥之中 有昭焉'이라 한 부분이 있고, ≪淮南子≫ 〈俶眞訓〉편에는 '視於冥冥 聽於無聲 冥冥之中 獨見曉焉 寂漠之中 獨有照焉'이라 한 부분이 있는데 모두 ≪莊子≫의 이 대목에서 비롯된 글이다(池田知久).

17) 無聲之中 獨聞和焉 : 소리 없는 정적 속에서 홀로 커다란 和音을 들음. 和는 和音으로 도의 소리를 뜻한다.

18) 深之又深 而能物焉 : 깊이 하고 또 깊이 해서 만물을 만물로 존재케 함. 深之又深의 之는 위 문장에 보이는, 홀로 새벽빛을 보고 홀로 和音을 듣는 獨見 獨聞의 능력을 의미하는 대명사이다. 郭象은 "근원을 궁구한 뒤에 만물을 만물로 존재하게 할 수 있고 순응을 극진히 한 뒤에 정묘함을 극진히 할 수 있다〔窮其原而後能物物 極其順而後能盡妙〕."라고 풀이했다. 한편 錢穆은 "≪老子≫에서는 휘황하고 홀연한데 그 가운데 사물이 있고 고요하고 어두운데 그 가운데 정묘함이 있다고 했다〔老子曰 恍兮惚兮 其中有物 窈兮冥兮 其中有精〕."라고 하여 ≪老子≫를 인용하고 있으며 王叔岷은 이를 근거로 삼아 能자를 有자로 보아야 한다고 했는데 이것도 참고할 만하다.

19) 時騁而要其宿 : 나그네가 때때로 말을 타고 달리면서 잠잘 곳을 찾듯이 함. 要는 구한다, 찾다의 뜻. 王叔岷은 要가 會의 뜻으로 쓰이는 용례를 들면서 '要其宿'을 "돌아갈 곳으로 모인다〔會其歸〕."는 뜻으로 풀이하기도 했는데 본래 郭象이 "궁극처로 모이게 할 따름이다〔會其所極而已〕."라고 한 주석에서 착안한 것으로 참고할 만하나, 宿은 만물이 머무르는 곳(赤塚忠)으로 보는 것이 좋을 것 같다.

20) 大小長短脩遠 : 대소장단에 맞추어 마침내 영원한 곳에 이르기까지 만물이 쉴 곳을 찾아 줌. 脩遠의 脩는 長자와 같은 의미인데 大小가 사물의 물리적 크기를 나타내고, 장단이 사물의 물리적 길이를 의미한다면 脩遠은 시간의 흐름이 영원한 것을 의미한다. 異說이 분분한 대목이다. 郭象은 "모두 마음대로 하게 맡겨서 궁극처로 모이게 할 따름이다〔皆恣而任之 會其所極而已〕."라고 풀이했고, 吳汝綸은 姚鼐의 견해를 인용하면서 빠진 글자가 있을 것이라 했고, 王叔岷은 郭象의 주석이 잘못

끼어든 것이라 했는데 그렇게 보면 郭象 注는 '大小長短脩遠 皆恣而任之 會其所極而已'로 맥락이 분명해진다. 하지만 충분한 근거가 있는 것은 아니기 때문에 우선 郭象의 주석으로 보지 않고 본문의 맥락을 따라 번역하였다. 脩遠의 脩에 대하여는 馬叙倫의, 近의 뜻으로 보는 주석을 취하는 說도 있고, 林希逸은 "脩遠은 當作遠近"이라고 하기도 하였으나 취하지 않는다.

第4章

黃帝 遊乎赤水[1]之北할새 登乎崑崙之丘하야 而南望[2]하고 還歸[3]하다가 遺其玄珠[4]하니라 使知로 索之而不得[5]하며 使離朱[6]로 索之而不得하며 使喫詬[7]로 索之而不得也하야는 乃使象罔[8]한대 象罔이 得之하야늘 黃帝曰 異哉라 象罔乃可以得之乎[9]여

황제가 赤水의 북쪽에서 노닐 때 崑崙山에 올라가 남쪽을 바라보고, 돌아오다가 검은 구슬을 잃어버렸다. 知에게 명령하여 구슬을 찾게 하였으나 찾지 못했고, 離朱에게 찾게 하였으나 찾지 못했고, 喫詬에게 찾게 하였으나 찾지 못했다. 결국 象罔에게 찾게 하였더니 象罔이 그것을 찾아왔다. 황제는 말했다. "이상한 일이구나. 결국 象罔이 그것을 찾을 수 있었다니."

【역주】

1) 赤水 : 물 이름. 赤水의 실재 여부에 대해서는 이설이 분분하지만 가공의 물 이름으로 보는 것이 적절하다. 李頤는 곤륜산 아래에 있다고 했는데 바로 이어지는 문장 '登乎崑崙之丘'를 기준으로 추정한 것일 뿐 정확한 지리 정보에 근거한 것은 아닌 듯하다. 또한 '赤'은 南方을 상징하는 색으로 玄珠의 '玄'(黑)이 北方을 상징하는 것과 대응한다(福永光司).

2) 南望 : 남쪽을 바라봄. 그 지역의 지배자가 됨을 상징한다.

3) 還(선)歸 : 돌아옴. 還은 趙諫議본에는 旋으로 되어 있다(池田知久). 또 還은 '선'으로 읽는다. 陸德明은 還은 旋으로 읽어야 한다고 했다.

4) 玄珠 : 검은 구슬. 玄은 黑·北·靜·默을 상징하는데 여기서 玄珠는 無爲自然의

道를 비유한 것이다. 司馬彪는 "도의 진수〔道眞〕."라고 풀이했다.

5) 使知 索之而不得 : 知로 하여금 찾게 했지만 찾지 못함. 인간의 이성으로는 道를 규정할 수 없음을 암시. 知는 智와 같고 인간의 理性을 상징한다. 知는 곧 인간의 理知의 擬人化이다.

6) 離朱 : 인명. 눈 밝은 사람의 대표. ≪孟子≫에 나오는 離婁와 같다. ≪孟子≫ 〈離婁〉편의 趙岐 注에 "황제가 玄珠를 잃어버리고는 離朱로 하여금 그것을 찾게 했는데 離朱가 곧 離婁이다〔黃帝亡其玄珠 使離朱索之 離朱則離婁也〕."라고 풀이했다(王叔岷).

7) 喫詬(개후) : 인명. 辯舌이 뛰어난 것을 擬人化한 것. 이에 대하여는 황제 때의 발이 빠른 사람이라는 주장(高誘), 힘이 센 사람〔多力〕이라는 주석(司馬彪) 등 여러 설이 있으나 成玄英 疏의 '言辯也'라는 주석을 따르는 것이 可하다. 또한 그것이 通說이다(池田知久). 無爲自然의 道는 心知의 思慮分別을 초월하고 있으므로 知에 의해 얻어질 수 없으며, 본래 無形・無色한 道는 눈 밝은 離朱에 의해 얻어질 수 없으며, 본래 이름 없고 말로 표현이 불가능한 道는 당대 제일의 웅변가 喫詬에 의해서도 얻어질 수 없는 것이다.

8) 象罔 : 인명. 罔象으로 된 판본도 있다. 역시 가공의 인물. 흐릿한 형체의 擬人化. 成玄英은 "罔象은 마음이 없음을 말한다〔罔象 無心之謂〕."라고 풀이했는데, 이 뜻과 함께 羅勉道의 '無有形象', 朱得之의 '無形無影', 宣穎의 '似有象而實無'도 可하다고 생각된다(池田知久). 內篇 〈齊物論〉편 제5장의 '罔兩'에 가깝다. 形體를 갖지 않고 人間의 감각이나 지각으로는 포착할 수 없는 존재, 즉 道의 뜻을 포함하고 있다고 할 수 있다(福永光司).

9) 異哉 象罔乃可以得之乎 : 이상한 일이구나. 결국 象罔이 그것을 찾을 수 있었다니. 황제가 이해할 수 없다는 듯 의아해 하는 말로 무심해야만 비로소 도를 얻을 수 있음을 말한 것이다.

第5章

堯之師曰 許由요 許由之師曰 齧缺[1)]이오 齧缺之師曰 王倪[2)]요 王倪之師曰 被衣[3)]니라

堯 問於許由曰 齧缺은 可以配天乎[4)]아 吾藉王倪以要之[5)]하노라

許由曰 殆哉 圾乎 天下[6)]여 齧缺之爲人也여 聰明叡知하며 給數以敏[7)]하며 其性이 過人이오 而又乃以人으로 受天[8)]하며 彼審乎禁過오 而不知過之所由生[9)]하나니 與之配天乎[10)]인댄 彼且乘人而無天[11)]하며 方且本身而異形[12)]하며 方且尊知而火馳[13)]하며 方且爲緖使[14)]하며 方且爲物絯[15)]하며 方且四顧而物應[16)]하며 方且應衆宜[17)]하며 方且與物化而未始有恒[18)]이러니 夫何足以配天乎이리오 雖然이나 有族이면 有祖[19)]하니 可以爲衆父이언정 而不可以爲衆父의 父[20)]니 治亂之率也[21)]며 北面之禍也[22)]며 南面之賊也[23)]니라

堯의 스승은 許由라 하고 許由의 스승은 齧缺이라 하고 齧缺의 스승은 王倪라 하고 王倪의 스승은 被衣라 한다.

堯가 許由에게 물었다. "齧缺은 하늘과 짝할 만한지요? 나는 王倪를 통해 그에게 천자의 자리를 부탁하려 합니다."

許由가 말했다. "틀림없이 위태롭게 할 것이다. 천하를. 齧缺의 사람됨은 총명하고 지혜가 밝은 데다 말재간이 뛰어나고 일을 처리함이 민첩하며 타고난 소질이 남보다 뛰어나고, 또 人爲로 天分을 받아 마음대로 左右한다. 그리고 그는 백성들의 과오를 금지하는 것은 잘하면서도 과오가 일어나는 원인에 대해서는 알지 못한다. 그런데 이런 사람을 천자의 자리에 오르게 하면 그는 틀림없이 人爲에 편승해서 자연 그대로의 天을 무시할 것이며, 틀림없이 자기 본위의 입장에서 형체 있는 만물의 차별화만을 힘쓸 것이다. 틀림없이 知識을 최상의 가치로 존숭하여 불타오르듯 광분할 것이며, 틀림없이 枝葉末節과 같은 작은 일에 부림을 당할 것이며, 틀림없이 外物에 속박될 것이며, 틀림없이 사방을 돌아보면 外物도 따라서 應答할 것이며, 틀림없이 여러 外物의 便宜을 따라 비위를 맞춰 나갈 것이며, 틀림없이 外物과 함께 변화해 가면서 처음부터 불변의 恒久性이 없어질 것이니 어떻게 이런 人物을 족히 천자의 자리에 오르게 할 수 있을 것인가. 비록 그렇지만 一族이 있으면 거기에는 그들이 尊崇하는 祖上이 있으

니 齧缺은 그런 무리의 우두머리가 될 수 있을지언정 무리의 우두머리들의 우두머리가 될 수는 없다. 그는 세상에 治를 이루기도 하고 亂을 이루기도 하는 張本人이며, 천자가 되면 신하들의 재앙이 되고 신하가 되면 천자에게 해독을 끼치는 존재가 될 것이다."

【역주】

1) 齧缺 : 인명. 가공의 인물. 〈齊物論〉과 〈應帝王〉편에 이미 '齧缺問乎王倪'라는 표현이 나왔다.

2) 王倪 : 인명. 위의 齧缺과 마찬가지로 가공의 인물이다.

3) 被衣 : 인명. 역시 가공의 인물. 崔譔은 〈應帝王〉에 나온 蒲衣子와 같은 사람이라고 했는데 타당한 견해이다.

4) 可以配天乎 : 하늘과 짝할 수 있겠는가. 곧 천자가 되어 천하를 다스릴 수 있겠느냐는 뜻. 다시 말하여 내 뒤를 이어 천자의 자리에 오르기에 적합한 인물이냐는 뜻이다. 郭象은 "천자가 됨을 말함이다〔謂爲天子〕."라고 풀이했다.

5) 藉王倪以要之 : 王倪를 통해 그에게 천자의 자리를 부탁함. 藉는 資와 같이 도움을 입다는 뜻이다. 要는 求한다, 〈천자로〉 맞이한다, 〈천자가 되기를〉 부탁한다는 뜻.

6) 殆哉 圾乎 天下 : 틀림없이 천하를 위태롭게 할 것이다. 殆자를 '아마도', '거의…에 가깝다'의 뜻으로 풀이하는 견해가 있고 그런 용례도 있지만, 여기서는 殆와 圾을 모두 위태롭다는 뜻으로 보는 王念孫 등의 견해를 따라 위태로움을 강조하는 의미로 보고 번역하였다. 王念孫이 지적한 것처럼 《孟子》 〈萬章〉편에도 '天下 殆哉 圾圾乎'라는 표현이 나온다.

7) 給數以敏 : 말재간이 뛰어나고 일을 처리함이 민첩하다. 給은 '捷給' 또는 '口給'으로 말을 잘한다는 뜻이고 敏은 행동이 민첩하다는 뜻으로 '給數以敏'은 말과 행동이 모두 민첩하다는 뜻이다. 數(삭)은 急하다는 뜻(林希逸).

8) 又乃以人受天 : 뿐만 아니라 人爲로 天分을 받다. 人爲로써 天分을 받아서 마음대로 左右하며 이루려고 한다는 뜻. 하늘로부터 받은 自然에 人爲를 가미해서 이루려고 하는 것이다. 〈大宗師〉편 제1장에 "인위적인 행위로 무리하게 자연의 운행을 助長하지 않는다〔不以人助天〕."라고 하고 있음을 참조할 것(福永光司). 王叔

岷은 叉乃는 叉且와 같고 受天의 受는 成과 같은 뜻으로 쓰였다고 했는데 타당한 견해이다.

9) 審乎禁過 而不知過之所由生 : 백성들의 과오를 금지하는 것은 잘하면서도 과오가 일어나는 원인에 대해서는 알지 못한다. 구체적으로는 백성들의 과오의 원인이 자기 자신에 있음을 알지 못한다는 뜻. 〈人間世〉편 제3장에 "그 사람의 지혜는 다만 다른 사람의 과실을 아는 데 충분할 뿐이고 자신의 과실은 알지 못한다〔其知適足以知人之過 而不知其所以過〕."라고 있는 것과 완전히 같다(池田知久).

10) 與之配天乎 : "이런 사람을 천자의 자리에 오르게 하면"의 뜻. 與之配天乎인댄의 與는 '以'의 뜻.

11) 乘人而無天 : 인위에 편승해서 자연 그대로의 天을 무시한다. 褚伯秀의 注 "若與之天下 彼且乘有爲之迹以臨民 使天下失自然之性矣"가 좋다(池田知久).

12) 方且本身而異形 : 틀림없이 자기 본위의 입장에서 형체 있는 만물의 差別化만을 힘쓸 것이다. 方且는 '바야흐로 또한'인데 '틀림없이'의 뜻. 本身은 자기 몸을 근본으로 삼는다는 뜻이니 곧 自己本位의 利己主義의 입장에 선다는 뜻이고, 異形은 形을 異한다(차별화한다) 즉 만물의 형체의 차이만을 따져 만물의 차별화만을 힘쓴다는 뜻이다.

13) 尊知而火馳 : 지식을 최상의 가치로 존숭하여 불타오르듯 狂奔한다. 尊知는 곧 無爲自然의 道를 배반함이다. 火馳는 〈外物〉편에 '火馳而不顧'라고 있다(池田知久).

14) 爲緖使 : 枝葉末節과 같은 작은 일에 부림을 당하다. 林希逸이 "緖는 末이다. 末事에 사역 당하는 바 되어 그 근본을 알지 못한다〔緖 末也 爲末事所役 而不知其本〕."라고 한 주석을 따른다. 使는 使役됨. 緖에 대하여는 ≪爾雅≫ 釋詁에 "緖는 事也"라고 있는 것을 따르는 설도 있다.

15) 爲物絯 : 外物에 속박됨. 絯는 묶을 해 字. ≪經典釋文≫에 ≪廣雅≫를 인용하여 '束也'라 함이 可하다(池田知久).

16) 四顧而物應 : 사방을 돌아보면 外物도 따라서 應答함. 成玄英 疏가 가장 정확할 것이다(池田知久).

17) 應衆宜 : 外物의 便宜을 따라 비위를 맞춰 나감. 역시 成玄英 疏가 좋다(池田知久).

18) 與物化而未始有恒 : 外物과 함께 변화해 가면서 처음부터 불변의 恒久性이 없어

짐. 與物化는 道와 일체가 되어 道와 함께 推移하는 것이 아닌, 주책없이 外物에 영합해 변화해 나가는 것. 褚伯秀의 注 "逐物而遷 失其本然之我"가 좋다(池田知久). 〈德充符〉편 제1장에 "거짓 없는 참된 道를 잘 살펴서 外物과 함께 옮겨 다니지 않고 만물의 변화를 命으로 받아들여 근본의 道를 지킨다〔害乎無假 而不與物遷 命物之化 而守其宗也〕."라고 있음을 참조할 것(赤塚忠, 池田知久).

19) 有族 有祖 : 一族이 있으면 거기에는 그들이 尊崇하는 祖上이 있다. 林希逸의 注 "一族之聚 必尊其祖"가 좋다.

20) 可以爲衆父 而不可以爲衆父父 : 무리의 우두머리가 될 수 있을지언정 무리의 우두머리들의 우두머리가 될 수는 없음. 衆父 즉 무리의 우두머리가 되는 것을 주석가에 따라서는 '몇 개의 氏族의 우두머리' 또는 '민중의 아버지인 제후' 정도의 뜻으로 보고 衆父父 즉 무리의 우두머리들의 우두머리는 이것을 '氏族 전체를 통솔·지배하는 총 우두머리' 또는 '衆父인 諸侯들을 지배하는 天子'로 보는 등의 구체적인 해설을 하고 있기도 하다. 또한 福永光司에 의하면, 衆父(중보)는 ≪老子≫ 제21장의 衆甫와 같으며 그것은 사물의 始源을 말하고, 衆父父(중보부)가 되는 것은 같은 ≪老子≫ 제21장에 보이는 "중보를 통솔·지배한다〔閱衆甫〕."는 것이니 이는 곧 人知를 초월한 無爲自然의 道를 가리키는 것이다.

21) 治亂之率也 : 治亂을 솔선하는 자임. 곧 세상에 治를 이루기도 하고 亂을 이루기도 하는 張本人이라는 뜻. 곧 率(수)는 장수·우두머리라는 뜻이다. 治亂之率也를 '治 亂之率也'라고 治에 絶句하여 읽는 독법도 있으나 이는 적당치 않다(池田知久). 郭象 注나 成玄英 疏가 治와 亂을 竝列한 것이 可하고 林希逸이 "率는 將帥이니, 이는 이 사람이 세상에 쓰여지게 되면 또한 治를 이룰 수도 있고 또한 亂을 이룰 수도 있다〔率 將帥也 言此人之用於世 亦可以致治 亦可以致亂〕."라고 한 것이 제일 참고가 된다.

22) 北面之禍也 : 〈그가 천자가 되면〉 신하들의 재앙이 됨. 신하는 北面하고 임금은 南面하므로 여기서 北面은 신하를 가리키며 禍는 재앙이다. 이것을 신하가 되어 天子에게 재앙을 끼친다는 뜻으로 취할 수도 있으나 취하지 않는다.

23) 南面之賊也 : 〈그가 신하가 되면〉 천자에게 해독을 끼침. 이것도 역시 天子가 되어 신하와 萬民에게 해독을 끼친다는 뜻으로 취할 수도 있으나 취하지 않는다.

第6章

堯觀乎華[1)]하더시니 華封人[2)]이 曰 嘻라 聖人이여 請祝聖人[3)]하야 使聖人으로 壽하노라

堯曰 辭호리라

使聖人으로 富하노라

堯曰 辭호리라

使聖人으로 多男子하노라

堯曰 辭호리라

封人이 曰 壽富多男子[4)]는 人之所欲也[5)]어늘 女獨不欲은 何邪[6)]오

堯曰 多男子則多懼[7)]하고 富則多事[8)]하고 壽則多辱하니 是三者는 非所以養德也[9)]라 故로 辭하노라

封人이 曰 始也에 我 以女爲聖人邪[10)]러니 今엔 然君子也[11)]로다 天生萬民하야는 必授之職[12)]하나니 多男子어든 而授之職 則何懼之有리오 富어든 而使人分之 則何事之有[13)]리오 夫聖人은 鶉居而鷇食[14)]하며 鳥行而無彰[15)]하야 天下有道 則與物皆昌하고 天下無道 則修德就閒[16)]이라가 千歲에 厭世어든 去而上僊[17)]하야 乘彼白雲하야 至於帝鄕[18)]하나니 三患[19)]이 莫至하야 身常無殃하리니 則何辱之有[20)]리오

封人이 去之어늘 堯 隨之하야 曰 請問하노라

封人曰 退已[21)]어다

堯임금이 華 땅을 유람했는데 화 땅의 국경지기가 말했다. "아! 성인이시여. 성인에게 축원을 드려 성인께서 오래 사시게 하고 싶습니다."

요가 말했다. "사양하고 싶다."

"성인께서 부유하게 하고 싶습니다."

요가 말했다. "사양하고 싶다."

"성인께서 사내아이를 많이 두게 하고 싶습니다."

요가 말했다. "사양하고 싶다."

국경지기가 말했다.

"오래 살고 부유하고 사내아이를 많이 두는 것은 사람이면 누구나 바라는 것인데 당신께서 유독 바라지 않으시는 것은 어째서입니까?"

요가 말했다.

"사내아이를 많이 두면 걱정이 많아지고 부유하게 되면 일이 많아지고 오래 살면 욕될 일이 많아지니 이 세 가지는 無爲自然의 덕을 기르는 방법이 아니다. 그 때문에 사양하는 것이다."

국경지기가 말했다. "처음에 나는 당신을 성인이라 여겼더니 지금 보니 그저 그런 군자이군요. 하늘이 만백성을 낳으면 반드시 직책을 주기 마련이니 사내아이가 많으면 직책을 주면 될 것입니다. 그리하면 무슨 걱정이 있겠습니까. 부유하면 다른 사람에게 〈재물을〉 나누어 주면 될 것입니다. 그리하면 무슨 일이 있겠습니까. 성인은 메추라기처럼 일정한 거처 없이도 산과 들의 자유를 즐기고 새 새끼가 어미가 주는 것을 받아먹듯 自然에 맡기며 살아가고 새처럼 자유로이 다니면서 흔적을 남김이 없습니다. 천하에 도가 있으면 만물과 함께 창성하고 천하가 무도하면 덕을 닦으면서 한가로이 삽니다. 천 년을 살다가 세상에 싫증이 나면 떠나서 위로 올라 신선이 되어 저 흰 구름을 타고 상제의 고향에 이릅니다. 〈懼·事·辱의〉 세 가지 근심이 이르지 않아 몸은 늘 아무런 재앙도 없을 것이니 무슨 욕됨이 있겠습니까."

국경지기가 떠나가자 요가 그를 따라가 묻고 싶은 것이 있다면서 가르침을 요청했지만 국경지기는 "물러가시오."라고 할 뿐이었다.

【역주】

1) 堯觀乎華 : 요가 화 땅을 유람함. 華는 지명. 成玄英은 華州라 했는데 지금의 陝西 華縣이다(方勇·陸永品).

2) 封人 : 국경 지역을 지키는 사람. 비슷한 예로 ≪論語≫ 〈八佾〉편에 儀封人이 보인다.

3) 請祝聖人 : 성인에게 축원하고자 함. 祝은 祝願하다는 뜻. 華 땅의 국경지기가 말로

만 듣던 聖人 堯를 직접 본 감격으로 聖人을 위해 祝願한다고 請한 것이다.

4) 壽富多男子 : 오래 사는 것, 부유한 것, 남자가 많은 것. 男子는 사내아이. 이 장에서는 壽・富・多男子 하기를 사양하는 堯에게 그것도 굳이 사양할 것 없이 그것이 이르게 되면 그대로 받아들여 物의 自然에 따르는 無心의 處世를 할 것을 華의 국경지기의 입을 빌려 말하고 있다. 內篇 〈應帝王〉편 제3장의 天根과 無名人의 대화를 방불케 한다.

5) 人之所欲也 : 모든 사람들이 바라는 것임. 고대 중국인의 머릿속에 있었던 행복의 세 가지 조건.

6) 女獨不欲 何邪 : 당신만 홀로 바라지 않는 것은 어째서입니까? 女는 2인칭, 汝와 같다.

7) 多男子則多懼 : 사내아이를 많이 두면 걱정이 많아짐. 전설에 의하면 요임금에게 아들이 있었는데 이름이 단주였다. 성품이 오만하고 욕심이 많아서 제대로 가르칠 수가 없었는데 이로 인해서 자식이 많으면 걱정이 많아진다고 한 듯하다(方勇・陸永品).

8) 富則多事 : 부유하게 되면 일이 많아짐. 계산을 하거나 도둑을 예방하는 등의 일이 많아진다는 뜻(方勇・陸永品).

9) 非所以養德也 : 이 세 가지는 덕을 기르는 방법이 아니다. 福永光司는 "養德의 '德'은 儒家的인 의미의 德으로도 해석이 가능하나 道家的인 무위자연의 그것(道家의 德)으로 보는 것이 보다 흥미 있을 것이다. 이 설화의 작자는 유가의 성인인 堯를 無懼・無事・無辱의 생활을 이상으로 하는 도가적 德의 理解者로 만들어 놓고 그 理解가 겉핥기에 지나지 않음을 비판하고 順物自然하여 壽・富・多男子를 인위적으로 물리치지 말 것을 요구하고 있다."고 했는데 참고할 만하다.

10) 始也 我 以女爲聖人邪 : 처음에 나는 당신을 성인이라 여겼더니만. 邪는 也와 같다(王念孫).

11) 今然君子也 : 지금 보니 그저 그런 군자임. 王念孫은 然자를 乃와 같다고 풀이했는데 타당한 견해이다. 則과도 같은 뜻. 〈養生主〉편에서 秦失(진일)이 老聃을 두고 "처음에 나는 그가 훌륭한 사람인 줄 알았더니만 지금 보니 아니다〔始也吾以爲其人也 而今非也〕."라고 말한 것과 같은 맥락이다(王叔岷). 성인은 못 되고 그저 그런 군자에 지나지 않는다고 실망한 말.

12) 天生萬民 必授之職 : 하늘이 만백성을 낳으면 반드시 직책을 주기 마련임. 王叔岷은 萬民이 烝民으로 된 인용문을 들어 ≪詩經 · 大雅≫의 烝民 시에 나오는 天生烝民을 고친 것이라고 했다.

13) 富而使人分之則何事之有 : 부유하면 다른 사람에게 나누어 주면 됨. 分之는 재물을 나누어 준다는 뜻. 何事之有는 무슨 일이 있겠는가의 뜻.

14) 鶉居而鷇食 : 메추라기처럼 일정한 거처 없이도 산과 들의 自由를 즐기고 새 새끼가 어미가 주는 것을 받아먹듯 자연에 맡기며 살아감. 鶉(순)은 메추라기이고, 鶉居는 메추라기처럼 일정한 거처가 없이 자유롭다는 뜻. 鷇(구)食은 새끼 새가 어미가 주는 것을 받아먹는 것처럼 자연에 맡겨 작은 것에 만족한다는 뜻. 陸德明은 "鶉居는 일정하게 머무는 곳이 없음을 말한다〔鶉居 謂无常處也〕."라고 풀이했다.

15) 鳥行而無彰 : 새처럼 자유로이 다니면서 흔적을 남김이 없음. 鳥行은 새처럼 허공을 날아다닌다는 뜻. 彰은 자취, 흔적. 成玄英은 "彰은 文의 자취이다〔彰 文迹也〕." 라고 풀이했고, 褚伯秀는 "메추라기처럼 살아 일정함이 없고 새 새끼처럼 어미가 물어다 주는 것만 먹고 새처럼 허공을 날아서 지나가면서도 자취가 없으니 모두 무심히 자연을 따르는 뜻이다〔鶉居無常 鷇仰母哺 鳥行虛空 過而無迹 皆無心自然之意〕."라고 풀이했다.

16) 天下有道 則與物皆昌 天下無道 則修德就閒 : 천하에 도가 있으면 만물과 함께 창성하고 천하가 무도하면 덕을 닦으면서 한가로이 살아감. 就閒은 한가로운 곳으로 나아감, 곧 한가롭게 살아간다는 뜻. 王叔岷은 이 대목이 ≪論語≫ 〈泰伯〉편의 "천하에 도가 있으면 나타나고 천하가 무도하면 은둔한다〔天下有道則見 無道則隱〕." 는 내용과 통하는 부분이라 했고, 方勇 · 陸永品은 〈人間世〉편의 "천하에 도가 있으면 성인은 그것을 완성시키고, 천하에 도가 없으면 성인은 자신의 생명이나 지킨다〔天下有道 聖人成焉 天下無道 聖人生焉〕."라고 한 내용과 유사하다고 풀이했다. 天下有道와 天下無道의 句法(文章法)은 ≪論語≫ 〈公冶長〉 · 〈憲問〉 · 〈衛靈公〉편 등도 참조할 것. 또 ≪論語≫ 〈述而〉편에 "用之則行 舍之則藏"이란 말이 보이는 것도 참조하면 可할 것이다.

17) 去而上僊(선) : 떠나가 위로 올라가 신선이 됨. 僊은 仙과 같은데, 仙으로 된 판본도 있다(王叔岷).

18) 乘彼白雲 至於帝鄕 : 저 흰 구름을 타고 상제의 고향에 이름. 帝鄕은 上帝의 고향,

天帝가 사는 樂園, 理想鄕을 의미한다. 王叔岷은 이 문구가 ≪僞子華子≫와 ≪呂氏春秋≫에 나와 있다고 소개하고, 그것을 근거로 이 편이 전국 말기에 장자를 읽던 이들이 장자에 가탁해서 지은 것으로 추정했다.

19) 三患 : 懼(걱정거리)・事(번거로운 일거리)・辱(치욕)의 세 가지 근심. 林希逸이 '少・壯・老'를, 林雲銘이 '病・老・死'를 三患으로 보는 것은 不可하다(池田知久).

20) 身常無殃 則何辱之有 : 몸이 늘 해로움이 없을 것이니 무슨 욕됨이 있겠는가. 福永光司는 이 대목에서 장자 철학의 神仙思想化 경향이 뚜렷하게 看取되고 超越의 哲學으로서의 ≪莊子≫의 後次的 展開의 한 방향을 볼 수 있다고 하였다. 羅根澤 또한 이 대목은 秦漢시대 神仙家의 사상과 밀접하게 연관되어 있을 것으로 추정했다.

21) 退已 : 물러가시오. 已는 종결사로 矣와 같다. "물러가시오. 이 속물 천자이시여." 라고 하는 기분이 느껴진다.

第7章

堯 治天下할새 **伯成子高**[1] **立爲諸侯**러가 **堯 授舜**[2]하시며 **舜**이 **授禹**하야시늘 **伯成子高 辭爲諸侯**[3]**而耕**하더니 **禹 往見之**하니 **則耕在野**[4]어늘 **禹趨就下風**[5]하야 **立而問焉**[6]하야 **曰 昔**에 **堯治天下**[7]하야는 **吾子立爲諸侯**러가 **堯 授舜**하시며 **舜**이 **授予**어늘 **而吾子 辭爲諸侯而耕**하나니 **敢問其故**는 **何也**오

子高曰 昔에 **堯治天下**하야는 **不賞而民勸**[8]하며 **不罰而民畏**하더니 **今子賞罰**호대 **而民且不仁**[9]하니 **德**이 **自此**로 **衰**하며 **刑**이 **自此**로 **立**[10]하며 **後世之亂**이 **自此**로 **始矣**[11]리라 **夫子**는 **闔行邪**[12]오 **無落吾事**[13]어다하고 俋俋**乎耕而不顧**[14]하더라

堯가 천하를 다스릴 때 伯成子高가 벼슬하여 諸侯가 되었다. 그러다가 堯가 天子의 자리를 舜에게 물려주고 또 舜이 禹에게 禪讓하자, 伯成子高는 제후가 되기를 사양하고 농사를 지었다. 禹가 그를 만나러 갔더니 그는 들에서 밭을 갈고 있었다. 禹가 종종걸음으로 아래쪽으로 나아가 선 채로 이렇게 여쭈었다. "옛날 堯가 천하를 다스릴 때에는 당신이 벼슬하여 제후가 되었다가 堯가 舜에

게 〈天子의 자리를〉 물려주고 〈그 뒤〉 舜이 나에게 물려주자 당신은 제후되기를 사양하고 농사를 짓기 시작했습니다. 감히 묻겠습니다. 왜 그러셨습니까?"

子高가 말했다. "옛날 堯임금이 천하를 다스릴 때에는 賞을 내리지 않아도 백성들이 힘써 일하였으며 罰을 주지 않아도 백성들이 두려워하고 삼갔습니다. 그런데 지금 당신은 賞을 내리고 罰을 주는데도 백성들은 오히려 不仁을 저지릅니다. 〈타고난 자연 그대로의〉 德이 이로부터 쇠퇴하고 〈인위적인〉 刑罰이 이로부터 확립되었으며, 후세의 혼란이 이로부터 시작되었습니다. 당신은 어서 돌아가십시오. 내 일을 방해하지 마십시오." 하고는 머리를 구부려 밭을 갈며 다시는 돌아보지도 않았다.

【역주】

1) 伯成子高 : 인명. 隱者로 어떠한 인물인지 명확하지 않다. 兪樾은 伯成은 姓이고 子高는 字일 것이라 했다. 池田知久에 의하면 陸德明은 ≪通變經≫을 인용하여 "노자는 이 세상이 개벽한 이래로부터 자신의 몸을 1,200번 바꾸어서 후세에 득도했는데 백성자고가 바로 그 사람이다〔通變經云 老子從此天地開闢以來 吾身一千二百變 後世得道 伯成子高是也〕."라고 했는데 그다지 신뢰할 만한 기록은 아니다. 이 설화와 거의 비슷한 내용이 ≪呂氏春秋≫의 〈長利〉편에도 실려 있다. 이후에는 ≪淮南子≫ 〈氾論訓〉편, ≪新序≫ 〈節士〉편, ≪列子≫ 〈陽朱〉편 등이 伯成子高에 대한 기록을 하고 있다(池田知久).

2) 堯授舜 : 요가 순에게 천자의 자리를 물려줌. 堯자 앞에 '及'자가 있는 인용문이 있다(劉文典).

3) 辭爲諸侯 : 제후가 되기를 사양함. 楊明照는 '爲'자를 衍文이라 하고, '爲'자가 없는 인용과 ≪呂氏春秋≫의 기록을 들고 있는데 문법상 타당한 견해라 할 수 있으나 그대로 두어도 무방하다.

4) 耕在野 : 들에서 밭을 갊. '在'는 '於'와 같다(吳汝綸, 赤塚忠, 池田知久).

5) 就下風 : 아래쪽으로 나아감. 〈在宥〉편 제3장 '順下風'의 경우와 마찬가지로 풍은 方의 뜻. 소수 의견으로, 바람을 마주보고 자리를 잡는다는 뜻으로 보고 높은 사람을 대할 때에 불편한 쪽에 자리를 잡는다는 의미로 보는 견해가 있지만 취하지 않는다.

6) 立而問焉 : 선 채로 여쭈어 봄. 〈齊物論〉편 제1장에 "안성자유가 앞에서 모시고 서 있었다〔顔成子游 立侍乎前〕."라고 한 것처럼 높은 사람의 앞에서 모시고 서 있는 모습을 나타낸 것이다. 王叔岷의 설에 따라 '立'자를 삭제하기도 하는데(金谷治) 그대로 두어도 可하다.

7) 昔堯治天下 : 옛날 요가 천하를 다스릴 때. 이 뒤에 '至公無私'가 있는 인용문이 있다(馬叙倫, 王叔岷, 池田知久).

8) 不賞而民勸 : 賞을 내리지 않아도 백성들이 힘써 일함. 民이 人으로 된 인용문이 있다(劉文典). 勸과 畏 앞에 각각 自가 있는 인용이 있다(王叔岷). 人爲的으로 賞을 내리거나 하지 않아도 자연히 백성들이 힘써 일하였으며 역시 인위적으로 罰을 내리지 않아도 백성들이 두려워하고 삼갔다는 이야기가 이어진다.

9) 今子賞罰 而民且不仁 : 지금 당신은 〈作爲的으로〉 賞을 내리고 罰을 주는데도 백성들은 오히려 不仁을 저지르고 있다. 즉 부도덕하게 되어 가고 있다는 뜻. 伯成子高가 제후를 그만두고 농사짓게 된 理由는 바로 이 人爲的인 賞罰정치에 대한 비판에 있는 것이다. 今子가 今則으로 된 인용문이 있다(王叔岷).

10) 德自此衰 刑自此立 : 德이 이로부터 쇠퇴하고 刑罰이 이로부터 확립됨. 덕은 타고난 자연 그대로의 것을 대표하고 형벌은 인위적인 것을 대표한 것이다. '立'이 '作'으로 된 인용문이 있다(王叔岷). ≪呂氏春秋≫에는 '刑自此立'이 '利自此作'으로 되어 있는데 대의에는 큰 차이가 없다. 〈在宥〉편 제1장의 "삼대 이후의 위정자들은 시끄럽게 떠들어 대면서 끝내 상벌을 일삼는다〔自三代以下者 匈匈焉 終以賞罰爲事〕."라고 한 내용과 제2장의 "삼왕의 시대에 이르러서는 천하가 크게 놀라게 되었다〔夫施及三王而天下大駭矣〕."라고 한 내용을 참조할 것(池田知久).

11) 後世之亂 自此始矣 : 후세의 혼란이 이로부터 시작되었음. 此가 子로 된 인용문이 있는데(王叔岷, 池田知久) 그것을 따르면 "후세의 혼란이 그대〔子〕로부터 시작되었다."는 뜻이 된다.

12) 夫子闔行邪 : 당신은 어서 돌아가십시오. 闔은 盍의 오류로 何不의 뜻. 陸德明이 말한 것처럼 盍으로 된 판본도 있고 盍으로 된 인용문도 있다(王叔岷). 池田知久에 의하면 ≪呂氏春秋≫에도 盍으로 되어 있다. 盍은 成玄英 疏에 '何不也'로 되어 있다. 何不은 어찌 ……하지 않느냐의 뜻이니, 夫子闔(盍)行邪는 "당신은 어째서 돌아가지 않으십니까."가 되는데, 그 口語的인 의미는 "당신은 어서 돌아가십시오."라

는 권유의 뜻이다.

13) 無落吾事 : 내 일을 방해하지 마라. 無는 금지사로 毋와 같다. 落은 지체시키다, 훼방하다의 뜻. 落이 지체시키다는 뜻인 留로 된 인용문이 있는데(馬叙倫, 王叔岷), 陸德明이 "廢와 같다〔猶廢也〕."라고 풀이한 것이 좋다(池田知久).

14) 俋俋乎耕而不顧 : 머리를 구부려 밭을 갈며 다시 돌아보지 않음. 俋俋은 밭 가는 모양. 李頤는 俋俋을 "밭 가는 모양〔耕貌〕."이라 풀이했고, 林希逸은 "머리를 숙이고 밭 가는 모양〔低頭而耕之狀〕."이라고 풀이했다. 王敔, 宣穎, 陸樹芝, 陳壽昌 등도 이 설에 찬성하고 있다(池田知久). 또한 俋俋乎(읍읍호)를 열심히 一心不亂의 뜻으로 번역하는 주석도 있다(福永光司).

第8章

泰初에 **有無**오 **無有無名**[1)]이라 **一之所起**니 **有一而未形**[2)]하얏거늘 **物得以生**을 **謂之德**[3)]이오 **未形者 有分**이나 **且然無閒**을 **謂之命**[4)]이오 **留動而生物**이어든 **物成生理**를 **謂之形**[5)]이오 **形體 保神**하야 **各有儀則**을 **謂之性**[6)]이니 **性脩反德**하야 **德至同於初**[7)]하리니 **同乃虛**오 **虛乃大**[8)]라 **合喙鳴**[9)]이니라 **喙鳴合**이면 **與天地**로 **爲合**하야 **其合**이 **緡緡**[10)]하야 **若愚若昏**[11)]하니 **是謂玄德**[12)]이라 **同乎大順**[13)]하니라

태초에는 無만 있었고 존재하는 것〔有〕이란 아무 것도 없었고 이름조차 없었다. 一(未分化의 一)이 여기서 생겨나 一은 있었으나 아직 形體는 없었다. 이윽고 만물이 이 一을 얻어서 생겨났는데 이것을 德이라 한다. 아직 형체가 정해지지 않은 상태 속에서 구분이 있기는 하지만 그러나 〈분명하게 보이는 큰〉 틈바구니는 없는 것, 이것을 命(分化의 必然性)이라 한다. 움직여서 만물을 낳는데 物이 이루어져 결〔理〕이 나타나는 것, 이것을 形(형체)이라 한다. 이 形體(육체)가 정신을 보유해서 각각 고유한 법칙성을 가지게 되는데 이것을 性이라 한다. 성이 닦여져 德으로 돌아가면 덕이 처음과 같아짐에 이르게 될 것이니 같아지면 모든 것이 비게 되고, 비면 곧 大가 될 것이니 새처럼 지저귀던 부리를

닫고 침묵할 것이다. 부리를 닫고 침묵하게 되면 천지와 합하여, 완전하게 합일이 이루어지면 마치 어리석은 사람 같고 어두운 사람 같으리니 이를 일러 玄德이라 한다. 위대한 순응에 동화하는 것이다.

【역주】

1) 泰初有無 無有無名 : 태초에는 無만 있었고 有도 없고 이름도 없었음. "원초에는 無가 있었다. 그것은 있다고도 할 수 없고 이름 붙일 수도 없는 존재이었다."라고 福永光司는 流麗하게 번역하고 있다. 郭象은 "有가 없었기 때문에 이름 붙일 것도 없었다〔无有 故无所名〕."라고 풀이했고, 成玄英은 "태초의 시대에는 오직 이 无만 있었고 有가 아직 있지 않았다. 有가 이미 있지 않았으니 이름이 어디에 붙겠는가. 그 때문에 有도 없었고 이름도 없었다〔太初之時 惟有此无 未有於有 有旣未有 名將安寄 故无有無名〕."라고 풀이했다. 태초에 대해서는 異說이 분분하지만 林希逸이 "조화의 시작〔造化之始也〕."이라고 풀이한 것이 무난하다. 林雲銘, 陸樹芝도 마찬가지. 이 章은 태초의 虛無로부터 分化하여 物이 生成됨을 철학적으로 설명한 장이다.

2) 一之所起 有一而未形 : 여기서 一이 생겨나 一은 있었으나 아직 形體는 없었음. 一은 大道 곧 無를 지칭한다. 一에 대해서도 이설이 분분하지만 林希逸이 "여기의 一자는 바로 无자이다〔此一字 便是无字〕."라고 풀이한 것이 간명하다. 池田知久도 같은 견해. 《老子》 제42장의 "道生一"을 참조할 것.

3) 物得以生 謂之德 : 만물이 이 一을 얻어서 생겨났는데 이것을 德이라 일컬음. 곧 德은 만물에 本來的으로 갖추어진 것을 뜻한다. 成玄英은 "德이란 얻음이니 이것을 얻음을 말한 것이다〔德者 得也 謂得此也〕."라고 풀이했고, 劉鳳苞는 "만물은 모두 一에서 생겨난다. 이것은 아직 형체가 이루어지지 않은 이치이니 무로써 유를 머금은 것이다. 만물은 아직 형체가 이루어지지 않은 一을 얻어서 생성된다〔萬物皆生于一 此箇未形之理 以无涵有 物得此未形之一以生〕."라고 풀이했다.

4) 未形者 有分 且然無閒 謂之命 : 아직 형체가 정해지지 않은 상태 속에서 구분이 있기는 하지만 그러나 〈분명하게 보이는 큰〉 틈바구니는 없는 것, 이것을 命(分化의 必然性)이라 한다. 且然無閒은 異說이 많은 難解한 글. 安東林은 錢穆, 奚侗, 金谷治 등의 說을 참조하여 "아직 형체는 없지만 〈내부에서〉 구분이 생겨 차례로 만물

에 깃들면서 조금도 틈이 없다. 이것을 運命이라 한다."로 번역하였으나 취하지 않는다. 여기서는 無間을 渾然, 有分을 粲然으로 보는 林希逸의 주석을 택하고 無間의 間을 큰 틈바구니, 커다란 間隙으로 이해하는 池田知久의 주석을 따라서 번역하였다. 林希逸의 주는 다음과 같다. "아직 형태로 나타나지 않았다는 것은 一이 일어날 때를 말한다. 구분이 있는 것 같지만 또 그것을 구분하려고 하면 〈큰 틈바구니가 보이지 않아〉 구분되지 않는다. 그 때문에 且然無間(또한 그러나 간격이 없음)이라고 말한 것이다. 간격이 없는 것은 바로 혼연한 것이고 구분이 있는 것은 바로 찬연히 드러나는 것이다. 여기의 命자는 바로 天命謂性의 命과 같다〔未形者 言一所起之時也 若有分矣 而又分他不得 故曰且然无閒 无間 便是渾然者 有分 便是粲然者 此命字 卽天命謂性之命〕." 이처럼 林希逸은 여기의 命자를 ≪中庸≫ 제1장의 天命之謂性의 命과 같은 맥락으로 풀이하였는데 참고가 될 것이다.

5) 留動而生物 物成生理 謂之形 : 움직여서 만물을 낳는데 物이 이루어져 결이 나타나는 것 이것을 形이라 함. 留動의 留에 대해서는 머물다의 뜻으로 보는 견해와 流의 가차로 보는 견해가 있다. 成玄英은 留를 머물다의 뜻으로 보고 留動을 動靜과 같은 의미로 보았지만, 陸德明이 流로 된 판본이 있다고 했고 또 맥락상 流動의 뜻으로 풀이하는 것이 더 설득력이 있다. 武延緖, 奚侗, 阮毓崧, 馬叙倫 등의 학자들은 流의 뜻으로 풀이했다. 따라서 留動而生物은 앞의 一이 流行하여서 만물을 생성한다는 뜻으로 보는 것이 무난하다. 物成生理에 대한 견해 또한 분분하지만 ≪韓非子≫ 〈解老〉편에서 "理는 사물을 이루는 文理이고 道는 만물이 이루어지는 근거이다〔理者成物之文也 道者萬物之所以成也〕."라고 한 언표를 따라 사물을 이루는 결의 뜻으로 풀이하는 것이 적절하다. 한편 赤塚忠은 여기의 '理'는 宋代의 학자가 제창한 보편적 진리는 아니고, 개개의 사물이 성립하고 있는 구체적 진실이라고 해설했는데 참고할 만하다.

6) 形體保神 各有儀則 謂之性 : 이 形體가 정신을 보유해서 〈육체와 정신의 營爲에〉 각각 고유한 법칙성을 가지게 되는데 이것을 性이라 함. 林希逸은 "이 한 구절은 바로 ≪詩經≫에서 '사물이 있으면 법칙이 있다'고 한 것과 같고, ≪春秋左氏傳≫에서 이른바 '백성들은 천지의 中을 얻어서 태어나 동작과 몸가짐에 법칙이 있다'고 한 것과 같은 것이다. 形體는 氣이고 氣 속에 神이 있다. 이른바 의칙은 모두 이 神이 만들어 내는 것이니 바로 성 속에 스스로 인의예지의 뜻이 있다는 말이

다〔此一句 便是詩有物有則 便是左傳所謂民受天地之中以生 有動作威儀之則也 形體 氣也 氣中有神 所謂儀則 皆此神爲之 便是性中自有仁義禮智之意〕."라고 풀이했다. 한편 福永光司는 "만물은 제각기 '形'을 가지고 있는데, 이 形을 움직이는 것이 '神' 즉 精神, 마음이다. '形'이 道에 의해서 생겨나듯이 '神'도 또한 道에 근본한다. 形은 神을 머무르게 하는 도구이고, 形이 神을 머무르게 함으로써 形神 각각의 일에 自然의 법칙이 갖춰지고 있는 상태를 '性'이라고 한다."고 풀이했는데 참고할 만하다.

7) 性脩反德 德至同於初 : 성이 닦여져 德으로 돌아가면 덕이 처음과 같아짐에 이르게 될 것임. 反은 返과 같다. 林希逸이 "덕이 이미 지극하고 극진해지고 나면 사물이 없었던 처음과 같아질 것이니……至는 지극함이다〔德旣至矣盡矣 則與無物之初同矣……至 極至也〕."라고 풀이한 것이 적절하며, 또한 그것이 定說이다(池田知久). 初는 맨 처음의 太初(成玄英). ≪老子≫ 제28장을 참조할 것(赤塚忠).

8) 同乃虛 虛乃大 : 같아지면 모든 것이 비게 되고, 비면 곧 大가 될 것임. 呂惠卿이 "같아지면 비게 된다는 것은 그 빔이 '처음에 아직 사물이 있기 이전의 단계'에 도달함이고 비면 곧 大가 된다는 것은 그 관대함이 '같지 않은 것을 같은 것으로 여기는 경지'에 도달함이다〔同乃虛 則其虛至於未始有物也 虛乃大 則其大至於不同同之也〕."라고 풀이한 것이 적절하다. 褚伯秀는 虛가 위 문장의 無를 받는 것이라고 풀이했다. 大는 ≪老子≫ 제25장의 "나는 그 이름을 알지 못하니 字(통칭)를 붙여서 말하면 道라 하고 억지로 이름을 붙여서 말하면 大라 한다〔吾不知其名 字之曰道 强爲之名曰大〕."라고 말한 것과 유사하다.

9) 合喙鳴 : 새처럼 지저귀던 부리를 닫고 침묵할 것이다. 合은 赤塚忠이 닫는다는 뜻인 '闔'의 가차자로 본 것이 적절하다. 喙는 成玄英이 새의 부리〔鳥口〕라고 풀이한 것을 따른다. 한편 福永光司는 "'合喙鳴'은 마치 새가 부리로 無心의 말을 재잘거리는 것처럼 조금의 邪心도 없이 自由自在하게 행동할 수 있음을 말한 것이다. 그리고 이러한 새의 無心한 지저귐처럼 얽매이지 않는 경지에 도달할 수 있게 되면 천지우주의 조화와 하나가 될 수 있다."고 풀이하였는데 참고할 만하다.

10) 與天地爲合 其合緡緡 : 천지와 합하여 합일이 완전하게 이루어지면. 緡은 보이지 않음. 其合緡緡은 합일이 완전하게 이루어져서 보이지 않는다는 뜻. 〈在宥〉편 제3장의 "나는 해와 달과 함께 빛나고 천지와 함께 영원할 것이니 사람들이 나에게 가

까이 다가오더라도 어지러워서 보이지 않을 것이며 나에게서 멀리 떨어지더라도 어두워서 보이지 않을 것입니다. 사람들이 다 죽고 나면 나만 홀로 남을 것입니다〔吾與日月參光 吾與天地爲常 當我緡乎遠我昏乎 人其盡死 而我獨存乎〕."에서, 보이지 않는다는 뜻으로 쓰인 '緡'자의 활용 예가 이미 나왔다. 林希逸은 "泯泯과 같다〔猶泯泯也〕."라고 풀이했고 王敔와 宣穎, 馬叙倫 등도 비슷한 견해이다. 赤塚忠은 '緡緡'은 어떠한 구별도 없이 一體가 된 것을 말한다고 했는데 참고할 만하다.

11) 若愚若昏 : 마치 어리석은 사람 같고 어두운 사람 같음. 若愚若昏은 〈齊物論〉 제4장에서 "성인은 우둔하다〔聖人愚芚〕"라고 한 것과 ≪老子≫ 제20장에서 "세상 사람들은 밝은데 나만 홀로 어둡고 세상 사람들은 똑똑한데 나만 홀로 어리석다〔俗人昭昭 我獨昏昏 俗人察察 我獨悶悶〕."라고 한 내용과 유사한 맥락이다.

12) 是謂玄德 : 이를 일러 현덕이라 함. 玄德은 깊은 덕. 玄德은 ≪老子≫ 제10장에 "만물을 낳아서 기르니 낳아 주지만 차지하지 아니하고 도와주지만 뽐내지 아니하고 길러 주지만 주재하지 않으니 이를 일러 玄德이라 한다〔生之畜之 生而不有 爲而不恃 長而不宰 是謂玄德〕."라고 했고, ≪書經≫ 〈舜典〉에도 "〈舜의〉 깊은 덕이 위로 올라가 요임금에게 보고되어 마침내 〈堯가〉 임금의 자리로 명령하였다〔玄德升聞 乃命以位〕."라고 한 것을 볼 수 있다.

13) 同乎大順 : 위대한 순응에 동화함. 저절로 자연의 道에 順應하여 간다는 뜻이기도 하다. 林希逸은 "대순은 태초의 자연의 이치이다〔大順 則泰初自然之理也〕."라고 풀이했는데 적절한 견해이다. 羅勉道는 "한 사람의 백성도 한 가지 물건도 따르지 않음이 없는 것이다〔無一民一物不順也〕."라고 풀이했는데 다소 과장이 보태진 견해이다. 池田知久는 이 羅勉道의 해석을 成玄英 疏에서 由來한 해석으로 보면서 부적당하다고 하고 있다. 赤塚忠은 道의 자연적 展開와 일체가 되는 것을 말한다고 풀이했다.

第9章

夫子[1] 問於老聃曰 有人이 治道[2]호대 若相放[3]하야 可不可하며 然不然[4]하나니 辯者 有言曰 離堅白호대 若縣寓[5]라하나니 若是則可謂聖人乎잇가

老聃曰 是는 胥易技係[6)]라 勞形怵心者也[7)]니 執狸之狗成思(來田)코 猿狙之便이 自山林來[8)]니라 丘아 予 告若而의 所不能聞과 與而의 所不能言[9)]호리라 凡有首有趾호대 無心無耳者는 衆[10)]하고 有形者의(가) 與無形無狀而皆存者는 盡無[11)]하니 其動止也와 其死生也와 其廢起也에 此又非其所以也[12)]라 有治는 在人[13)]이니 忘乎物하며 忘乎天은 其名이 爲忘己[14)]니 忘己之人을 是之謂入於天[15)]이라하나니라

선생(공자)이 노담에게 이렇게 물었다. "어떤 사람이 도를 닦는데 세상의 상식과 서로 어긋나 옳지 않은 것을 옳다 하고 그렇지 않은 것을 그렇다고 합니다. 변론가들이 말하기를 '단단하고 흰 것을 둘로 나누되 마치 처마 끝에 매달아 보여 주는 것처럼 분명하다.'고 하니 이 같은 사람은 성인이라 할 만합니까?"

老聃이 말했다. "그런 사람은 잡일이나 담당하며 기술에 얽매이는 자들인지라 몸을 수고롭게 하고 마음을 졸이게 할 뿐이니 〈예를 들면〉 살쾡이 잡는 사냥개가 사냥에 동원되고 민첩한 원숭이가 山林에서 붙잡혀 오는 것과 같은 것이다. 丘여. 내 그대에게 그대가 들을 수 없는 것과 그대가 말할 수 없는 것을 일러주겠다. 무릇 머리가 있고 발이 있어도 마음이 없고 귀가 없는 존재가 많고, 형체를 가진 존재 중에서 無形無狀의 道와 일체가 되어 다 함께 存續하는 존재는 전연 없다. 형체가 있는 것들은 움직임과 그침, 삶과 죽음, 폐지되고 일어남이 있으니 또 그들이 이것을 어떻게 할 수 있는 것이 아니다. 다스리는 것은 사람에게 달려 있으니, 萬物을 잊고 자연의 天까지도 잊는 것은 그 이름을 자기를 잊는 것이라 한다. 자기를 잊어버리는 사람, 이런 사람을 일컬어 天(자연)의 경지에 들어갔다고 일컫는 것이다."

【역주】

1) 夫子 : 선생. 뒤에 이름이 丘로 나오는 것으로 볼 때 공자를 가리킨다. 이하 설화의 등장인물은 孔子와 老聃이고, 문답의 내용은 〈應帝王〉편에 보이는 陽子居와 老聃의 문답과 大同小異한데, 人知를 사용하는 有爲의 정치를 배척하고 無爲自然의 정

치를 찬미하고 있다(福永光司). 참고로 〈應帝王〉편 제4장의 내용을 다음과 같이 부기한다.

陽子居가 老聃을 만나서 이렇게 말했다. "여기 어떤 사람이 있는데, 아주 민첩하고 굳세며, 만물을 잘 꿰뚫고 만사를 분명히 알며, 도를 배우는 데 게을리 하지 않습니다. 이와 같은 사람은 明王에 견줄 수 있겠습니까?" 노담이 말했다. "이런 사람은 성인과 비교하면 잡일이나 담당하며 기술에 얽매이는 자들인지라 몸을 수고롭게 하고 마음을 졸일 뿐이다. 게다가 호랑이와 표범의 아름다운 무늬는 사냥꾼을 불러들이고, 원숭이의 민첩함과 살쾡이를 잡는 개는 우리를 불러오는 법이니 이 같은 사람을 明王에 견줄 수 있겠는가." 양자거가 깜짝 놀라 얼굴빛을 고치고 말했다. "감히 명왕의 다스림에 대해 여쭙습니다." 노담이 대답했다. "명왕의 다스림은 功이 천하를 뒤덮어도 자기가 한 일로 여기지 않고, 敎化가 만물에 베풀어져도 백성들이 느끼지 못하며, 베풂이 있는데도 아무도 그 이름을 일컫지 않으며, 만물로 하여금 스스로 기뻐하게 하여, 헤아릴 수 없는 초월적인 경지에 서서 아무 것도 없는 근원의 세계에 노니는 것이다〔陽子居見老聃曰 有人於此 嚮疾彊梁 物徹疏明 學道不勧 如是者 可比明王乎 老聃曰 是 於聖人也 胥易技係 勞形怵心者也 且曰虎豹之文 來田 猨狙之便 執斄之狗 來藉 如是者 可比明王乎 陽子居 蹴然曰 敢問明王之治 老聃曰 明王之治 功蓋天下而似不自己 化貸萬物而民不恃 有莫擧名 使物自喜 立乎不測而遊於无有者也〕."

2) 有人治道 : 도를 닦은 사람이 있음. 治道는 修道와 같다. 褚伯秀는 '先王之治道'라 했고 '羅勉道는 所治之道'라 했지만 모두 옳지 않고, 阮毓崧이 "治는 修와 같다. 도를 닦은 사람이 있음을 말한 것이다〔治 同修也 言有修道者〕."라고 풀이한 것이 정확하다(池田知久).

3) 若相放 : 세상의 상식과 서로 어긋남. 放은 어긋난다는 뜻으로 논쟁을 좋아하여 다른 사람의 말을 거스르는 것이다. 郭象은 "마치 서로 본받는 것과 같음이다〔若相放效〕."라고 풀이하여 放을 擬倣의 倣과 같은 뜻으로 보고 褚伯秀, 朱得之, 林雲銘, 陸樹芝, 阮毓崧, 焦竑, 羅勉道, 宣穎, 陳壽昌 등이 이 견해를 지지하고 있지만 錢穆이나 于省吾가 相背逆의 뜻으로 본 것이 적절하다(池田知久). 한편 馬叙倫은 謗의 假借字로 보았는데 이 또한 放을 어긋난다는 뜻으로 본 것이다. 赤塚忠은 放을 ≪孟子≫ 〈梁惠王 下〉 제4장에 "명령을 어기고 백성들을 학대한다〔方命虐民〕."라고 했을

때의 方과 같은 뜻이라 했는데 이 또한 于省吾의 견해와 같다.

4) 可不可 然不然 : 옳지 않은 것을 옳다 하고 그렇지 않은 것을 그렇다고 함. 呂惠卿이 "옳지 않은 것을 옳다 하고 그렇지 않은 것을 그렇다고 함은 만물을 가지런히 하는 것을 일로 삼는 것이다〔可不可 然不然 則以齊物爲事者也〕."라고 풀이했는데 郭象의 견해를 따른 것으로 이 견해를 따른다. 林雲銘은 "治道 중에는 가한 것과 불가한 것이 있고 그런 것과 그렇지 않은 것이 있음을 말한 것이다〔言於治道之中 有可與不可 有然與不然〕."라고 풀이했고 王夫之, 宣穎, 陸樹芝 등이 이 견해를 따르지만 적절치 않다(池田知久). 이 명제는 이미 〈齊物論〉편 제4장에 나오는 瞿鵲子와 長梧子의 문답에 나온다. 또 〈秋水〉편에 나오는 公孫龍과 魏牟의 문답도 이와 유사하다.

5) 離堅白 若縣寓 : 단단하고 흰 것을 둘로 나눔이 마치 처마 끝에 매달아 보여 주는 것처럼 분명함. 離堅白은 '단단하고 흰 돌〔堅白石〕은 하나가 아니고 둘'이라고 주장하는 詭辯으로 〈齊物論〉, 〈德充符〉, 〈駢拇〉, 〈胠篋〉편 등에 이미 나왔다. 단단하다는 개념과 희다는 개념을 사물과 분리시켜서 이해함으로써 사물의 내적 연관을 부정한 논변이다. 若縣寓의 寓는 陸德明이 宇로 읽은 것이 적절하다. 司馬彪가 若縣寓를 "변론의 명백함이 마치 집에 매달아 사람들 앞에 보여 주는 것과 같다〔辯明白 若縣室在人也〕."라고 풀이한 것이 무난하다. 陳景元도 "견백을 나누어 변론함이 마치 처마 높이 매달아 놓은 것처럼 많은 사람들이 분명하게 알 수 있게 함이다〔離堅白之辯 若縣宇高空 使衆昭然也〕."라고 풀이했고 陸樹芝와 阮毓崧 등의 견해도 비슷하다. 成玄英은 "웅변을 분명하게 함이 마치 한 곳에 해와 달을 매달아 놓은 것과 같음이다〔雄辯分明 如縣日月於區者〕."라고 풀이했는데 다소 과장된 표현이긴 하지만 대의에 큰 차이는 없다. 한편 赤塚忠은 若縣寓는 명확하게 분리된다는 뜻이기 때문에 縣寓는 차별이 현저한 것을 표현한 것이어야 하므로 '縣'은 一國 中의 一縣이고 '寓'는 宇와 같아서 宇內와 같다고 보고 현격하게 차이가 남이 마치 '일국 중의 一縣과 우주 전체'의 차이처럼 명백하다는 뜻으로 보았지만 다소 무리한 견해이다.

6) 胥易技係 : 잡일이나 담당하며 기술에 얽매이는 자들. 胥는 胥吏의 胥로 하급 관리를 뜻하며 易는 다스린다는 뜻으로 雜役의 뜻. 技係는 기술에 얽매인다는 뜻으로 여기서는 기술자의 잔재주를 의미한다.

7) 勞形怵心者也 : 몸을 수고롭게 하고 마음을 졸이게 하는 것임. 몸을 수고롭게 하고

마음을 졸일 뿐임. '勞形'은 몸을 지치게 한다는 뜻이고 '怵心'은 "마음을 깜짝깜짝 놀라게 하다."는 뜻. 成玄英은 怵을 두려워한다〔怵惕〕로 풀이했고, 林希逸은 "그 마음이 벌벌 떠는 것을 말한다〔言其心恐恐然也〕."라고 풀이했다.

8) 執狸之狗成思(來田) 猿狙之便 自山林來 : 〈예를 들면〉 살쾡이 잡는 사냥개가 사냥에 동원되고 민첩한 원숭이가 山林에서 붙잡혀 오는 것과 같음. 吳汝綸, 奚侗, 章太炎 등은 모두 〈應帝王〉편에 근거하여 成思는 來田의 잘못이라고 했는데 타당한 견해이다. 다만 〈應帝王〉편에는 '虎豹之文來田 猨狙之便 執斄之狗 來藉'으로 되어 있어 "호랑이와 표범의 아름다운 무늬는 사냥꾼을 불러들이고 원숭이의 민첩함과 살쾡이 잡는 개는 우리를 불러온다는 뜻."으로 번역하는 것이 옳지만 여기의 執狸之狗는 사냥개를 의미하므로 '사냥꾼을 불러온다.'는 뜻으로 번역하는 것이 적절치 않기 때문에 來田을 '사냥에 동원된다는 뜻'으로 보고 번역하였다. 모두 자신이 가진 재능 때문에 화란을 자초하게 된다는 뜻이다. 그런데 이 부분은 "執留之狗成思 猿狙之便 自山林來"로 되어 있는 것을 따라, "묶여 있는 개〔執留之狗〕는 이리저리 머리 굴려 생각하고〔成思〕 원숭이의 민첩함〔猿狙之便〕은 山林 속에서 살던 버릇에서 由來한다〔自山林來〕."라고 번역하면서, 여기 '成思'를 〈應帝王〉편 등에 의거해서 '來由' 등으로, 文字를 고쳐서 해석하는 註解의 不可함을 지적한 見解(池田知久)도 있으나 여기서는 취하지 않는다.

9) 予 告若而所不能聞 與而所不能言 : 내 그대에게 그대가 들을 수 없는 것과 그대가 말할 수 없는 것을 일러 주겠다. 若과 而는 모두 2인칭(成玄英).

10) 凡有首有趾 無心無耳者 衆 : 무릇 머리가 있고 발이 있어도 마음이 없고 귀가 없는 존재가 많음. 머리 있고 발이 있음은 곧 五體가 具足함을 말한다. 이처럼 五體가 멀쩡하면서도 〈無形·無聲의 것을〉 볼 수 있는 마음이 없고 들을 수 있는 귀가 없다는 뜻이다. 王先謙은 "몸뚱이를 갖추어서 사람이 되었지만 지각이 없고 견문이 없는 자는 모두 이에 해당한다〔具體爲人 而無知無聞者皆是〕."라고 풀이했다.

11) 有形者 與無形無狀而皆存者 盡無 : 형체를 가진 존재 중에서 無形無狀의 道와 일체가 되어 다 함께 存續하는 존재는 전혀 없음. 無形無狀은 道를 가리키며(林雲銘, 池田知久), 이 道와 함께하여 다 함께 存續하는 存在란 道와 함께 영원한 生命을 누리는 자란 뜻이다. 郭象은 "형체를 가진 것은 잘 변하기 때문에 무형무상의 도와 함께 존속할 수 없음을 말한 것〔言有形者善變 不能與無形無狀者并存也〕."이라고

풀이했다.

12) 其動止也 其死生也 其廢起也 此又非其所以也 : 형체가 있는 것들은 움직임과 그침, 삶과 죽음, 폐지되고 일어남이 있으니 또 그들이 이것을 어떻게 할 수 있는 것이 아님. 所以의 以는 爲와 같다. 郭象은 用이라 했고, 阮毓崧은 爲와 같다고 했는데 후자가 옳다. ≪論語≫ 〈爲政〉에 "그가 하는 것을 보며 그가 말미암는 까닭을 살피며 편안해 하는지를 살핀다〔視其所以 觀其所由 察其所安〕."라고 한 데서도 以가 爲의 뜻으로 쓰인 용례가 있다. 이 부분의 내용은 有形의 存在가 動하고 止하고, 死하고 生하고, 廢하고 起함에 있어 그것이 그 有形의 존재 스스로의 作用의 결과가 아님을 말하고 있는 것이다.

13) 有治在人 : 다스리는 것은 사람에게 달려 있음. 성인은 부득이 천하를 다스릴 일이 있으면 사람들에게 맡겨서 스스로 다스리게 한다는 뜻(方勇・陸永品). 福永光司는 이 아래에 '無治在天'의 한 句를 보충하면 의미가 한층 분명해질 것이라고 했는데 참고할 만하다. 〈秋水〉편에도 이와 유사한 '德在乎天'이라는 구절이 있다.

14) 忘乎物 忘乎天 其名爲忘己 : 萬物을 잊고 자연의 천까지도 잊는 것은 그 이름을 자기를 잊는 것이라 함. 郭象은 "天과 物을 모두 잊어버렸으니 자기 자신만 잊어버린 것이 아니다. 다시 무엇이 남아 있겠는가〔天物皆忘 非獨忘己 復何有哉〕."라고 풀이했다. '忘己'는 〈大宗師〉편 제7장에 나오는 坐忘과 유사한 표현. 〈逍遙遊〉편 제1장과 〈在宥〉편 제6장에 나오는 '無己'를 좀 부드럽게 표현한 것이다(池田知久).

15) 忘己之人 是之謂入於天 : 자기를 잊어버리는 사람, 이런 사람을 일컬어 天〔자연〕의 경지에 들어갔다고 일컬음. 〈大宗師〉편 제1장에 '入於寥天一'이라고 있고, 〈徐无鬼〉편에 '不以人入天'이라고 있음을 참조할 필요가 있다(福永光司, 池田知久). 郭象은 "사람이 잊기 어려운 것이 자기 자신인데 자기 자신조차 잊어버렸으니 또 무엇을 알겠는가. 이것이 바로 알지도 않고 지각하지도 않으면서 자연과 冥合하는 것이다〔人之所不能忘者 己也 己猶忘之 又奚識哉 斯乃不識不知而冥於自然〕."라고 풀이했다. 成玄英도 郭象의 注를 따라 "入은 만남이다. 천하에서 가장 잊기 어려운 것이 자기 자신인데 자기 자신조차 잊어버렸으니 천하의 어떤 사물이 족히 마음속에 남아 있을 수 있겠는가. 이런 사람은 대상과 나를 모두 잊어버릴 줄 아는 사람이다. 그 때문에 자연의 도에 명합할 수 있다〔入 會也 凡天下難忘者 己也 而己尙能忘 則天下有何物足存哉 是知物我兼忘者 故冥會自然之道也〕."라고 풀이했다.

第10章

將閭葂[1]이 見季徹[2]하야 曰魯君이 謂葂也하야 曰請受教라할새 辭不獲命[3]하야 旣已告矣[4]오 未知中否[5]하야 請嘗薦之[6]하노이다 吾謂魯君曰 必服恭儉[7]하야 拔出公忠之屬호대 而無阿私[8]하면 民은 孰敢不輯[9]이리오

季徹이 局局然笑[10]하야 曰若夫子之言인댄 於帝王之德에 猶螳螂之怒臂하야 以當車軼[11]이라 則必不勝任矣[12]하리로다 且若是인댄 則其自爲處하야 危其觀臺[13]라 多物將往[14]하야 投迹者衆[15]하리라

將閭葂이 覤覤然驚[16]하야 曰 葂也는 汒若於夫子之所言矣[17]로다 雖然이나 願先生之言其風也[18]하노라

季徹曰 大聖之治天下也는 搖蕩民心[19]하야 使之成教易俗[20]하야 擧滅其賊心[21]하고 而皆進其獨志[22]하야 若性之自爲[23]하면 而民不知其所由然[24]하리니 若然者는 豈兄堯舜之教民하야 溟涬然弟之哉[25]리오 欲同乎德而心居矣[26]리라

將閭葂이 季徹을 만나 이렇게 말했다.

"〈前日에〉 노나라 임금이 저에게 말하기를 '청컨대 가르침을 받고자 합니다.' 라고 하기에 저는 사양하였지만 허락을 얻지 못하여 결국 말을 하고 말았습니다. 하지만 그 말이 맞는지 아닌지 알지 못하여 시험 삼아 말씀드려 볼까 합니다. 저는 魯君에게 이렇게 말하였습니다. '반드시 공손하고 검소하게 행동하여 公平하고 충직한 부류의 사람을 발탁 등용하고 사사로이 편애하지 않으면 백성들이 누가 감히 화합하지 않겠습니까.'"

季徹이 몸을 구부려 웃으면서 말했다.

"당신이 말한 것과 같은 것은 帝王의 德에 비하면 마치 버마제비가 팔뚝을 휘둘러 수레에 맞서는 것과 같아서 틀림없이 일을 감당하지 못할 것이다. 또한 당신이 말한 대로 한다면 노나라 임금이 스스로 머물 곳을 만들어서 〈賢者를

모으기 위해 사람들 눈에 띄는〉 조망대를 높이 쌓는 것이 될 것이니 많은 사람들이 〈狂奔하듯〉 몰려들어 賢知의 행동을 흉내 내다가 도리어 자기 존재의 근거를 잃는 사람이 많아질 것이다."

將閭葂이 깜짝 놀라며 말했다.

"저는 선생의 말에 그만 어리둥절해졌습니다. 하지만 〈無爲自然의〉 道에 대한 선생의 말씀을 듣고 싶습니다."

季徹이 말했다.

"위대한 성인이 천하를 다스리는 방법은 백성들의 마음을 감동시켜서 그들로 하여금 교화를 이루고 풍속을 고치게 하여 타인을 해치는 險惡한 마음을 모두 없애고 백성들 모두가 스스로 만족스러워하는 뜻을 이루게 해서 마치 본성이 저절로 그러하듯 하면 백성들이 그렇게 되는 까닭을 알지 못할 것이다. 그런 사람이 어찌 요순이 백성들을 가르치는 것을 흡족히 여겨서 가지런히 그들과 대등해지려 하겠는가. 욕심과 덕과 같아지면 마음이 편안해질 것이다."

【역주】

1) 將閭葂 : 인명. 가공의 인물로 실존 인물이 아니다. 다만 뒤에 스스로 자신의 이름을 葂이라 한 것으로 보아 將閭가 복성이고 이름이 葂임을 알 수 있다. 王夫之는 힘써 노력한다는 뜻인 勉强을 寓意로 삼아 葂이라 했다고 풀이했다.

2) 季徹 : 인명. 역시 가공의 인물. 王夫之는 徹을 通으로 풀이하고 사리에 통달한 사람이라는 뜻을 寓意로 삼았다고 했다. 陸德明의 ≪經典釋文≫에 의하면, 혹 魯나라의 有力한 집안인 季氏의 一族이 아닌지 모르겠다. 馬叙倫은 〈則陽〉편의 季眞을 말한다고 하고 있다(池田知久).

3) 辭不獲命 : 사양했지만 허락을 얻지 못함. 辭는 사양함. 命은 명령으로, 여기서는 임금의 허락을 뜻한다.

4) 旣已告矣 : 이미 노나라 임금에게 말함. 노나라 임금에게 정치하는 방도를 일러 주었다는 뜻.

5) 未知中否 : 아직 그 말이 맞는지 아닌지 알지 못함. 中은 的中의 뜻으로 꼭 맞음.

6) 請嘗薦之 : 시험 삼아 드릴까 함. 자신이 노나라 임금에게 말했던 이야기를 진술하

여 批正받고자 한다는 뜻. 林希逸은 薦을 陳으로 풀이하고 "말한 것을 진술하고자 함이다〔請以所言陳之〕."라 했고, 劉鳳苞는 "임금에게 말했던 것을 계철에게 질정받고자 함이다〔欲以所言君者 就正于季徹〕."라고 풀이했다.

7) 必服恭儉 : 반드시 공손하고 검소하게 행동함. 服은 服行, 또는 躬行으로 몸소 실천한다는 뜻이다. 成玄英은 "정치하는 도리는 반드시 먼저 공경과 검소와 청약을 몸소 실천하는 것이다〔爲政之道 先須躬服恭敬儉素淸約〕."라고 풀이했다.

8) 拔出公忠之屬 而無阿私 : 公平하고 충직한 부류의 사람을 발탁 등용하고 사사로이 편애함이 없음. 阿는 비호한다는 뜻으로 여기서는 편애한다는 의미. 私는 私所好之人으로 사적으로 좋아하는 사람. 따라서 無阿私는 사사로이 좋아하는 사람을 편애하거나 비호하지 않는다는 뜻이다.

9) 民孰敢不輯 : 백성들이 누가 감히 화합하지 않겠는가. 輯은 화합한다는 뜻.

10) 局局然笑 : 몸을 구부려 웃음. 成玄英은 "局局은 몸을 구부려 웃음이다〔局局 俛身而笑也〕."라고 풀이했다. 우스워서 소리를 내지 못하는 모양이라는 견해(方勇・陸永品)와 크게 웃는 모양이라는 견해(王叔岷)도 있다.

11) 於帝王之德 猶螳螂之怒臂 以當車軼 : 帝王의 덕에 견주어 볼 때 마치 버마재비가 팔뚝을 휘둘러 수레에 맞서는 것과 같음. 〈人間世〉편 제3장에는 "앞발을 들고 수레바퀴에 맞서 자신이 감당할 수 없음을 알지 못한다〔怒其臂 以當車轍 不知其不勝任也〕."라고 하여 맥락은 다소 다르지만 이 부분과 유사한 표현이 나온다. 이 章에서는 帝王과 大聖이 천하를 지배하는 道를 말하고 있다. 帝王=大聖.

12) 必不勝任矣 : 틀림없이 일을 감당하지 못할 것임. 任은 짐으로, 여기서는 일이나 책임을 뜻한다.

13) 其自爲處 危其觀臺 : 스스로 머물 곳을 만들어서 조망대를 높이 쌓을 것임. 危는 高와 같다(方勇・陸永品). 觀臺는 조망대. 이 부분은 異說이 많은 곳이라 여러 해석이 분분하게 많다. 특히 危자를 여기서는 高로 보아 높이 쌓는다는 뜻, 즉 〈賢者를 모으기 위해 사람들 눈에 띄는〉 조망대를 높이 쌓는 것이 될 것이라는 뜻으로 해석하였으나 이것을 글자 그대로 위험하다는 뜻으로 읽어 '스스로를 위험에 부닥치게 만든다.'고 하는 해석도 있다(福永光司, 安東林).

14) 多物將往 : 많은 사람들이 갈 것임. 物은 사람. 往은 몰려간다는 뜻. 곧 자기를 팔려는 많은 사람들이 狂奔하듯이 몰려간다는 뜻.

15) 投迹者衆 : 賢知의 행동을 흉내 내다가 도리어 자기 존재의 근거를 잃는 사람이 많아질 것이다. 投迹은 賢者나 知者의 행동을 흉내 낸다는 뜻. 이 부분은 '亢足投迹不安其本步也'라 한 郭象의 注를 따라, 賢知의 행동을 흉내 내다가 도리어 자기의 本來的인 걸음걸이가 불안해져서 그 결과 자기 존재의 근거를 잃는 사람이 많아질 것이라는 뜻으로 보았다.

16) 覤覤然驚 : 깜짝 놀람. 覤覤(극극)은 크게 놀라는 모습. 두려워하는 모양이라는 견해(方勇・陸永品 등)도 있다.

17) 汒若於夫子之所言矣 : 선생의 말에 어리둥절해짐. 곧 당신의 말을 듣고 어리둥절해졌다는 뜻. 汒若은 어리둥절한 모양으로 茫然과 같다.

18) 願先生之言其風也 : 〈무위자연의〉 道에 대한 선생의 말씀을 듣고 싶습니다. 宋의 林希逸이 "言其風은 또한 그 대략을 말함과 같다〔亦猶曰言其略也〕."라고 하였으며 또 淸나라의 兪樾이 "風은 마땅히 凡으로 읽어야 하니 대범을 말한다고 한 것과 같다〔風當讀爲凡 猶云言其大凡也〕."라고 하여 大凡의 뜻으로 보는 것이 타당하다고 하겠으나 여기서는 통설대로 읽었다. 成玄英은 "風은 가르침이다〔風 教也〕."라고 하여 風教의 뜻으로 보았으며 福永光司는 其風은 그가 信奉하는 道 즉 無爲自然의 道를 의미하며 ≪莊子≫의 제일 마지막 〈天下〉편에 보이는 '聞其風而悅之'의 風과 같다고 보았다. 선생께서 道에 대해 말씀하심을 듣고 싶다, 곧 道에 대한 선생의 말씀을 듣고 싶다 라고 보는 것이 통설이다.

19) 搖蕩民心 : 백성들의 마음을 감동시킴. 백성들의 마음을 끝없이 멀고 廣大한 것으로 하여〔搖蕩하여〕 自然의 本性에 맡겨 자유롭게 한다는 뜻으로도 볼 수 있다. 王先謙과 宣穎은 搖蕩을 鼓舞시킨다는 뜻으로 보았으며, 한편 褚伯秀는 "자연스러운 민심을 그대로 따르기를 마치 비와 바람이 만물을 움직이는 것과 같이한다〔因民心之自然 如風雨搖蕩萬物〕."라고 풀이했다. 曹受坤은 "搖蕩民心은 요즘 말로 사람들의 마음을 해방시킨다는 말과 같으니 사상의 자유를 얻게 함이다."라고 풀이했는데 이 또한 참고할 만한 견해이다.

20) 使之成教易俗 : 백성들로 하여금 교화를 이루고 풍속을 고치게 함. 教는 教化. 俗은 風俗.

21) 擧滅其賊心 : 타인을 해치는 險惡한 마음을 모두 없앰. 擧는 모두, 皆와 같다(陸德明). 林希逸은 賊心을 "有爲之心"으로 풀이했고, 羅勉道는 "서로 해치는 마음〔相戕

之心〕"으로 풀이했다.

22) 皆進其獨志 : 백성들 모두가 스스로 만족스러워하는 뜻을 이루게 함. 林希逸은 獨志의 獨을 〈大宗師〉편 제4장에 나오는 朝徹見獨의 獨과 같다고 보고 다른 사람은 알지 못하고 자신만 홀로 얻은 뜻이라고 풀이했지만 〈大宗師〉의 경우와 마찬가지로 다소 무리한 견해이다. 王叔岷이 "스스로 만족스러워하는 뜻〔自得之志〕."으로 풀이한 것이 적당하다.

23) 若性之自爲 : 마치 본성이 저절로 그러하듯 함. 自爲는 自然과 같다. 林雲銘은 若을 順으로 풀이했지만 이 부분은 백성들이 본성이 저절로 그러한 것처럼 그 까닭을 알지 못한다는 맥락이기 때문에 若을 '같다'는 뜻으로 풀이하는 것이 타당하다.

24) 民不知其所由然 : 백성들이 그렇게 되는 까닭을 알지 못함. 所由然은 所由然之故. 成玄英은 "본성을 따라 움직이기 때문에 그렇게 되는 까닭을 알지 못한다〔率性而動故不知其所由然也〕."라고 풀이했다.

25) 豈兄堯舜之教民 溟涬然弟之哉 : 어찌 요순이 백성들을 가르치는 것을 흡족히 여겨서 가지런히 그들과 대등해지려 하겠는가. 兄과 弟에 대해서는 수많은 이설이 있다. 글자를 그대로 두고 兄을 '형으로 존경한다'는 뜻으로, 弟는 '아우로서 따른다'는 뜻으로 보는 견해(郭象)가 있고, 兄을 比況의 況으로 보고 '비유하다'는 뜻으로 보는 견해(孫詒讓) 등이 있지만, 陸德明의 기록을 따르면 元嘉본에는 兄이 足으로 되어 있다고 했으므로 兄을 足의 오자로 보고 弟는 夷의 오자로 보는 王叔岷의 견해가 타당하다. 모두 글자의 모양이 비슷해서 잘못된 경우에 해당한다. 夷는 王叔岷이 풀이한 것처럼 平의 뜻으로 '대등하다'는 뜻이고 溟涬은 '대등한 모양'이다. 말할 것도 없이 堯舜은 여기서 世俗의 聖者라는 뜻.

26) 欲同乎德而心居矣 : 욕심과 덕과 같아지면 마음이 편안해짐. 而는 則과 같다(王叔岷). 居는 安定의 뜻(成玄英). 欲을 이 해석처럼 욕심이라는 名詞로 보지 않고, …하고자 할 欲으로 보아 "堯舜 정도가 아닌 진짜 무위자연의 聖人은 德과 同化해서〔同乎德〕 마음 편히 安定〔心居〕되고자 할 뿐"이라고 해석할 수도 있으나 여기서는 취하지 않았다.

第11章

子貢[1)]이 南遊於楚하다가 反於晉할새 過漢陰[2)]하야 見一丈人[3)]이 方將爲圃畦[4)]러라 鑿隧而入井[5)]하야 抱甕而出灌[6)]호대 搰搰然用力甚多코 而見功寡[7)]하더니

子貢曰 有械於此하니 一日에 浸百畦[8)]호대 用力甚寡而見功多하니 夫子는 不欲乎아

爲圃者[9)] 卬而視之[10)]曰 奈何오 曰鑿木爲機호대 後重前輕하면 挈水若抽[11)]하며 數如泆湯[12)]하니 其名爲槔[13)]라

爲圃者 忿然作色而笑[14)]曰 吾는 聞之吾師[15)]호니 有機械者는 必有機事[16)]하고 有機事者는 必有機心[17)]하니 機心이 存於胸中하면 則純白이 不備[18)]하고 純白이 不備하면 則神生이 不定[19)]하나니 神生이 不定者는 道之所不載也[20)]라하니 吾 非不知언마는 羞而不爲也[21)]하노라

子貢이 瞞然慙[22)]하야 俯而不對러니 有閒이오 爲圃者曰 子는 奚爲者邪[23)]오

曰孔丘之徒也라

爲圃者曰 子는 非夫博學以擬聖[24)]하며 於于以蓋衆[25)]하야서 獨弦哀歌[26)]하야 以賣名聲於天下者乎아 汝 方將忘汝의 神氣하며 墮汝의 形骸라야 而庶幾乎[27)]인저 而身之不能治어니 而何暇에 治天下乎[28)]리오 子 往矣라 無乏吾事[29)]어다

子貢이 卑陬失色[30)]하야 頊頊然不自得[31)]하야 行三十里而後에야 愈[32)]한대

其弟子曰向之人은 何爲者邪[33)]완대 夫子는 何故로 見之하고 變容失色[34)]하야 終日不自反邪[35)]잇고

曰始에 吾 以爲天下에 一人耳[36)]라 不知復有夫人也[37)]호라 吾 聞之夫子호니 事求可하며 功求成[38)]하야 用力이 少하고 見功이 多者는 聖人之道라하니 今徒不然[39)]하야 執道者 德全[40)]하고 德全者 形全하고 形全者 神全[41)]하나니 神全者는

聖人之道也니라 託生[42]하야 與民으로 竝行而不知其所之[43]라 汒乎淳備哉[44]라 功利機巧는 必忘夫人之心[45]인저 若夫人者는 非其志면 不之[46]하며 非其心이면 不爲하야 雖以天下로 譽之하야 得其所謂하야도 謷然不顧[47]하며 以天下로 非之하야 失其所謂하야도 儻然不受[48]하야 天下之非譽에 無益損焉[49]하나니 是謂全德之人哉[50]인저 我之謂風波之民[51]이니라

反於魯하야 以告孔子한대 孔子曰彼는 假修渾沌氏之術者也[52]니 識其一이오 不知其二[53]하며 治其內하고 而不治其外[54]하나니라 夫明白入素[55]하야 無爲復朴[56]하야 體性抱神[57]하야 以遊世俗之間者라면 汝將固驚邪[58]아 且渾沌氏之術을 予與汝 何足以識之哉[59]리오

子貢이 남쪽 초나라를 여행하고 晉나라로 돌아올 때 漢水의 남쪽을 지나다가 한 노인이 야채밭에서 막 밭일을 하고 있는 것을 보았다. 땅을 파서 길을 뚫고 우물에 들어가 항아리를 안고 나와 밭에 물을 대고 있었는데 끙끙대면서 힘은 많이 쓰지만 효과는 적었다. 자공이 노인에게 이렇게 말했다.

"여기에 기계가 있는데 하루에 백 이랑이나 물을 댈 수 있습니다. 힘은 아주 조금 들이고도 효과는 크게 얻을 수 있으니 어르신은 그걸 원하지 않으십니까?"

밭일하던 노인이 얼굴을 들어 자공을 보고는 이렇게 말했다.

"어떻게 하는건데?"

자공이 대답했다.

"나무에 구멍을 뚫어 기계를 만들되 뒤쪽은 무겁고 앞쪽은 가볍게 하면 잡아당기듯 물을 끌어올리는데 콸콸 넘치듯이 빠릅니다. 그 이름은 두레박이라고 합니다."

밭일하던 노인은 불끈 얼굴빛을 붉혔다가 웃으면서 말했다.

"나는 내 스승에게 들으니 '기계를 갖게 되면 반드시 기계로 인한 일이 생기고, 기계로 인한 일이 생기면 반드시 기계로 인한 욕심〔機心〕이 생기고, 機心이

가슴속에 있으면 순수 결백함이 갖추어지지 못하고, 순수 결백함이 갖추어지지 못하면 신묘한 本性〔神生〕이 안정을 잃게 된다. 神生이 불안정하게 된 자에게는 道가 깃들지 않는다.'라고 했다. 내가 〈두레박의 편리함을〉 모르는 바는 아니나 부끄럽게 생각하여 쓰지 않을 뿐이다."

子貢은 겸연히 부끄러워 고개를 숙인 채 대답하지 못하고 있었는데 얼마 있다가 밭일하던 노인이 말했다.

"당신은 무엇하는 사람인가?"

자공이 말했다.

"孔丘의 문인입니다."

밭일하던 노인은 말했다.

"그대는 박학함으로 聖人 흉내를 내며 말도 안 되는 소리로 많은 사람을 혼란에 빠뜨리고서 홀로 거문고를 타면서 슬픈 목소리로 노래하여 온 천하에 名聲을 팔려는 자가 아닌가. 그대는 지금이라도 그대의 神氣를 잊고 그대의 신체를 버려야만 道에 가까워질 것이다. 그대는 그대의 몸조차도 다스리지 못하는데 어느 겨를에 천하를 다스릴 것인가. 그대는 이만 가 보시게. 내 일 방해 말고."

子貢이 부끄러워 얼굴이 창백해져서 자신을 잊은 채 정신을 못 차리고 삼십리나 간 뒤에야 겨우 정신을 차렸다.

자공의 제자가 물었다.

"아까 그 사람은 어떤 사람입니까? 선생께서는 무슨 까닭으로 그를 만나 보고서는 얼굴빛을 바꾸고 창백해져 종일토록 평소의 모습을 회복하지 못하셨습니까?"

자공이 이렇게 대답했다.

"처음에 나는 천하에 우리 선생님 한 분뿐이라고 생각해서 다시 그 위에 그런 분이 있다는 것을 알지 못했다. 나는 선생님한테서 듣기로 '일은 잘 되기를 구하고, 功은 이루어지기를 구하여 힘은 적게 들이고 효과는 많이 얻는 것이 聖人의 道이다.'라고 하셨는데 이제 비로소 그렇지 않음을 알았다. 道를 확고하게 잡으면 德이 완전하게 갖추어지고, 덕이 완전히 갖추어지면 육체가 완전히 갖추어지고, 육체가 완전히 갖추어지면 정신이 완전히 갖추어지니, 정신이 완전히 갖추어지는 것이야말로 聖人의 道이다. 〈이 聖人은〉 자신의 삶을 세상에 맡겨서 백성들과 함께 나란히 걸어가지만 어디로 가는지 알지 못한다. 멍한 모습으로 순박함을 온전히 갖추고 있는지라 일의 효과와 이익, 기계와 기교 따위는 반드시 그의 마음에는 존재하지 않을 것이다. 그 같은 사람은 자기의 뜻에 맞지 않으면 어디에도 가지 않고, 자기의 마음이 원치 않으면 어떤 일도 하지 않아서 비록 온 천하 사람들이 칭찬하면서 그가 하는 말이 옳다 해도 傲然히 돌아보지 아니하고, 온 천하 사람들이 그를 비난하면서 그의 생각을 잘못이라 해도 태연히 들은 체하지 않는다. 온 천하가 비난하고 칭찬해도 그에게는 아무런 益損이 없으니 이런 사람을 일컬어 내면의 德이 온전히 갖추어진 사람이라 할 것이다. 〈그에 비하면〉 나 같은 사람은 바람에 흔들리는 물결처럼 남의 비난과 칭찬에 흔들리는 인간이다."

〈子貢이〉 노나라에 돌아와 孔子에게 이야기했더니 공자는 이렇게 말했다. "그 노인은 渾沌氏의 道를 잘못 닦은 사람이니 하나만 알고 둘은 알지 못하며, 내면만 다스리고 외양은 다스리지 않은 사람이다. 대저 명백한 지혜로 소박한 곳으로 들어가고 무위로 순박함으로 돌아가서 본성을 체득하고 정신을 지키면서 현실의 세속 세계에서 〈특별히 표날 것도 없이 자유로이〉 노니는 사람이었다면 네가 그런 사람을 보고 놀랄 것까지야 있었겠는가. 또 혼돈씨의 도술은 〈상식적인 사람인〉 나나 네가 어찌 충분히 알 수 있을 것인가."

【역주】

1) 子貢 : 인명. 孔子의 제자. 衛나라 출신. 姓은 端木, 이름은 賜. 子貢은 字. 子貢에 대한 기록은 ≪史記≫ 〈仲尼弟子列傳〉에 자세하다. 〈大宗師〉편에 이미 나왔다.

2) 漢陰 : 漢水의 남쪽. 陰은 산의 북쪽, 물의 남쪽을 가리킨다.

3) 一丈人 : 한 명의 노인. 丈人은 연장자에 대한 존칭이다(方勇·陸永品). 우리말 '어르신'에 해당한다.

4) 方將爲圃畦 : 바야흐로 막 밭일을 시작함. 圃와 畦는 모두 채마밭을 뜻하고 그중에

서도 畦는 50畝 면적의 밭(≪說文解字≫)을 뜻하지만 여기서는 모두 밭일을 의미한다. 爲圃畦는 밭일을 한다는 뜻. 成玄英은 “圃는 채소를 심은 것이고, 밭두둑 한가운데를 畦라 한다〔種蔬曰圃 埒中曰畦〕.”라고 풀이했다.

5) 鑿隧而入井 : 땅을 파서 굴을 뚫고 우물로 들어감. 隧는 隧道로 여기서는 우물로 통하는 굴을 뜻한다. 成玄英은 ‘隧는 地道’라고 풀이했다. 入井을 우물물을 끌어들인다는 뜻으로 보는 견해(方勇·陸永品)가 있지만 바로 뒤에 항아리를 이용하는 내용이 있으므로 노인이 우물로 들어간다는 뜻으로 보는 것이 적절하다.

6) 抱甕而出灌 : 항아리를 안고 나와 물을 댐. 항아리에 물을 담아 그것을 안고 나와 밭에 물을 준다는 뜻. 阮毓崧이 “抱甕以取井水 出而灌畦”라 함을 取한 해석이다(池田知久).

7) 搰搰然用力甚多而見功寡 : 끙끙대면서 힘은 많이 쓰지만 효과는 적음. 搰搰은 애쓰는 모양. 成玄英은 “搰搰은 힘쓰는 모양이다〔搰搰 用力貌〕.”라고 풀이했다. 見功寡는 효과를 봄이 적다는 뜻.

8) 一日浸百畦 : 하루에 백 이랑이나 물을 댈 수 있습니다. 하루에 백 이랑의 토지에 물을 댈 수 있다는 뜻. ≪說文解字≫에 의하면 畦는 50畝 면적의 밭이다. 여기서는 번역의 편의상 ‘이랑’으로 통일했다. 浸은 물을 댄다는 뜻으로 앞의 灌과 같은 뜻이다(司馬彪).

9) 爲圃者 : 밭일하던 사람. 곧 노인.

10) 卬而視之 : 얼굴을 들어 子貢을 봄. 卬자가 仰으로 된 판본(道藏本, 趙諫議本, 覆宋本)이 있으며 仰의 뜻으로 읽는 것이 옳다.

11) 挈水若抽 : 잡아당기듯 물을 끌어올림. 挈(설)은 끌다〔提〕는 뜻(王叔岷). 抽는 잡아당긴다는 뜻(李頤).

12) 數(삭)如泆湯 : 콸콸 넘치듯이 빠름. 빠르기가 뜨거운 물이 끓어 넘치듯 함. 數은 빠르다〔疾〕는 뜻(成玄英). 李頤는 “빠르기가 마치 뜨거운 물이 끓어 넘치는 것과 같다〔疾速如湯沸溢也〕.”라고 풀이했다. 數은 삭으로 읽고 泆은 일로 읽는다(陸德明). 司馬彪본에는 泆湯이 佚湯으로 되어 있다(陸德明).

13) 其名爲槔 : 그 이름이 두레박임. 成玄英은 槔를 “요즘 쓰는 桔槔이다〔今之所用桔槔也〕.”라고 풀이했는데 桔과 槔는 모두 두레박이다.

14) 忿然作色而笑 : 불끈 얼굴빛을 붉혔다가 웃음. 막 화를 내려다가 이내 웃어 버리

는 모양. 忿然은 성난 모양.

15) 聞之吾師 : 나의 스승에게서 들음. 陸德明은 "나의 스승은 노자를 일컬음이다〔吾師 謂老子也〕."라고 풀이했는데, 池田知久는 스승을 老子라고 지목함은 부적당하다고 하고 있다.

16) 有機械者 必有機事 : 기계를 갖게 되면 반드시 기계로 인한 일이 생김. 機事는 기계로 인한 일, 곧 기계가 없으면 하지도 않을 인위적인 일을 조장하게 된다는 뜻.

17) 有機事者 必有機心 : 기계에 의한 교묘한 일이 생기면 반드시 기계로 인한 욕심〔機心〕이 생김. 機心은 기계로 인한 마음으로 과도한 욕심을 뜻한다.

18) 機心 存於胸中 則純白不備 : 機心이 가슴속에 있으면 순수 결백함이 갖추어지지 못함. ≪淮南子≫ 〈原道訓〉편에는 "기계의 마음이 가슴속에 간직되면 순백이 유지되지 않는다〔機械之心 藏于胸中 則純白不粹〕."라고 되어 있는데 본래 ≪莊子≫에서 비롯된 내용이다.

19) 純白不備 則神生不定 : 순수 결백함이 없어지면 신묘한 본성〔神生〕이 안정을 잃게 됨. 吳汝綸은 神生의 生을 性으로 읽어야 한다고 했고 奚侗과 馬叙倫도 같은 견해인데 이들의 견해를 따랐다. 池田知久도 生은, 王先謙이 말하는 것처럼 性의 뜻일 것이다(吳汝綸, 奚侗, 阮毓崧, 赤塚忠도 같다)라고 하고 있다.

20) 神生不定者 道之所不載也 : 神生이 불안정하게 된 자에게는 道가 깃들지 않음. 林希逸은 "道를 실을 수 없음을 말한 것〔謂不能載道〕."이라고 풀이했고, 陸西星은 "神性이 불안한 자는 道에 머물 수 없기 때문에 道가 실리지 않는다고 말한 것이다〔神不定者 不可以居道 故曰道之所不載也〕."라고 풀이했다. 또한 載를 乘으로 보아 道가 그 위에 올라타지 않는다, 즉 道에 의해 버림받는다고 풀이할 수도 있을 것이다. 대의에 큰 차이는 없다.

21) 吾非不知 羞而不爲也 : 내가 모르는 바는 아니나 부끄럽게 생각하여 쓰지 않을 뿐임. 그런 기계가 있다는 걸 몰라서 쓰지 못하는게 아니라 알고 있지만 부끄럽게 여겨서 쓰지 않는다는 뜻. 羞는 恥로 된 引用이 있으며(王叔岷) 馬叙倫은 醜의 假借라고 한다(池田知久).

22) 瞞然慙 : 겸연히 부끄러워함. 李頤는 瞞을 '부끄러워하는 모양〔慙貌〕'이라고 풀이했고 司馬彪본에는 '憮'로 되어 있고 崔譔본에는 '撫'로 되어 있는데, 이것은 혹 ≪論語≫ 〈微子〉편과 관계가 있는 것일까라고 池田知久는 말하고 있다.

23) 子 奚爲者邪 : 당신은 무엇하는 사람인가? 子는 2인칭. 邪는 의문사.

24) 博學以擬聖 : 박학함으로 聖人 흉내를 냄. 擬는 비슷하게 흉내 내다는 뜻(成玄英).

25) 於于以蓋衆 : 말도 안 되는 소리로 많은 사람을 혼란에 빠뜨림. 於于는 허튼소리. 司馬彪는 於于를 자랑하고 과장하는 모양〔夸誕貌〕으로 풀이했고, 馬其昶은 華誣와 같다고 했다. 章太炎은 於于를 烏盱와 같다고 보고 큰소리치는 모양으로 풀이했다. 蓋衆의 蓋는 덮는다는 뜻. 곧 민중을 위로부터 압도하여 혼란에 빠뜨린다는 뜻이다.

26) 獨弦哀歌 : 홀로 거문고를 타면서 슬픈 목소리로 노래함. 다른 사람들이 이해하지 못하여 스스로 자신의 학설을 암송한다는 뜻. 林希逸은 "남들이 나를 알아주지 않아서 스스로 자신의 말을 암송함을 말함이다〔言人不己知 而自誦自說〕."라고 풀이했다. 원문은 이 '獨弦哀歌'의 다음에 '以賣名聲於天下者乎'로 이어지는데 '子非……' 이하로 '天下者乎'까지를 바로 子貢에게 "그대는 …… 온 천하에 名聲을 팔려는 자가 아닌가."라고 한 말로 번역된다. 그러나 여기 博學以擬聖에서 賣名聲於天下者까지를 바로 子貢을 지칭한 것으로 보기보다는 자공의 스승 孔子를 가리키는 것으로 보는 것이 상식이기 때문에, 이 부분을 "그대는 저 박학함으로 聖人 흉내를 내며 말도 안 되는 소리로 많은 사람을 혼란에 빠뜨리고서 홀로 거문고를 타면서 슬픈 목소리로 노래하여 온 천하에 명성을 팔려는 그대의 스승〔孔子〕과 한패가 아닌가."로 번역하는 것이 맞을지도 모르겠다.

27) 汝 方將忘汝神氣 墮汝形骸 而庶幾乎 : 그대는 지금이라도 그대의 神氣를 잊고 그대의 신체를 버려야만 道에 가까워질 것이다. 神氣는 곧 욕심에 따라 움직이는 정신 작용의 分別知 즉 機心을 뜻하며 墮汝形骸는 자신의 신체, 곧 육체를 잊어버린다는 뜻이다. 庶幾는 道에 가까워진다는 뜻.

28) 而身之不能治 而何暇治天下乎 : 그대의 몸조차도 다스리지 못하는데 어느 겨를에 천하를 다스릴 것인가. 而는 2인칭으로 汝와 같다(成玄英).

29) 子往矣 無乏吾事 : 그대는 이만 가 보시게. 내 일 방해 말고. 乏은 廢의 뜻(陸德明)으로 방해한다는 뜻. '無乏吾事'는 앞의 제7장에 나오는 '無落吾事'와 거의 같다(林希逸). 無는 금지사로 毋와 같다.

30) 卑陬失色 : 부끄러워 얼굴이 창백해짐. 李頤는 卑陬를 "부끄럽고 두려워하는 모양〔愧懼貌〕."이라고 풀이했다. 陸德明은 "안색을 차리지 못함〔顏色不自得也〕."이라는

견해를 소개하고 있다. 한편 章太炎은 卑陬를 顰蹙으로 풀이했는데 글자의 모양이나 음으로 볼 때 일리가 있는 주장이다.

31) 頊頊然不自得 : 자신을 잊은 채 정신을 못 차림. 頊頊(욱욱)은 제정신을 못 차린다는 뜻. 李頤는 "스스로를 잃어버린 모양〔自失貌〕."이라고 풀이했다.

32) 行三十里而後 愈 : 삼십 리나 간 뒤에야 겨우 정신을 차림. 30리는 一舍로 舍는 군대가 하루 동안 행군하는 거리이다. 곧 子貢이 하루 종일 걸어간 뒤에 증세가 겨우 나았다〔愈〕는 뜻이다.

33) 向之人 何爲者邪 : 아까 그 사람은 어떤 사람입니까? 向은 아까. 과거의 어느 시점을 지칭한다.

34) 變容失色 : 얼굴빛을 바꾸고 창백해짐. 變容은 얼굴을 바꿈. 失色은 본래의 얼굴색, 곧 화기를 잃어버렸다는 뜻.

35) 終日不自反邪 : 종일토록 평소의 모습을 회복하지 못함. 反은 회복한다는 뜻.

36) 以爲天下一人耳 : 천하에 우리 선생님 한 분뿐이라고 생각함. '以'字 아래에 '夫子' 두 글자가 있는 引用이 있다고 王叔岷은 말하고 있는데, 이 경우 夫子는 말할 것도 없이 子貢의 스승인 공자를 지칭한다. 郭象도 "공자를 일컬음이다〔謂孔子也〕."라고 풀이했다. 天下一人은 天下之第一人으로 천하에서 첫 번째 가는 훌륭한 사람이라는 뜻.

37) 不知復有夫人也 : 다시 그런 분이 있다는 것을 알지 못했음. 夫人은 밭일하던 노인을 지칭한다.

38) 事求可 功求成 : 일은 잘 되기를 구하고, 功은 이루어지기를 구함. 여기서는 자공으로 대변되는 유가의 주장을 비판하는 맥락으로 표현되어 있지만, 宋學의 집대성자인 朱熹는 자신의 ≪孟子集註≫ 〈梁惠王 下〉의 주석에서 楊時의 글을 인용하면서 "무릇 일은 반드시 되기를 기약하고 공은 반드시 이룰 것을 기약하여 지모의 끄트머리에 기필하여 올바른 천리를 따르지 않는 것은 성현의 도가 아니다〔凡事求可 功求成 取必於智謀之末而不循天理之正者 非聖賢之道也〕."라고 하여 도리어 ≪莊子≫의 이 구절에 유가의 이념을 담았다.

39) 今徒不然 : 이제 비로소 그렇지 않음을 알았음. 王引之는 徒를 乃로 풀이했는데 이 견해를 따라 '비로소'로 번역했다. 陳壽昌이나 王先謙 등은 모두 徒를 사람이라는 뜻으로 보고 '이 사람' 또는 '이 무리'라는 뜻이라고 주장했는데 옳지 않다(池田知久).

40) 執道者 德全 : 道를 확고하게 잡으면 德이 완전하게 갖추어짐. 도를 터득한 사람은 순백의 덕성을 완전하게 유지할 수 있다는 뜻(方勇・陸永品).

41) 形全者 神全 : 육체가 완전히 갖추어지면 정신이 완전히 갖추어짐. 神全은 정신이 왕성해진다는 뜻(方勇・陸永品).

42) 託生 : 자신의 삶을 세상에 맡김. 宣穎은 託生을 寄生으로 풀이했다.

43) 與民竝行而不知其所之 : 백성들과 함께 나란히 걸어가지만 어디로 가는지 알지 못함. 도를 터득한 사람은 인간 세상에 자신을 의탁하여 보통 사람들과 같이 행동하지만 어디로 갈지 목적지를 따로 정한 것이 없어서 (즉 어디로 갈지를 알지 못해서), 사람들이 볼 때도 그가 어디로 가는지 알지 못한다는 뜻.

44) 汒乎淳備哉 : 멍한 모습으로 순박함을 온전히 갖춤. 汒은 어리석은 모습으로 茫과 통한다. 王叔岷은 '광대한 모습〔廣大貌〕'으로 풀이했지만 노인의 행동을 광대함으로 묘사하는 것은 어울리지 않기 때문에 따르지 않는다. 또한 주석가에 따라서는 얽매임 없는 자유로운 모습으로 번역하기도 한다(金谷治, 安東林).

45) 功利機巧 必忘夫人之心 : 일의 효과와 이익, 기계와 기교 따위는 반드시 그 사람의 마음에는 존재하지 않을 것임. 忘은 亡으로 無와 통한다(林希逸). 이런 사람의 마음속에는 공리나 기교를 추구하려는 생각이 없을 것이라는 뜻.

46) 若夫人者 非其志 不之 : 그 같은 사람은 자기의 뜻에 맞지 않으면 어디에도 가지 않음. 之는 간다는 뜻.

47) 雖以天下譽之 得其所謂 謷然不顧 : 온 천하 사람들이 칭찬하면서 그가 하는 말이 옳다 해도 傲然히 돌아보지 아니함. 得은 得이라 함, 즉 옳다고 한다는 뜻이며 謷然은 거만하게 굴면서 관심을 두지 않는 모양으로 傲然와 같다. 郭象의 지적처럼 〈逍遙遊〉편에 나온 宋榮子와 같은 부류이다. 〈逍遙遊〉편에는 宋榮子를 두고 "宋榮子는 이런 자기 만족의 인물들을 빙그레 비웃는다. 그리하여 그는 온 세상이 모두 그를 칭찬하더라도 더 힘쓰지 아니하며 온 세상이 모두 그를 비난하더라도 더 氣가 꺾이지 아니한다〔宋榮子 猶然笑之 且擧世而譽之而不加勸 擧世而非之而不加沮〕."라고 했다.

48) 以天下非之 失其所謂 儻然不受 : 온 천하 사람들이 그를 비난하면서 그의 생각을 잘못이라 해도 태연히 들은 체하지 않음. 失은 失이라 함, 즉 잘못이라 한다는 뜻이며 儻然은 무심한 모양(方勇・陸永品). 成玄英도 "儻은 무심한 모양이다〔儻是無心之貌〕."라고 풀이했다.

49) 天下之非譽 無益損焉 : 온 천하가 비난하고 칭찬해도 그에게는 아무런 益損이 없음. 칭찬하건 비난하건 그의 행동에 영향을 끼치지 못한다는 뜻. 맥락은 다소 다르지만 〈齊物論〉편에는 "그 실상을 알든 알지 못하든 간에 그것이 참다운 존재에는 아무런 영향을 미치지 못한다〔如求得其情與不得 無益損乎其眞〕."라고 하여 이와 유사한 표현이 나왔다.

50) 是謂全德之人哉 : 이런 사람을 일컬어 내면의 德이 온전히 갖추어진 사람이라 함. 郭象은 "이런 사람은 宋榮子와 같은 무리로 덕이 완전한 사람으로 여기기는 부족한데 자공이 이 사람에게 잘못 빠졌으니 바로 열자가 계함에게 심취한 것과 같다〔此宋榮子之徒 未足以爲全德 子貢之迷沒於此人 卽若列子之醉心於季咸也〕."라고 하였는데, 이런 사람이 宋榮子와 같은 무리라고 한 것은 정확하지만 뒤에 孔子의 평가에서는 분명히 다르지만 적어도 子貢의 이 극찬의 말을 노인을 폄하하는 쪽으로 이해하는 것은 옳지 않다.

51) 我之謂風波之民 : 나 같은 사람은 바람에 흔들리는 물결처럼 남의 비난과 칭찬에 흔들리는 인간임. 宣穎은 "풍파는 쉽사리 시비에 동요됨을 말한 것이다〔風波 言易爲是非所動〕."라고 풀이했다. 〈人間世〉편에 "바람이 일으킨 물결은 쉽게 움직인다(風波易以動)."라고 하여 이와 유사한 표현이 나왔다.

52) 假修渾沌氏之術者也 : 渾沌氏의 道를 잘못 닦은 사람이다. 여기 假는 郭象 注・成玄英 疏와 呂惠卿이나 朱得之 등의 說에 따라 眞假의 假로 보는 것이 통설이다. 渾沌은 내편 〈應帝王〉편에 보이는 우화에 등장하는 인물로 거기서는 일체의 감각기관이 없는 존재로 묘사되어 있다. 혼돈은 未分化의 종합체로서 자연 그 자체를 비유한 것이며 道의 존재 양식을 말한다. 그런데 여기 보이는 假字에 대해서는 異說이 자못 많고, 자못 심각하게 대립되는 학설이 그에 뒤따르고 있다. 林希逸이 假를 大로 풀이한 것과 羅勉道가 託으로 이해한 것과 楊樹達이 遐의 假借로 본 것 등의 異說은 그냥 놔두고라도, 李勉의 假를 假借 즉 빌린다는 뜻으로 보는 說은 看過할 수 없는 중대한 의미를 지니는 주석이다. 李勉은 "假는 빌림이니 저 사람은 渾沌氏의 道術을 빌려 자기 몸을 닦은 사람임을 말한 것이다. 혼돈씨의 도술은 바로 위 문장에서 말한 神氣를 잊고 신체를 버리고 機心을 쓰지 않는 것이다. 이 글은 본래 공자와 자공의 말을 빌려 丈人을 찬양하고 자공과 공자를 나무란 것인데, 郭象의 注는 假를 眞假의 假로 잘못 이해하여 마침내 공자가 장인을 비웃는 말로 여겼다

〔假 借 言彼借渾沌氏之術以修身者 渾沌氏之術 卽上文忘神氣 墮形骸 不用機心者 此原借孔子子貢之言以讚揚丈人 而譏子貢與孔子 郭象之注 誤假爲眞假之假 遂以爲孔子嗤丈人之詞〕."라고 하였는데 뒤에 나오는 '識其一 不知其二' '治其內 而不治其外'가 걸려서 여기서는 이 李勉의 주목할 만한 卓說을 버리고 郭象 注·成玄英 疏의 通說을 따랐지만 두고두고 吟味해 볼 만한 說이다.

53) 識其一 不知其二 : 하나만 알고 둘은 알지 못함. 王叔岷은 不知의 위에 '而'가 있어야 한다고 하나 그대로 둔다(池田知久). 知를 識으로 한 引用도 있다(王叔岷).

54) 治其內 而不治其外 : 내면만 다스리고 외양은 다스리지 않음. 內와 外에 대하여는 〈達生〉편에 보이는 內面(정신)만 기르고 外面(육체)을 소홀히 하다가 호랑이에게 그 육체〔外〕가 잡혀 먹힌 單豹(선표)의 이야기와 그 外面(사회생활)에만 신경을 쓰고 內面을 소홀히 하다가 병에 걸려 죽은 張毅(장의)의 이야기를 참고할 것.

55) 明白入素 : 명백한 지혜로 소박한 곳으로 들어감. 밝고 깨끗한 마음을 가지고 소박한 경지로 돌아간다는 뜻. 楊樹達은 入자를 太자로 보았지만 王叔岷의 지적처럼 여기의 入素는 바로 이어지는 無爲復朴의 復朴과 대구가 되므로 그대로 두는 것이 옳다(池田知久).

56) 無爲復朴 : 무위로 순박함으로 돌아감. 무위를 지켜 순박함을 회복한다는 뜻. 자연 상태로 돌아간다는 뜻이다.

57) 體性抱神 : 본성을 체득하고 정신을 지킴. 참된 본성을 체득하고 정신을 지킨다는 뜻. ≪淮南子≫에는 體本抱神으로 되어 있는데 같은 뜻이다(王叔岷).

58) 汝將固驚邪 : 네가 그런 사람을 보고 놀랄 것까지야 있었겠는가. 莊子 哲學의 亞流 같은 爲圃老人(밭일하던 노인). 그 노인처럼 渾沌氏의 道를 잘못 닦은 사람을 보면 놀랄지 몰라도 "대저 명백한 지혜로 소박한 곳으로 들어가고 무위로 순박함으로 돌아가서 본성을 체득하고 정신을 지키면서 현실의 세속 세계에 〈특별히 표날 것도 없이 자유로이〉 노니는 사람을 만나 보았더라면 어찌 놀랄 것까지야 있었겠는가."라는 뜻임. 우리가 가까이 대해 볼 주석서들 가운데 赤塚忠, 金谷治, 池田知久, 安東林 같은 주석가들의 번역이 대체로 이와 같은 해석을 취하고 있다. 이때 汝는 물론 '너'이고 將은 be going to가 아니라 여기서는 强調의 助字이고 固는 반드시〔必〕의 뜻(郭象, 成玄英)이다. 꼭 맞았다고 할 수는 없지만 兪樾은 固를 胡(어찌)의 假借로까지 보고 있다. 한편 이에 대하여는 爲圃老人 같은 亞流를 보고서도

놀란 너는 〈明白入素하야 無爲復朴하야 體性抱神하야 以遊世俗之間〉한 사람을 만났다면 반드시 크게 놀라 기절초풍하고 말았을 것"이라고 번역하는 학자도 있다(福永光司).

59) 予與汝 何足以識之哉 : 나나 네가 어찌 충분히 알 수 있겠는가. 나나 너 같은 속인이 어찌 그런 渾沌氏의 術을 알 수 있겠는가의 뜻.

第12章

諄芒[1]이 將東之大壑[2]할새 適遇苑風於東海之濱[3]한대 苑風[4]曰 子將奚之오

曰 將之大壑하노라

曰 奚爲焉고

曰 夫大壑之爲物也 注焉而不滿하며 酌焉而不竭하나니 吾將遊焉[5]호리라

苑風曰 夫子는 無意於橫目之民乎[6]아 願聞聖治하노라

諄芒曰 聖治乎[7]아 官施而不失其宜[8]하며 拔擧而不失其能[9]하며 畢見其情事 而行其所爲[10]하면 行言自爲 而天下化[11]하야 手撓顧指[12]에 四方之民이 莫不俱至하나니 此之謂聖治니라

願聞德人하노라

曰 德人者는 居無思하며 行無慮[13]하며 不藏是非美惡[14]하며 四海之內 共利之之謂悅[15]하며 共給之之爲安[16]호대 怊乎若嬰兒之失其母也[17]하며 儻乎若行而失其道也[18]하며 財用이 有餘로대 而不知其所自來[19]하며 飮食을 取足이로대 而不知其所從[20]하나니 此謂德人之容이니라

願聞神人하노라

曰 上神乘光하야 與形滅亡[21]하나니 此 謂照曠[22]이니 致命盡情[23]하면 天地樂而萬事銷亡[24]하며 萬物復情[25] 此之謂混冥[26]이니라

諄芒이 동방의 大海로 가려고 하다가 마침 동해의 바닷가에서 苑風과 만났다.

苑風이 말했다.

"선생은 어디로 가려 하십니까?"

순망이 말했다.

"大海(大壑)로 가려고 하네."

원풍이 말했다.

"거기에 가서 무엇을 하시렵니까?"

순망이 말했다.

"大海라는 물건은 아무리 물을 부어도 가득 차지 아니하며, 아무리 퍼내도 마르지 않는다. 내 거기서 노닐까 한다."

원풍이 말했다.

"선생은 이 세상에 살고 있는 인간에 대해서는 관심이 없으신지요? 성인의 정치에 대해 듣고 싶습니다."

순망이 말했다.

"아, 성인의 정치 말인가? 그거야 관직을 설치하되 마땅함을 잃어버리지 않고, 인재를 발탁하되 능력 있는 자를 놓치지 않고, 신하들의 사정을 다 살펴보고 그들이 마땅히 해야 할 것을 시행토록 하면 행동과 말이 모두 스스로의 행위에서 비롯되어 천하가 교화되어 손가락을 까닥이고 고개를 끄덕이는 정도만으로도 사방의 백성들이 다 찾아오지 않음이 없을 것이니 이런 것을 성인의 정치라 한다."

"德人에 대해 듣고 싶습니다."

순망이 말했다.

"德人이란 가만히 머물러 있을 때는 생각함이 없고 돌아다닐 때에도 헤아림이 없으며 마음속에 옳고 그름과 아름다움과 추악함을 품지 않는다. 온 세상 사람들이 다 같이 이롭다고 여기는 것을 자신의 기쁨이라 여기고, 온 세상 사람들이 다 같이 만족스럽게 여기는 것을 자신의 편안함으로 여기면서도 구슬프게 기운 없는 모습으로 마치 어린아이가 어미를 잃은 것 같고, 멍한 모습이 마치 길을 가다 길을 잃어버린 것 같고, 財用이 넉넉한데도 그것이 어디에서 온 것인지 알려고 하지 않으며, 음식을 충분히 먹으면서도 그 所從來를 알려고 하지 않으니 이것을 일러 덕인의 모습이라 한다."

"神人에 대해 듣고 싶습니다."

순망이 말했다.

"신인은 자기의 정신을 하늘 위로 올라가게 하여 해나 달의 빛을 타고 형체와 함께 완전히 無로 돌아가나니 이것을 일러 照曠(밝은 공허)이라 한다. 천명을 극진히 하고 자신의 성정을 다하면 천지자연의 질서가 즐겁게 보전되고 인간 사회의 모든 재앙이나 불상사가 다 소멸되어 없어지며 만물이 본래의 모습으로 돌아가니 이것을 일러 混冥이라 한다."

【역주】

1) 諄芒 : 寓意의 人名. 諄은 淳과 통하는 글자로 淳朴함을 뜻하고, 芒은 茫과 통하는 글자로 멍하니 어리석은 모습을 뜻한다. 세속을 초월한 사람으로 無爲의 有道者를 비유한 것이다.

2) 將東之大壑 : 동방의 大海로 가려고 함. 之는 가다. 東之는 동쪽으로 가다는 뜻. 大壑은 大海.

3) 適遇苑風於東海之濱 : 마침 동해의 바닷가에서 苑風과 만남. 適은 때마침.

4) 苑風 : 역시 寓意의 人名. 바람의 의인화. 앞의 순망과 대비되는 有爲의 사람. 주석가에 따라서는 세속에 노니는 작은 사람이라고도 하고, 超越의 哲學에는 관심이 없고 작은 일에 관심을 품고 있는 有爲의 인간으로 보기도 한다.

5) 大壑之爲物也 注焉而不滿 酌焉而不竭 吾將遊焉 : 大海라는 물건은 아무리 물을 부어도 가득 차지 아니하며, 아무리 퍼내도 마르지 않음. 大海는 모든 것을 받아들이고 또 모든 존재에게 주면서도 자기 본래의 모습을 잃지 않는 廣大無邊한 존재로 道의 상징이다. 李頤는 大壑을 東海라고 했는데 위의 東之大壑으로 미루어 볼 때 일리가 있다. 注는 물을 들이붓는다는 뜻이고 酌은 물을 퍼낸다는 뜻이다. 陸德明은 酌이 取로 된 판본이 있다고 했고, 取로 된 인용문도 있다(王叔岷). 大壑은 大道

를 비유한 것이고 大壑에 노닌다는 표현은 大道에 노니는 것을 비유한 것이다(方勇 · 陸永品). 注焉而不滿 酌焉而不竭에 대하여는 ≪老子≫의 제4장 · 제15장 · 제45장과 〈齊物論〉·〈秋水〉편을 참조할 것. 특히 〈秋水〉편 제1장의 "천하의 물에는 바다보다 큰 것이 없다. 모든 강물이 이리로 흘러들어 언제 그칠지 모르는데도 넘치는 일이 없다. 尾閭로 바닷물이 새어 나가 그것이 언제 멈출지 모르는데도 텅 비는 일이 없다. 봄가을로 변하는 일도 없고 洪水나 旱魃도 알지 못한다〔天下之水 莫大於海 萬川歸之 不知何時止而不盈 尾閭泄之 不知何時已而不虛 春秋不變 水旱不知〕."라고 있는 것을 반드시 참조할 것.

6) 夫子 無意於橫目之民乎 : 선생은 〈초월자로서 道의 세계에서 노니는 것도 좋습니다만〉 이 세상에 살고 있는 人間에 대해서는 관심이 없으신지요. 옆으로 길게 찢어진 눈을 가진 사람들이란 뜻의 橫目之民은 이 세상에 살고 있는 인간을 말한다. 民은 人과 같음. 成玄英은 "오행의 부류 안에는 오직 사람만이 옆으로 찢어진 눈을 가지고 있기 때문에 橫目之民이라고 말한 것이다〔五行之內 唯民橫目 故謂之橫目之民〕."라고 풀이했다.

7) 聖治乎 : 성인의 정치 말인가? 의문사 乎를 붙여 마치 묻는 것처럼 표현한 것은 성인의 정치에 대해 이야기하는 것은 그다지 어려울 것 없다는 표현이다.

8) 官施而不失其宜 : 관직을 설치하되 마땅함을 잃어버리지 않음. 꼭 필요한 관직만 설치한다는 뜻. 官施는 뒤에 나오는 拔擧와 對가 되는데, 이 대목을 여기서는 꼭 필요한 관직만을 설치한다는 뜻으로 읽었으나, ≪荀子≫ 〈王霸〉편에 보이는 "論德使能 而官施之者"의 王先謙 注(官施之者는 官之用之也)에 근거하여 이것을 관직에 임용한다는 뜻으로 읽을 수도 있고 또 그렇게 읽는 것이 通說이기도 하다. 그렇게 보면 이 대목은 "관직을 주어 등용을 하되 〈그 인재의〉 마땅함을 잃어버리지 않는다."는 마땅한 인재에게 적절하게 관직을 준다는 뜻이 되기도 한다.

9) 拔擧而不失其能 : 인재를 발탁하되 능력 있는 자를 놓치지 않음. 拔은 拔擢. 擧는 擧用으로 모두 등용한다는 뜻. 能은 유능한 인재.

10) 畢見其情事 而行其所爲 : 신하들의 사정을 다 살펴보고 그들이 마땅히 해야 할 것을 시행토록 함. 情事는 신하들의 事情, 곧 實情. 其所爲는 마땅히 실천해야 할 일. 情事를 만물의 실정으로 보고 "만물의 실정을 분명하게 살펴서 자연의 본성을 따라 일을 처리한다."라고 풀이한 견해도 있다(方勇 · 陸永品).

11) 行言自爲 而天下化 : 행동이나 말이 모두 스스로의 행위에서 비롯되어 천하가 교화됨. 褚伯秀는 "행동이나 말이 모두 스스로의 행위에서 나옴이다〔行者言者 皆出於自爲〕."라고 풀이했다.

12) 手撓顧指 : 손가락을 까닥이고 고개를 끄덕임. 手撓는 손가락을 움직인다는 뜻이고, 顧指는 고개를 돌려 지시한다는 뜻. 顧指가 頤指로 된 판본이 있는데 턱을 끄덕이다는 뜻으로 대의에 큰 차이는 없다.

13) 居無思 行無慮 : 가만히 머물러 있을 때는 생각함이 없고 돌아다닐 때에도 헤아림이 없음. 〈知北遊〉편에 "생각이 없고 헤아림이 없어야 비로소 도를 알게 된다〔无思无慮始知道〕."라고 한 것과 유사한 표현이다(王叔岷).

14) 不藏是非美惡 : 마음속에 옳고 그름과 아름다움과 추악함을 품지 않음. 是非와 美惡의 가치판단을 하지 않고 만물을 가지런히 파악한다는 뜻이다.

15) 四海之內 共利之之謂悅 : 온 세상 사람들이 다 같이 이롭다고 여기는 것을 자신의 기쁨이라 여김. 모든 사람들이 그의 덕으로 이롭게 됨을 뜻한다.

16) 共給之之爲安 : 온 세상 사람들이 다 같이 만족스럽게 여기는 것을 자신의 편안함으로 여김. 給은 足과 같고 爲는 謂와 같다.

17) 怊乎若嬰兒之失其母也 : 구슬프게 기운 없는 모습으로 마치 어린아이가 어미를 잃은 것 같음. 陸德明은 怊(초)를 悵(창)으로 풀이하여 슬프다는 뜻으로 보았고, ≪說文解字≫에서는 怊를 失意로 풀이했다.

18) 儻乎若行而失其道也 : 멍한 모습이 마치 길을 가다 길을 잃어버린 것 같음. 儻은 돌아갈 곳이 없는 모양(宣穎).

19) 財用有餘 而不知其所自來 : 재용이 넉넉한데도 그것이 어디에서 온 것인지 알려고 하지 않음. 재물을 축적하려는 욕심이 없기 때문에 재물의 所從來를 알려고 하지 않는다는 뜻이다.

20) 飮食取足 而不知其所從 : 음식을 충분히 먹으면서도 그 소종래를 알려고 하지 않음. 역시 욕심을 부리지 않는 태도를 의미한다.

21) 上神乘光 與形滅亡 : 신인은 자기의 정신을 하늘 위로 올라가게 하여 해나 달의 빛을 타고 형체와 함께 완전히 無로 돌아감. 육체적 속박으로부터 완전히 벗어난다는 뜻. 上神은 神을 하늘 위로 올라가게 한다는 뜻이고, 乘光은 해와 달의 위에 올라탄다는 뜻이고, 與形滅亡은 형체와 함께 완전히 사라져 無로 돌아간다는 뜻이다.

林希逸은 "上神은 그 정신이 날아올라 천지 밖에 나가서 해와 달의 빛이 도리어 그 아래에 있기 때문에 빛을 탄다고 말한 것이다〔上神 言其神騰躍而上也 出乎天地之外 日月之光 反在其下 故曰乘光〕."라고 풀이했다. 〈在宥〉편에 나오는 "내가 당신을 위하여 해나 달 같은 커다란 광명이 있는 하늘 위에 올라가겠다〔我爲女 遂於大明之上矣〕."라고 한 내용과 유사하다(方勇·陸永品).

22) 此謂照曠 : 이것을 일러 照曠(밝은 空虛)이라 함. 照는 昭의 뜻. 照曠은 밝게 빔. 더 이상 형체에 구속되지 않음을 표현.

23) 致命盡情 : 천명을 극진히 하고 자신의 성정을 다함. 情은 性과 같다. 곧 자신의 성명을 극진히 한다는 뜻.

24) 天地樂 而萬事銷亡 : 천지가 즐거워하여 만사가 모두 소멸되어 없어짐. 곧 천지자연의 질서가 즐겁게 보전되고 만사(인간 사회의 모든 재앙이나 불상사)가 소멸되어 없어진다는 뜻이다.

25) 萬物復情 : 만물이 본래의 모습으로 돌아감. 復은 돌아간다는 뜻이고, 情은 본래의 性情을 의미한다.

26) 此之謂混冥 : 이것을 일러 混冥이라 함. 混冥은 混沌한 어두움. 福永光司는 神人이란 이 같은 '混冥'된 眞實在와 하나가 되고 '照曠'의 廣大無邊한 빛을 발하는 초월자를 말하는 데 지나지 않는다고 말하고 있다.

第13章

門無鬼[1) 與赤張滿稽[2)로 觀於武王之師하더니 赤張滿稽曰 不及有虞氏乎인저 故로 離此患也[3)로다

門無鬼曰 天下 均治어늘 而有虞氏治之邪아 其亂而後에 治之與[4)아

赤張滿稽曰 天下 均治之爲願[5)이어니 而何計以有虞氏爲[6)리오 有虞氏之藥瘍也[7)는 禿而施髢[8)며 病而求醫[9)니라 孝子操藥하야 以修慈父[10)에 其色이 燋然[11)하나니 聖人이 羞之[12)니라

至德之世에는 不尙賢하며 不使能[13)하더니 上이 如標枝하고 民이 如野鹿[14)하야서 端

正而不知以爲義[15)]하며 **相愛而不知以爲仁**[16)]하며 **實而不知以爲忠**[17)]하며 **當而不知以爲信**[18)]하며 **蠢動而相使不以爲賜**[19)]하더니 **是故**로 **行而無迹**[20)]하며 **事而無傳**[21)]하니라

門無鬼와 赤張滿稽가 〈殷나라 紂王을 토벌하는 周나라〉 武王의 군대를 구경했다. 적장만계가 이렇게 말했다.

"〈周나라 武王의 德은〉 有虞氏(舜)의 德에 미치지 못하나 보다. 그래서 이런 비극을 만났나 보다."

문무귀가 말했다.

"천하가 고르게 다스려지고 있는데 유우씨가 다스린 것인가 아니면 어지러운 뒤에 다스린 것인가?"

적장만계가 대답했다.

"천하가 고르게 다스려지는 것은 〈모든 사람들이〉 바라는 것인데 〈천하가 고르게 다스려지고 있다면〉 또 어찌 유우씨가 새삼 다스려 주기를 생각하겠는가. 유우씨가 頭瘡을 치료하는 방식은 이미 머리가 벗겨진 뒤에 가발을 씌우고 병이 심해진 뒤에 의원을 찾는 것과 같다. 효자는 약을 마련하여 어버이에게 바칠 때에 〈걱정으로〉 얼굴색이 초췌하지만 성인은 〈평소에 봉양을 잘 해서 어버이가 병들지 않게 하지 못한〉 그런 미흡한 행동을 부끄러워한다.

지덕의 시대에는 어진 사람을 숭상하지 않았으며 능력 있는 자를 부리지 않았다. 그래서 윗사람은 마치 나뭇가지 끝과 같았고 백성들은 마치 들의 사슴과 같아서 단정하게 행동하면서도 그것을 義라 자랑할 줄 몰랐고, 서로 사랑하면서도 그것을 仁이라 자랑할 줄 몰랐으며 진실하게 행동하면서도 그것을 忠이라 자랑할 줄 몰랐으며 마땅하게 행동하면서도 그것을 信이라 자랑할 줄 몰랐으며 벌레처럼 부지런히 움직여 서로 도와주면서도 그것을 베푸는 것이라 여기지 않았다. 이 때문에 행동함에 자취가 없었으며 일을 해도 후세에 전해지지 않았다."

【역주】

1) 門無鬼 : 인명. 위의 諄芒이나 苑風처럼 역시 실존 인물이 아니고 寓意의 인명이나 그 寓意가 무엇인지는 확실치 않다. 司馬彪본에는 門無畏로 되어 있는데 門은 姓이고 無畏는 字라 했다(陸德明). 王叔岷의 지적처럼 無鬼는 〈徐无鬼〉편과 〈寓言〉편에 인명으로 나오므로 司馬彪본의 無畏는 鬼자와 畏자의 모양이 비슷해서 잘못 필사된 것 같다.

2) 赤張滿稽 : 역시 인명. 李頤는 "門과 赤張은 氏이고 無鬼와 滿稽는 이름이다〔門 赤張 氏也 無鬼 滿稽 名也〕."라고 풀이했다(陸德明). 成玄英의 疏에는 "武王이 紂를 伐하기 위해 군대가 孟津나루를 건널 때 〈門無鬼와 赤張滿稽의〉 2인이 함께 구경했음."이라고 하였다(安東林).

3) 不及有虞氏乎 故離此患也 : 有虞氏의 德에 미치지 못하나 보다. 그래서 이런 비극을 만났나 보다. 有虞氏는 舜임금을 지칭한다. 周나라 武王의 德이 순에게 미치지 못했기 때문에 이런 환난을 만났다는 뜻. 순임금은 요임금의 禪讓을 받아 천자가 되었는데 무왕은 선양을 받지 못했기 때문에 放伐하지 않으면 안 되는 처지를 덕의 고하로 표현한 것이다. 離는 離騷의 離와 같이 걸리다, 만나다의 뜻. 道藏本과 成玄英 疏本에는 모두 罹로 되어 있는데 같은 뜻이다(王叔岷). 此患은 이 재난, 이 悲劇을 말하는데 구체적으로는 周나라 武王이 殷의 폭군 紂를 武力으로 討伐, 즉 武力革命하지 않을 수 없는 비극을 의미한다.

4) 天下均治 而有虞氏治之邪 其亂而後 治之與 : 천하가 고르게 다스려지고 있는데 유우씨가 다스린 것인가 아니면 어지러운 뒤에 다스린 것인가. 其는 抑과 같다. 우리말 '아니면'에 해당한다. 赤張滿稽의 말이 마치 武王을 貶下하고 舜을 일방적으로 찬미하는 것처럼 들려서 門無鬼가 舜 또한 환난으로부터 자유롭지 못함을 따져 묻는 내용이다.

5) 天下均治之爲願 : 천하가 고르게 다스려지는 것은 바라는 것임. 모든 사람들이 천하가 다스려지기를 바란다는 뜻. 願은 天下之願, 곧 천하의 모든 사람들이 바라는 소원.

6) 而何計以有虞氏爲 : 또 어찌 유우씨가 다스려 주기를 생각하겠는가. 만약 천하가 고르게 다스려지고 있다면 또 어찌 유우씨가 다스려 주기를 생각하겠는가. 而는 又

와 같다(王叔岷). 爲는 爲天下, 곧 천하를 다스린다는 뜻.

7) 有虞氏之藥瘍也 : 유우씨가 두창을 치료하는 방식은. 有虞氏는 舜. 虞는 순이 다스린 나라 이름. 有는 나라 이름 앞에 붙이는 성대하다는 뜻의 어조사. 也는 주격조사. 瘍(양)은 頭瘡. 藥은 치료한다는 뜻. 따라서 藥瘍은 頭創(瘡)을 치료한다는 뜻. 王引之를 비롯한 몇몇 주석가들이 藥을 '요'로 읽어야 한다고 주장했는데 治療의 療와 같은 음으로 본 것이지만 굳이 따르지는 않는다. 瘍과 藥은 각각 천하의 어지러움과 다스림을 비유한 것이다.

8) 禿而施髢 : 이미 머리가 벗겨진 뒤에 가발을 씌움. 禿은 머리가 벗겨지는 증세, 대머리. 髢(체)는 다리(가발). 숱이 적은 머리에 덧대는 가발이다. 처음부터 머리가 벗겨지지 않도록 조처하는 것만 못하다는 뜻.

9) 病而求醫 : 병이 심해진 뒤에 의원을 찾음. 病은 疾이 심해지는 것을 말한다. 이상의 두 구절은 有虞氏가 천하의 혼란을 미연에 방지하지는 못하고 천하가 혼란스러워지자 비로소 나와 다스렸음을 비유한 것이다.

10) 孝子操藥 以修慈父 : 효자가 약을 마련하여 어버이에게 바칠 때. 修는 羞와 같이 쓰는 글자로 여기서는 바친다는 뜻. 林希逸은 "修는 바침이니 羞와 같다. 古字에는 통용했다〔修 進也 與羞同 古字通用〕."라고 풀이했고, 宣穎과 孫詒讓 등도 修를 羞자로 보고 '약을 바친다'는 뜻으로 풀이했다. 다만 修를 修齊治平의 治와 같은 뜻으로 보고 '치료한다'는 의미로 볼 수도 있다. 그럴 경우에는 "효자가 약을 마련하여 어버이를 치료할 때."로 번역해야 한다.

11) 其色燋然 : 얼굴색이 초췌함. 燋然은 憔悴한 모양. 어버이의 병을 근심하느라 안색이 초췌해짐을 말한다.

12) 聖人羞之 : 성인은 도리어 그런 것을 부끄럽게 여김. 효자가 어버이의 병환을 걱정하여 안색이 초췌해진 것은 나쁜 것이라 할 수는 없지만 평소에 봉양을 잘 해서 어버이가 병들지 않게 잘 보살피는 것만 못함을 말한 것이다.

13) 至德之世 不尙賢 不使能 : 지덕의 시대에는 어진 사람을 숭상하지 않았으며 능력 있는 자를 부리지 않았음. 어진 사람이라고 해서 그에게 높은 지위를 주지 않았고, 능력 있는 자라고 해서 그를 임용하지 않았다는 뜻. ≪老子≫ 제3장의 "어진 사람을 숭상하지 않아서 백성들이 다투지 않게 한다〔不尙賢 使民不爭〕."라고 한 내용과 유사한 대목이다.

14) 上如標枝 民如野鹿 : 윗사람은 마치 나뭇가지 끝과 같았고 백성들은 마치 들의 사슴과 같음. 標枝는 나뭇가지의 끝을 말하고 野鹿은 들판에서 자유로이 노니는 사슴을 뜻한다. 上如標枝는 윗사람은 마치 나뭇가지 끝에 머물러 있는 것처럼 단지 높은 자리에 있었을 뿐 아랫사람에게 군림하려는 마음이 없었음을 비유한 것이고, 民如野鹿은 백성들이 마치 들판의 사슴처럼 어느 것에도 구속받지 않고 자유롭게 방일했음을 비유한 것이다. 陸德明의 기록에 따르면 본래 標枝의 枝는 校자로 되어 있었는데 현행본은 대부분 枝자로 되어 있다. 본래의 校자는 枝자의 오류로 보는 견해(王叔岷 등)가 적절하다.

15) 端正而不知以爲義 : 단정하게 행동하면서도 그것을 의라 할 줄 모름. 올바르게 행동했지만 그것이 의라는 규범에 맞는지를 몰랐다는 뜻. 곧 사회규범인 의에 구속받지 않았다는 뜻.

16) 相愛而不知以爲仁 : 서로 사랑하면서도 그것을 인이라 할 줄 모름. 마찬가지로 자신들의 행위가 인이라는 가치규범에 합당한지를 몰랐다는 뜻.

17) 實而不知以爲忠 : 진실하게 행동하면서도 그것을 충이라 할 줄 모름. 위의 仁義와 마찬가지. 實은 誠實, 眞實.

18) 當而不知以爲信 : 마땅하게 행동하면서도 그것을 信이라 할 줄 모름. 當은 合當의 뜻. 至德의 시대에는 仁義禮智 따위의 규범이 없었지만 사람들이 저절로 仁義禮智의 가치에 부합되게 행동했음을 역설적으로 표현한 대목이다.

19) 蠢動而相使不以爲賜 : 벌레처럼 부지런히 움직여 서로 도와주면서도 그것을 베푸는 것이라 여기지 않음. 蠢動은 벌레처럼 부지런히 움직인다는 뜻. 王叔岷은 蠢과 動이 모두 움직인다는 뜻이라 했는데 참고할 만하다. 相使는 서로 도움. 林希逸은 "相使는 서로 벗이 되어 도움이다〔相使 相友助也〕."라고 풀이했는데 적절한 견해이다. 宣穎 등은 "서로 일을 시킴〔互相役使〕."이라고 했지만 至德之世의 행위로 어울리지 않는다. 不以爲賜는 은혜를 베푼다고 여기지 않음, 恩賜로 여기지 않는다는 뜻. 池田知久는 "成玄英 疏에 '賜는 蒙賴也라'함은 부적당하고 林希逸이 '은혜로 여기지 않음이다〔不以爲恩也〕.'라고 풀이한 것이 적절하며 이것이 거의 定說."이라고 하고 있다.

20) 行而無迹 : 행동함에 자취가 없음. 자취를 남겨서 길이 유명해지려고 하는 욕심 따위가 없음을 의미한다. 본성을 따라 행동하기 때문에 따로 자취를 남기지 않는다는 뜻(方勇·陸永品). ≪老子≫ 제27장에 나오는 "길을 잘 가는 사람은 바퀴 자국

이 없다〔善行者 無轍迹〕."라고 한 내용과 같은 맥락이다.

21) 事而無傳 : 일을 해도 후세에 전해지지 않음. 역시 이름이 후세에 전해지게 하려는 욕심이 없다는 뜻이다.

第14章

孝子는 不諛其親하고 忠臣은 不諂其君[1]하나니 臣子之盛也니라 親之所言而然하며 所行而善이어든 則世俗이 謂之不肖子[2]라하며 君之所言而然하며 所行而善이어든 則世俗이 謂之不肖臣[3]이라하나니 而未知此其必然邪[4]아 世俗之所謂然而然之하며 所謂善而善之라도 則不謂之道諛之人也[5]라하나니 然則俗이 故嚴於親而尊於君邪[6]아 謂己道人이라커든 則勃然作色하며 謂己諛人이라커든 則怫然作色[7]호대 而終身道人也며 終身諛人也[8]니라

合譬하며 飾辭하며 聚衆也[9]하나니 是는 終始本末이 不相坐[10]로다 垂衣裳하며 設采色하며 動容貌하야 以媚一世호대 而不自謂道諛[11]라하며 與夫人之爲徒하야 通是非호대 而不自謂衆人이로다하나니 愚之至也[12]니라 知其愚者는 非大愚也며 知其惑者는 非大惑也[13]라 大惑者는 終身不解하고 大愚者는 終身不靈[14]하나니라

三人行에 而一人이 惑이면 所適者에 猶可致也[15]리니 惑者 少也일새니라 二人이 惑則勞而不至[16]하나니 惑者 勝也[17]일새니라 而今也에 以天下로 惑[18]이라 予雖有祈嚮이라도 不可得也로소니 不亦悲乎[19]아

大聲은 不入於里耳[20]어늘 折楊皇荂 則嗑然而笑[21]하나니 是故로 高言이 不止於衆人之心[22]이라 至言이 不出은 俗言이 勝也[23]일새니라 以二垂踵惑이라도 而所適을 不得矣[24]어늘 而今也에 以天下로 惑이러니 予雖有祈嚮인들 其庸可得邪[25]리오 知其不可得也오 而强之면 又一惑也[26]니라 故로 莫若釋之而不推[27]니 不推인댄 誰其比憂[28]리오 厲之人이 夜半에 生其子[29]하고 遽取火而視之[30]하야 汲

汲然唯恐其似己也[31]하니라

효자는 어버이에게 아첨하지 않고, 충신은 임금에게 阿諛하지 않는다. 이것이 신하된 자와 자식된 자로서 가장 훌륭한 태도이다. 어버이가 말하면 어떻게 말하든 그렇다고 긍정하고 어버이가 행하면 어떻게 하든 좋다고 아첨하면 세상의 사람들이 그를 불초한 자식이라 하며, 임금이 말하면 어떻게 말하든 그렇다고 긍정하고 임금이 행하면 어떻게 하든 좋다고 아첨하면 세상의 사람들이 그를 못난 신하라 한다. 알지 못하겠구나. 이것이 반드시 그러한가.

세속이 그렇다고 하는 것을 그렇다고 긍정하고 세속이 좋다고 하는 것을 좋다고 하더라도 그 사람을 아첨꾼이라고 말하지 않는다. 그렇다면 세속이 참으로 어버이보다도 존엄하고 군주보다도 존귀한가. 〈누군가〉 자기를 아첨꾼이라고 말하면 발끈 성을 내어 얼굴빛을 붉히고 자기를 아부꾼이라 하면 역시 발끈하여 얼굴빛을 붉히면서도 〈世論에 대해서만은〉 종신토록 아첨꾼과 아부꾼 노릇을 한다.

비유를 사용하고 말을 꾸며 대고 많은 사람들을 끌어들이지만 終始와 本末이 불안하다. 번드레한 옷을 걸치고 교양 있게 행동하고 容貌를 꾸며서 세상에 아첨하면서도 스스로 아첨한다고 생각하지 않는다.

세속의 사람들과 한 무리가 되어 옳고 그름을 함께 하고서도 스스로를 衆人이라고 말하지 않으니 지극히 어리석다. 자기가 어리석음을 아는 자는 크게 어리석은 것은 아니며 자기가 미혹됨을 아는 자는 크게 미혹된 것은 아니다. 크게 미혹된 자는 종신토록 깨닫지 못하고 크게 어리석은 자는 종신토록 영명해지지 못한다.

세 사람이 함께 길을 갈 때 한 사람만 길을 잃으면 가려고 하는 곳에 그래도 이를 수 있을 것이니 길 잃은 사람이 적기 때문이다. 하지만 두 사람이 길을 잃으면 아무리 애를 써도 목적지에 이르지 못할 것이니 길 잃은 사람이 더 많기 때문이다. 그런데 지금은 온 천하가 미혹되어 있는지라 내 비록 바라는 것이 있다 하더라도 얻을 수 없으니 또한 슬프지 아니한가.

훌륭한 음악은 촌사람들의 귀에는 들어가지 않지만 折楊이나 皇荂 같은 俗樂은 환성을 지르며 웃어 대고 좋아한다. 이런 까닭으로 훌륭한 말은 衆人들의 마음속에 받아들여지지 않는 것이다. 至言이 나오지 못하는 것은 세속의 鄙俗한 말이 너무 많기 때문이다. 세 사람 중 두 사람의 발이 길을 잃어도 가려는 곳에 이를 수 없는데 하물며 지금은 온 천하 사람이 迷惑되었으니 내 비록 바라는 것이 있다 하더라도 어찌 얻을 수 있겠는가. 그것이 안 되는 것을 알면서도 억지로 이루려고 한다면 이 또한 하나의 迷惑이다.

그러므로 그것을 그대로 놔두고 억지로 미루어 나가지 않는 것이 제일이다.

억지로 미루어 나가지 않으면 공연히 나와 함께 근심하고 괴로워할 사람이 없게 될 것이다.

문둥이가 한밤중에 자식을 낳고 허둥지둥 등불을 들고 자식을 들여다보면서 불안한 마음으로 오직 그 아이가 자기를 닮았을까봐 두려워하였다고 한다.

【역주】

1) 孝子不諛其親 忠臣不諂其君 : 효자는 어버이에게 아첨하지 않고, 충신은 임금에게 阿諛하지 않음. 諛와 諂은 별다른 차이가 없지만 〈漁父〉편에 "다른 사람의 뜻을 살펴서 아첨하는 말을 하는 것을 諂이라 하고 시비를 가리지 않고 말하는 것을 諛라 한다〔希意道言謂之諂 不擇是非而言謂之諛〕."라고 한 것을 보면 諂은 다른 사람에게 영합하여 입발림 소리 하는 것이고 諛는 시비를 가리지 않고 무조건 옳다고 말하는 것을 일컫는다. 편의상 阿諂(아첨)과 阿諛(아유)로 구분하여 번역하였다.

2) 親之所言而然 所行而善 則世俗 謂之不肖子 : 어버이가 말하면 어떻게 말하든 그것을 그렇다고 긍정하고 어버이가 행하면 어떻게 하든 그것을 좋다고 아첨하면 세상의 사람들이 그를 불초한 자식이라 함. 而 이하의 然이 술어 동사이고 而 앞의 親之所言이 목적어이다. 마찬가지로 所行而善의 所行은 목적어이고 善이 술어 동사이다. 이 같은 구문은 ≪孟子≫ 〈梁惠王 上〉의 "어찌 어진 사람이 군주의 자리에 있으면서 백성들 그물질하는 일을 할 수 있겠습니까〔焉有仁人在位 罔民而可爲也〕."라고 한 데서 罔民이 목적어이고 可爲가 술어 동사로 활용된 경우에서도 찾을 수 있다. ≪孟子≫의 현토본에서 "罔民을 而可爲也리오"라고 읽었듯이 이 부분도 세밀히

현토하면 '親之所言을 而然하며 所行을 而善이어든'이 된다. 所行은 親之所行. 不肖子는 어버이를 닮지 못한 자식이라는 뜻.

3) 君之所言而然 所行而善 則世俗 謂之不肖臣 : 임금이 말하면 어떻게 말하든 그것을 그렇다고 긍정하고 임금이 행하면 어떻게 하든 그것을 좋다고 아첨하면 세상의 사람들이 그를 못난 신하라 함. 이 구절에서 이 편이 성립된 것으로 추정되는 전국시대 후기의 孝와 忠 관념의 일단을 살펴볼 수 있다. 이 부분의 孝 관념은 ≪孝經≫ 〈諫諍章〉에서 "不義한 일을 저지르는 경우 자식은 어버이에게 간쟁하지 않으면 안 되고 신하는 군주에게 간쟁하지 않으면 안 된다. 그러므로 불의한 일을 저지르면 간쟁하여야 하니 〈그런 경우에〉 어버이의 명령을 따르는 것이 어찌 효가 될 수 있겠는가〔當不義 則子不可以不爭於父 臣不可以不爭於君. 故當不義則爭之 從父之命又焉得爲孝乎〕."라고 한 내용과 유사한 맥락이다.

4) 未知此其必然邪 : 이것이 반드시 그러한지 알지 못함. 어버이나 군주에게 아첨하는 것은 옳지 않다고 비판할 줄 알면서도 세속의 여론에 아첨하는 행위는 비판할 줄 모른다고 비판하는 내용.

5) 世俗之所謂然而然之 所謂善而善之 則不謂之道諛之人也 : 세속의 이른바 그렇다고 하는 것을 그렇다고 긍정하고 세속의 이른바 좋다고 하는 것을 좋다고 하더라도 그 사람을 아첨꾼이라고 말하지 않음. 세속을 하나의 인격체인 것처럼 표현한 것도 이채롭지만 특정인의 행위를 두고 비평하는 세속의 논의를 역으로 비판하는 내용은 고대의 문헌에서는 찾아보기 어려운 논의이다. 세속의 기준을 충족시키려고 애쓰는 대다수의 대중추수주의에 대한 비판이자 동시에 글쓰는 주체이기 십상인 여론이나 비판자 자체의 권력화를 경계했다는 점에서 의미심장한 대목이다. 池田知久에 의하면, 道는 導로 표기된 판본과 引用이 있으나(馬叙倫, 王叔岷) ≪經典釋文≫에 道를 揭出해서 '音은 導'라고 하고 있기도 하여 道字가 옳다고 한다. 王念孫에 의거, 道諛는 諂諛의 音轉으로 보는 것이 옳다(馬叙倫, 王叔岷, 楊樹達의 ≪莊子拾遺≫ · 池田知久). 그래서 여기서는 道를 諂과 같은 뜻으로 해석하였는데, 郭慶藩도 "道人은 곧 諂人이다〔道人 卽諂人也〕."라고 풀이했다.

6) 然則俗 故嚴於親而尊於君邪 : 그렇다면 세속이 참으로 어버이보다도 존엄하고 군주보다도 존귀한가. 실제로 세속의 논의보다 어버이와 군주가 더 존엄하고 존귀한데도 세속의 비난이 두려워 어버이와 군주에게 간쟁한다는 뜻으로 어버이와 군주에

게 간쟁하는 행위 자체가 위선적 요소가 있음을 경계하는 내용이다. 故는 '진실로'의 뜻으로 固와 같고(吳汝綸, 馬叙倫, 王叔岷 등) 固로 된 판본도 있다(王叔岷).

7) 謂己道人 則勃然作色 謂己諛人 則怫然作色 : 자기를 아첨꾼이라고 말하면 발끈 성을 내어 얼굴빛을 붉히고 자기를 아부꾼이라 하면 역시 발끈하여 얼굴빛을 붉힘. 여기서 아첨의 대상은 어버이와 군주이다. 곧 어버이와 군주에게 아첨하는 자라고 남들이 규정하면 화를 낸다는 뜻. 勃然과 怫然은 모두 발끈하고 성을 내는 모양이다. 勃然을 벌떡 일어나는 모양으로 보는 견해(王念孫, 王叔岷 등)가 있으나 作色이라는 구체적인 설명이 바로 이어져 있으므로 발끈하는 얼굴 표정과 달리 해석하는 것은 무리이다. 여기서도 역시 道人은 '아첨꾼'이다.

8) 終身道人也 終身諛人也 : 〈世論에 追隨하는 限〉 그들은 종신토록 아첨꾼이요 종신토록 아부꾼이다. 곧 〈세론에 대해서만은〉 종신토록 아첨꾼과 아부꾼 노릇을 한다는 뜻이다. 어버이와 군주에게조차 아첨하지 않으려 하면서도 世論에 대해서만은 종신토록 아첨한다는 뜻. 세론에 대한 무비판적인 맹종을 경계하는 말.

9) 合譬 飾辭 聚衆也 : 비유를 사용하고 말을 꾸며 대고 많은 사람들을 끌어들임. 合譬는 비유를 이리저리 갖다 붙여서 사람들이 이해하기 쉽게 함. 飾辭는 말을 화려하게 꾸며서 사람들의 흥미를 유발시키는 행위를 말한다. 聚衆은 사람들을 끌어들여 자신의 견해에 동조하도록 함이다.

10) 是 終始本末 不相坐 : 終始와 本末이 支離滅裂하여 논리가 불안함. 처음과 끝, 근본과 지말의 논리가 맞지 않음. 不相坐는 서로 맞지 않고 모순된다는 뜻이다. 곧 어버이와 군주에게 아첨하는 것은 비난하면서 세론에 아첨하는 것은 똑같은 아첨인데도 비난하지 않으므로 처음의 입장과 모순된다는 뜻이다. 郭象이 坐를 죄에 걸리다〔罪坐〕는 뜻으로 주해한 이래 대부분의 주석가들이 坐를 죄에 걸리다는 뜻으로 보고 아첨하는 자라는 비난에 전혀 걸리지 않는다는 뜻으로 이해했지만(金谷治, 安東林) 옳지 않다. 여기서는 馬其昶이 "坐는 지킨다는 뜻이다. 군주와 어버이에게 아첨하는 것은 나무라면서도 대중에게 아첨하는 것은 나무라지 않는 것은 앞뒤의 태도가 다르다〔坐猶守也 譏諛君親而不譏諛衆 是前後異操〕."라고 풀이한 것과 錢穆이 嚴復의 말을 인용하여 "요즘 사람들이 모순이라고 말한 것과 같다〔猶今人言矛盾〕."라고 한 견해를 따른다.

11) 垂衣裳 設采色 動容貌 以媚一世 而不自謂道諛 : 번드레한 옷을 걸치고 교양 있게 행

동하고 容貌를 꾸며서 세상에 아첨하면서도 스스로 아첨한다고 생각하지 않음. 의상을 걸친다는 뜻의 垂衣裳은 번드레한 옷을 걸친다는 의미이고, 아름다운 채색을 설치한다는 뜻의 設采色은 교양 있게 행동한다는 의미이고, 動容貌는 용모를 꾸민다〔動〕는 뜻. ≪孟子≫ 〈盡心 下〉에서 "세속과 같아져서 더러운 세상과 영합하여 가만히 있을 때에는 忠信과 비슷하고 움직일 때는 청렴과 비슷하여 대중이 모두 좋아하고 스스로 옳다 여기지만 함께 요순의 道에 들어갈 수는 없다. 그 때문에 덕을 해치는 사람이라고 한다〔同乎流俗 合乎汚世 居之似忠信 行之似廉潔 衆皆悅之 自以爲是 而不可與入堯舜之道 故曰 德之賊也〕."라고 하여 鄕原을 묘사하고 있는 내용과 유사한 표현이다. ≪孟子≫의 같은 곳에 향원을 묘사하는 또 다른 표현으로 "음험하게 세상에 아첨하는 자가 향원이다〔閹然媚於世也者 是鄕原也〕."라고 하여 여기의 '以媚一世'와 유사한 표현도 나온다. 垂衣裳은 ≪周易≫ 〈繫辭傳 下〉에 "黃帝와 堯·舜은 옷만 잘 걸치기만 하고 〈無爲이면서도〉 천하가 잘 다스려졌다〔黃帝堯舜垂衣裳而天下治〕."라고 보이고(成玄英, 福永光司, 池田知久), 動容貌는 ≪論語≫ 〈泰伯〉편에도 보인다(赤塚忠, 池田知久).

12) 與夫人之爲徒 通是非 而不自謂衆人 愚之至也 : 세속의 사람들과 한 무리가 되어 옳고 그름을 함께 하고서도 스스로를 衆人이라고 말하지 않으니 지극히 어리석음. '與夫人之爲徒'는 사람들과 한 무리가 되었다는 뜻으로 〈人間世〉편의 '與人爲徒'와 비슷한데 다만 여기는 夫人이 彼人의 뜻으로 세속의 아첨배들을 지칭하는 것이 다소 다르다. 이처럼 약간의 차이가 있긴 하지만 〈人間世〉편에서는 '與人爲徒'를 "사람들이 행하는 것을 따라 행하는 사람은 사람들 또한 비난하지 않을 것이니 이것을 일러 사람과 더불어 같은 무리가 되었다고 한다〔爲人之所爲者 人亦無疵焉 是之謂與人爲徒〕."라고 설명하고 있는데 참고할 만하다. 衆人은 아첨배들을 지칭한다.

13) 知其愚者 非大愚也 知其惑者 非大惑也 : 자기가 어리석음을 아는 자는 크게 어리석은 것은 아니며 자기가 미혹됨을 아는 자는 크게 미혹된 것은 아님. 자신을 모르는 자야말로 크게 어리석고 미혹된 것임을 역설적으로 표현한 대목이다.

14) 大惑者 終身不解 大愚者 終身不靈 : 크게 미혹된 자는 종신토록 깨닫지 못하고 크게 어리석은 자는 종신토록 깨우치지 못함. 解와 靈은 모두 깨우침. 司馬彪는 "靈은 깨우침이다〔靈 曉也〕."라고 풀이했고, 成玄英은 "解는 깨달음이고 靈은 앎이다〔解 悟也 靈 知也〕."라고 풀이했다.

15) 三人行而一人惑 所適者 猶可致也 : 세 사람이 함께 길을 갈 때 한 사람만 길을 잃으면 가려고 하는 곳에 그래도 이를 수 있음. 惑은 길을 잃음. 所適者는 가려고 하는 목적지를 뜻한다. 成玄英은 "適은 간다는 뜻이고 致는 이른다는 뜻이다〔適 往也 致 至也〕."라고 풀이했다.

16) 二人惑則勞而不至 : 두 사람이 길을 잃으면 애를 써도 목적지에 이르지 못함. 勞는 목적지에 도달하기 위해 애쓴다는 뜻. 至는 앞에 나온 猶可致也의 致와 협운이다.

17) 惑者 勝也 : 길 잃은 사람이 더 많음. 세론은 늘 다수 의견을 따라가기 마련인데 다수 의견이 항상 옳은 것은 아니라는 뜻. 勝은 수가 많기 때문에 이긴다는 뜻. 勝자가 多자로 된 인용문이 있다(王叔岷).

18) 今也以天下惑 : 지금은 온 천하가 미혹되어 있음. 王叔岷은 "以는 則과 같다〔以猶則也〕."라고 풀이했는데 타당한 견해이다.

19) 予雖有祈嚮 不可得也 不亦悲乎 : 내 비록 바라는 것이 있다 하더라도 얻을 수 없으니 또한 슬프지 아니한가. 祈는 求와 같다. 司馬彪는 "祈는 구한다는 뜻이다〔祈 求也〕."라고 풀이했다. "내 비록 바라는 것이 있다 하더라도"는 곧 "내가 비록 실현하고 싶은 理想이 있다 하더라도"의 뜻인데, 여기에도 異說이 없지 않다. 兪樾은 "祈자에는 뜻이 없다. 司馬彪는 祈가 구한다는 뜻이라고 했는데 만약 그렇다면 予雖祈嚮이라고 해도 충분〈할 것인데 予雖有祈嚮이라고 한 것으로 보아〉 祈자는 所자의 잘못인 듯하다. 곧 천하가 모두 미혹되어 있기 때문에 내가 비록 갈 곳이 있다 하더라도 갈 수 없음을 말한 것이다. 祈자와 所자는 글자의 모양이 비슷하기 때문에 잘못된 것일 뿐이다〔祈字無義 司馬云 祈 求也 則但云 予雖祈嚮 足矣 祈疑所字之誤 言天下皆惑 予雖有所嚮往 不可得也 祈所字形相似 故誤耳〕."라고 주장했는데 참고할 만하다. 이 외에 祈자가 報자로 쓰이는 용례를 들어 祈를 '報告하다', '일러 주다'의 뜻으로 풀이하는 견해(章太炎) 등이 있으나 취하지 않는다.

20) 大聲 不入於里耳 : 훌륭한 음악은 촌사람들의 귀에는 들어가지 않음. 大聲은 훌륭한 음악. 司馬彪는 "咸池나 六英의 음악을 일컬음이다〔謂咸池六英之樂也〕."라고 풀이했다. 里耳는 촌사람의 속된 귀. 里는 俚의 뜻. 俚로 된 인용문도 있다.

21) 折楊皇荂 則嗑然而笑 : 折楊이나 皇荂 같은 俗樂은 환성을 지르며 웃어 대고 좋아함. 折楊과 皇荂는 모두 옛 歌曲(李頤). 자세한 내용은 알려져 있지 않지만 세속의 음악을 대표하는 악곡 명칭이다. 皇荂는 皇華로 된 인용문이 있다. 嗑然은 '하하'하

고 환성을 지르며 소리 내어 웃는 모양(李頤).

22) 高言 不止於衆人之心 : 훌륭한 말은 衆人들의 마음속에 받아들여지지 않음. 高言은 수준 높은 말. 衆人之心은 중인들의 속된 마음. 止는 上으로 되어 있는 텍스트가 있다. 不止나 不上 모두 不進 즉 받아들여지지 않는다는 뜻. 不止를 글자 그대로 보아 머물지 않는다고 해석해도 좋다.

23) 至言不出 俗言勝也 : 至言이 나오지 못하는 것은 세속의 鄙俗한 말이 너무 많기 때문. 至言은 지극한 이치를 담고 있는 말로 앞의 高言과 같다. 俗言은 세속의 저열한 말.

24) 以二垂踵惑 而所適不得矣 : 세 사람 중 두 사람의 발이 길을 잃어도 가려는 곳에 이를 수 없음. 垂踵은 원 본문에는 缶鍾으로 되어 있으나 ≪經典釋文≫에 의거, 垂踵으로 고쳐 읽음. 垂踵은 발을 들어 옮기다는 뜻. 곧 二垂踵惑은 두 사람이 발을 잘못 놓는 것을 말한다. 垂踵에 대해서는 異說이 분분하지만 따르지 않고 두 가지 설만 소개한다. 安東林은 馬叙倫의 ≪莊子義證≫이 馬其昶 ≪莊子故≫의 說을 따라 "二垂(岐路)에 의해 迷惑이 증가됨〔踵＝緟〕."이라 하는 해석을 취해 二垂踵惑을 "두 갈래 길에서 망설임이 많아지면……"으로 번역하고 있다. 또 다른 한 설은 池田知久가 취한 해석으로 그는 그것을 최신의 '거의 決定解'라고까지 말하고 있는데 그것은 垂를 '3분의 1'의 뜻으로 보는 것이다. 高亨이 그의 ≪諸子新箋≫ 속에 수록한 ≪莊子新箋≫(1935년 출판)에서 제시한 설이 바로 그 '거의 決定解'인데 高亨은 ≪淮南子≫ 〈道應訓〉편의 "文王이 德과 政治를 갈고 닦아서 三年이 되자 天下의 二垂(3분의 2)가 그에게 歸服하였다〔文王砥德修政 三年而天下二垂歸之〕." 등을 근거로 "옛날에는 3분의 1을 垂라 하였다〔古謂三分之一爲垂〕."라고 結論하였다. 이 해석을 따르면 이 부분의 내용은 "세 사람 중 3분의 2 즉 두 사람의 발〔踵＝足〕이 길을 잃어도 가려는 곳에 이를 수 없다."는 뜻이 된다.

25) 其庸可得邪 : 어찌 얻을 수 있겠는가. 庸은 어찌. 王叔岷은 "庸은 何와 같다〔庸猶何也〕."라고 풀이했다.

26) 知其不可得也 而强之 又一惑也 : 그것이 안 되는 것을 알면서도 억지로 이루려고 한다면 이 또한 迷惑임. 이 부분은 ≪論語≫ 〈憲問〉편에서 石門의 은자 晨門이 공자를 두고 "안 되는 줄 알면서 억지로 하는 자〔知其不可而爲之者〕."라고 비판한 맥락과 유사하다. 안 되는 것을 안 되는 것으로 받아들이는 것이 오히려 지혜로운 태

도임을 비유.

27) 莫若釋之而不推 : 그러므로 그것을 그대로 놔두고 억지로 미루어 나가지 않는 것이 가장 좋음. 釋之는 그대로 놔둔다는 뜻이고 不推는 억지로 미루어 나가지 않는다는 뜻이다. 이 부분의 대의는 世論을 따라가면서 영합하는 것은 물론 나쁘지만, 世論을 거슬러 무리할 것도 없다는 뜻으로 〈養生主〉편에서 "善을 행하되 명예에 가까이 가지는 말며, 惡을 행하되 형벌에 가까이 가지는 말고, 中의 경지를 따라 그것을 삶의 근본원리로 삼아야 한다〔爲善無近名 爲惡無近刑 緣督以爲經〕."라고 한 인생관과 유사하다.

28) 不推 誰其比憂 : 억지로 미루어 나가지 않으면 누가 나와 함께 공연히 근심하고 괴로워할 것인가. 곧 무리한 推究를 하지 않으면 〈나의 근심이 전염되어〉 공연히 나와 함께 괴로워할 사람이 없게 될 것이라는 뜻. 比憂는 나란히 근심함, 또는 나와 더불어 근심함. 나의 憂患을 다른 사람에게 전염시키지 않는다는 의미. 成玄英은 "比는 함께함이다〔比 與也〕."라고 풀이했다.

29) 厲之人 夜半 生其子 : 문둥이가 한밤중에 자식을 낳음. 厲(라)는 癩(라). 두 글자 모두 本音은 뢰. 곧 厲之人은 나병 환자(王先謙). 夜半은 夜之半. 곧 한밤중.

30) 遽取火而視之 : 허둥지둥 등불을 들고 자식을 들여다봄. 遽는 허둥지둥하면서 급히 서두는 모양.

31) 汲汲然唯恐其似己也 : 불안한 마음으로 오직 그 아이가 자기를 닮았을까봐 두려워함. 汲汲은 불안해 하는 모양. 이 대목은 世論과 다른 나의 근심과 괴로움이 자식에게까지 전염되지나 않았을까 두려워함을 비유한 것으로 볼 수 있다. 그러니 공연히 근심하고 두려워할 것 없이 自然에 맡겨 장자의 無爲自然의 大道에 말미암을 따름이다.

第15章

百年之木을 破爲犧尊[1])코 靑黃而文之[2])하니 其斷은 在溝中[3])하도다 比犧尊於溝中之斷인댄 則美惡이 有間矣[4])나 其於失性에는 一也[5])니라 跖與曾史 行義有間矣나 然이나 其失性은 均也[6])니라 且夫失性이 有五[7])하니 一曰 五色이 亂目하야

使目으로 **不明**[8])하고 **二曰 五聲**이 **亂耳**하야 **使耳**로 **不聰**[9])하고 **三曰 五臭 薰鼻**하야 **困惾中顙**[10])이오 **四曰 五味 濁口**하야 **使口**로 **厲爽**[11])이오 **五曰 趣舍 滑心**하야 **使性**으로 **飛揚**[12])이니 **此五者 皆生之害也**[13])라 **而楊墨**이 **乃始離跂**[14])하야 **自以爲得**하나니 **非吾所謂得也**[15])니라 **夫得者 困**[16])이오 **可以爲得乎**[17])인댄 **則鳩鴞之在於籠也**도 **亦可以爲得矣**[18])어니따녀 **且夫趣舍聲色**으로 **以柴其內**[19])하고 **皮弁鷸冠**[20])과 **搢笏紳脩**로 **以約其外**[21])하야 **內**론 **支盈於柴柵**하고 **外**론 **重纆繳**[22])하야 **睆睆然在纆繳之中**[23])이어늘 **而自以爲得**하나니 **則是**는 **罪人**이 **交臂歷指**[24])하며 **而虎豹在於囊檻 亦可以爲得矣**[25])어니따녀

백 년이나 된 나무를 쪼개서 제사용 술동이〔犧樽〕를 만들고 푸른색과 누런색으로 칠해서 장식하는데 깎여진 나무 찌꺼기는 더러운 도랑 속에 버려진다. 犧樽을 도랑 속에 버려진 나무 찌꺼기와 비교한다면 美醜에는 커다란 차이가 있지만 본성을 잃어버렸다는 점에서는 매한가지이다.

盜跖과 曾參·史鰌 사이에는 올바른 행동을 기준으로 살펴보면 큰 차이가 있다. 그러나 본성을 잃어버렸다는 점에서는 같다. 또한 본성을 잃어버리는 경우에는 다음의 다섯 가지 유형이 있다.

첫째, 五色이 사람의 눈을 어지럽혀서 눈을 밝게 보지 못하게 한다.

둘째, 五聲은 사람의 귀를 어지럽혀서 귀를 밝게 듣지 못하게 한다.

셋째, 五臭는 사람의 코를 그을려서 코 막히고 머리 아픔이 이마를 아프게 한다.

넷째, 五味는 사람의 입맛을 흐리게 하여 입을 병들고 어긋나게 한다.

다섯째, 取捨選擇의 判斷은 사람의 마음을 어지럽혀서 본성을 터무니 없는 데로 暴走하게 한다.

이 다섯 가지는 모두 본성을 해치는 것들이다.

그런데 楊朱와 墨翟이 마침내 이리저리 뛰어다니면서 스스로 진리를 얻었다고 자부하니 내가 이른바 '진리를 얻었다고 말하는 것'이 아니다. 〈자기 딴에는〉

진리를 얻었다고 자부하는 자들이 실제로는 막힌다면 그것을 두고 진리를 얻었다고 할 수 있는가. 그렇다면 비둘기와 올빼미가 새장에 갇혀 있는 것도 〈자유를〉 얻었다고 할 수 있을 것이다.

또한 취사선택의 판단과 音樂과 彩色의 유혹으로 內面의 자연스러움을 가로막고 皮弁(가죽관)과 鷸冠(비취새의 깃털로 만든 관), 그리고 玉笏을 꽂고 큰 띠를 두르고 긴 치마를 입어 밖을 속박하며, 안으로는 빙 둘러친 나무 울타리로 꽉 막히고 밖으로는 〈秩序와 禮儀라는〉 새끼줄이나 끈으로 겹겹이 묶여서 둘둘 묶인 채 새끼줄이나 노끈 속에 갇혀 있는데도 스스로 진리〔道〕를 얻었다고 하니 이것은 罪人이 팔을 교차시켜 묶이고 손가락을 꺾이며 범이나 표범이 함정 속에 갇혀 있으면서도 〈자유를〉 얻었다고 말할 수 있다는 것과 같다.

【역주】

1) 百年之木 破爲犧尊(준) : 백 년이나 된 나무를 쪼개서 제사용 술동이〔犧尊〕를 만듦. 尊은 樽과 통용하는 글자. 犧樽은 희생소를 장식으로 그린 술통. 司馬彪는 "희생용 소의 모습을 그려서 술잔을 장식했다〔畫犧牛象以飾樽〕."라고 풀이했다. 〈馬蹄〉편의 "자연 그대로의 통나무를 해치지 않고서 누가 犧樽 같은 제기를 만들 수 있겠는가〔純樸不殘 孰爲犧尊〕."에서 이미 나왔다. 한편 陸德明은 犧尊의 犧를 羲로 읽는다는 풀이와 함께 '사(素河反)'로 읽는다는 풀이를 남겨 두고 있는데 郭慶藩은 그것을 근거로 犧尊은 소를 그려 장식한 것이 아니라 沙飾이 있는 것이라 했는데 沙飾이 어떤 것인지 분명치 않고 또 翡翠로 장식한다는 주장(鄭司農), 봉황새를 그려 장식한다는 주장(鄭玄) 등등 이설이 분분하므로 우선 그들의 견해만 밝혀 둔다.

2) 靑黃而文之 : 푸른색과 누런색으로 칠해서 장식함. 술동이 위에 청색과 황색의 꽃무늬를 장식함. 文은 칠해서 꾸민다는 뜻〔塗飾〕.

3) 其斷在溝中 : 깎여진 나무 찌꺼기는 더러운 도랑 속에 버려짐. 斷은 깎여진 나무 찌꺼기. 成玄英은 "그중에서 깎여진 일부는 도랑 속에 버려져 거두어 쓰이지 못한다〔其一斷棄之溝瀆 不被收用〕."라고 풀이했다.

4) 美惡有間矣 : 美醜에 커다란 차이가 있음. 惡은 醜惡. 희준은 아름답고 버려진 나무 찌꺼기는 추악하여 그 사이에는 커다란 차이가 있다는 뜻.

5) 其於失性 一也 : 본성을 잃어버렸다는 점에서는 매한가지임. 犧尊도 나무의 본성을 잃어버렸다는 점에서는 깎여진 찌꺼기와 다를 바 없다는 말. 失性은 나무의 자연스러운 본성을 잃어버렸다는 뜻.

6) 跖與曾史 行義有間矣 然其失性 均也 : 盜跖과 曾參・史鰌 사이에는 올바른 행동을 기준으로 살펴보면 큰 차이가 있지만 본성을 잃어버렸다는 점에서는 모두 같음. 올바른 행동〔義〕을 했느냐를 기준으로 살펴보면 도척은 악을 저질렀고 증삼과 사추는 선을 실천한 것으로 차이가 있지만 모두 인간의 본성을 잃어버렸다고 비판하는 내용. 王叔岷은 劉師培가 '跖자 위에 桀자가 빠졌다'고 한 것을 소개하고, 成玄英疏에 '桀跖之縱凶殘 曾史之行仁義'라고 되어 있는 것을 근거로 '跖與曾史'는 본래 '桀跖與曾史'로 되어 있었다고 보았는데 일리가 있는 견해이므로 밝혀 둔다.

7) 失性 有五 : 본성을 잃어버리는 경우에는 다섯 가지 유형이 있음. 이 이하의 다섯 조목은 ≪老子≫ 제12장에서 "五色은 사람의 눈을 멀게 하고, 五音은 사람의 귀를 먹게 하고, 五味는 사람의 입을 버리게 하고, 말달리며 사냥하는 일은 사람의 마음을 미치게 하고, 얻기 어려운 재화는 사람의 올바른 행실을 방해한다. 이 때문에 성인은 배를 채우고 눈의 욕망을 채우지 않으며 저것은 버리고 이것을 취한다〔五色令人目盲 五音令人耳聾 五味令人口爽 馳騁田獵 令人心發狂 難得之貨 令人行妨 是以聖人爲腹不爲目 故去彼取此〕."라고 한 내용과 유사하다.

8) 五色亂目 使目不明 : 五色이 사람의 눈을 어지럽혀서 눈을 밝게 보지 못하게 함. 五色은 靑・黃・赤・白・黑의 다섯 가지 색깔.

9) 五聲亂耳 使耳不聰 : 五聲은 사람의 귀를 어지럽혀서 귀를 밝게 듣지 못하게 함. 五聲은 宮・商・角・徵・羽로 五音과 같다.

10) 五臭薰鼻 困惾中顙 : 五臭는 사람의 코를 그을려서 코 막히고 머리 아픔이 이마를 아프게 함. 五臭는 羶・薰・香・腥・腐의 다섯 가지 냄새(成玄英). 困惾는 코 막히고 머리 아픔. 惾(수)는 塞의 뜻으로 막힘이다(成玄英). 中顙은 이마를 때린다는 뜻으로 두통을 뜻한다.

11) 五味濁口 使口厲爽 : 五味는 사람의 입맛을 흐리게 하여 입을 병들고 어긋나게 함. 五味는 甘・鹹・酸・辛・苦의 다섯 가지 맛.

12) 趣舍滑心 使性飛揚 : 取捨選擇의 判斷은 사람의 마음을 어지럽혀서 본성을 터무니없는 데로 暴走하게 함. 趣舍는 取捨選擇의 判斷으로 趣는 取와 통하는 글자로 이

익을 보게 되면 取한다는 뜻이고 舍는 해를 당하면 버린다는 뜻이다(方勇·陸永品). 滑(골)은 어지럽힌다는 뜻. 使性飛揚은 자연스러운 본성으로 하여금 욕망을 쫓아 끊임없이 달리게 한다는 뜻이다(方勇·陸永品).

13) 此五者 皆生之害也 : 이 다섯 가지는 모두 본성을 해치는 것들임. 生은 性과 통한다(方勇·陸永品).

14) 楊墨乃始離跂 : 楊朱와 墨翟이 마침내 뛰어다니면서 서두름. 離跂는 뛰어다니는 모양. 羅勉道가 "서두는 모양〔促摭〕."으로 풀이한 것이 적절하다. 陸樹芝도 같은 견해. 宣穎과 陳壽昌은 발돋움〔企足〕이라 했는데 이 또한 대동소이하다. 離跂는 본성을 잃게 하는 데 열중하는 모양을 표현한 것이다. 離跂는 〈在宥〉편에는 "유가와 묵가의 선생이란 자들은 차꼬와 수갑을 찬 죄인들 사이에서 뛰어다니며 팔을 걷어붙이며 뽐낸다〔儒墨乃始離跂攘臂乎桎梏之間〕."라고 하였으며 楊墨 대신 儒墨으로 되어 있다.

15) 非吾所謂得也 : 내가 이른바 '진리를 얻었다고 말하는 것'이 아님. 저들이 말하는 진리와 내가 말하는 진리가 다르다는 뜻. 이어지는 문장의 맥락으로 살펴보면 저들이 진리라고 하는 것은 본성을 구속하는 것이므로 내가 말하는 본성대로 살면서 자유를 누리는 것과는 전혀 다르다는 뜻이다.

16) 夫得者 困 : 〈자기 딴에는〉 진리를 얻었다고 자부하는 자들이 실제로는 막힘. 困은 막힌다는 뜻.

17) 可以爲得乎 : "그것을 두고 진리를 얻었다고 할 수 있는가. 그렇다면……"의 뜻. 여기서의 진리는 困의 반대인 자유로운 삶을 뜻한다.

18) 鳩鴞之在於籠也 亦可以爲得矣 : 그렇다면 비둘기와 올빼미가 새장에 갇혀 있는 것도 〈자유를〉 얻었다고 할 수 있음. 본성을 버리고 구속된 상태를 자유로운 상태라 할 수 없다는 뜻. 鳩는 작은 새의 통칭이다.

19) 趣舍聲色 以柴其內 : 취사선택의 판단과 音樂과 彩色의 유혹으로 內面의 자연스러움을 가로막음. 柴는 이어지는 '支盈於柴柵'과 같이 '나무로 가로막는다'는 뜻인데 여기서는 '막는다'는 뜻만 있다.

20) 皮弁鷸冠 : 피변과 휼관. 피변은 가죽관. 휼관은 비취새의 깃털로 만든 관. 成玄英은 "피변이란 가죽으로 만든 관이다. 鷸(휼)은 새 이름인데 비취색 깃털을 가져다가 관을 장식한다〔皮弁者 以皮爲冠也 鷸者 鳥名也 取其翠羽飾冠〕."라고 풀이했다.

21) 搢笏紳脩 以約其外 : 玉笏을 꽂고 큰 띠를 두르고 긴 치마를 입고 밖을 속박함. 朝服을 갖추어 입고 몸뚱아리를 구속한다는 뜻. 成玄英은 "搢은 꽂음이고 笏은 옥으로 만든 珪와 같으니 笏을 꽂음을 말함이다. 紳은 큰 허리띠이고 脩는 긴 치마이다〔搢 插也 笏猶珪 謂插笏也 紳大帶也 脩長裙也〕."라고 풀이했다.

22) 內 支盈於柴柵 外 重纆繳 : 안으로는 빙 둘러친 나무 울타리로 꽉 막히고 밖으로는 새끼줄이나 끈으로 겹겹이 묶임. 빙 둘러친 나무 울타리처럼 타고난 본성을 가로막고 秩序와 禮儀라는 인위적인 구속으로 몸동작을 얽어맨다는 뜻. 支는 가로막는다〔塞〕는 뜻이고, 盈은 가득 차다〔滿〕는 뜻. 柴柵(채책)은 빙 둘러친 나무 울타리인데 柴(시)는 울타리란 뜻일 때에는 音이 채이다.

23) 睆睆然在纆繳之中 : 둘둘 묶인 채 새끼줄이나 노끈 속에 갇혀 있음. 睆睆(환환)은 본래 곤경을 당해서 눈을 부릅뜨고 바라보는 모양이지만 여기서는 한 곳에 얽매인다는 뜻으로 쓰였고 얽매인 도구가 뒤의 새끼줄이나 노끈 따위이므로 둘둘 묶인 모양으로 풀이하는 것이 적절하다. 纆(묵)은 새끼줄. 繳(작)은 노끈.

24) 罪人交臂歷指 : 罪人이 팔을 교차시켜 묶이고 손가락을 꺾임. '交臂'는 손을 등 뒤로 돌려 묶는다는 뜻. 劉鳳苞는 "등 뒤로 손을 묶음이다〔縛手于背〕."라고 풀이했다. '歷指'는 손가락을 꺾어 버리다는 뜻으로 '歷'은 〈胠篋〉편에서 "공수의 손가락을 꺾어 버리다〔攦工倕之指〕."라고 했을 때의 攦(려)와 같다(王叔岷).

25) 而虎豹在於囊檻亦可以爲得矣 : 범이나 표범이 우리나 함정 속에 갇혀 있으면서도 〈자유를〉 얻었다고 말할 수 있다는 것과 같음. 而는 猶로 '…와 같다'는 뜻(王叔岷). 檻(함)은 櫳(롱)으로 창살이 있는 우리. ≪說文解字≫ 段玉裁 注에서는 "檻은 櫳이다. 櫳은 죄인이나 범, 표범 따위가 머무는 곳이다〔檻 櫳也者 謂罪人及虎豹所居〕."라고 풀이했다.

第13篇 天道

【해설】

陸德明은 ≪經典釋文≫에서 이 편의 명칭을 두고 “의미를 따라 편의 이름을 지었다〔以義名篇〕.”라고 했지만 사실은 篇首의 두 글자를 따서 편명으로 삼은 것이다. 이 편에서 끊임없이 강조되고 있는 無爲는 노장철학의 사상이나 입장을 나타내는 말로 古來로 너무나 유명하다. 無爲는 본시 직접적으로는 인간의 작위를 버리는 것임은 말할 것도 없지만 단순한 비실천을 의미하는 것은 아니다. 무위는 그것을 통해서 道에 대한 인간의 접근을 阻碍하지 않기 위한 태도이며 동시에 그것을 통해 인간이 道를 파악하고 道와 일체가 되기 위한 방법이며, 더 나아가 무위를 통해 무슨 일이든지 할 수 있다〔無不爲〕는 적극적 실천을 위한 전제로 표현된다.

따라서 무위는 결국 관념의 조작에 불과하다는 비판을 받을 가능성이 있다 하더라도 궁극적으로는 실천을 목적으로 하고 있음은 말할 것도 없다. 그리고 그것은 인간이 道와 일체가 됨으로써 道가 만물을 존재케 하고 만물을 운동케 하는 전능의 힘을 인간 자신의 것으로 터득한다고 하는 주장에서 뚜렷하게 드러난다.

池田知久에 따르면, 예를 들어 이 편 제4장의 ‘無爲’는, 제왕이 ‘함이 없음〔無爲〕’에 의거하여 臣下를 비롯한 萬民이 ‘無不爲(有爲)’를 이루게 통제한다고 하는 法家流의 ‘刑名’이라는 정치적 술수로 변질되었다. 그로 인해 무위의 철학은 위기를 맞이했고 도가의 장래 또한 불투명해지고 말았다.

武內義雄과 福永光司 등은 바로 앞의 〈天地〉편과 바로 뒤의 〈天運〉편을 합친

이 세 편은 ≪周易≫의 十翼과 밀접한 관련이 있다고 강조하지만 다소 과장되었다. 또 關鋒과 福永光司는 세 편을 ≪管子≫ 4편과 함께 宋鈃·尹文학파의 遺著라고 추정했다. 그러나 池田知久에 의하면 1973년 이후의 馬王堆 帛書의 출토에 의해 이것들이 모두 戰國末에서 漢初에 이르는 黃老思想의 산물이라는 점이 밝혀졌다. 아울러 마왕퇴 출토문헌 중에서 ≪管子≫ 4편은 戰國末의 저작으로 추정되는 〈心術 上〉편의 經을 제외하고는 이 세 편보다도 否定의 계기가 더욱 약화되어 道 등을 파악하는 경우에 感覺과 知覺의 역할을 긍정하고 있다. 또 ≪管子≫ 4편에서는 감응설을 採入하여 虛靜→精氣→帝王으로 이어지는 세계 지배의 과정을 非合理主義化하는 등, 이 세 편과 비슷한 내용을 다루고는 있지만 약간 뒤늦은 것이라는 점 등이 밝혀졌다.

한편 王夫之는 자신이 주해한 ≪莊子解≫에서 "이 편의 주장은 장자의 지향과 서로 부합하지 않는 것이 있고 단지 노자가 고요함을 지킨다고 한 말을 따라 부연하고 있는데 그렇다고 노자와 다 부합하는 것도 아니다. 아마도 진한 시기의 황로술을 가지고 군주에게 알아주기를 구한 자가 저술한 것 같다〔此篇之說有與莊子之旨迥不相侔者 特因老子守靜之言而演之 亦未盡合於老子 蓋秦漢間學黃老之術以干人主者之所作也〕."라고 했는데 일찍부터 이 편의 저작자에 대한 설득력 있는 견해를 제시하고 있다는 점에서 참고할 만하다.

王夫之는 특히 이 편의 제3장에 나오는 내용을 두고 "無爲를 君道라 하고 有爲를 臣道라 한 것은 道를 둘로 쪼갠 것이다. 또 이미 유위를 신도라 해 놓고 다시 '이것을 분명히 알아서 남쪽을 바라보며 천하를 다스린 것이 요의 임금 노릇이었고 이것을 분명히 알아서 북쪽을 바라보고 임금을 섬긴 것이 순의 신하 노릇이었다.'고 했으니 스스로 모순된다……절대 장자의 글이 아닐 뿐만 아니라 또 장자를 잘 배운 자가 모방해서 지은 것도 아니니 독자들은 마땅히 구분해야 할 것이다〔……以無爲爲君道 有爲爲臣道 則剖道爲二 且旣以有爲臣道矣 又曰以此南鄕 堯之爲君也 以此北面 舜之爲臣也 則自相刺謬……定非莊子之書 且非善爲莊子者之所擬作 讀者所宜辨也〕."라고 비판했다.

王夫之는 또 이 편에 보이는 법가류의 刑名에 대해 다음과 같이 평했다. "그 뜻은 병형, 법도, 예악은 아랫사람에게 맡겨서 분수에 편안하고 명법을 지켜서 공과를 자세하게 고찰하는 것이니 이것은 刑名家들의 말이자 胡亥와 督夷의 術策이니 이런 뜻을 본받는 것은 장자의 뜻이 아니다〔其意以兵刑法度禮樂委之於下 而安分守執名法以原省其功過 此刑名家之言 而胡亥督夷之術 因師此意 要非莊子之旨〕."라고 비판했다.

또 胡文英은 그의 ≪莊子獨見≫에서 "의론이 자못 한비자, 신도의 근본 취지와 비슷하다〔議論頗似韓非愼到根底〕."라고 했고, 錢穆은 ≪莊子纂箋≫에서 "이는 말세의 유생들이 한 말일 뿐이니 어찌 참으로 장자의 말이겠는가〔此皆晩世儒生語耳, 豈誠莊生之言哉〕."라고 했으며, 關鋒도 ≪莊子外篇初探≫에서 "여기에 표현된 사상은 윤문자와 완전하게 일치한다……이것은 이미 노자나 장자일파의 주장이 아니며 또한 유가의 주장도 아니다〔這裏所表述的思想和尹文子完全一致……這旣不是老子或莊子一派的主張 也不是儒家的主張〕."라고 했다. 또 李勉은 ≪莊子總篇及分篇評注≫에서 "존비와 선후를 따지는 말은 자못 노장의 뜻과 비슷하지 않다〔尊卑先後之言 則頗不類老莊之旨〕."라고 하였다. 심지어 陳鼓應은 이 편 제4장의 '夫帝王之德'에서부터 제5장의 '非上之所以畜下也'까지는 莊子학파의 사상에 어긋나므로 이 몇 문단은 삭제하는 것이 마땅하다며 다소 지나친 주장까지 하였다.

제1장은 고요함을 지킴으로써 天地・萬物에 군림하는 帝王과 聖人의 모습을 그리고 있으며 제2장은 그것을 받아 虛靜과 無爲를 실천하는 것이 帝王과 聖人이 신하들과 萬民을 支配하는 데 유효함을 주장하고 있으며, 제3장에서는 그 虛靜이 바로 天地의 德이며, 그 까닭에 聖人은 無難히 天下萬民을 복종시킬 수 있다고 서술하고 있다. 제4장은 無爲가 바로 제왕의 德이기 때문에 신하의 德인 有爲와 구별하지 않으면 안 된다고 주장하고 있으며, 제5장에서는 刑名・賞罰이라고 하는 지배를 위한 법가적인 수단이 天・道德・仁義 등보다 뒤에 언급되어야 하는, 지말이라고 비판하고 있다. 제6장은 舜이 말한 것처럼 천지의 자

연스런 存在樣式을 본받아 천하를 지배하는 것이 좋다고 권하고, 제7장은 孔老問答에 가탁하여 사람의 본성을 어지럽히는 仁義를 버리고 道德을 따르는 것이 옳음을 말하고, 제8장에서는 巧知・神聖을 초월한 老子를 묘사하고 있다. 제9장은 天地편의 제2・3장에 유사하나 仁義・禮樂을 물리치는 것이 특징이다. 제10장은 유명한 齊 桓公과 輪扁의 대화로 道가 책 등을 통해서 전해지는 것이 아님을 역설하고 있다.

第1章

天道 運而無所積[1)]이라 故로 萬物이 成하며 帝道 運而無所積이라 故로 天下 歸하며 聖道[2)] 運而無所積이라 故로 海內 服하나니 明於天하며 通於聖하야 六通四辟於帝王之德者[3)]는 其自爲也[4)] 昧然無不靜者矣[5)]니라

하늘의 道는 끊임없이 운행하여 한때라도 停滯하는 법이 없다. 그래서 만물이 이루어진다. 帝王의 道는 끊임없이 운행하여 한때라도 停滯하는 법이 없다. 그래서 천하가 모두 歸服한다. 聖人의 道는 끊임없이 운행하여 한때라도 停滯하는 법이 없다. 그래서 海內의 사람들이 모두 服從한다.

하늘의 道를 분명히 알며 聖人의 道에 정통하며 나아가 제왕의 德을 여섯 가지 방향과 네 가지 차례대로 속속들이 알고 있는 사람은 그 자신의 행위가 멍하니 그저 고요할 따름이다.

【역주】

1) 天道運而無所積 : 하늘의 道는 끊임없이 운행하여 한때라도 停滯하는 법이 없음. 無所積은 無所積之時로, 정지할 때가 없다는 뜻. 자연의 理法은 끊임없이 운행하여 停滯하는 바가 없다는 뜻으로 成玄英은 "運은 움직임이고 積은 停滯함이다. 천도는 끊임없이 운전하여 해와 달로 비추고 비와 이슬로 적셔 주어 정체되는 적이 없다. 이 때문에 사계절이 회전하여 만물이 생성된다〔運 動也 積 滯也 言天道運轉 照之以日月 潤之以雨露 曾無滯積 是以四序回轉 萬物生成〕."라고 풀이했다. 天道는 〈在宥〉

편 제7장에서 "무엇을 도라 하는가. 천도가 있고 인도가 있으니 아무런 작용 없이 존귀한 것은 천도이고 인위적으로 움직여서 번거롭게 얽매이는 것이 인도이다〔何謂道 有天道 有人道 無爲而尊者 天道也 有爲而累者 人道也〕."라고 한 것과 비슷하다(池田知久). 그러나 여기서는 道를 自然·우주, 사회·정치, 철학·도덕의 세 가지로 분류한 첫 번째의 경우라는 데 의의가 있다(池田知久). 天道가 뒤의 人道와 矛盾·對立하는 것으로는 파악되지 않고 차라리 人道(특히 帝道)의 절대권위를 支援하는 것으로 표현되고 있다는 점에서 새로운 사상의 전개로 파악할 수 있다(赤塚忠). 陸德明은 "積은 정체되어 통하지 않음이다〔積 謂滯積不通〕."라고 풀이했다. 구체적으로는 제6장의 "日月照而四時行 若晝夜之有經 雲行而雨施矣", 제7장의 "天地固有常矣 日月固有明矣 星辰固有列矣 禽獸固有羣矣 樹木固有立矣"와 같은 현상을 가리킴. 또 〈大宗師〉편 제1장에도 "其有夜旦之常 天也"라고 한 대목이 있다(福永光司).

2) 帝道·聖道 : 제2장의 "帝王天子之德", "玄聖素王之道"와 같다(池田知久). 또 〈天下〉편의 "內聖外王之道"와도 관련된다(福永光司). 정치적 권위와 도덕적 인격의 구별은 공자에서 시작되어 맹자나 순자 등에 이르기까지 전국 시기의 유가 철학자들이 강조한 생각이지만 여기의 내용을 살펴보면 도가도 독자적 관점에서 유사한 사상을 가지고 있었음을 알 수 있다. 그러나 이하의 여러 문장에 나온 기록은 聖道를 帝道 아래에 포섭하고 있다는 점이 특징으로 아마도 皇帝 권력이 사상계의 내부에까지 침투해 있던 시대를 반영하는 기록이라고 할 수 있다. 그 때문에 前漢의 景帝·文帝期에 成立된 기록으로 추정한다(赤塚忠).

3) 六通四辟於帝王之德者 : 제왕의 德을 여섯 가지 방향과 네 가지 차례대로 속속들이 앎. 六通과 四辟은 각각 六合의 공간에 통달하고 四時의 시간을 따른다는 뜻. 陳鼓應이 "六通四辟은 六合에 通達하고 四時를 順暢한다."고 풀이하고 六은 六合, 곧 上下四方을 지칭하고, 四는 사시를 지칭한다고 풀이한 것이 적절하다. 辟은 闢과 통한다. 六通四辟은 〈天下〉편에도 나온다. 陸德明은 "六通은 六氣를 말함이니 陰陽風雨晦明이다〔六通 謂六氣 陰陽風雨晦明〕."라고 풀이했지만 적절치 않다. 또한 成玄英은 "六通은 四方上下를 말함이다〔六通 謂四方上下也〕."라고 했지만 역시 정확하지 않다. 六이 四方上下이고 通은 위 문장의 明·通과 같이 쓰였다. 陸德明은 "四辟은 사방이 열림이다〔四辟 謂四方開也〕."라고 풀이했는데 옳지 않다. 또 成玄英은

"四辟이란 春秋冬夏를 말함이다〔四辟者 謂春秋冬夏也〕."라고 했는데 역시 충분치 않다. 四가 春秋夏冬이고, 辟은 開闢의 闢으로 보는 것이 옳다. 이 또한 위 문장의 明·通과 같이 쓰인 경우에 해당한다. 따라서 이 구절은 '帝王之德'이라는 거대한 존재를 공간적 측면(六)과 시간적 측면(四)에 이르기까지 모든 부분에 정통하다는 뜻으로 이해하는 것이 적절하다(兪樾). 辟을 闢으로 풀이한 것은 呂惠卿에게서 시작되었다. 〈天下〉편에도 "六合의 공간에 통달하고 四時의 시간이 베풀어져 크고 작고 정밀하고 거친 것을 막론하고 그 운행이 존재하지 않음이 없다〔六通四闢 大小精粗 其運無乎不在〕."라고 하여 유사한 부분이 있다. 한편 福永光司는 이 편에서 至人·神人 등의 용어를 쓰지 않고 聖道·帝道 등의 용어를 쓰는 것으로 보아 이 편의 집필이 다른 편에 비해 훨씬 늦은 것 같다고 추정했다.

4) 其自爲也 : 그 자신의 행위는. 也는 주격조사. 陳景元의 ≪莊子闕誤≫에서 인용한 張君房본에는 自자 밑에 然자가 있는데 잘못 들어간 글자인 듯하다(王叔岷).

5) 昧然無不靜者矣 : 멍하니 그저 고요하지 않음이 없음. 陳鼓應은 昧然을 冥然(캄캄한 모양)과 같다고 풀이하고 不知不覺의 뜻이라 했다. '昧然'은 〈田子方〉편에서 "멍하니 대답하지 않았다〔昧然而不應〕."라고 나오며, 〈知北遊〉편에도 "옛날에는 내가 밝았는데 지금은 내가 어둡다〔昔日吾昭然 今日吾昧然〕."라고 나오는데 의미가 약간씩 다르다. 成玄英은 昧然을 "자취를 감추고 빛을 갈무리하여 오히려 어두워 보인다〔晦迹韜光 其猶昧闇〕."라고 풀이했고, 羅勉道는 "총명함을 모두 없애 버림이다〔聰明盡泯〕."라고 풀이했다. 靜은 고요하다는 뜻인데 林希逸이 "지극히 고요한 가운데 끊임없이 운행하여 정체됨이 없다〔至靜之中 運而無積〕."라고 풀이한 것이 적절하다.

聖人之靜也는 **非曰靜也 善**이라 **故**로 **靜也**[1)]라 **萬物**이 **無足以鐃心者**라 **故**로 **靜也**[2)]니라 **水靜**이면 **則明燭鬚眉**[3)]하며 **平中準**[4)]할새 **大匠**이 **取法焉**[5)]하나니 **水靜**하야도 **猶明**[6)]이온 **而況精神聖人之心靜乎**[7)]따녀 **天地之鑑也**며 **萬物之鏡也**[8)]니라

聖人의 고요함은 고요한 것이 좋은 것이라고 해서 〈일부러〉 고요하게 하고 있는 것이 아니라 만물 중에서 어느 것도 족히 성인의 마음을 뒤흔들 만한 것이

없기 때문에 〈저절로〉 고요한 것이다.

물이 고요하면 그 밝음이 〈水面을 바라보는 사람의〉 수염이나 눈썹까지도 분명하게 비추어 주고 그 평평함이 水準器에 딱 들어맞아 목수가 기준으로 채택한다.

물이 고요하여도 오히려 이처럼 밝고 맑은데 하물며 밝고 정밀하고 신묘한 聖人의 마음이 고요한 경우이겠는가. 〈聖人의 고요한 마음이야말로〉 天地를 〈있는 그대로〉 비추는 거울이며 만물을 〈빠짐없이〉 비추는 거울이다.

【역주】

1) 聖人之靜也 非曰靜也善 故靜也 : 聖人의 고요함은 고요한 것이 좋은 것이라고 해서 〈의도적으로〉 고요하게 하고 있는 것이 아님. 非曰靜也가 非曰其靜也로 된 인용문이 있다(王叔岷). 虛靜을 지키는 데 일정한 목적의식이 있다는 생각을 부정하는 경향은 〈人間世〉편 제1장의 師心에서 이미 나왔다(池田知久). 또 ≪韓非子≫ 〈解老〉편에 "대저 짐짓 無爲와 無思를 虛라고 여기는 자들은 그 뜻이 늘 虛를 잊지 않는다. 이것은 허가 되려는 의지에 통제당하는 것이다. 허란 것은 그 뜻이 통제됨이 없는 것인데 지금 허가 되려는 의지에 통제당한다면 이는 허가 되지 못한 것이다〔夫故以無爲無思爲虛者 其意常不忘虛 是制於爲虛也 虛者 謂其意所無制也 今制於爲虛 是不虛也〕."라고 하여 이 부분과 유사한 내용이 있다(赤塚忠).

2) 萬物 無足以鐃心者 故靜也 : 만물 중에서 어느 것도 족히 성인의 마음을 뒤흔들 만한 것이 없기 때문에 〈저절로〉 고요한 것이다. 鐃는 撓와 같다(林希逸). 撓는 搖와 마찬가지로 '흔들다'의 뜻. 鐃가 撓로 된 인용문이 있다(馬叙倫).

3) 水靜 則明燭鬚眉 : 물이 고요하면 그 밝음이 〈水面을 바라보는 사람의〉 수염이나 눈썹까지도 분명하게 비춤. 靜이 淨으로 된 인용문이 있다(王叔岷). 明자 아래에 "濁則混"으로 된 인용문이 있는데 燭자가 濁으로 전사되면서 생긴 오류인 듯하다. 〈德充符〉편 제1장에서 "사람은 누구나 흐르는 물에는 비추어 볼 수 없고, 멈추어 있는 물에 비추어 볼 수 있다〔人莫鑑於流水 而鑑於止水〕."라고 한 부분과 유사한 내용이다. 燭은 비춘다는 뜻의 동사.

4) 平中準 : 평평함이 水準器에 딱 들어맞음. 準자가 准으로 된 인용문이 있다(馬叙倫). 準이 正字이고 准은 俗字(王叔岷)이다. 〈德充符〉편 제4장에 "평평한 것으로는

정지하고 있는 물이 가장 성대하다〔平者 水停之盛也〕."라고 한 내용과 유사하다(福永光司).

5) 大匠取法焉 : 목수가 이것을 본보기로 채택함. 목수가 경사를 측정하는 기준으로 고요한 물을 채택한다는 뜻. 陸德明은 大匠을 두고 "어떤 사람은 천자라고 했다〔或云 天子也〕."라고 했지만 옳지 않다(池田知久).

6) 水靜猶明 : 물이 고요하여도 오히려 이처럼 밝음. 단지 하나의 사물에 지나지 않는 물이 고요한 경우도 이처럼 좋은 결과를 가져온다는 뜻. '水靜猶明'이 '水猶如是'로 된 인용문이 있는데 뜻에 큰 차이가 없다(王叔岷, 池田知久).

7) 而況精神聖人之心靜乎 : 하물며 밝고 정밀하고 신묘한 聖人의 마음이 고요한 경우이겠는가. 王懋竑은 精神을 잘못 끼어든 문자라 했지만 옳지 않다. '聖人之心'에 걸리는 形容이다(池田知久). 精神聖人之心은 곧 밝고 靈妙한 聖人의 마음이란 뜻이다.

8) 天地之鑑也 萬物之鏡也 : 天地를 비추는 거울이며 만물을 비추는 거울임. 聖人의 고요한 마음이야말로 天地를 있는 그대로 비추는 거울이며 만물을 빠짐없이 비추는 거울이라는 뜻. 福永光司는, 훗날 선가에서 깨달음의 경지를 '明鏡止水'로 표현하는데 장자의 이 글이 바로 그 源流라고 하였다. 〈應帝王〉편 제6장에서도 至人의 마음을 거울에 비유했다(池田知久).

第2章

夫虛靜恬淡하며 **寂漠無爲者**[1)]는 **天地之平**[2)]**而道德之至**[3)]라 **故**로 **帝王聖人**이 **休焉**[4)]하나니 **休則虛**하고 **虛則實**[5)]이니 **實者**는 **倫矣**[6)]니라

마음을 비우고 고요함을 지키고 편안하고 담백하며 적막하면서 하는 일이 없는 것은 천지자연의 기준이며 지극한 도덕이다. 그 때문에 제왕과 성인이 그곳에서 쉰다. 쉬면 마음이 비워지고 마음이 비워지면 채워지고 채워지면 차례가 갖추어질 것이다.

【역주】

1) 虛靜恬淡 寂漠無爲者 : 마음을 비우고 고요함을 지키고 편안하고 담백하며 적막하

면서 하는 일이 없는 것. '虛靜'은 ≪老子≫ 제16장에 나오고, '恬淡'은 ≪老子≫ 제31장에 나오며, '寂漠'은 ≪老子≫ 제25장에 나오는 '寂廖'와 같은 뜻이다(福永光司). 成玄英은 "네 가지는 이름은 다르지만 내용은 같다〔四者異名同實者也〕."라고 풀이했고, 林希逸은 "靜 한 글자를 여덟 자로 부연해서 분명하게 이해하기를 바란 것이다〔把一靜字 演作八字 要作分曉也〕."라고 풀이했다. 朱得之, 林雲銘, 宣穎, 陸樹芝, 陳壽昌 등도 같은 견해. 虛靜은 ≪老子≫ 제16장에 "虛를 극진히 이루고 靜을 독실하게 지킨다〔致虛極 守靜篤〕."라고 한 내용이 보인다. 恬淡은 淡자가 澹 또는 惔으로 된 인용문이 있다(王叔岷). 〈胠篋〉편 제4장에도 이미 恬淡과 無爲가 함께 나왔다. 뒤의 〈刻意〉편에도 자주 나온다. 寂漠은 漠자가 寞으로 된 인용문이 있다(王叔岷). ≪呂氏春秋≫ 〈審分〉편에 "의기가 적막한 곳에서 노닐 수 있게 된다〔意氣得遊乎寂寞之宇矣〕."는 내용이 보인다. 池田知久에 의하면, 呂惠卿은 여기의 寂은 ≪周易≫ 〈繫辭上傳〉에서 "易은 생각함도 없고 행위함도 없어서 고요히 움직이지 않다가 느낌이 오면 마침내 천하의 모든 일을 안다〔易无思也 无爲也 寂然不動 感而遂通天下之故〕."라고 했을 때의 寂과 같은 뜻이라고 했고, 漠은 〈應帝王〉편 제3장의 "그대가 마음을 담담한 곳에 노닐고, 기를 적막한 곳에 부합시킨다〔汝遊心於淡 合氣於漠〕."할 때의 漠과 같은 뜻이라고 했다. 無爲는 〈逍遙遊〉편 제5장 이래로 用例가 많다. 이하의 문장은 〈刻意〉편에도 거듭 나온다(池田知久).

2) 天地之平 : 천지자연의 기준. 馬叙倫은 "살펴보건대 平字는 〈刻意〉편에는 本자로 표기되어 있다. 요즘의 판본에는 잘못 平자로 표기되어 있는데 마땅히 〈刻意〉편을 따라야 할 것이다. 하문에 '夫虛靜恬寂漠無爲者 萬物之本也'라고 된 것이 그 증거이다. 平자와 本자는 글자의 모양과 발음이 비슷해서 잘못 전해진 것이다〔案平刻意篇作本 今本誤作平當從之 下文曰 夫虛靜恬寂漠無爲者 萬物之本也 是其證 平本形聲相近而譌〕."라고 했고 陳鼓應도 같은 견해를 제시했다. 하지만 池田知久의 주장처럼 앞장의 '平中准(準)'을 이어서 말한 것(焦竑)이므로 平자로 보는 것이 타당하다.

3) 道德之至 : 도덕의 지극함. 지극한 도덕, 최상의 도덕이라는 뜻. 郭慶藩은 "至는 質과 같다. 至는 實質이라는 뜻이니 〈刻意〉편에는 올바르게 質자로 표기되어 있다〔至與質同 至 實 刻意篇正作道德之質〕."라고 하여 至자를 質자로 보아야 한다고 주장했고, 王念孫, 奚侗, 馬叙倫, 王叔岷, 陳鼓應 등이 이 견해를 따르고 있지만 呂惠卿이 "至는 다시 더 보탤 수 없음을 말함이다〔至則無以復加之謂也〕."라고 한 것처럼

최상의 도덕이라는 뜻으로 보는 것이 적절하다. 池田知久도 이것을 定說로 보고 있다. 역시 池田知久에 의하면, 張君房본에는 至자 아래에 也자가 있으며 이 밖에도 也자가 붙어 있는 인용문이 있다(劉文典, 王叔岷).

4) 帝王聖人休焉 : 제왕과 성인이 그곳에서 쉼. 成玄英은 "생각을 쉬고 마음을 쉬게 한다〔休慮息心〕."라고 풀이했고, 林希逸은 "休는 머문다는 뜻이다. 제왕과 성인의 마음이 이곳에 머묾을 말한 것이니 ≪大學≫에서 '止於至善'이라고 말한 것과 같다〔休止也 言帝王聖人之心止於此也 亦猶曰止於至善也〕."라고 풀이했는데 특이한 견해로 참고할 만하다.

5) 虛則實 : 마음이 비워지면 채워짐. 林希逸은 "비워지면 채워진다는 말은 바로 선가에서 이른바 참으로 빈 뒤에 有가 실재하게 된다고 한 것과 같다〔虛則實 卽禪家所謂眞空而後實有〕."라고 풀이했고, 陳鼓應도 같은 견해를 지지했다. 또 〈人間世〉편 제1장에 "道는 오직 마음을 비우는 곳에 응집된다〔唯道集虛〕."고 한 내용과 "비어 있는 방에 햇살이 비치니 吉祥은 고요한 곳에 머문다〔虛室生白 吉祥止止〕."라고 한 내용은 모두 비움과 도의 상관성에 관해 논의한 부분으로 참고할 만하다. 아울러 ≪老子≫ 제16장의 "허를 극진히 이루고 고요함을 독실하게 지킨다〔致虛極 守靜篤〕."라고 한 내용도 참고할 만하다.

6) 實者倫矣 : 채워지면 차례가 갖추어짐. '者'는 우리말의 '…하면'에 해당한다. 馬叙倫은 "者는 則으로 읽어야 한다〔者 讀爲則〕."라고 했는데 앞뒤의 맥락이 조건과 결과에 해당하는 내용이므로 타당한 견해라 할 수 있다. 奚侗은 "요즘 판본에는 備자가 倫자로 표기되어 있고 ≪莊子闕誤≫에서 인용한 江南 古藏本에는 倫자가 備자로 표기되어 있는데 備자로 보는 것이 의미상 더 좋다〔備今本作倫 闕誤引江南古藏本倫作備 於義爲長〕."라고 풀이했다. 또 劉文典은 " '實者備矣'는 아래의 '動則得矣'와 협운이다. 備자가 모양이 비슷해서 倫자로 와전되었다〔實者備矣 與下動則得矣爲韻 備以形近譌爲倫〕."라고 풀이했는데 적절한 견해이다. 한편 池田知久는 倫자가 陳景元의 ≪莊子闕誤≫에서 인용한 江南古藏本에 備로 표기되어 있고 奚侗, 馬叙倫, 劉文典, 王叔岷 등이 지지하지만 잘못이라 하고 郭象이 '理'의 뜻으로 풀이한 것이 옳으며, 또 者자도 奚侗은 則의 誤字라 하고 馬叙倫은 則의 假借라 하고 王叔岷은 者는 則과 같다고 했지만 글자 그대로 읽는 것이 옳다고 주장했는데 참고로 밝혀 둔다.

虛則靜하고 **靜則動**이니 **動則得矣**[1)]니라 **靜則無爲**하니 **無爲也則任事者 責矣**[2)]니라 **無爲則兪兪**[3)]니 **兪兪者**는 **憂患**이 **不能處**라 **年壽 長矣**[4)]니라

마음을 비우면 고요해지고 고요하면 움직이게 될 것이니 움직이면 바라는 것을 얻게 될 것이다. 고요하면 무위하게 될 것이니 무위하게 되면 일을 담당한 자들이 책임을 완수할 것이다. 무위하게 되면 즐겁게 될 것이니 즐겁게 되면 근심 걱정이 머물 수 없는지라 수명이 길어질 것이다.

【역주】

1) 動則得矣 : 움직이면 얻게 됨. 움직이면 바라는 것을 얻게 될 것이라는 뜻. 則자가 者자로 된 인용문이 있다(馬叙倫).

2) 無爲也則任事者 責矣 : 무위하게 되면 일을 담당한 자들이 책임을 완수할 것임. 군주가 무위하게 되면 신하들이 일을 책임지고 처리할 것이라는 뜻. 반대로 하면 신하들이 일을 책임지지 않고 군주에게 떠넘기게 되므로 일이 제대로 이루어지지 않는다는 맥락이다. 成玄英은 "이것은 주상이 무위하면 신하가 일을 담당하여 처리하는 것이다. 그 때문에 군주는 면류관의 술을 드리우고 바라보기만 할 뿐 관여하지 않는 것이다〔斯則主上無爲 而臣下有事 故冕旒垂目而不與焉〕."라고 풀이했다. 이 부분의 주장에 대해 池田知久는, 福永光司와 赤塚忠이 말하고 있는 것처럼 ≪韓非子≫ 〈主道〉편에서 "명군이 위에서 무위하면 여러 신하들이 아래에서 두려워할 것이니 명군의 도리는 지혜로운 자로 하여금 생각을 다하게 하고 …… 현자로 하여금 재능을 다하게 하는 것이다〔明君無爲於上 群臣竦懼乎下 明君之道 使智者盡其慮……賢者勅其材〕."라고 한 내용과 아주 가깝다고 하고 있다. 그렇다면 이것은 池田知久의 지적처럼 法家로부터 역수입한 권모술수적인 無爲思想이라 할 수도 있을 것이다.

3) 兪兪 : 즐거운 모양. 愉愉와 같다. 陸德明은 ≪廣雅≫를 인용하여 기뻐하는 모습〔喜〕으로 풀이했다. 焦竑은 "兪兪는 곧 愉愉이다〔兪兪卽愉愉〕."라고 했고, 兪樾도 兪를 愉의 假借라 했다. 林雲銘도 마찬가지.

4) 憂患不能處 年壽長矣 : 근심 걱정이 머물 수 없는지라 수명이 길어질 것임. 〈天

地〉편 제6장에서 "세 가지 근심이 이르지 않아 몸이 늘 해로움이 없을 것〔三患莫至 身常無殃〕."이라 한 것과 유사한 표현이며, 朱得之가 "우환이 그 몸에 들러붙지 못한다〔憂患不能沾惹於其身也〕."라고 풀이한 것이 적절하다(池田知久). 處는 머문다는 뜻.

夫虛靜恬淡하며 **寂漠無爲者**는 **萬物之本也**라 **明此**하야 **以南鄕**[1]하닌 **堯之爲君也**요 **明此**하야 **以北面**하닌 **舜之爲臣也**[2]라

以此로 **處上**하닌 **帝王天子之德也**요 **以此**로 **處下**하닌 **玄聖素王之道也**[3]라 **以此**로 **退居而閒游**하면 **江海山林之士服**[4]이오 **以此**로 **進爲而撫世**하면 **則功大名顯而天下一也**[5]리라

靜而聖이오 **動而王**[6]이오 **無爲也而尊**이오 **樸素而天下 莫能與之爭美**[7]하나니라

마음을 비우고 고요함을 지키고 편안하고 담백하며 적막하면서 하는 일이 없는 것은 만물의 근본이다. 이것을 분명히 알아서 남쪽을 바라보며 천하를 다스린 것이 요의 임금 노릇이었고, 이것을 분명히 알아서 북쪽을 바라보고 임금을 섬긴 것이 순의 신하 노릇이었다.

이것을 가지고 윗자리에 머무는 것이 제왕과 천자의 덕이고, 이것을 가지고 아래에 머무는 것이 깊은 덕을 가진 성인과 왕위 없는 왕자의 도리이다. 이것을 가지고 물러나 머물면서 한가로이 노닐면 강과 바다 산림 속에 숨어 사는 은자들까지 심복할 것이고, 이것을 가지고 나아가 세상 사람들을 어루만지면 공명이 크게 드러나 천하가 통일될 것이다.

고요히 멈추어 있으면 성인이 되고 움직이면 제왕이 되고 무위하면 존중받고 자연 그대로의 소박을 지키면 천하에서 아무도 그와 아름다움을 다툴 수 없을 것이다.

【역주】

1) 明此以南鄕 : 이것을 분명히 알아서 남쪽을 바라보며 천하를 다스림. 南鄕은 남쪽

을 바라봄. 南面과 같다. 鄕은 向과 통하는데 여기서는 面과 같다. 南面은 군주로서 남쪽을 바라보면서 천하를 다스린다는 뜻이다. 이어지는 北面과 반대의 뜻으로 北面은 신하로서 군주를 섬긴다는 뜻이다.

2) 舜之爲臣也 : 舜의 신하 노릇 함이었다. 신하 노릇을 무위로 한다는 것은 군주는 무위를 행하고 신하는 유위한다는 일반적인 원칙과 맞지 않는다. 이 때문에 王叔岷은 '舜이 비록 유위해야 하는 신하의 자리에 있었지만 그 또한 무위의 도를 밝혔음을 말한 것'이라고 했는데 본문의 맥락은 신하의 역할을 강조한 것이라기보다는 舜 또한 고대의 제왕으로 간주하고 무위의 도리를 밝힌 주체의 예로 든 것이라고 보는 것이 타당하다.

3) 玄聖素王之道也 : 깊은 덕을 가진 성인과 왕위 없는 왕자의 도리임. 玄聖은 깊은 덕을 가진 성인, 여기서는 노자를 지칭한다. 素王은 왕의 지위가 없지만 왕자의 덕을 가진 사람, 여기서는 공자를 지칭한다. 成玄英은 "老子와 孔子가 이에 해당한다〔老君 尼父是也〕."라고 풀이했다. 王先謙은 "소왕과 십이경 따위의 말은 漢代 사람들의 말이다〔素王十二經 是漢人語〕."라고 했는데, 王叔岷은 다시 한대의 사람들 또한 근본으로 삼은 것이 있었고 전국시대 말기에 나온 말이라고 추정하면서 《鶡冠子》 〈王鈇〉편에 나오는 "소황과 내제의 법도에 견준다〔比素皇內帝之法〕."는 말을 인용하면서 素皇이 곧 素王이라고 주장했는데 남다른 견해이기 때문에 밝혀 둔다.

4) 以此退居而閒游 江海山林之士服 : 이것을 가지고 물러나 머물면서 한가로이 노닐면 강과 바다 산림 속에 숨어 사는 은자들까지 심복할 것임. 江海山林之士는 은자들을 지칭한다. 服은 心服 또는 承服으로 진심으로 복종한다는 뜻이다.

5) 以此進爲而撫世 則功大名顯而天下一也 : 이것을 가지고 나아가 세상 사람들을 어루만지면 공명이 크게 드러나 천하가 통일될 것임. 進爲는 나아가 벼슬한다는 뜻이다. 天下一은 천하가 통일된다는 뜻이다. 撫世는 세상 사람들을 어루만진다는 뜻으로 곧 백성들을 다스림을 말한다.

6) 靜而聖 動而王 : 고요히 멈추어 있으면 성인이 되고 움직이면 제왕이 됨. 〈天下〉편에 나오는 '內聖外王'의 뜻으로 보는 것이 간명하다. 而자는 모두 則자와 같이 쓰였다. 우리말 '…하면'에 해당한다.

7) 樸素而天下 莫能與之爭美 : 자연 그대로의 소박을 지키면 천하에서 아무도 그와 아름다움을 다툴 수 없음. 《老子》 제32장에 나오는 "樸은 비록 하찮은 것이지만 천

하에서 누구도 그를 신하로 삼을 수 없다〔樸雖小 天下莫能臣也〕."는 내용과 유사한 표현이다(王叔岷).

第3章

夫明白於天地之德者는 此之謂大本大宗[1)]이니 與天和者也요 所以均調天下는 與人和者也[2)]라 與人和者를 謂之人樂이요 與天和者를 謂之天樂[3)]이니라

천지의 덕을 분명히 아는 것, 이것을 일러 큰 근본〔大本〕이라 하고 큰 종주〔大宗〕라 하니 하늘과 조화된 자이고 천하를 고르게 다스리는 것은 사람들과 조화된 자이다. 사람들과 조화된 것을 사람의 즐거움이라 하고 하늘과 조화된 것을 하늘의 즐거움이라 한다.

【역주】

1) 大本大宗 : 큰 근본과 큰 종주. 제2장의 '萬物之本'과 같다. 〈寓言〉편에도 "대본에서 재능을 받는다〔夫受才乎大本〕."라고 한 대목이 있다. 林希逸은 〈大宗師〉편 제1장에 나오는 '自本自根'과 같은 뜻이라고 풀이했다. 大本, 大宗, 萬物之本 등의 표현은 모두 궁극적인 근거라는 점에서 도의 근원성을 나타내는 말로 이해할 수 있다. 林希逸이 말하는 〈大宗師〉편의 自本, 自根도 마찬가지이다.

2) 與天和者也 所以均調天下 與人和者也 : 〈대본과 대종은〉 하늘과 조화된 자이고 천하를 고르게 다스리는 것은 사람들과 조화된 자이다. 與天和, 與人和는 제6장에 나오는 天之合, 人之合과 같다(林希逸). 또 〈人間世〉편 제1장과 〈大宗師〉편 제1장의 '與天爲徒'와 '與人爲徒'와 유사한 의미이다(林希逸, 林雲銘). 均은 成玄英이 平으로 풀이한 것을 따라 '고르게 다스린다'는 뜻으로 보는 것이 적절하다. 與天和와 與人和의 관계에서는 郭象이 "하늘을 따르는 것이 사람들에게 호응하는 방법이다. 그 때문에 천화가 지극해지면 인화 또한 극진해진다〔夫順天所以應人也 故天和至而人和盡也〕."라고 한 풀이가 적절하다.

3) 謂之天樂 : 하늘의 즐거움이라 일컬음. 다음 편인 〈天運〉편 제3장에도 '天樂'이라는 말이 보인다(池田知久).

莊子曰[1]吾師乎여 吾師乎여 䪢萬物而不爲戾[2]하며 澤及萬世而不爲仁하며 長於上古而不爲壽[3]하며 覆載天地하며 刻彫衆形而不爲巧하니 此之謂天樂이니라

장자가 말했다. "나의 스승이시여, 나의 스승이시여, 만물을 산산이 조각내면서도 스스로 사납다고 여기지 않으며, 은택이 萬世에 미쳐도 스스로 어질다 여기지 않으며, 아득히 먼 上古보다도 더 오래 되었으면서도 스스로 長壽했다고 여기지 않으며, 하늘과 땅을 덮어 주고 실어 주며 뭇 사물의 모양을 새기고서도 스스로 기술이 뛰어나다고 여기지 않으니 이것을 일컬어 자연의 즐거움〔天樂〕이라고 한다."

【역주】

1) 莊子曰 : 이 이하의 인용문은 〈大宗師〉편 제6장에 許由가 意而子에게 말한 말로 나와 있음. 그것을 '莊子曰'이라고 하고 있는데 池田知久는 이 '莊子'는 인명이 아니고 書名으로 보아야 할 것이라고 하고 있다. 그는 또한, 그렇다면 이 장의 작자는 이미 성립되어 있었던 원래의 ≪莊子≫를 보았다는 말이 된다고 하고 있다.

2) 䪢(제)萬物而不爲戾 : 만물을 산산이 조각내면서도 스스로 사납다고 여기지 않음. 즉 만물을 산산이 조각내어 差別 지우면서도 스스로를 포학하다고 여기지 않는다는 뜻이다. 錢穆은 〈大宗師〉편 제6장에 '不爲義'로 표기되어 있는 것을 근거로 戾자를 義자로 고치는 것이 옳다고 했지만 池田知久가 말한 것처럼 이 편의 작자는 〈大宗師〉편의 작자와 다르고 또 〈大宗師〉편의 해당 부분을 정확하게 이해하지 못하고 저술한 것으로 추정되기 때문에 '不爲戾'로 두는 것이 옳다. 陸德明도 戾를 사나움〔暴〕으로 풀이하였으며, 福永光司는 仁의 반대개념이라고 풀이했다.

3) 不爲壽 : 스스로 장수했다고 여기지 않음. 〈大宗師〉편에는 壽자가 老자로 표기되어 있다(池田知久).

故로 曰 知天樂者는 其生也에 天行이오 其死也에 物化하며 靜而與陰으로 同德하고 動而與陽으로 同波[1]니 故로 知天樂者는 無天怨하며 無人非하며 無物累하며 無鬼責[2]이니

그 때문에 이렇게 말한다. "자연의 즐거움〔天樂〕을 아는 사람은 살아 있을 적에는 자연〔天〕과 함께 움직이고 죽어서는 사물과 동화되며 고요할 적에는 陰氣와 德을 함께하고 움직일 때에는 陽氣와 파동을 함께한다. 그 때문에 자연의 즐거움〔天樂〕을 아는 사람은 하늘의 원망을 받지도 않고 사람의 비난을 받지도 않고 사물의 얽매임도 받지 않고 귀신의 책망도 받지 않는다."

【역주】

1) 故曰 知天樂者 其生也天行 其死也物化 靜而與陰同德 動而與陽同波 : 그 때문에 "자연의 즐거움〔天樂〕을 아는 사람은 살아 있을 적에는 자연〔天〕과 함께 움직이고 죽어서는 사물과 동화되며 고요할 적에는 陰氣와 德을 함께하고 움직일 때에는 陽氣와 파동을 함께한다."라고 말함. 故曰은 "그 때문에 古人도 이렇게 말한다."로 번역할 수도 있으나, 그럴 경우에는 古人의 말은 '與陽同波'에서 끝난다. 아래 문장에 또 보이는 '故曰'도 "그래서 古人은 말하기를"로 볼 수도 있다. 〈刻意〉편 제2장과 ≪淮南子≫ 〈精神訓〉편에도 같은 내용이 보인다(池田知久). 天行은 자연의 운행, 褚伯秀는 '자연스러운 운동〔自然運動〕'이라고 풀이했다. ≪周易≫ 乾卦의 象傳에도 "하늘의 운행은 건실하다〔天行 健〕."라고 하여 天行이 보인다. '物化'는 〈齊物論〉편 제6장의 내용과 같다(陸樹芝, 池田知久). 同波는 林希逸이 "함께 유행함이다〔同流也〕."라고 풀이한 것이 참고가 될지 모르겠다(池田知久). 좀 더 풀어서 해설을 하면, 죽어서 사물과 동화한다는 物化는 만물의 하나로서 生成變化의 理法에 그대로 맡긴다는 뜻이 되고 物體轉生에 그대로 따른다는 뜻이기도 하다. 또한 與陽同波는 밖으로 작용하여 움직일 때에는 動과 剛의 원리인 陽의 氣와 그 물결, 그 파동을 함께한다는 뜻이다.

2) 無天怨 無人非 無物累 無鬼責 : 하늘의 원망을 받지도 않고 사람의 비난을 받지도 않고 사물의 얽매임도 받지 않고 귀신의 책망도 받지 않음. 〈刻意〉편 제2장에도 보이는데 怨자가 災자로 표기되어 있다. '無天怨 無人非'는 ≪論語≫ 〈憲問〉편의 '不怨天 不尤人'과 같은 뜻으로 해석하는 주석가(林希逸, 宣穎, 阮毓崧)들이 많지만 ≪論語≫의 경우는 '하늘'과 '다른 사람'이 원망을 받는 대상이지만, 여기는 반대로 '하늘'과 '다른 사람'이 원망하고 비난하는 주체이기 때문에 옳지 않다. '無鬼責'은 〈天地〉편 제1장에 "無心의 경지에 도달하면 鬼神들까지도 感服한다〔無心得而鬼神

服〕."라고 한 것과 유사하고, 〈庚桑楚〉편에 "남의 눈에 띄지 않는 데서 不善을 저지르면 귀신이 잡아 죽인다〔爲不善乎幽閒之中者 鬼得而誅之〕."라고 한 내용과 관련이 있다(福永光司).

故로 曰 其動也는 天이오 其靜也는 地[1]**라 一心이 定而王天下**[2]**하며 其鬼 不祟하고 其魂이 不疲**[3]**라 一心이 定而萬物이 服이라하니 言以虛靜으로 推於天地하며 通於萬物**[4]**이니 此之謂天樂이니 天樂者는 聖人之心에 以畜天下也**[5]**니라**

그래서 말하기를 "〈천지의 德을 밝게 아는 사람은〉 움직일 때에는 하늘과 같고 고요히 머물 때에는 땅과 같은지라 그 한 사람의 마음이 안정되어 천하를 왕으로 다스릴 수 있다. 그 精神(鬼와 魂)은 핑계를 대지 아니하고 게으르지 않은지라 그 한 사람의 마음이 안정되어 만물이 복종한다."고 하니 이것은 자기의 무심하고 고요한 마음을 하늘과 땅에까지 미루어 나가며 만물에 통하게 함을 말하는 것이다.

이것을 일컬어 자연의 즐거움〔天樂〕이라고 하는 것이니, 天樂이란 성인의 마음으로 천하 만물을 기르는 것이다.

【역주】

1) 其動也天 其靜也地 : 움직일 때에는 하늘과 같고 고요히 머물 때에는 땅과 같음. 郭象은 "움직임과 고요함이 비록 다르지만 무심하기는 마찬가지이다〔動靜雖殊 無心一也〕."라고 풀이하여 하늘과 땅을 모두 무심한 존재로 이해하였다. 成玄英도 "천지로 동정에 무심하다는 뜻을 마무리했다〔天地以結動靜無心之義也〕."라고 풀이하여 같은 맥락으로 이해하였다. 呂惠卿은 "하늘의 움직임은 아무런 목적 없이 무위로 움직이는 것이고……땅의 고요함은 아무런 목적 없이 무위로 고요한 것이다〔天之動 則無爲而動者也……地之靜 則無爲而靜者也〕."라고 풀이했는데 역시 같은 맥락이다.

2) 一心定而王天下 : 한 사람의 마음이 안정되어 천하를 왕으로 다스릴 수 있음. 王天下는 以王治天下의 줄임. 곧 왕으로 천하를 다스린다, 천하에 왕 노릇 한다는 뜻. '一心定而天地定'이라고 표기된 판본도 있다. 이 때문에 武延緖는 '王'자는 '正'자가

와전된 것이고 뒤의 '天下' 또한 '天地'가 잘못된 것이라고 했는데 嚴靈峯과 陳鼓應 등이 이 견해를 지지하지만 확증은 없다. 池田知久에 의하면, 〈天地〉편 제1장의 "하나〔道〕에 통달하면 만사가 모두 잘 이루어진다〔通於一而萬事畢〕."라고 한 기록, ≪管子≫ 〈心術 下〉편의 "하나를 붙잡아서 잃어버리지 않으면 만물을 다스릴 수 있다〔執一而不失 能君萬物〕."라고 한 기록, 〈內業〉편의 "한마디 말이 적중하여 천하가 복종하고 한마디 말이 안정되어 천하가 따른다〔一言得而天下服 一言定而天下聽〕."라고 한 기록들과 거의 동시대〔前漢〕의 기록으로 추정된다.

3) 其鬼不祟(수) 其魂不疲 : 그 精神(鬼와 魂)은 핑계를 대지 아니하고 게으르지도 않음. 祟는 핑계. 병으로 보는 견해나 재앙으로 보는 견해가 있지만 정신과 관련된 문제를 표현하기에는 다소 지나친 견해들이며 疲자와 함께 정신적 나태함을 드러내는 표현으로 보는 것이 옳다. '其鬼不祟'는 池田知久의 지적처럼 위 문장의 '無鬼責'과 같이 귀신의 재앙으로 풀이하는 것이 成玄英 이래의 정설이지만 뜻이 중복되므로 적절치 않다. 〈刻意〉편 제2장에도 "그 정신이 순수하고 그 혼이 쉬지 않는다〔其神純粹 其魂不罷〕."라고 한 내용이 있으며, ≪淮南子≫ 〈精神訓〉편에도 "정신이 담담히 다함이 없어서 다른 사물과 함께 흩어지지 않으면 천하가 저절로 복종할 것이다〔精神澹然無極 不與物散 而天下自服〕."라고 한 내용이 있으므로 鬼와 魂은 모두 聖人의 精神을 말하는 것으로 보는 것이 적절하다. 따라서 林希逸이 "鬼라 하고 魂이라 한 것은 바로 정신이다〔曰鬼曰魂 卽精神是也〕."라고 한 것을 따라 번역하였다. 〈刻意〉편에도 '精神不倦'이란 말이 보인다(林希逸).

4) 以虛靜 推於天地 通於萬物 : 무심하고 고요한 마음을 하늘과 땅에까지 미루어 나가며 만물에 통하게 함. 〈天地〉편 제1장에 "천지 사이에 널리 通하는 것은 德이고 만물 가운데에서 널리 작용하는 것은 천지자연의 도이다〔通於天地者 德也 行於萬物者 道也〕."라고 한 기록이 있다(福永光司). 通於萬物의 物자에 也자가 붙어 있는 인용문이 있다(王叔岷).

5) 天樂者 聖人之心 以畜天下也 : 天樂이란 성인의 마음으로 천하 만물을 기르는 것임. '畜'은 '기르다'는 뜻으로 養과 같다. 이상의 내용에 관해서는 장자의 사상과 어긋난다는 지적이 고래로 많았다. 宋代의 歐陽修는 "이상의 내용은 모두 莊子 같지 않다."라고 했고(劉鳳苞, ≪南華雪心編≫, 吳汝綸, ≪莊子點勘≫), 王夫之는 ≪莊子解≫에서 "이 편의 주장은 장자의 지향과 서로 부합하지 않는 것이 있고 단지 노

자가 고요함을 지킨다고 한 말을 따라 부연하고 있는데 그렇다고 노자와 다 부합하는 것도 아니다. 아마도 진한 시기의 황로술을 가지고 군주에게 알아주기를 구한 자가 저술한 것 같다〔此篇之說 有與莊子之旨迥不相侔者 特因老子守靜之言而演之 亦未盡合於老子 蓋秦漢間學黃老之術以干人主者之所作也〕."라고 했는데 일찍부터 이 편의 저작자에 대한 설득력 있는 견해를 제시하고 있다. 王夫之는 계속해서 "無爲를 君道라 하고 有爲를 臣道라 한 것은 道를 둘로 쪼갠 것이다. 또 이미 유위를 신도라 해 놓고 다시 '이것을 분명히 알아서 남쪽을 바라보며 천하를 다스린 것이 요의 임금 노릇이었고 이것을 분명히 알아서 북쪽을 바라보고 임금을 섬긴 것이 순의 신하 노릇이었다.'고 했으니 스스로 모순된다……절대 장자의 글이 아닐 뿐만 아니라 또 장자를 잘 배운 자가 모방해서 지은 것도 아니니 독자들은 마땅히 구분해야 할 것이다〔……以無爲爲君道 有爲爲臣道 則剖道爲二 且既以有爲臣道矣 又曰 以此南鄉 堯之爲君也 以此北面 舜之爲臣也 則自相刺謬…定非莊子之書 且非善爲莊子者之所擬作 讀者所宜辨也〕."라고 비판했다. 王夫之는 또 이 문단 뒤에 다음과 같이 평했다. "그 뜻은 병형, 법도, 예악은 아랫사람에게 맡겨서 분수에 편안하고 명법을 지켜서 공과를 자세하게 고찰하는 것이니 이것은 형명가의 말이자 호해와 독이의 술책이니 이런 뜻을 본받는 것은 장자의 뜻이 아니다〔其意以兵刑法度禮樂委之於下 而安分守執名法以原省其功過 此刑名家之言 而胡亥督責之術 因師此意 要非莊子之旨〕." 또 胡文英은 ≪莊子獨見≫에서 "의론이 자못 한비자, 신도의 근본 취지와 비슷하다〔議論頗似韓非愼到根底〕."라고 했고, 錢穆은 ≪莊子纂箋≫에서 "이는 말세의 유생들이 한 말일 뿐이니 어찌 참으로 장자의 말이겠는가〔此皆晩世儒生語耳, 豈誠莊生之言哉〕."라고 했으며, 關鋒도 ≪莊子外篇初探≫에서 "여기에 표현된 사상은 윤문자와 완전하게 일치한다……이것은 이미 노자나 장자 일파의 주장이 아니며 또한 유가의 주장도 아니다〔這裏所表述的思想和尹文子完全一致……這既不是老子或莊子一派的主張 也不是儒家的主張〕."라고 했다. 또 李勉은 ≪莊子總篇及分篇評注≫에서 "존비와 선후를 따지는 말은 자못 노장의 뜻과 비슷하지 않다〔尊卑先後之言 則頗不類老莊之旨〕."라고 하였다. 심지어 陳鼓應은 이 아래의 '夫帝王之德'에서부터 '非上之所以畜下也'까지는 莊子학파의 사상에 어긋나므로 이 몇 문단은 삭제하는 것이 마땅하다고까지 주장하였다.

第4章

夫帝王之德은 以天地로 爲宗하고 以道德으로 爲主하고 以無爲로 爲常[1]하나니 無爲也則用天下而有餘하고 有爲也則爲天下用而不足하나니 故로 古之人은 貴夫無爲也하더니라 上이 無爲也어든 下 亦無爲也하면 是는 下 與上으로 同德[2]이니 下 與上으로 同德則不臣이니라 下 有爲也어든 上이 亦有爲也하면 是는 上이 與下로 同道[3]이니 上이 與下로 同道則不主니라 上必無爲하야 而用天下하고 下必有爲하야 爲天下用이 此 不易之道也[4]니라 故로 古之王天下者는 知 雖落天地하야도 不自慮也[5]하며 辯이 雖彫萬物하야도 不自說也[6]하며 能이 雖窮海內하야도 不自爲也[7]하니라 天이 不産而萬物이 化하며 地 不長而萬物이 育[8]하며 帝王이 無爲라 而天下功[9]이니 故로 曰 莫神於天하며 莫富於地하며 莫大於帝王[10]이라하며 故로 曰 帝王之德이 配天地[11]라하나니 此 乘天地하며 馳萬物而用人羣之道也[12]니라

대저 제왕의 德은 天地를 근본으로 삼고 道德을 중심으로 삼고 無爲를 영원한 법칙으로 삼는다. 無爲하게 되면 천하 만민을 마음대로 부려서 넉넉하게 되고 有爲하게 되면 천하 만민을 위해 부림을 당하게 되어 부족하게 된다. 그 때문에 옛사람은 無爲를 중시했던 것이다. 윗사람이 무위한다고 해서 아랫사람 또한 무위하게 되면 이는 아랫사람이 윗사람과 德을 함께하는 것이니 아랫사람이 윗사람과 덕을 함께하면 신하 노릇을 할 수 없다. 아랫사람이 유위한다고 해서 윗사람 또한 유위하게 되면 이는 윗사람이 아랫사람과 道를 함께하는 것이니 윗사람이 아랫사람과 도를 함께하면 군주 노릇을 할 수 없다. 윗사람은 반드시 무위해서 천하의 사람들을 부리고 아랫사람은 유위해서 천하를 위해 일하는 것, 이것이 바꿀 수 없는 道이다. 그 때문에 옛날 왕으로 천하를 다스린 사람은 비록 天地를 다 망라할 정도의 지식을 가지고 있다 하더라도 스스로 생각하지 않았으며, 비록 만물을 두루 다 논할 정도의 말재주를 가지고 있다 하더라도 스스로 말하지 않았으며, 비록 사해 안의 모든 일을 맡아 처리할 능력을 가지고

있다 하더라도 스스로 일하지 않았다. 하늘이 스스로 낳지 않아도 만물이 저절로 化生하며 땅이 스스로 키워 주지 않아도 만물은 저절로 화육하며 제왕이 하는 일이 없어도 천하의 功業이 저절로 이루어진다.

그 때문에 말하길 "하늘보다 신묘한 것이 없고 땅보다 풍부한 것이 없고 제왕보다 위대한 것이 없다."라고 하는 것이다. 그래서 이르길 "제왕의 德은 天地에 짝한다."고 한 것이니 이것이 천지를 타고 만물을 몰아서 사람의 무리를 부리는 道이다.

【역주】

1) 夫帝王之德 以天地爲宗 以道德爲主 以無爲爲常 : 제왕의 德은 天地를 근본으로 삼고 道德을 중심으로 삼고 無爲를 영원한 법칙으로 삼음. 곧 제왕의 덕은 天과 地의 자연의 營爲를 근본으로 삼고, 거기에 존재하고 작용하는 道와 德을 중심으로 삼고 無爲를 불변의 법칙으로 삼는다는 뜻이다. 제2장의 "夫虛靜恬淡寂漠無爲者 天地之平而道德之至……以此處上 帝王天子之德也"를 받는 내용이다(呂惠卿). 또 〈天下〉편의 "以天爲宗 以德爲本 以道爲門 兆於變化 謂之聖人"과도 유사하다. 天地가 天下로 된 판본이 있다(馬叙倫).

2) 是下與上同德 : 이는 아랫사람이 윗사람과 德을 함께하는 것임. 이때의 德은 작용이란 뜻이니, 아랫사람과 윗사람이 같은 작용을 한다는 뜻이다. 德자 아래에 也자가 붙어 있는 인용문이 있다(劉文典).

3) 是上與下同道 : 이는 윗사람이 아랫사람과 道를 함께하는 것임. 道를 함께한다는 것은 같은 길을 걷는다는 뜻이다. 道자 아래에 也자가 붙어 있는 인용문이 있다(劉文典).

4) 上必無爲而用天下 下必有爲 爲天下用 此不易之道也 : 윗사람은 반드시 無爲해서 천하의 사람들을 부리고 아랫사람은 有爲해서 천하를 위해 일하는 것, 이것이 바꿀 수 없는 道이다. 제2장에서 "무위하게 되면 일을 담당한 자들이 책임을 완수할 것이다〔無爲也則任事者 責矣〕."라고 한 것, 〈在宥〉편 제7장에서 "아무런 작용 없이 존귀한 것은 천도이고 인위적으로 움직여서 번거롭게 얽매이는 것이 인도이다. 군주는 천도를 실천해야 하는 자이고 신하는 인도를 실천해야 할 자이다〔無爲而尊者 天道也 有爲而累者 人道也 主者天道也 臣者人道也〕."라고 한 것과 같은 맥락의

주장이다(呂惠卿). 이 밖에 ≪呂氏春秋≫, ≪韓非子≫, ≪管子≫ 등에 類似한 思想이 보이며 법가의 중심 주장임은 福永光司와 赤塚忠이 말한 것과 같다(池田知久). 池田知久는 또한 "제4장의 이 '無爲'는 제왕의 무위에 의해 신하·만민이 '無不爲(有爲)'한다고 하는 法家流의 刑名參同의 政術로 변질되어 버린 것이다. 여기에는 이미 哲學은 없다. 그리고 道家의 장래도 없다."까지 말하고 있다.

5) 知雖落天地不自慮也 : 비록 天地를 다 망라할 정도의 지식을 가지고 있다 하더라도 스스로 생각하지 않음. 천지 사이의 만물을 망라할 정도로 지식이 넓어도 스스로 생각하지 않는다는 뜻. 落은 絡의 뜻으로 '망라하다, 포괄하다'의 뜻. 落자는 洛 또는 絡으로 표기된 인용문이 있는데(馬叙倫) 세 글자는 통한다(王叔岷). ≪淮南子≫ 〈俶眞訓〉편에서 "지식은 천지 사이의 만물을 다하고…… 변론은 이어진 고리를 풀 수 있다〔智終天地……辯解連環〕."라고 한 말은 장자의 이 편에서 따온 것으로 추정된다. 王敔는 落을 "다함이다〔盡也〕."라고 풀이했는데 같은 뜻이다.

6) 辯雖彫萬物 不自說也 : 비록 만물을 두루 다 논할 정도의 말재주를 가지고 있다 하더라도 스스로 말하지 않음. 彫자가 雕자로 표기된 인용문이 있다(馬叙倫). 成玄英이 "만물을 새겨서 꾸민다〔彫飾萬物〕."라고 한 풀이가 정설로 지지받았지만 근대의 章炳麟, 奚侗, 馬叙倫, 楊樹達 등이 周의 假借字라고 한 것이 간편하다. 辯雖彫萬物은 곧 辯雖周萬物, "비록 만물을 두루 다 논할 정도의 말재주를 가지고 있다 하더라도"의 뜻이 된다. ≪論語≫ 〈陽貨〉편에서 孔子가 "하늘이 무슨 말을 하던가. 하늘이 무슨 말을 하던가. 사계절이 운행되고 만물이 생성되지만 하늘이 무슨 말을 하던가〔天何言哉 天何言哉 四時行焉 百物生焉 天何言哉〕." 하고 말한 것과 같은 맥락의 주장이다.

7) 能雖窮海內 不自爲也 : 비록 사해 안의 모든 일을 맡아 처리할 능력을 가지고 있다 하더라도 스스로 일하지 않음. 窮자가 蓋자로 표기된 인용문이 있는데(王叔岷) 蓋자를 따르면 힘이 해내를 덮는다는 의미가 된다.

8) 天不産 而萬物化 地不長而萬物育 : 하늘이 스스로 낳지 않아도 만물이 저절로 化生하며 땅이 스스로 키워 주지 않아도 만물은 저절로 화육함. ≪老子≫ 제7장의 "천지가 장구할 수 있는 까닭은 스스로 낳지 않기 때문이니 그 때문에 장생할 수 있다〔天地所以能長且久者 以其不自生 故能長生〕."라고 한 내용과 유사한 맥락이다.

9) 帝王無爲 而天下功 : 제왕은 하는 일이 없지만 천하의 일이 저절로 이루어짐. 功은

일이 이루어진다는 뜻이다. 功자 밑에 成자가 붙어 있는 판본이 있고(王叔岷), 인용문도 있다(馬叙倫). 王念孫은 ≪爾雅≫를 인용하여 功자를 成자로 풀이했는데 타당한 견해이다(池田知久).

10) 莫神於天 莫富於地 莫大於帝王 : 하늘보다 신묘한 것이 없고 땅보다 풍부한 것이 없고 제왕보다 위대한 것이 없음. ≪老子≫ 제25장의 "道가 크고 하늘이 크고 땅이 크고 왕 또한 크다. 이 세상에 큰 것이 네 가지 있는데 그중에 왕이 하나를 차지한다〔道大 天大 地大 王亦大 域中有四大 而王居其一焉〕."라고 한 말과 유사한 맥락이다.

11) 帝王之德 配天地 : 제왕의 德은 天地에 짝함. 池田知久는 "〈天地〉편 제5장에 '配天' 이란 말이 나온다."라고 하고 있다.

12) 此乘天地 馳萬物 而用人羣之道也 : 이것이 천지를 타고 만물을 몰아서 사람의 무리를 부리는 道임. 此자가 없는 판본이 있다(馬叙倫). 逍遙遊편 제1장의 "천지의 바른 기를 탄다〔乘天地之正〕."라고 한 사상을 답습한 것이다(陸樹芝). 羣자가 君으로 표기된 인용문이 있다(劉文典). 用은 使役한다는 뜻(方勇・陸永品). ≪荀子≫ 〈榮辱〉편에 "무리 지어 살면서 하나로 조화시키는 도리〔群居和一之道也〕."라고 한 것과 유사한 맥락의 주장이다. ≪老子≫ 제68장의 "이것을 일러 다른 사람의 힘을 부린다고 하는 것이고 이것을 일러 하늘에 짝한다고 일컫는다〔是謂用人之力 是謂配天〕."라고 말한 내용과도 유사한 맥락이다(王先謙, 阮毓崧, 池田知久).

第5章

本은 在於上하고 末은 在於下[1])하며 要는 在於主하고 詳在於臣[2])이니 三軍五兵之運[3])은 德之末也요 賞罰利害五刑之辟[4])은 教之末也요 禮法度數[5])刑名比詳[6])은 治之末也요 鐘鼓之音과 羽旄之容은 樂之末也[7])요 哭泣衰絰隆殺之服[8])은 哀之末也[9])라 此五末者는 須精神之運하며 心術之動[10])한 然後에야 從之者也[11])니 末學者를 古人이 有之언마는 而非所以先也[12])니라

근본(無爲・天道)은 위에 있는 사람에게 있고 末節(末端・有爲・人道)은 아

래에 있는 사람에게 있으며 요점은 군주가 맡고 세세한 일은 신하에게 맡긴다. 三軍을 동원하고 五兵을 운용하는 전쟁은 德 가운데서도 末節에 해당하고 賞罰을 시행하고 이해득실을 따지고 五刑으로 사람을 처벌하는 것은 교화 가운데서도 말절에 해당한다. 禮法을 신분에 따라 차등적으로 규정하는 일과 관리의 성적을 엄격하게 조사하여 평가하는 일은 정치 가운데서도 말절에 해당한다. 종 치고 북 치는 음악과 새깃이나 짐승의 털로 장식한 화려한 춤은 樂 중에서도 말절에 해당한다. 哭泣과 喪服, 首絰, 腰絰 등을 차등적으로 규정하는 상례 제도는 슬픔의 표현 중에서도 말절에 해당한다. 이 다섯 가지 말절은 정신이 운행되고 심술이 작용하기를 기다린 뒤에야 따라가는 것이다. 이 같은 말절을 배우는 사람이 옛사람 가운데에도 있기는 했지만 〈이 말절의 학문은〉 다른 것에 우선하는 것은 아니다.

【역주】

1) 本在於上 末在於下 : 근본은 위에 있는 사람에게 있고 末節은 아래에 있는 사람에게 있음. 곧 근본은 위에 있는 사람이 장악하고 말절은 下位者가 취급한다는 뜻. 근본은 無爲, 곧 天道를 지칭한다. 말절은 말단, 곧 유위와 인도를 지칭한다. 李頤는 "本은 天道이고 末은 人道이다〔本 天道 末 人道也〕."라고 풀이했다. 成玄英은 "本은 道德이고 末은 仁義이다〔本 道德也 末 仁義也〕."라고 풀이했지만 적절치 않다. 林希逸이 "無爲를 근본으로 삼고 有爲를 말절로 삼음이다〔蓋以無爲爲本 以有爲爲末〕."라고 풀이한 것이 타당하다.

2) 要在於主 詳在於臣 : 요점(중요한 것)은 군주가 맡고 세세한 일은 신하에게 맡김. 成玄英은 "要는 간략함이고 詳은 번다함이다. 군주의 도는 편안하면서 간략하고 신하의 도는 수고로우면서 번잡하다. 번잡하기 때문에 有爲하면서 윗사람을 받들고 간편하기 때문에 無爲하면서 아랫사람을 부린다〔要 簡省也 詳 繁多也 主道逸而簡要 臣道勞而繁冗 繁冗 故有爲而奉上 簡要故無爲而御下也〕."라고 풀이했다.

3) 三軍五兵之運 : 三軍을 동원하고 五兵을 운용함. 곧 군대를 동원하여 전쟁하는 일을 말한다. 阮毓崧은 三軍에 대해 "주나라 제도는 1만2천5백 명이 軍이고 제후의 경우 대국은 삼군을 거느린다〔周制 萬二千五百人爲軍 諸侯大國三軍〕."라고 풀이했다. 五

兵에 대해서는 成玄英이 一弓, 二殳, 三矛, 四戈, 五戟으로 풀이했고, ≪周禮≫ 〈司兵〉의 鄭司農 注에서 "戈, 殳, 戟, 酋矛, 夷矛"라 했고, ≪春秋穀梁傳≫ 莊公 23년 조의 范注에서 "矛, 戟, 鉞, 楯, 弓矢"라고 하는 등 諸說이 일치하지 않는다(池田知久). 運은 成玄英이 동원함〔動〕으로 풀이한 것이 적절하다.

4) 五刑之辟 : 五刑으로 사람을 처벌하는 것. 辟은 罪. 여기서는 죄를 '처벌하다'는 뜻이다. 五刑은 成玄英이 "一劓, 二墨, 三刖, 四宮, 五大辟"이라고 풀이했다. 成玄英은 辟을 法이라고 풀이했는데 오형으로 처벌하는 법률의 뜻으로 본 듯하지만 간편하게 죄를 '처벌하다'는 뜻으로 보는 것이 무난하다.

5) 禮法度數 : 禮法을 신분에 따라 차등적으로 규정하는 일. 度數가 數度로 표기된 인용문이 있다(王叔岷). 數는 成玄英이 '계산함〔計算〕'이라고 풀이했지만 林希逸이 "度數는 차등적 규정이다〔度數 等差也〕."라고 풀이한 것이 적절하다. 〈天運〉편 제4장에도 '禮義法度'가 나온다(福永光司).

6) 刑名比詳 : 관리의 성적을 엄격하게 조사하여 평가하는 일. 池田知久에 따르면, 刑자는 形으로 된 판본이 있으나(王叔岷) 두 글자는 통용되므로(劉文典) 고칠 것(奚侗)까지는 없다. 刑名의 의미에 관해서는 ≪韓非子≫ 〈主道〉편에 "말을 하는 자는 저절로 이름이 있게 되고 일을 하는 자는 저절로 일의 실적이 있게 된다〔有言者自爲名 有事者自爲刑〕."라고 했으며(奚侗), ≪史記≫ 〈萬石張叔列傳〉의 '刑名言'의 ≪史記集解≫ 韋昭 注에 "형명에 관한 책이 있었으니 명실이 상부하기를 바란 것이다〔有刑名之書 欲令名實相副也〕."라고 했으며, ≪史記索隱≫에 인용된 劉向의 ≪別錄≫에는 "申不害의 학문을 刑名家라고 불렀으니 명칭을 따라 실질을 요구한 것이다〔申子學號曰 刑名家者 循名以責實〕."라고 한 내용을 참고할 만하다. 比詳은 비교해서 자세히 따져 본다는 뜻이다. 陸德明은 "비교해서 자세하게 살핌이다〔比較詳審〕."라고 풀이했다. 成玄英도 같은 견해.

7) 鐘鼓之音 羽旄之容 樂之末也 : 종 치고 북 치는 음악과 새깃이나 짐승의 털로 장식한 화려한 춤〔羽旄로 장식한 舞樂의 아름다운 모습〕은 樂 중에서도 말절에 해당함. 羽旄는 成玄英이 "羽는 새깃이고 旄는 짐승의 털이다. 새와 짐승의 깃과 털을 채취하여 도구를 장식함을 말한 것이다〔羽者 鳥羽 旄者 獸毛 言采鳥獸之羽旄以飾其器也〕."라고 풀이한 것이 적절하다. 林希逸은 ≪論語≫ 〈陽貨〉편에서 "음악이다 음악이다 말들 하지만 종 치고 북 치는 것을 말하는 것이겠는가〔樂云樂云 鐘鼓云乎

哉〕." 하고 말한 것과 같은 의미로 풀이했는데 참고할 만하다.

8) 哭泣衰経 隆殺(쇄)之服 : 哭泣과 喪服, 首絰, 腰絰 등을 차등적으로 규정하는 상례 제도. 衰(최)자가 縗로 표기된 인용문이 있다(王叔岷). 馬叙倫은 衰는 縗자를 생략한 글자라 했고 殺(쇄)는 差의 가차자라 했는데 참고할 만하다. 成玄英은 隆殺를 "상례에 참최, 자최, 대공, 소공, 시마의 다섯 등급이 있음을 말한 것이니 곡읍하고 옷을 갖추어 입을 때 각기 차등적으로 낮춤이 있다〔言禮有斬衰・齊衰・大功・小功・緦麻五等 哭泣衣裳 各有差降〕."라고 풀이했다.

9) 哀之末也 : 슬픔의 표현 중에서도 말절에 해당함. 林希逸은 ≪論語≫ 〈八佾〉편에서 공자가 "상례는 절차가 잘 지켜지는 것보다는 차라리 슬퍼하는 것이 낫다〔喪與其易也寧戚〕."라고 한 것이나 〈陽貨〉편에서 "예다 예다 말들하지만 옥이나 폐백을 말하는 것이겠는가〔禮云禮云 玉帛云乎哉〕." 하고 말한 것과 같은 의미라고 부연했다.

10) 此五末者 須精神之運 心術之動 : 이 다섯 가지 말절은 정신이 운행되고 심술이 작용하기를 기다림. 須는 기다린다는 뜻으로 待와 같은데 須자가 없는 판본이 있다. 없어도 뜻은 통한다. '心術'은 ≪荀子≫ 〈非相〉편, 〈解蔽〉편, 〈成相〉편과 ≪管子≫의 〈七法〉편, 〈心術 上〉편 등에도 보이는 말이다(福永光司).

11) 然後從之者也 : 그런 뒤에야 따라가는 것임. '從之者也'의 '之'자가 없는 인용문이 있다(馬叙倫).

12) 末學者 古人有之 而非所以先也 : 말절을 배우는 사람이 옛사람 가운데에도 있기는 했지만 〈이 말절의 학문을〉 다른 것에 우선했던 것은 아님. 곧 근본의 학문은 아니었다는 뜻이다. 古人은 古之人으로 된 인용문이 있는데(馬叙倫, 王叔岷) 王叔岷은 古之人이 옳다고 하지만 그대로 두어도 괜찮다.

君先而臣從[1)]하며 父先而子從하며 兄先而弟從하며 長先而少從하며 男先而女從하며 夫先而婦從하나니 夫尊卑先後는 天地之行也[2)]라 故로 聖人이 取象焉[3)]하시니라 天尊地卑[4)]하니 神明之位[5)]也요 春夏 先하고 秋冬이 後하니 四時之序[6)]也라 萬物이 化作[7)]에 萌區 有狀[8)]하니 盛衰之殺는 變化之流也라 夫天地 至神[9)]호대 而有尊卑先後之序이온 而況人道乎따녀 宗廟에는 尙親[10)]하고 朝廷에는 尙尊하고

鄕黨에는 **尙齒**하고 **行事**에는 **尙賢**[11])하나니 **大道之序也**라

군주가 앞서고 신하는 뒤따르며 아버지가 앞서고 자식은 뒤따르며 형이 앞서고 아우는 뒤따르며 연장자가 앞서고 어린 사람은 뒤따르며 남자가 앞서고 여자는 뒤따르며 지아비가 앞서고 지어미는 뒤따른다. 尊卑의 차별과 先後의 순서가 있는 것은 천지자연의 운행 법칙이다. 그 때문에 聖人이 본보기를 취한 것이다. 하늘이 높고 땅이 낮은 것은 神明의 위계이고 봄과 여름이 먼저 오고 가을과 겨울이 뒤에 오는 것은 四時의 차례이다. 만물이 변화 발생함에 싹이 트고 순이 나는 모양은 여러 가지가 있으니 피었다가 시드는 차례가 있는 것은 변화의 흐름이다. 천지자연은 지극히 신묘한데도 尊卑先後의 서열이 있는데 하물며 人道이겠는가. 宗廟에서는 관계가 가까운 친척을 숭상하고 조정에서는 관작이 높은 이를 숭상하고 고을에서는 나이 많은 이를 숭상하고 일을 처리할 때에는 현인을 숭상하나니 이것이 大道의 서열이다.

【역주】

1) 君先而臣從 : 군주가 앞서고(먼저이고) 신하는 뒤따른다. 無爲와 有爲 사이의 本末 관계(무위는 本, 유위는 末)는 유위의 세계, 현실의 인간 사회 속에서도 본말 관계가 있다. 君先而臣從 이하의 본말 관계가 그 예이다.

2) 天地之行也 : 천지자연의 운행 법칙임. 천지자연의 운행의 모습이라 하여도 可하다. 〈德充符〉편 제4장에서 "사물의 변화이며 천명이 유행하는 것이다〔是事之變 命之行也〕."라고 한 내용과 유사한 의미이다(池田知久).

3) 聖人取象焉 : 聖人이 본보기를 취함. 성인이 천지자연의 모습을 본떠서 인간 사회의 서열을 세운 것을 의미한다. ≪周易≫ 〈繫辭上傳〉에 "하늘이 象을 드리워서 길흉을 나타냈는데 성인이 그것을 본받았다〔天垂象 見吉凶 聖人象之〕."라고 한 내용과 유사한 맥락이다(福永光司).

4) 天尊地卑 : 하늘은 높고 땅은 낮음. ≪周易≫ 〈繫辭上傳〉에 "하늘은 높고 땅은 낮으니 그것을 따라 건괘와 곤괘가 결정되고 높고 낮은 것을 진술하여 貴와 賤이 자리를 잡는다〔天尊地卑 乾坤定矣 卑高以陳 貴賤位矣〕."라고 했고, ≪禮記≫ 〈樂記〉편에서도 "하늘은 높고 땅은 낮으니 그것을 따라 군주와 신하가 결정되고 높고 낮은

것을 진술하여 貴한 사람과 賤한 사람이 자리를 잡는다〔天尊地卑 君臣定矣 卑高已陳 貴賤位矣〕."라고 한 내용이 있다.

5) 神明之位 : 신명의 위계. 神明은 人知를 초월한 靈妙한 진실의 세계를 의미한다.

6) 四時之序 : 사계절의 차례. ≪周易≫ 〈乾卦 文言傳〉에 "대인은 천지와 덕이 합치되고 일월과 밝음이 부합하며 사시와 차례가 부합하고 귀신과 길흉이 부합한다. 하늘보다 앞서 움직이면 하늘이 어기지 않고 하늘을 뒤따라 움직이면 하늘의 때를 받든다. 하늘조차 어기지 않는데 하물며 사람이며 하물며 귀신이겠는가〔夫大人者 與天地合其德 與日月合其明 與四時合其序 與鬼神合其吉凶 先天而天弗違 後天而奉天時 天且弗違 而況於人乎 況於鬼神乎〕."라고 한 것과 유사한 의미이다(馬叙倫). 이 외에 ≪管子≫ 〈版法解〉편과 ≪淮南子≫ 〈本經訓〉편, 〈泰族訓〉편 등에도 유사한 맥락이 보인다. 한편 馬叙倫은 ≪說文解字≫에서 "叙는 차례이다〔叙 次序也〕."라고 한 것을 따라 序자를 叙의 假借字로 보았는데 참고할 만하다.

7) 萬物化作 : 만물이 변화 발생함. 만물이 生成變化한다는 말이다. 池田知久는 이와 관련한 문장으로 ≪老子≫ 제37장에 "萬物將自化 化而欲作"이라는 글이 있음을 제시하고 있다. 그런데 萬物將自化의 自化에 대하여는 이것을 여기 ≪莊子≫ 〈天道〉편의 이 '萬物化作'과 같은 만물의 생성 변화의 뜻으로 취하는 주석도 있으나 '化'를 생성 변화보다는 德化, 感化를 의미하는 것으로 보는 것이 좋다는 주석도 있어, 이 경우에는 萬物化作과 상관이 없는 것이 되고 만다.

8) 萌區有狀 : 싹이 트고 순이 나는 모양은 여러 가지가 있음. 萌區는 모두 싹. 번역의 편의를 위해 萌은 싹, 區는 순으로 번역하였다. 池田知久에 의하면 ≪禮記≫ 〈樂記〉편에서는 "초목이 무성해지고 싹이 자라난다〔草木茂 區萌達〕."라고 했고, 〈月令〉편에는 "순이 다 나오고 싹이 다 자라났다〔句者畢出 萌者盡達〕."라고 했다. 區萌과 句萌은 같다(顧炎武). 馬叙倫은 區를 "초목이 땅 속에 있는 것을 말함이다〔謂草木之在地中者〕."라고 풀이했다. ≪管子≫ 〈五行〉편에도 "초목의 순과 싹〔草木區萌〕."이라는 내용이 보인다(楊樹達).

9) 天地至神 : 천지자연은 지극히 신묘함. 陳景元의 ≪莊子闕誤≫에 인용하는 張君房본에는 神의 아래에 矣가 있다. 또 也가 있는 인용도 있으나(王叔岷) 經文을 고치지 않고 그냥 그대로 둔다(池田知久).

10) 宗廟尙親 : 宗廟에서는 관계가 가까운 친척을 숭상함. 조상에게 제사를 올리는 종

묘에서는 친소 관계를 기준으로 상하를 결정한다는 뜻.

11) 朝廷尙尊 鄕黨尙齒 行事尙賢 : 조정에서는 관작이 높은 이를 숭상하고 고을에서는 나이 많은 이를 숭상하고 일을 처리할 때에는 현인을 숭상함. ≪孟子≫ 〈公孫丑下〉편에서 "조정에서는 작위만 한 것이 없고 향당에서는 연치만 한 것이 없고 세상을 돕고 백성을 다스리는 데에는 德만 한 것이 없다〔朝廷莫如爵 鄕黨莫如齒 輔世長民莫如德〕."라고 말한 것과 같은 맥락이다.

語道而非其序者는 非其道也[1]라 語道而非其道者는 安取道[2]리오 是故로 古之明大道者는 先明天而道德이 次之[3]하고 道德已明而仁義 次之[4]하고 仁義를 已明而分守 次之[5]하고 分守를 已明而刑名이 次之하고 刑名을 已明而因任이 次之[6]하고 因任을 已明而原省이 次之[7]하고 原省을 已明而是非 次之하고 是非를 已明而賞罰이 次之[8]하고 賞罰을 已明而愚智 處宜하며 貴賤이 履位[9]하며 仁賢不肖 襲情[10]하야 必分其能하며 必由其名[11]이니 以此로 事上하며 以此로 畜下[12]하며 以此로 治物하며 以此로 修身호대 知謀를 不用이오 必歸其天하니 此之謂大平이니 治之至也[13]니라

道에 대해 논하면서 그 차례에 맞지 않으면 마땅한 道가 아니다. 道에 대해 논하면서 그것이 마땅한 道가 아니라면 어떻게 道를 터득할 수 있겠는가.

이 때문에 옛날 大道를 밝게 알고 있었던 사람은 먼저 天을 밝히고 그 다음에 道와 德이 이어졌고 도와 덕을 이미 밝히고 난 뒤에 仁義가 이어졌고 인의를 이미 밝히고 난 뒤에 分守에 따라 지켜야 할 것을 밝혔고 분수에 따라 지켜야 할 것을 이미 밝히고 난 뒤에 刑名이 이어졌으며 형명을 이미 밝히고 난 뒤에 才能에 따라 일을 맡기는 일이 이어졌고 재능에 따라 일을 맡기는 일을 이미 밝히고 난 뒤에 안팎을 살핌이 이어졌고 안팎을 살피는 일을 이미 밝히고 난 뒤에 是非가 이어졌고 시비를 이미 밝히고 난 뒤에 賞罰이 이어졌고 상벌을 이미 밝히고 난 뒤에 어리석은 이와 지혜로운 이가 마땅한 평가를 받으며 귀하고

천한 사람이 마땅한 자리를 밟으며 어진 사람과 불초한 사람이 실정에 부합되어 반드시 그 능력에 맞게 일을 하고 반드시 이름에 걸맞게 행동하게 되니 이것을 가지고 윗사람을 섬기고 이것을 가지고 아랫사람을 기르며 이것을 가지고 남을 다스리고 이것을 가지고 자신을 수양하되, 지모를 쓰지 않고 반드시 자연의 도〔天〕에 돌아간다. 이것을 일러 大平이라고 하나니 이것이 바로 지극한 정치이다.

【역주】

1) 語道而非其序者 非其道也 : 道에 대해 논하면서 그 本末·先後의 차례에 맞지 않으면 마땅한 道가 아님. '語道'처럼 도를 말한다는 표현은 〈在宥〉편 제3장에서 "至道에 대해 말한다〔語至道〕."라고 한 경우가 이미 나왔고, 〈秋水〉편 제1장에도 "일부분만 아는 선비와는 도에 관해서 이야기할 수 없다〔曲士不可以語於道〕."라고 표현한 부분이 보인다(池田知久). 福永光司는 〈秋水〉편의 표현과 밀접한 관련이 있다고 주장했다. ≪大學≫에서 "물에는 본말이 있고 일에는 시종이 있으니 먼저 해야 할 것과 나중에 해야 할 것을 알면 道에 가깝다〔物有本末 事有終始 知所先後 則近道矣〕."라고 한 내용과 그 취지가 유사하다(赤塚忠, 池田知久).

2) 安取道 : 어떻게 道를 터득할 수 있겠는가. "道를 어디서 취할 수 있겠는가."도 可함. 陳景元의 ≪莊子闕誤≫에서 인용한 文如海본에는 道자 아래에 哉자가 붙어 있으며, 奚侗과 劉文典은 이것을 기준으로 哉자를 보충하고 있으나 그대로 두어도 괜찮다. 林希逸이 "이미 그 차례를 알지 못한다면 어찌 도를 지닐 수 있겠는가〔言旣不知其序 又安得有道也〕."라고 풀이한 것이 적절하다(池田知久).

3) 先明天而道德次之 : 먼저 天을 밝히고 그 다음에 도와 덕이 이어짐. 이하는 〈天地〉편 제1장의 "義는 德에 포섭되고 德은 道에 포섭되고 道는 자연〔天〕에 포섭된다〔義兼於德 德兼於道 道兼於天〕."라고 한 내용과 유사한 맥락이다(福永光司, 池田知久).

4) 道德已明而仁義次之 : 도와 덕을 이미 밝히고 난 뒤에 인의가 이어짐. ≪老子≫ 제38장에 "失道而後德 失德而後仁 失仁而後義 失義而後禮"라 있음(福永光司). ≪管子≫ 〈心術 上〉의 "虛無無形謂之道 化育萬物謂之德 君臣父子人間之事謂之義 登降揖讓 貴賤有等 親疏之體 謂之禮"도 이 사상에 가깝다(池田知久).

5) 仁義已明而分守次之 : 인의를 이미 밝히고 난 뒤에 분수에 따라 지켜야 할 것을 밝혔음. 分守는 成玄英 疏의 "各守其分"이라는 뜻이다. 職分의 遵守를 말한다.

6) 刑名已明而因任次之 : 형명을 이미 밝히고 난 뒤에 재능에 따라 일을 맡기는 일이 이어짐. 刑名은 職分 또는 主張과 그것을 실천한 實續과의 합치 여부를 따지는 것. 因任에 대해서는 王雱이 ≪南華眞經新傳≫에서 "親疎와 貴賤을 따라 그가 의당 해야 할 일을 맡긴다〔因親疎貴賤 而任之以其所宜爲〕."라고 풀이한 것이 따를 만하고, 呂惠卿이 "그 능력은 따를 만하고 그 재주는 맡길 만하다……따를 때에는 그 능력을 잃어버리지 않고 맡길 때에는 그 재주를 잃지 않는다〔其能可因 其材可任矣……因之不失其能 任之不失其材〕."라고 풀이한 것도 무난하다(池田知久). 역시 池田知久에 의하면, 明代의 張四維는 ≪莊子口義補注≫에서 "因任은 바로 〈在宥〉편에서 보잘것없지만 쓰지 않을 수 없는 것이 물건이고 낮지만 따르지 않을 수 없는 것이 백성들이라고 한 것과 같다〔因任 卽在宥篇賤而不可不任者 物也 卑而不可不因者 民也〕."라고 풀이했는데 참고할 만하다.

7) 因任已明而原省次之 : 재능에 따라 일을 맡기는 일을 이미 밝히고 난 뒤에 안팎을 살핌이 이어짐. 原과 省은 모두 고찰하고 살핀다는 뜻이다. 陸德明은 "原은 없앰이고 省은 버림이다〔原 除 省 廢也〕."라고 풀이했고 郭象과 成玄英, 林希逸 등이 이 견해를 따르지만 옳지 않다(池田知久). 王雱이 "반드시 그 실정을 고찰하고 반드시 그 일을 살펴야 하니 이것을 두고 原省이라 한다〔必原其情 必省其事 此之謂原省〕." 라고 풀이한 것이 제대로 된 설명이다. 呂惠卿이 "안으로는 그 마음을 고찰하고 밖으로는 그 행적을 살핀다〔內之則原其心 外之則省其迹〕."라고 풀이한 것도 적절하다. 더 간단히 설명하면 原省은 任命한 관리의 성적을 살핀다는 뜻이다.

8) 是非已明而賞罰次之 : 시비를 이미 밝히고 난 뒤에 상벌이 이어짐. 賞罰은 ≪韓非子≫ 〈主道〉편에서 "신표를 맞춰 보는 것이 상벌이 생긴 유래이다〔符契之所合 賞罰之所生也〕."라고 한 것을 참고할 필요가 있다.

9) 愚智處宜 貴賤履位 : 어리석은 이와 지혜로운 이가 마땅한 평가를 받으며 귀하고 천한 사람이 마땅한 자리를 밟음. ≪荀子≫ 〈榮辱〉편에서 "선왕이 그것을 위해 예의를 제정해서 나누어 백성들로 하여금 귀천의 등급과 장유의 차이와 지우와 능불능의 구분이 있게 했다〔先王案爲之制禮義以分之 使有貴賤之等 長幼之差 知愚能不能之分〕."라고 한 언급과 유사하다. 또 ≪韓非子≫ 〈有度〉편에도 "귀천이 서로 넘지

아니하고 지혜로운 사람과 어리석은 사람이 걸맞는 위치에 올바로 서는 것이 다스림의 지극함이다〔貴賤不相踰 愚智提衡而立 治之至也〕."라고 했는데 모두 法家系列의 이상 사회에 대한 묘사이다(福永光司, 池田知久).

10) 仁賢不肖襲情 : 어진 사람과 불초한 사람이 실정에 부합됨. 武延緖는 仁자를 衍文이라 했지만 근거가 박약하다(池田知久). 襲은 옷을 껴입는다는 뜻인데 여기서는 부합한다는 뜻으로 쓰였다. 王先謙이 襲을 '因'으로 풀이한 것이 제일 참고가 된다.

11) 必分其能 必由其名 : 반드시 그 능력에 맞게 일을 하고 반드시 이름에 걸맞게 행동함. 郭象은 "서로 일을 바꿈이 없다〔無相易業〕."라고 풀이했다. 呂惠卿은 "관직은 모두 틀림없이 그 일을 잘할 사람에게 주어지고……이름은 모두 단연코 실제의 공적에 합당한 사람에게 주어짐이다〔官之所施皆確乎能其事者也…名之所加皆斷焉當其實者也〕."라고 풀이했는데 참고할 만하다.

12) 以此事上 以此畜下 : 이것을 가지고 윗사람을 섬기고 이것을 가지고 아랫사람을 기름. 畜下는 제3장의 '畜天下'와 비슷하다(福永光司, 池田知久).

13) 知謀不用 必歸其天 此之謂大平 治之至也 : 지모를 쓰지 않고 반드시 자연의 도〔天〕에 돌아간다. 이것을 일러 大平이라고 하나니 이것이 바로 지극한 정치이다. 成玄英은 "지극한 침묵으로 무위하여 여러 아랫사람들에게 맡기고 총명과 지혜를 막고 자연으로 돌아가면 태평의 군주라 할 만하니 지극한 정치의 아름다움이다〔至默無爲 委之群下 塞聰閉智 歸之自然 可謂太平之君 至治之美也〕."라고 풀이했다. ≪荀子≫ 〈榮辱〉편에도 "이것을 일러 지극한 다스림이라 한다〔夫是之謂至平〕."라고 하여 이와 비슷한 표현이 보인다.

故로 書曰 有形有名1)이라하니 形名者는 古人이 有之나 而非所以先也라 古之語大道者는 五變하야야 而形名을 可擧며 九變하야야 而賞罰을 可言也니 驟2)而語形名이면 不知其本也요 驟而語賞罰이면 不知其始也니 倒道而言하며 迕道3)而說者는 人之所治也어니 安能治人이리오 驟而語形名賞罰하면 此는 有知治之具4)요 非知治之道5)라 可用於天下언정 不足以用天下6)니 此之謂辯士 一曲之人7)也니라 禮法數度8)와 形名比詳을 古人이 有之9)나 此는 下之所以事上이라 非上

之所以畜下也니라

그래서 옛 책에도 말하기를 "刑(實態)이 있으면 名(이름)이 있다."라고 했으니 刑名이라고 하는 것(刑과 名의 一致의 주장)은 古人에게도 있었으나 모든 것에 우선하는 근본의 道는 아니었다. 옛날 大道를 말했던 사람은 다섯 번 변화하여야 비로소 刑名을(刑과 名의 일치를) 거론할 수 있었으며, 아홉 번 변화하여야 (아홉 번째의 변화 추이 끝에) 비로소 賞罰을 말할 수 있었다. 〈그런데 순서를 밟지 않고〉 갑자기 刑名을 말하면 그것은 근본을 알지 못하는 것이고 갑자기 賞罰을 말하면 그것은 시작을 알지 못하는 것이니 이처럼 道(本末·先後의 서열)를 거꾸로 말하고 道를 거슬러 말하는 자는 다른 사람에게 다스림을 받아야 할 자이니 어찌 다른 사람을 다스릴 수 있겠는가. 갑자기 刑名의 일치를 논하고 그에 따른 상벌을 말한다면 이런 사람은 정치의 도구를 앎이 있을 뿐이고 정치의 도를 아는 것이 아니다. 천하에 쓰일 수는 있을지언정 천하를 부리기에는 부족하니 이런 사람들을 일러 辨說家나 一部分밖에 모르는 사람이라고 한다. 禮法을 신분에 따라 차등적으로 규정하는 일과 관리의 성적을 엄격하게 조사하여 평가하는 일은 옛사람 중에서도 추구한 사람이 있었으나 이것은 아랫사람이 윗사람을 섬기기 위한 것이지 윗사람이 아랫사람을 기르기 위한 것은 아니다.

【역주】

1) 故書曰 有形有名 : 그래서 옛 책에도 말하기를 "刑(形)이 있으면 名이 있다."라고 함. 故를 古로 읽어 故書를 古書로 보는 해석도 있으나(林希逸, 金谷治) 잘못일 것이다(池田知久). '故로 書曰'로 읽으면서 '그러므로 書에 이르기를'로 訓讀하고 번역을 '그러므로 옛 책에 이르기를'로 함은 可함. 刑(形)이 있으면 名이 있다고 함은 實態(實質)가 있으면 名目(概念)이 있다는 뜻이며 이는 또한 實態와 名目은 一致하여야 한다는 것이다.

2) 驟 : 대번에. 갑작스런 모양. 成玄英은 '數(삭)' 또는 '速'으로 풀이했고, 馬叙倫은 ≪說文解字≫에서 "趀(차)는 갑작스러움이다〔趀 倉卒也〕."라고 풀이한 것을 따

라 趍의 假借字라고 하였다(池田知久).

3) 迕道 : 도를 거스름. 司馬彪는 迕를 "가로막음이다〔橫也〕."라고 풀이하였으며, 成玄英은 "거스름이다〔逆也〕."라고 풀이하였다. 여기서는 成玄英 疏를 따랐다.

4) 有知治之具 : 정치의 도구를 앎이 있을 뿐임. 有에 대해서는 이설이 분분하다. 여기서는 정치의 도구〔治之具〕를 앎〔知〕이 있을〔有〕 뿐이라고 해석해 둔다.

5) 非知治之道 : 정치의 도를 아는 것이 아님. 陳景元이 ≪莊子闕誤≫에서 인용한 江南古藏本에는 '道'자 아래에 '者也' 두 글자가 붙어 있다(池田知久).

6) 可用於天下 不足以用天下 : 천하에 쓰일 수는 있을지언정 천하를 부리기에는 부족함. 用은 使役의 뜻. 제4장에서 "윗사람은 반드시 무위해서 천하의 사람들을 부리고 아랫사람은 유위해서 천하를 위해 일한다〔上必無爲而用天下 下必有爲爲天下用〕."라고 언급한 것을 참고하는 것이 좋다(福永光司, 池田知久).

7) 一曲之人 : 一部分밖에 모르는 사람. 一曲의 의미에 대해서는 이설이 분분하지만 池田知久에 의하면 "〈天下〉편에서 '포괄하지 못하고 두루 망라하지 못하는 일부분만 아는 사람〔不該不徧 一曲之士也〕.'이라 한 표현을 보면 뜻을 분명히 알 수 있다. 〈秋水〉편에도 '曲士에게는 道를 일러 줄 수 없다〔曲士不可以語於道〕.'라고 한 내용이 있다(福永光司). ≪荀子≫ 〈解蔽〉편의 "무릇 사람들의 문제는 일부분에 가리워 커다란 이치에 어두운 것이다〔凡人之患, 蔽於一曲, 而闇於大理〕."라고 한 표현이 있다. ≪淮南子≫ 등 漢代의 문헌에 자주 나온다. ≪淮南子≫ 〈繆稱訓〉편에는 '일부분만 살피는 자와는 함께 변화를 말할 수 없고 한때만 살피는 자와는 大를 말할 수 없다〔察一曲者 不可與言化 審一時者 不可與言大〕.'라고 한 내용이 보인다."라고 하였다.

8) 禮法數度 : 禮法을 신분에 따라 차등적으로 규정하는 일. 위 문장에 나온 "禮法度數"와 같다.

9) 形名比詳 古人有之 : 관리의 성적을 엄격하게 조사하여 평가하는 일은 옛사람 중에서도 추구한 사람이 있음. 古人은 古之人으로 한 인용문이 있다(馬叙倫).

第6章

昔者에 **舜**이 **問於堯**[1)]하야 **曰 天王**[2)]**之用心**은 **何如**하니잇고

堯曰 吾는 不敖無告하며 不廢窮民[3)]하며 苦死者하며 嘉孺子[4)]하고 而哀婦人[5)]하노니 此 吾의 所以用心已[6)]니라

舜曰 美則美矣나 而未大也[7)]로소이다

堯曰 然則何如오

舜曰 天德而出〔土〕寧[8)]하야 日月이 照而四時行하며 若晝夜之有經[9)]하며 雲行而雨施矣[10)]니라

堯曰 膠膠擾擾乎[11)]인저 子는 天之合也요 我는 人之合也[12)]로라

夫天地者는 古之所大也며 而黃帝堯舜之所共美也니라 故로 古之王天下者는 奚爲哉시리오 天地而已矣[13)]니라

옛날에 舜이 堯에게 물었다 "天王께서는 천하를 다스리면서 어떤 곳에 마음을 쓰십니까?"

堯가 말했다. "나는 하소연할 데 없는 백성들을 함부로 대하지 아니하며 곤궁한 백성들을 버리지 아니하며 죽은 사람을 애도하며 〈부모 없는〉 어린아이들을 사랑하고 〈남편 없는〉 여자들을 애처롭게 여긴다. 이것이 내가 천하를 다스리면서 마음을 쓰는 일이다."

舜이 말했다. "아름답기는 아름답습니다만 아직 위대하다고는 할 수 없습니다."

堯가 말했다. "그렇다면 어떻게 해야 하는가."

舜이 말했다. "하늘과 땅의 덕이 골고루 이루어져 해와 달이 만물을 두루 비추고 사계절이 운행되며 낮과 밤에 일정한 규칙이 있고 구름이 흘러가며 비가 내리는 것과 같이 하는 것입니다."

堯가 말했다. "그렇다면 〈나는〉 세상일에 집착하여 마음을 어지럽히고 있는 것이구나. 그대가 말한 것은 하늘에 부합하는 경지이고 내가 하는 행위는 사람들에게 영합하는 수준이구나."

천지란 옛날부터 위대하다고 여긴 것이며 黃帝와 堯舜이 다같이 아름답다고 여긴 것이다. 그 때문에 옛날 왕으로 천하를 다스린 사람은 무엇을 하였는가. 천지자연을 따랐을 뿐이다.

【역주】

1) 舜・堯 : 池田知久의 說을 따르면 舜을 帝王인 堯보다도 德이 높은 인물로 그리고 있는 기록은 이 책 ≪莊子≫의 경우 〈齊物論〉편 제2장에도 보인다. 堯와 舜의 관계를 이처럼 보는 경향은 禪讓 설화와 얽혀 이미 ≪孟子≫ 〈萬章 上〉편 등에 보이지만 전국 말기의 尙賢사상의 성행과 함께 한층 강화된 것 같다. 이것은 ≪呂氏春秋≫ 〈下賢〉편과 ≪韓非子≫ 〈難一〉편의 矛楯 이야기 등에서도 엿볼 수 있다. 이 장의 것은 그것을 더욱 도가적으로 전환시킨 것이다. 池田知久는 또한 ≪論語≫ 〈衛靈公〉편에서 공자가 "무위로 천하를 다스린 사람은 순일 것이다. 대체 무엇을 하셨던가. 자신을 공손히 하고 남면하였을 뿐이다〔無爲而治者 其舜也與 夫何爲哉 恭己正南面而已矣〕."라고 한 말에 근거하여 보태 넣은 문장일 것으로 추정했다.

2) 天王 : 天子를 지칭. ≪春秋≫의 경문에는 天子를 天王으로 표기하고 있다. 따라서 成玄英이 "천자와 같다〔猶天子也〕."라고 풀이한 것이 정확하다.

3) 不敖無告 不廢窮民 : 하소연할 데 없는 백성들을 함부로 대하지 아니하며 곤궁한 백성들을 버리지 아니함. 敖자가 遨와 傲로 표기된 인용문이 있다(王叔岷). 成玄英은 "업신여김이다〔侮慢也〕."라고 풀이했다. 郭象이 無告를 "이른바 완악한 백성들이다〔所謂頑民也〕."라고 풀이한 것은 옳지 않다(池田知久). 王敔가 "하소연할 곳이 없는 자이다〔無所告訴者〕."라고 풀이한 것이 정확하다(池田知久). ≪孟子≫ 〈梁惠王 下〉편에서 "늙어서 아내 없는 것을 홀아비라 하고 늙어서 남편 없는 것을 과부라 하고 늙어서 자식 없는 것을 獨이라 하고 어려서 어버이 없는 것을 고아라 한다. 이 네 부류의 사람들은 천하에서 가장 곤궁한 사람들이고 하소연할 곳이 없는 사람들이다. 문왕이 인정을 베푸실 때 이 네 부류의 사람들을 우선시했다〔老而無妻曰鰥 老而無夫曰寡 老而無子曰獨 幼而無父曰孤 此四者 天下之窮民而無告者 文王發政施仁 必先斯四者〕."라고 했는데 이 부분의 내용과 유사하며(服部宇之吉, 楊明照, 池田知久), ≪尙書≫ 〈大禹謨〉편의 "하소연할 곳이 없는 사람들을 학대하지 않으며 곤궁한 사람들을 버리지 않는다〔不虐無告 不廢困窮〕."라고 한 내용도 이와 비슷하

다(呂惠卿, 池田知久).

4) 苦死者 嘉孺子 : 죽은 사람을 애도하며 어린아이들을 사랑함. 苦는 애통해함, 애도함. 孺는 어린아이인데 여기의 孺子는 고아의 뜻으로 쓰였다. 嘉자가 喜로 표기된 인용문이 있다(馬叙倫). 林希逸은 嘉를 "기뻐함이다〔喜之也〕."라고 풀이했다.

5) 而哀婦人 : 여자들을 애처롭게 여김. 여기의 부인은 과부를 뜻한다. 而자가 兼으로 표기된 인용문이 있다(王叔岷). 成玄英은 哀를 "가련히 여김이다〔憐也〕."라고 풀이했다. 婦人은 林希逸이 "과부이다〔寡婦也〕."라고 풀이한 것이 정확하다.

6) 此吾所以用心已 : 이것이 내가 천하를 다스리면서 마음을 쓰는 일임. 已자가 也로 표기된 인용문이 있다(王叔岷).

7) 美則美矣而未大也 : 아름답기는 아름답습니다만 아직 위대하다고는 할 수 없음. 呂惠卿은 ≪孟子≫ 〈盡心 下〉편에서 "〈善이 자기에게〉 충실한 것을 아름다운 사람이라 하고 충실하면서 빛나는 것을 대인이라 한다〔充實之謂美 充實而有光輝之謂大〕."라고 한 내용과 관계가 있을 것으로 추정했다(呂惠卿, 池田知久).

8) 天德而出〔土〕寧 : 天이 德하고 土가 寧하다고 해석되는데, 章炳麟의 '地平天成'이라는 注를 취하여 하늘과 땅의 덕이 골고루 이루어진다는 뜻으로 보았다. "天이 德하고 土가 寧하다."로 직역하면 "하늘은 있는 그대로 있고(또는, 본래 그대로 이루어져 있고) 땅은 안정되어 있다."는 뜻이 된다. 底本에는 土자가 出로 표기되어 있는데 孫詒讓과 章炳麟의 고증에 근거해 고쳤다.

9) 晝夜之有經 : 낮과 밤에 일정한 규칙이 있음. 〈大宗師〉편 제1장에 "밤낮처럼 일정함이 있는 것은 자연이다〔其有夜旦之常 天也〕."라고 한 대목이 있다. 成玄英은 經을 常으로 풀이했다.

10) 雲行而雨施矣 : 구름이 흘러가며 비가 내림. 而가 없는 인용문이 있다(馬叙倫). ≪周易≫의 〈乾卦 彖傳〉에서 "구름이 흐르고 비가 내려 만물이 모습을 이룬다〔雲行雨施 品物流形〕."라고 한 기록에는 而자가 없다. 〈文言傳〉에도 "구름이 흐르고 비가 내려 천하가 고루 다스려진다〔雲行雨施 天下平也〕."라고 한 내용이 있다(呂惠卿, 池田知久). "若晝夜之有經 雲行而雨施矣"의 '若'은 '…과 같다' '…과 같게 한다'는 뜻인데, "낮과 밤에 일정한 규칙이 있고 구름이 흘러가며 비가 내리는 것과 같이 하는 것입니다."는 말의 의미는 이처럼 無爲自然으로 천하를 다스려 달라는 뜻이다.

11) 膠膠擾擾乎 : 세상일에 집착하여 마음을 어지럽힘. 郭象은 "스스로 일을 많이 한

것을 혐오한 것이다〔自嫌有事〕."라고 풀이했고, 成玄英은 "膠膠와 擾擾는 모두 요란한 모양이다〔膠膠 擾擾 皆擾亂之貌〕."라고 풀이했다.

12) 子天之合也 我人之合也 : 그대가 말한 것은 하늘에 부합하는 경지이고 내가 하는 행위는 사람들에게 영합하는 수준임. 天之合과 人之合은 제3장에 나온 '與天和者'와 '與人和者'와 같고(宣穎, 池田知久), 〈大宗師〉편 제1장의 '與天爲徒', '與人爲徒'와 같다(赤塚忠, 池田知久).

13) 天地而已矣 : 天地自然을 따랐을 뿐이다. 앞의 글 "무엇을 하였는가〔奚爲哉〕"의 대답으로 "천지일 따름이다."라고 답한 것은 곧 天地大自然을 따르는 일을 하였을 뿐이라는 뜻이다.

第7章

孔子[1] 西하사 藏書於周室[2]이어시늘 子路[3] 謀曰 由는 聞호니 周之徵藏史[4] 有老聃者[5] 免而歸居[6]라호니 夫子 欲藏書신댄 則試往因焉[7]하소서

孔子曰 善하다하시고

往見老聃[8]하시니 而老聃이 不許[9]하야늘 於是에 繙十二經[10]하야 以說[11]하다 老聃이 中其說[12] 曰 大謾[13]이로(소)니 願聞其要[14]하노라

孔子曰 要 在仁義하니라

老聃曰 請問하노라 仁義는 人之性邪아

孔子曰 然하니라 君子 不仁則不成[15]하고 不義則不生[16]하리니 仁義는 眞人之性也[17]니 又將奚爲矣리오

老聃曰 請問하노니 何謂仁義오

孔子曰 中心物愷[18]하며 兼愛無私할새 此 仁義之情也[19]니라

老聃曰 意[20]라 幾乎[21]인저 復言夫兼愛[22]는 不亦迂乎[23]아 無私焉이 乃私也[24]니라 夫子[25] 若欲使天下로 無失其牧乎[26]인댄 則天地 固有常矣[27]며

日月이 固有明矣며 星辰이 固有列矣며 禽獸 固有羣矣며 樹木이 固有立矣[28]니 夫子도 亦放德而行하며 循道而趨[29] 已至矣니 又何偈偈乎[30]揭仁義라 若擊鼓而求亡子焉[31]이리오 意라 夫子 亂人之性也리로다

공자가 서쪽으로 가서 周나라 왕실에 〈자기가 編修한〉 서적을 소장시키려고 했다. 제자 子路가 이렇게 상의했다. "제가 들으니 周나라의 徵藏史 중에 老聃이라는 사람이 있었는데 지금은 그만두고 鄕里에 돌아가 살고 있다고 하니 선생님께서 著書를 收藏케 하고자 하신다면 시험 삼아 그에게 가서 소개를 부탁하시지요."

공자가 말하기를 "좋다." 하고 가서 노담을 만나 보았는데 노담이 허락하지 않았다.

이에 공자는 가지고 간 十二經을 펴놓고 설득하기 시작했다.

노담이 중간에 그 말을 끊고 말했다. "너무 번거로우니 그 요점을 듣고 싶소."

공자가 말했다. "요점은 仁義에 있습니다."

노담이 말했다. "묻겠는데 仁義는 사람의 本性인가요?"

공자가 말했다. "그렇습니다. 군자가 불인하면 목적을 이루지 못하고 불의하면 사람들과 함께 살 수 없으니 인의는 참으로 사람의 본성입니다. 이것 말고 또 무엇을 하겠습니까."

노담이 말했다. "묻겠는데 무엇을 인의라 합니까?"

공자가 말했다. "마음에서부터 만물을 즐거워하고 모든 사람을 똑같이 사랑하여 사심이 없는 것, 이것이 바로 인의의 실정입니다."

노담이 말했다. "아! 위태롭구나. 거듭해서 다시 또 兼愛를 말하는 것은 또한 迂闊하지 않은가. 私心을 없애려 하는 것이 바로 私心이다. 선생이 만일 천하의 모든 사람들이 길러짐〔牧〕을 잃어버리는 일이 없게 하려 한다면 〈다음과 같은 사실을 눈여겨 보아야 할 것이다.〉 천지는 본래 일정한 질서가 있으며, 해와 달은 본래 저절로 밝음이 있으며, 별들은 본래 질서 있게 배열되어 있으며, 금수는

본래 무리 지어 살고 있으며, 수목은 본래 대지 위에 서 있으니 선생도 또한 본래 갖추어진 德에 따라 행동하고 道를 따라 나아간다면 그것으로 이미 충분할 것인데 또 무엇 때문에 애써 仁義를 내걸고 마치 북을 두드리며 잃어버린 자식을 찾듯이 합니까? 아! 선생은 사람의 참다운 본성을 어지럽히고 있습니다."

【역주】

1) 孔子 : 池田知久의 조사에 따르면, ≪莊子≫ 중에서 공자가 老子와 문답한 것은 모두 여덟 차례이다. 그중에서 공자에게 仁義 등의 유교 도덕이나 十二經 등의 유가 고전을 논하게 하고 있는 것은 이곳 말고는 〈天運〉편 제6장과 제7장뿐이다. 따라서 이 셋은 극히 밀접한 관련이 있는 부분이므로 동일한 사상을 가진 인물들에 의해 저술된 것으로 추정된다.

2) 藏書於周室 : 周나라 왕실에 〈자기가 編修한〉 서적을 소장시키려 함. 司馬彪는 藏書를 "자신의 저서를 소장시킴이다〔藏其所著書也〕."라고 풀이했다. 姚鼐는 "이 또한 漢代의 말이다. 藏書란 성인이 秦의 焚書坑儒가 있을 것을 알고 미리 감춤을 말한다〔此亦漢人語 藏書者 謂聖人知有秦火 而預藏之〕."라고 풀이했다(池田知久).

3) 子路 : 공자 제자 仲由의 字. 成玄英은 "성은 仲이고 이름은 由이며 字는 子路이다. 공자의 제자이다〔姓仲 名由 字子路 仲尼弟子也〕."라고 풀이했다.

4) 周之徵藏史 : 周나라의 徵藏史. 司馬彪는 "徵藏은 藏名이다〔徵藏 藏名也〕."라고 했는데 藏名이 도서관의 명칭이란 의미인지 아니면 다른 뜻인지 분명치 않다. 陸德明은 史를 '藏府之史'로 풀이했다. ≪史記≫ 〈老子列傳〉에는 老子의 官職을 "周守藏室之史"라고 기록하고 있다. 池田知久에 의하면, 이런 관직은 先秦시대에는 없었던 것으로 漢代 武帝期를 前後하여 考案된 말이라고 추정된다. 또한 노자가 柱下史였다는 주장도 약간 뒤늦게 세상에 나왔는데 柱下史는 圖書 및 書記를 맡은 周代의 官名으로 秦의 御史와 漢의 侍御史에 해당하는 직책이다. 徵藏史를 알기 쉽게 간단히 정리하면, 徵은 典(맡아 함)이고 史는 史官·書記 또는 司書이니, 곧 서적 수집·收藏을 담당하는 도서관의 司書라고 봄이 가장 적당할 것 같다.

5) 有老聃者 : 老聃이라는 사람이 있음. 陸德明은 或說을 인용하여 "老聃은 공자시대의 노자에 대한 호칭이다〔老聃是孔子時老子號也〕."라고 풀이했다.

6) 免而歸居 : 지금은 그만두고 鄕里에 돌아가 머묾. 陸德明은 "노자가 주나라의 말기

에 다시 천하를 바로잡을 수 없음을 보았기 때문에 사양하고 떠났음을 말한 것이다〔言老子見周之末 不復可匡 所以辭去也〕."라고 풀이했다.

7) 試往因焉 : 시험 삼아 그에게 가서 소개를 부탁함. 因은 통한다, 의한다는 뜻으로 여기서는 소개받다는 의미로 쓰였다. 試往因焉이 當試焉으로 된 인용문이 있다(劉文典). ≪論語≫ 〈學而〉편 제13장의 '因不失其親'의 朱子 注에서는 "因은 依다〔因依也〕."라고 하고 있다.

8) 往見老聃 : 가서 노담을 만남. 往자가 性자로 표기된 인용문이 있는데(馬叙倫) 오류인 듯하다. 이 句 전체를 '至老聃之門'으로 표기하고 있는 인용문이 있다(劉文典).

9) 老聃不許 : 노담이 허락하지 않음. 소장을 허락하지 않았다는 뜻이라기보다는 소장하도록 소개해 달라는 요청을 거절했다는 뜻으로 보는 것이 타당하다. 許자 아래에 也가 붙어 있는 인용문이 있다(王叔岷).

10) 繙十二經 : 十二經을 펼침. 繙(번)은 司馬彪가 "번민함이다〔煩冤也〕."라고 풀이했지만 적절치 않다. 成玄英은 '繙覆'으로 반복한다는 뜻으로 풀이하고 林希逸도 成玄英의 견해를 따라 "반복해서 말함이다〔反覆言之也〕."라고 풀이했고 대부분 이 견해를 따르지만 맥락상 미흡하며, 王敔가 "풀어냄이다〔繹也〕."라고 풀이한 것과 馬叙倫이 ≪說文解字≫에서 "譒(파)는 폄이다〔譒 敷也〕."라고 풀이한 것을 근거로 敷의 假借字로 보았는데 이들의 견해를 따라 공자가 十二經을 죽 펼쳐 놓고 노담을 설득하는 의미로 보는 것이 적절하다. 經의 原義는 織物의 세로실인데 경전의 뜻으로 쓰인 용례는 전국시대의 ≪墨子≫나 ≪韓非子≫ 등의 제자백가서에서 항구불변의 진리를 기록한 책을 이렇게 부른 데서 시작한다. 儒家에서 經書의 관념은 戰國 末의 荀子에서 시작되고 詩・書・禮・樂・春秋의 다섯을 꼽고 있는데 이것이 정착하는 것은 漢武帝때에 五經博士를 설치하고부터일 것이다. 또 이 책의 〈天運〉편 제7장을 포함하여 漢代에는 六經을 드는 일이 극히 많아서 賈誼의 ≪新書≫ 〈六術〉편과 ≪禮記≫ 〈經解〉편, ≪漢書≫ 〈司馬遷傳〉과 〈藝文志〉 등에서 볼 수 있다. 따라서 여기의 十二經도 그것과 깊은 관계가 있을 것으로 생각되지만 정확하게는 알 수 없다. 陸德明은 "詩, 書, 禮, 樂, 易, 春秋의 六經에다 또 六經을 보태서 십이경으로 만들었다고 말하는 사람도 있고 또 春秋十二公의 經이라고 말하기도 한다〔說者云 詩書禮樂易春秋六經 又加六經爲十二經 又一云 春秋十二公經也〕."라고 풀이했다. 또한 한참 뒤 唐의 開成石經도 十二經이다(池田知久).

11) 以說 : 설득함. '세'로 읽는다. 陸德明의 견해를 따라 여기서 絶句한다.

12) 中其說 : 중간에 그 말을 끊음. 역시 陸德明의 견해를 따라 其說에서 絶句한다. 中其說에 대해 成玄英은 "일리가 있음을 인정함이다〔許其有理也〕."라고 풀이했고 褚伯秀는 "그 말에 합당함을 말함이다〔謂當其言〕."라고 풀이했는데 옳지 않다. 林希逸이 "공자의 말이 바야흐로 절반에 이르렀는데 노자가 너무 많이 배웠다고 생각한 것이다〔言方及半 而老子以爲太學〕."라고 풀이한 것이 적절하다. 朱得之가 "그 말의 중반에 끼어들다〔半其言也〕."라고 풀이한 것과 方揚이 ≪莊子要刪≫에서 "말이 바야흐로 절반에 이르렀을 때 노자가 갑자기 중지시킴이다〔語方及半 而老子遽止之也〕."라고 풀이한 것도 같은 뜻이다. 宣穎, 陸樹芝, 陳壽昌, 王先謙, 阮毓崧, 奚侗, 楊樹達, 嚴靈峯, 陳鼓應 등도 같은 견해이고 赤塚忠, 金谷治, 福永光司, 池田知久 등도 같다.

13) 大謾(태만) : 너무 번거로움. 大는 너무, 지나치게의 뜻일 때에는 '태'로 발음하는데 太로 된 판본도 있으며(王孝魚) 뜻에는 차이가 없다. 謾은 번거로움. 成玄英은 "번거롭고 지나치게 많은 것을 싫어함이다〔嫌其繁謾太多〕."라고 풀이했다. 林希逸이 "지나치게 흘러넘침을 말함이다〔言太汗漫也〕."라고 풀이한 것도 대의는 비슷하다. 林雲銘, 陸樹芝, 阮毓崧도 마찬가지. 宣穎은 "속임이다〔欺也〕."라고 풀이했고, 王先謙도 비슷한데 적절치 않다(池田知久). 楊樹達은 曼과 같다고 보고 "불어남이다〔長也〕."라고 했다(池田知久).

14) 聞其要 : 요점을 듣고자 함. 要는 요약된 내용. 要자 아래에 也자가 붙어 있는 인용문이 있다(王叔岷).

15) 君子不仁則不成 : 군자가 불인하면 목적을 이루지 못함. 池田知久도 거론하고 있듯이, 成玄英은 "현인군자가 만약 불인하면 이름과 행실이 이루어지지 못한다〔賢人君子 若不仁 則名行不成〕."라고 풀이했는데 ≪論語≫ 〈里仁〉편에서 "군자가 인을 떠난다면 어디에서 이름을 이루겠는가〔君子去仁 惡乎成名〕."라고 말한 데서 따온 것이다. 呂惠卿은 "人道를 기준으로 살펴보면 仁은 다만 자기 자신을 이룰 뿐만 아니라 다른 사람까지 이루어 주는 것이다〔自人道觀之 仁不特成己而已 所以成物也〕."라고 풀이했다. ≪孟子≫ 〈離婁 上〉편에 "천자가 불인하면 사해를 보존하지 못하고 제후가 불인하면 사직을 보존하지 못하고 경대부가 불인하면 종묘를 보존하지 못하고 사서인이 불인하면 사지를 보존하지 못한다〔天子不仁 不保四海 諸侯不仁 不保社稷 卿大夫不仁 不保宗廟 士庶人不仁 不保四體〕."라고 하여 이와 유사한

내용이 보인다.

16) 不義則不生 : 불의하면 사람들과 함께 살 수 없음. 成玄英이 "의롭지 아니하면 삶의 도리가 성립되지 않는다〔不義則生道不立〕."라고 풀이했다. 역시 池田知久도 지적하고 있듯이 呂惠卿은 "의는 다만 다른 사람을 이롭게 해 줄 뿐만 아니라 자신을 세우는 방법이다〔義不特利物而已 所以立我也〕."라고 풀이했다. ≪孟子≫ 〈公孫丑 上〉편에서 맹자가 浩然之氣를 설명하면서 "그 氣의 성질은 義와 道에 부합되어야 하니 이것이 없으면 주리게 된다〔其爲氣也 配義與道 無是餒也〕."라고 한 내용이 있는데 이 부분을 이해하는 데 참고할 만하다(宣穎).

17) 仁義眞人之性也 : 인의는 참으로 인간의 본성임. 眞은 副詞. ≪孟子≫ 〈告子 上〉편에서 告子가 "性은 버드나무와 같고 義는 〈버드나무로 만든〉 그릇과 같다. 인성을 가지고 인의를 실천하는 것은 마치 버드나무를 가지고 그릇을 만드는 것과 같다〔性猶杞柳也 義猶桮棬也 以人性爲仁義 猶以杞柳爲桮棬〕."라고 한 내용이 나오는데 仁義를 인간의 본성으로 볼 수 있느냐를 주제로 논쟁한 것으로 이 부분의 주제와 유사하므로 참고할 만하다. ≪孟子≫ 〈盡心 上〉편에도 "군자가 타고난 본성은 인의예지로서 마음속에 근거하고 있다〔君子所性 仁義禮智根於心〕."라고 한 기록이 보인다.

18) 中心物愷 : 마음에서부터 만물을 즐거워함. 愷(개)자는 즐길 개 자인데, '中心物愷'는 마음에서부터 만물을 즐거워한다, 마음속으로부터 만물과 함께 즐거움을 같이한다, 마음에서부터 만물과 하나가 된다는 뜻으로 이해하면 된다. 그 근거로 呂惠卿과 林希逸의 해석을 소개한다. 呂惠卿은 ≪孟子≫에 나오는 浩然之氣에 대한 설명을 활용하여 "밖에서 나를 엄습해 오는 것이 아니다. 만물을 즐겁게 여기면 어떤 사물도 즐겁지 않음이 없게 된다〔非外鑠我者也 物愷 則無物而不樂也〕."라고 풀이했고, 林希逸은 "만물을 즐거움으로 여겨 만물과 하나가 된다는 뜻이다〔以物爲樂與物爲一之意也〕."라고 풀이했다. 宣穎이 "만물과 함께 즐긴다〔與物同樂〕."라고 풀이한 것도 비슷한 견해이다. 이 밖에 馬其昶은 物愷를 "樂愷와 같다〔猶樂愷也〕."라고 풀이했고, 吳汝綸, 章炳麟, 奚侗, 馬叙倫 등은 物을 易의 잘못이라 했고, 武延緒는 物을 慷의 와전이라 하고, 李勉은 物을 和의 잘못이라고 주장하는 등 諸說이 분분하다(池田知久).

19) 兼愛無私 此仁義之情也 : 모든 사람을 똑같이 사랑하여 사심이 없는 것, 이것이 바로 인의의 실정임. 사심이 없다는 것은 차별이 없다는 뜻이다. 池田知久는, 兼愛

는 墨家의 普遍的 相互愛(相互愛의 普遍化)인데, 이것과 儒家의 親疎에 근거한 差別愛를 혼동하는 것은 先秦시대에는 적고 漢代 이후로 많이 눈에 띄는 현상이라고 하고 있다.

20) 意 : 아! 탄식하는 소리. 司馬彪는 "마음이 편안하지 못한 소리〔不平聲也〕."라고 풀이했다.

21) 幾乎 : 거의 위태로움. 幾는 위태롭다는 뜻. 危나 殆와 같은 뜻으로 쓰인다. 成玄英은 "가깝다〔近〕"는 뜻으로 풀이했는데 池田知久의 지적처럼 통설이기는 하나 적당하지 않다. 林希逸이 "幾乎는 위태로울 것이라는 뜻이다〔幾乎 危乎也〕."라고 풀이한 것이 적절하다(池田知久). 褚伯秀와 馬其昶도 같은 견해를 제시했다. 陶鴻慶이 "殆"로 풀이한 것도 같은 뜻이다.

22) 復言夫兼愛 : 거듭 兼愛를 말함. 復言은 底本에 後言으로 되어 있는데 陶鴻慶과 馬叙倫의 견해를 따라 復言으로 고쳤다. 後言으로 풀이하는 경우는 成玄英처럼 앞의 幾乎를 後言과 연결시켜서 "뒤에 하는 말은 거짓에 가깝다〔後發之言 近乎浮僞〕."는 뜻으로 풀이하거나 羅勉道나 方揚처럼 "낙후된 이야기에 가깝다〔近乎落後底說話〕."라고 풀이하게 되겠지만 옳지 않다. 또 陶鴻慶은 "復의 의미는 반복함이다〔復之義爲反復〕."라고 하여 復言의 復를 '복'으로 읽고 있다. 하지만 '부언'으로 읽고 뒤의 夫兼愛와 연결하여 '復言夫兼愛'로 구두하고 "거듭 兼愛를 말한다."는 뜻으로 풀이하는 것이 옳다.

23) 不亦迂乎 : 또한 迂闊하지 아니한가. 迂는 도와 거리가 멀다는 뜻. 成玄英은 "迂는 굽음이다〔迂 曲也〕."라고 풀이했고 林希逸은 "이것은 왜곡되어 시행하기 어려운 말이다〔此迂曲難行之說也〕."라고 풀이했지만, 그것보다는 方揚이 "도를 떠남이 이미 멀다. 그 때문에 迂闊하다고 말한 것이다〔去道已遠 故謂之迂也〕."라고 풀이한 것이 적절하다(池田知久).

24) 無私焉乃私也 : 私心을 없애려 하는 것이 바로 私心이다. 成玄英은 "다른 사람을 두루 사랑하는 것은 다른 사람이 나를 사랑해 주기를 바라는 것이니 이는 매우 사사로운 것이니 무슨 공평함이 있겠는가〔夫兼愛於人 欲人之愛己也 此乃甚私 何公之有邪〕."라고 풀이했지만 적절치 않다. 朱得之가 "의도적으로 사심이 없기를 바라는데 의도적인 것이 바로 사심이다〔意求無私 意卽私也〕."라고 풀이한 것이 定說이다(池田知久).

25) 夫子 : 선생, 또는 그대. 여기서는 선생이라 번역하였는데, 공자를 가리킨다.

26) 無失其牧乎 : 길러짐〔牧〕을 잃어버리는 일이 없게 함. 牧은 司馬彪가 "길러 줌이다〔養也〕."라고 풀이한 것이 적절하다. 成玄英 疏본에 의하면 放으로 된 판본이 있다 하나 馬叙倫의 지적처럼 牧자의 와전일 것이다. 馬叙倫은 한 걸음 더 나아가 〈天運〉편 제6장의 '吾子使天下無失其朴'으로 된 문장이 이와 유사함에 착안하여 牧자를 朴의 가차자라고 보고 無失其朴乎로 보았는데, 그럴 경우 池田知久의 지적처럼 이 장의 逆說的 풍자의 맛이 소멸되기 때문에 따르기 힘들다.

27) 天地固有常矣 : 천지는 본래 일정한 질서가 있음. 前後의 趣旨는 林希逸이 "천하의 모든 사람들로 하여금 길러 줌을 잃어버리지 않기를 바란다면 천지 사이의 사물들이 모두 자연의 조화를 지니고 있는데 어찌 힘을 쓰는 것을 용납하겠는가. 다만 자연의 덕에 의지하고 자연의 도를 따라 움직이기를 이와 같이 할 수 있다면 이미 지극한 경지이다〔欲使天下無失其所養 則天地之間 物物皆有自然之造化 何可容力 但當依放自然之德 循行自然之道 能如此 已爲極矣〕."라고 풀이한 것이 적절하다. 〈大宗師〉편 제1장에 "죽고 사는 것은 명이다. 〈죽고 사는 것에〉 밤낮처럼 일정함이 있는 것은 자연이다〔死生 命也 其有夜旦之常 天也〕."라고 한 내용과 관련이 있다(赤塚忠). 다소 맥락이 다르지만 ≪荀子≫ 〈天論〉편에도 "하늘의 운행에는 일정함이 있다〔天行有常〕."는 표현이 보인다.

28) 禽獸固有羣矣 樹木固有立矣 : 금수는 본래 무리 지어 살고 수목은 본래 대지 위에 서 있음. 〈馬蹄〉편 제2장에서 "금수들이 무리를 이루었고 초목이 마음껏 자랄 수 있었다〔禽獸成群 草木遂長〕."라고 한 내용을 답습한 것(赤塚忠).

29) 放德而行 循道而趨 : 본래 갖추어진 德에 따라 행동하고 道를 따라 나아감. 放은 依放의 뜻. 〈天運〉편 제6장에 "바람 따라 움직이고 덕을 총괄해서 똑바로 선다〔放風而動 揔德而立矣〕."라고 한 내용이 나오고 放風의 放을 司馬彪가 "의지함이다〔依也〕."라고 풀이했는데 여기의 放도 마찬가지이다. 역시 맥락은 다소 다르지만 ≪荀子≫ 〈天論〉편에 "도를 따라 의심하지 않으면 하늘도 화를 내릴 수 없다〔循道而不貳 則天不能禍〕."라고 한 기록이 보인다.

30) 偈偈(걸걸)乎 : 표 나게 내다 건 모양. 陸德明은 "어떤 사람이 말하기를 힘쓰는 모양이다〔或云 用力之貌〕."라고 或說로서 풀이한 것이 적절함. 〈天運〉편에는 '傑然'으로 나오는데 같은 뜻이다. 偈(게)는 여기서는 '걸'로 발음하며 '힘써', '애써'의 뜻이

된다.

31) 若擊鼓而求亡子焉 : 마치 북을 두드리며 잃어버린 자식을 찾듯이 함. 陳鼓應은 "亡子는 길 잃은 사람이다〔亡子 失迷的人〕."라고 풀이했다. 대의는 成玄英이 "큰 북을 치면서 도망친 자식을 찾는다. 이 때문에 북을 크게 칠수록 도망친 자식은 더욱 멀리 간다. 인의를 드러낼수록 도와의 어긋남은 더욱 멀어진다. 그 때문에 그것을 얻을 방법이 없다〔打擊大鼓而求覓亡子 是以鼓聲愈大而亡子愈遠 仁義彌彰而去道彌遠 故無由得之〕."라고 풀이한 것이 적절함. 도망친 자식을 찾는다고 북을 치면서 쫓아다니면 북소리를 듣자마자 자식은 더 멀리 도망칠 텐데 무엇 때문에 이런 바보짓을 하느냐는 뜻이다. ≪神仙傳≫에서는 子자가 羊자로 되어 있다.

第8章

士成綺[1] 見老子而問曰 吾는 聞夫子 聖人也라하고 吾 固不辭遠道[2]而來願見하야 百舍에 重趼[3]而不敢息호니 今吾 觀子혼댄 非聖人也[4]로다 鼠壤에 有餘蔬[5]而棄妹하니 不仁也[6]로다 生熟不盡於前이어늘 而積斂無崖[7]여

老子 漠然不應[8]한대

士成綺 明日에 復見曰 昔者에 吾有刺於子[9]호니 今에 吾心이 正郤矣[10]로소니 何故也[11]오

老子曰 夫巧知神聖之人을 吾는 自以爲脫焉[12]하노라 昔者에 子 呼我牛也어든 而謂之牛[13]라하고 呼我馬也어든 而謂之馬로라하니 苟有其實이라하야(이라) 人與之名이어든 而弗受[14]면 再受其殃이니 吾服也 恒服[15]이라 吾는 非以服으로 有服[16]이니라

士成綺 鴈行避影[17]하야 履行遂進[18]而問호대 修身은 若何잇고

老子曰 而容崖然[19]하며 而目衝然[20]하며 而顙頯然[21]하며 而口闞然[22]하며 而狀義然[23]혼대 似繫馬而止也[24]하며 動而持[25]하며 發也機[26]하며 察而審하며 知巧而覩於泰[27]하니 凡以爲不信[28]이라하나니 邊竟에 有人焉하니 其名爲竊[29]이니라

士成綺가 어느 날 老子를 뵙고 이렇게 물었다.

"저는 선생이 聖人이라고 들었습니다. 그래서 저는 정말 일부러 먼 길을 마다않고 와서 뵙고자 했습니다. 백일 동안 발에 못이 수없이 박히면서도 감히 쉴 생각을 하지 않았습니다. 그런데 지금 제가 선생의 모습을 보건대 선생은 성인이 아니십니다. 쥐구멍에 먹다 남은 쌀 알갱이가 있는데도 아랑곳하지 않고 내버려 두었으니 어질지 못한 짓입니다. 날것과 익힌 것들이 눈앞에 잔뜩 남아 있는데도 한없이 재물을 쌓고 거두어들이고 있지 않습니까."

老子는 조용히 아무 대꾸도 하지 않았다.

士成綺가 다음 날 다시 노자를 뵙고 말했다. "어저께 저는 선생을 헐뜯었는데 지금은 제 마음이 바르게 되어 그런 생각을 물리치게 되었습니다. 무슨 까닭인지요?"

노자가 이렇게 대답했다. "재주와 지혜가 뛰어나거나 神聖한 사람의 경지를 나는 스스로 벗어났다고 생각하네. 자네가 어제 나를 소라고 불렀다면 나도 스스로 소라고 했을 것이고 나를 말이라고 불렀다면 나도 말이라고 했을 것일세. 만일 그에 해당하는 사실이 있어서 다른 사람이 나에게 이름을 붙여 주는데 내가 받아들이지 않으면 다시 더 큰 재앙을 받을 것이니 내가 승복하는 것은 늘 그렇듯 떳떳하게 승복하는 것이지 복종하기 위해서 복종하는 것이 아니라네."

士成綺가 노자를 비스듬히 뒤따라 걸으며 그림자를 밟지 않도록 조심하면서 천천히 걸어 가까이 다가가 물었다. "몸을 닦으려면 어떻게 해야 합니까?"

노자가 말했다. "자네의 얼굴은 깎아지른 듯 모나며 자네의 눈은 똑바로 쏘아보고, 자네의 이마는 높이 솟아 있고, 자네의 입은 크게 벌려져 있고, 자네의 풍채는 높은 산처럼 위압적인 모습이어서 마치 내달리는 말을 억지로 묶어 멈추게 하고 있는 것 같다. 움직이고 싶은 것을 억지로 참고 있네만 일단 튕기면 움직임이 쇠뇌같이 빠르고 살피는 일은 상세하고 지혜와 재주가 뛰어난데다 마음의 교만함이 밖으로 드러나 보인다. 이런 태도는 모두 믿을 수 없는 것들이라고 하니 변경에 그런 사람이 있는데 그 이름을 '도둑놈'이라 하더군."

【역주】

1) 士成綺(사성기) : 인명. 가공의 인물. 寓意는 자세하지 않다. 陸德明은 "사람의 성명이다〔人姓名也〕."라고 풀이했고, 成玄英은 "士成綺는 성은 士이고 자가 成綺인데 어느 곳 사람인지 알지 못한다〔士成綺 姓士 字成綺 不知何許人〕."라고 풀이했다. 아마도 춘추시대 晉의 귀족이었던 士氏의 一族일 것이다.

2) 吾固不辭遠道 : 내가 정말 일부러 먼 길을 마다 않았음. 固는 '정말, 참으로'의 뜻. 張之純, 馬叙倫 등은 固를 故의 가차자로 보았는데 '일부러'라는 뜻까지 가미하여 번역하였음.

3) 百舍重趼 : 백일 동안 발에 못이 수없이 박힘. 舍는 군대가 하루 동안 행군하는 거리. 1舍는 30리, 약 10㎞라는 설이 있다. 하루 행군하고 쉰다는 뜻에서 舍자를 쓴 것이다. 舍가 하루 동안 행군하는 거리로 쓰이는 용례는 ≪春秋左氏傳≫에 자주 보인다. 司馬彪는 百舍를 "백일 동안 머물러 잠잠이다〔百日止宿也〕."라고 풀이하여 舍를 館舍에 머문다는 뜻으로만 본 듯한데 잘못이다. 趼은 司馬彪가 '굳은살〔胝〕'로 풀이한 것이 적절하다.

4) 今吾觀子非聖人也 : 지금 내가 당신의 모습을 보니 성인이 아님. 〈天地〉편 제6장에서 華 땅의 封人이 堯에게 "처음에 나는 당신을 성인이라 여겼더니 지금 보니 그저 그런 군자이다〔始也 我以女爲聖人邪 今然君子也〕."라고 말한 것과 같은 맥락이다. 또한 이 장 전체의 서사구조는 〈應帝王〉편 제5장에 나오는 鄭나라의 무당 季咸과 列子, 그리고 열자의 스승 壺子의 이야기와 비슷한 구성이다.

5) 鼠壤有餘蔬 : 쥐구멍에 먹다 남은 쌀 알갱이가 있음. 수채 구멍에 쌀 알갱이가 버려져 있다는 뜻으로 음식을 아끼지 않는 태도를 비난하는 표현이다. 鼠壤은 쥐구멍의 흙덩어리. 편의상 쥐구멍으로 번역했다. 蔬는 쌀 알갱이. 푸성귀라는 견해도 있으나 의미상 쌀 알갱이로 보는 것이 더 적절하다. 池田知久에 의하면 "成玄英은 鼠壤을 '쥐구멍의 흙 속이다〔鼠穴土中〕.'라고 풀이했고, ≪廣雅疏證≫에 의하면 齊魯之間의 방언이다. 餘蔬는 司馬彪가 '蔬는 糈(서)로 읽어야 하니 쌀 알갱이이다. 쥐구멍 속에 버려진 쌀 알갱이가 있는 것이니 지나치게 더러운 것이다〔蔬讀曰糈 糈粒也 鼠壤內有遺餘之粒 穢惡過甚也〕.'라고 풀이했다. 成玄英은 '채소가 남아 있음이다〔有餘殘蔬菜〕.'라고 하여 쌀 알갱이로 보지 않고 채소라고 보았다. 馬叙倫은 蔬자

는 疏가 옳으며, 疏는 정미하지 않은 거친 쌀〔麤米〕을 말한다고 했다."라고 함.

6) 棄妹不仁也 : 아랑곳하지 않고 내버려 두었으니 어질지 못함. 棄妹는 아랑곳하지 않고 내버려 둠. 棄와 妹는 같은 뜻이고 妹는 抹의 가차자로 보는 것이 적절하다. 妹를 昧자로 보고 쌀 알갱이가 어두운 곳에 방치되어 있는데 거두지 않으니 불인하다고 비난하는 표현으로 보는 견해가 많지만 정확하지 않다. 이 책의 저본으로 채택한 郭慶藩의 ≪莊子集釋≫에 之者 두 글자가 있어 '棄妹之者'로 되어 있으나 여기서는 '之者' 두 글자가 없는 쪽을 취해서 삭제하였다. 王叔岷에 의하면 현재도 '棄妹之者'로 된 판본이 있다고 하는데 역시 취하지 않는다. 한편 呂惠卿은 妹자를 글자 그대로 少女의 뜻으로 보고 "쥐구멍 흙 속에 남은 푸성귀가 있으니 그것을 가지고 막내 여동생이 굶주리는 것을 구휼할 수 있는데 소녀를 버렸으니 불인한 행위이다. 妹는 少女이다〔鼠壤有餘蔬 則可以振季女之斯飢 而棄妹 則不仁也 妹 少女也〕."라고 했는데 앞의 허무맹랑한 낭설일 뿐이다. 羅勉道, 林雲銘, 張之純, 馬叙倫도 비슷비슷하다(池田知久). 만약 노자에게 누이동생이 있었고 노자가 그것을 방치한 사실이 있었다면 士成綺가 이제 와서 새삼 그 사실을 거론하는 것도 이상하고 그 정도의 과실이라면 이어지는 노자의 말처럼 두루뭉술 추상적인 이야기를 하면서 대충 넘어갈 수 있는 문제가 아니기 때문에 글쓴이 나름의 논리가 갖추어질 수 없다. 이 장의 내용이 허구로 이야기를 꾸며낸 것이라 해도 적절한 해석이 아니다. 林希逸은 "채소를 먹고 남은 것들을 쥐구멍 어두운 곳에 버림이다. 妹는 昧와 같으니 어둡다는 뜻이다. 이런 행위는 음식물을 아끼지 않는 것이기 때문에 불인이라 한 것이다〔食蔬之餘 棄於鼠壤暗昧不明之地 妹與昧同 暗也 是不愛物也 故以爲不仁〕."라고 풀이했는데 蔬를 채소로 본 것은 적절치 않지만 음식물을 아끼지 않는 행위를 비난한 것으로 본 것이 상식상으로도 쉽게 이해할 수 있는 맥락이기 때문에 참고할 만하다. 다만 妹자를 昧자로 본 것은 여전히 미흡하다. 朱得之도 같은 의견이다. 이 외에 褚伯秀는 "채소의 뿌리만 먹고 끄트머리는 버렸으니 이것은 음식물을 아끼지 않는 행위이므로 불인에 가깝다〔取蔬之本而棄其末 是不惜物 近於不仁〕."라고 번역했는데 너무 소심한 해석이다. 馬其昶은 妹는 昧의 가차이고 "棄와 妹 두 글자는 같은 뜻이다〔棄妹二字同義〕."라고 했는데 池田知久가 말하였듯이 이것이 옳다. 특히 妹를 抹의 가차자로 보는 것이 더욱 좋다고 생각된다. 王先謙과 奚侗, 楊樹達 등도 조금씩 다르지만 馬其昶과 같은 방향의 견해를 제시했다(池田知久). 다만 楊樹達은

妹자를 投자와 같다고 보고 妹와 投의 고음이 같다고 주장하고 있는데 특이한 견해로 참고할 만하다.

7) 生熟不盡於前而積斂無崖 : 날것과 익힌 것들이 눈앞에 잔뜩 남아 있는데도 한없이 재물을 쌓고 거두어들임. 生은 날것. 熟은 익힌 음식. 司馬彪는 生을 膾라고 풀이했다. 林希逸은 "넉넉히 쌓아둠을 말한 것이다. 生熟은 날것과 익힌 것이 눈앞에 잔뜩 남아 다 쓰지 않았는데도 거두어들이고 쌓기를 그치지 않음이다〔言其積蓄有餘也 生熟者 生物熟物 在目前者用不盡也 猶且收積不已〕."라고 풀이한 것을 따른다(池田知久).

8) 漠然不應 : 조용히 아무 대꾸도 하지 않음. 漠然은 嗼(막)然으로 아무 말도 하지 않는 모양이다. 馬叙倫이 嗼의 가차자라 한 것이 적절하다. 呂惠卿이 "조용히 대꾸하지 않은 것은 바로 그 뜻이 소멸되어 마음으로 그런 생각을 물리치게 하고자 한 것이다〔漠然不應 乃所以使其意消而心郤也〕."라고 풀이했다(池田知久).

9) 吾有刺於子 : 어저께 저는 선생을 헐뜯었음. 刺는 찌른다, 헐뜯는다는 뜻이고, 於는 '…에 대해', '…을'의 뜻. 子는 2인칭 대명사인데 여기서는 '선생'이라고 번역하였다.

10) 吾心 正郤矣 : 내 마음이 바르게 되어 그런 생각을 물리치게 되었음. 正은 마음을 삐딱하게 먹지 않고 올바르게 먹게 되었다는 뜻. 正자를 止(于鬯)나 乏(武延緖), 또는 屈(馬叙倫)자 등의 가차자로 보는 견해가 있으나 근거가 박약하다. 억측을 벗어나지 않는다(池田知久). 또한 池田知久에 의하면, 郤은 陸德明이 "어떤 사람은 그만둠이라고 했다〔或云 息也〕."라고 풀이했고, 成玄英은 "비움이니 그만둠이다〔空也 息也〕."라고 풀이했지만, 林希逸이 "물리침이다. 지난번에 비웃는 마음을 가지고 있었는데 지금 그 마음이 다하여 물리쳐서 없게 되었으니 이미 노자를 만나 보고 난 뒤에 홀연히 깨닫게 되었음을 말한 것이다〔退也 向有所譏 今其心盡退然無有 謂既見之後 忽然有覺也〕."라고 한 것이 가장 적절한 풀이라 하였다.

11) 何故也 : 무슨 까닭입니까? 也는 의문사. 자신의 변화가 어디에서 비롯되었는지 스스로 몰라서 묻는 말이다. 宣穎은 "노자에 의해서 바뀌게 되었지만 스스로 깨닫지 못함이다〔爲老子所移而不覺〕."라고 풀이했는데 참고할 만하다.

12) 吾自以爲脫焉 : 나는 스스로 벗어났다고 생각함. 脫은 벗어났다, 超脫하였다는 뜻. 郭象은 "지나감이다〔過去也〕."라고 풀이했고, 林希逸은 "떠남이니 그보다 더 나음을 말한 것이다〔離也 言出乎其上也〕."라고 풀이했는데 모두 적절하다. 王先謙이 "그대가

나를 성인에 견주었지만 나는 오래전에 그런 경지를 벗어나서 그런 명성은 내가 추구하지 않는 것임을 말한 것이다〔言子儗我聖人 吾久自以爲脫免 其名皆我所不居〕."라고 풀이한 것이 이 구절의 취지를 잘 설명하고 있어 이 해석을 따른다(池田知久).

13) 昔者子呼我牛也而謂之牛 : 자네가 어제 나를 소라고 불렀다면 나도 스스로 소라고 했을 것임. 昔者는 여기서는 '어제', '어저께'. 〈應帝王〉편 제1장에서 "어느 때에는 자신을 말이라고 여기고 때로는 자기를 소라고 여긴다〔一以己爲馬 一以己爲牛〕." 라고 한 것을 참조할 것(陸樹芝, 池田知久).

14) 苟有其實 人與之名而弗受 : 만일 그에 해당하는 사실이 있어서 다른 사람이 나에게 이름을 붙여 주는데 내가 받아들이지 않으면. 〈齊物論〉편 제1장에서 "모든 사물은 본래 그렇다고 할 만한 사실을 지니고 있다〔物固有所然〕."라고 한 것과 같은 思想이다(池田知久). 위 문장에 나온 牛・馬의 이야기와 함께 만물제동의 철학을 변형한 형태이다. 名・實은 牛・馬에 대해 말한 것이다(于鬯, 池田知久). 또 〈逍遙遊〉편 제2장에서 "이름이란 내용의 손님이다〔名者 實之賓也〕."라고 한 말도 참조할 필요가 있다(阮毓崧, 池田知久).

15) 吾服也 恒服 : 내가 승복하는 것은 떳떳하게 승복한 것임. 내가 남의 말에 승복하는 것은 一時의 생각이 아니고 늘 그러한, 平常의 承服이라는 뜻. 의도적으로 하는 것이 아니고 그저 무심히 승복하는 것이라는 뜻도 된다. 羅勉道가 "服은 따름이다. 내가 다른 사람에게 복종하는 것은 바로 일상적으로 복종하는 마음을 지니고 있기 때문이지 단지 복종할 만한 이유가 따로 있어서 복종하는 것이 아니다. 비록 그 말이 복종하기에 부족하더라도 또한 복종한다〔服從也 吾之服從人 乃乎日常有服從之心 不是止服其有可服者 雖其言不足服 亦服之也〕."라고 풀이한 것이 의미가 깊다(池田知久).

16) 吾非以服 有服 : 복종하기 위해서 복종하는 것이 아님. 복종하는 것이 좋다고 판단해서 억지로 복종하는 것이 아니라는 뜻. 馬叙倫은 有를 爲의 가차자라 했는데 그렇게 보면 문장이 자연스러워지기 때문에 참고할 만하다. 이 편 제1장에서 "聖人이 고요함을 지키는 것은 고요한 것이 좋은 것이라고 해서 고요함을 지키는 것이 아니다〔聖人之靜也 非曰 靜也善 故靜也〕."라고 할 때의 의미와 비슷하다(林希逸). 〈齊物論〉편 제1장의 "그렇게 할 뿐이고 그러한 까닭을 알지 못하는 것을 道라고 한다〔已而不知其然 謂之道〕."라고 한 부분을 참고할 필요가 있다(池田知久).

17) 鴈行避影 : 비스듬히 뒤따라 걸으며 그림자를 피함. 鴈行은 기러기의 행렬처럼 비스듬히 뒤따라 걷는 모양. 避影은 그림자를 피해서 밟지 않는다는 뜻. 모두 상대를 공경하는 태도를 표현한 말이다. ≪禮記≫ 〈王制〉편에 "어버이의 나이에 해당하는 어른과 길을 갈 때는 따라 걷고, 형의 나이에 해당하는 연장자와 길을 갈 때는 비스듬히 뒤따라 걷고 벗들과 함께 갈 때는 서로 앞서지 않는다〔父之齒隨行 兄之齒鴈行 朋友不相踰〕."라고 했는데 참고할 필요가 있다(福永光司).

18) 履行遂進 : 천천히 걸어 가까이 다가감. 成玄英은 履行을 "감히 그 자취를 밟지 않음이다〔不敢履躡其跡〕."라고 풀이했지만 不자가 없기 때문에 적절치 않다. 또한 신을 신은 채 걷는다는 異說도 있지만 취하지 않는다. 林希逸이 "조금씩 나아가는 모양이다〔漸行漸進之貌〕."라고 풀이한 것이 간명하다.

19) 而容崖然 : 자네의 얼굴은 깎아지른 듯 모나며. 成玄英이 "스스로 높은 벽이 되어 느긋하게 다른 사람에게 맞추지 못함이다〔自爲崖岸 不能舒適〕."라고 풀이한 것이 적절하다. 呂惠卿은 "마치 다른 사람과 교제하지 않을 듯함이다〔若不與物交〕."라고 풀이했는데 모난 모양을 잘 설명하고 있다. 郭象은 "달려 나감이 불안한 모습이다〔進趨不安之貌〕."라고 풀이했는데 맥락상 부적절하다. 而容의 '而'는 물론 2인칭 대명사. '너', '자네'의 뜻. 以下同.

20) 衝然 : 똑바로 쏘아보는 모양. 郭象은 "불쑥 튀어나온 모양이다〔衝出之貌〕."라고 했고, 林希逸은 "눈이 튀어나올 듯 쏘아보는 모양〔突視之狀〕."이라 했는데 모두 적절한 풀이이다. 成玄英은 "마음이 이미 불안하게 되면 눈 또한 이리저리 움직이게 된다. 그 때문에 좌고우면하고 부릅떠 쳐다봄에 이리저리 막히는 것이다〔心旣不安 目亦馳動 故左盼右睇 睢盱充詘也〕."라고 풀이했는데 너무 번거로운 해석이다. 呂惠卿은 "바깥으로 외물을 좇아감이다〔逐物於外也〕."라고 했는데 맥락을 다소 놓친 듯한 풀이이다.

21) 顙頯(규)然 : 이마가 높이 솟아 있는 모양. 이마가 툭 튀어나온 모양으로 거만한 모습을 말한다. 郭象은 "높이 드러내 아름다움을 드러내는 모양〔高露發美之貌〕."이라 했고 成玄英은 "이마가 높이 솟구쳐 화려한 장식을 드러냄이니 이 같은 몸가짐을 지켜서 다른 사람을 깔봄이다〔顙額高亢 顯露華飾 持此容儀 矜敖於物〕."라고 풀이한 것이 거만한 태도를 표시하기에 적절하다. 〈大宗師〉편 제1장에도 이미 '其顙頯'라고 나와 있다. 거기서는 '이마가 넓고 평평하다'고 번역하였다.

22) 闞(함)然 : 크게 벌려진 모양. 사람들에게 소리를 크게 질러 댄다는 뜻. 闞은 소리가 크다는 뜻이다. '虎怒聲'으로 풀이하는 견해가 많다. 郭象은 "범이 소리지르는 모양이다〔虓豁之貌〕."라고 했다.

23) 義然 : 산처럼 위압적임. 義然은 〈大宗師〉편 제1장에 이미 나왔다(郭慶藩). 兪樾과 馬叙倫의 고증을 따라 '義'를 峨로 보고 높이 솟은 모양〔峨〕으로 보는 것이 적절하다.

24) 似繫馬而止也 : 마치 내달리는 말을 억지로 묶어 멈추게 하고 있는 것 같음. 池田知久는 몸은 가만히 있지만 마음은 이리저리 내달리는 모습을 표현한, 〈人間世〉편 제1장에 보이는 坐馬也에 해당한다고 하고 있다(林希逸, 朱得之, 林雲銘, 陳壽昌).

25) 動而持 : 움직이고 싶은 것을 억지로 참음. 焦竑은 動而持를 아래의 發也와 연속시켜서 '動而持發也 機察而審'으로 구두하고 武延緖도 같은 의견이지만 옳지 않다(池田知久). 이설이 분분하지만 宣穎이 "움직이고 싶지만 억지로 붙들고 있음이다〔欲動而强要持〕."라고 풀이한 것이 간명하다.

26) 發也機 : 일단 튕기면 움직임이 쇠뇌같이 빠름. 〈齊物論〉편 제1장의 "활 틀에 건 화살과 같이 〈모질게〉 튕겨 나가는 것은 是非를 따져 대는 것을 말함이다〔其發若機栝 其司是非之謂也〕."라고 한 것과 같은 맥락이다(林希逸, 林雲銘).

27) 覩於泰 : 마음의 교만함이 밖으로 드러나 보임. 覩는 見과 같이 '드러나 보인다'는 뜻이고 泰는 泰然한 모습으로 여기서는 '교만한 모습'을 뜻한다. 郭象은 泰를 "본성보다 많음을 말한 것이다〔多於本性之謂也〕."라고 풀이했고, 成玄英은 "유위로 인해 일이 많아진 것〔有爲之多事〕."이라 했지만 충분하지 않다. 林希逸이 "스스로 지혜와 기술을 가지고 있다고 자부하여 교만한 마음이 밖으로 드러남이다〔自持其智巧而驕泰之意 見於外也〕."라고 풀이한 것이 적절하다.

28) 凡以爲不信 : 이런 태도는 모두 믿을 수 없는 것들임. 郭象 이래로 '以爲'의 主語를 老子로 하는 것이 정설이다. 褚伯秀가 "세속에서는 내 말을 믿을 수 없다고 한다〔凡俗以余言爲不信〕."라고 풀이한 것은 뜬금없는 견해이다. 王敔가 "모두 스스로 믿을 수 없어서 겉으로 인의를 가장한 것이다〔皆不能自信 而外假於仁義〕."라고 풀이한 것이 맥락을 잘 살린 正解이다(池田知久).

29) 邊竟有人焉 其名爲竊 : 변경에 그런 사람이 있는데 그 이름을 '도둑놈'이라 하더군. 사성기의 행동에 대한 풍자이다. 竟자가 境으로 표기된 판본이 있다(王孝魚).

司馬彪는 "먼 곳에 일찍이 이런 사람이 있었음을 말한 것이다〔言遠方嘗有是人〕."라고 풀이했고, 成玄英은 "사성기의 행동은 못됨이 또한 그러하니 거동의 사나움이 마치 이 도적과 같다〔成綺之行 其猥亦然 擧動睢盱 猶如此賊也〕."라고 풀이했다. 馬其昶과 焦竑은 竊을 ≪論語≫ 〈陽貨〉편의 '穿踰之盜', ≪孟子≫ 〈盡心 下〉편의 '穿踰之類'에 해당한다고 했다(池田知久).

第9章

夫子[1]曰 夫道는 於大에 不終하며 於小에 不遺[2]하나니 故로 萬物이 備[3]하야 廣廣乎[4]其無不容也며 淵乎其不可測也[5]니라

形德仁義는 神之末也[6]니 非至人이면 孰能定之[7]리오

夫至人有世[8] 不亦大乎아 而不足以爲之累[9]하며 天下奮棅하야도 而不與之偕[10]하며 審乎無假하야 而不與利遷하며 極物之眞하야 能守其本[11]하나니라 故로 外天地하며 遺萬物호대 而神이 未嘗有所困也[12]요 通乎道하며 合乎德하고 退仁義하며 賓禮樂[13]하야 至人之心은 有所定矣[14]니라

선생은 이렇게 말했다.

"道는 아무리 큰 것을 수용해도 다하지 아니하고 아무리 작은 것이라도 빠뜨리지 않는다. 그 때문에 만물이 여기에 갖추어져 넓고 넓어서 용납하지 않음이 없고 깊고 깊어서 헤아릴 수 없다. 형벌과 은덕에 의한 정치나 仁義에 의한 교화는 정신 중에서 지엽말절에 지나지 않으니 至人이 아니면 누가 이런 본말의 관계를 결정할 수 있겠는가.

至人이 세상을 다스리는 일은 또한 큰일이 아닌가. 그러나 그 큰일도 至人을 얽매이게 하기는 부족하며, 온 천하 사람들이 권세를 얻으려고 분투하더라도 그들과 함께 어울리지 아니하고, 거짓 없는 眞實의 道를 잘 살펴서 이익에 따라 움직이지 아니하며, 사물의 진실을 극진히 알아서 그 근본을 지킬 줄 안다. 그 때문에 至人은 천지를 도외시하고 만물을 다 잊어버려도 精神은 조금도 괴로워

하지 않는다. 道에 정통하고 타고난 그대로의 德에 합치하며 仁義를 물리치고 禮樂의 속박을 물리치니 〈이렇게 한 뒤에야 비로소〉 至人의 마음이 안정된다."

【역주】

1) 夫子 : 노자를 지칭. 老子로 되어 있는 판본이 있으나 成玄英 疏와 다른 여러 판본에 근거하여 夫子로 고치는 것이 옳다(王重民, 王叔岷). 〈天地〉편 제2장과 제3장의 夫子와 마찬가지로 老子를 가리킨다. 池田知久에 의하면, 宣穎은 孔子를 지칭한다고 했고, 福永光司와 赤塚忠은 莊子를 가리킨다고 했는데 옳지 않다. 장자로 보는 견해는, 그럴 개연성이 없지 않지만, 바로 앞 제8장과의 연속성을 고려한다면 노자로 보는 것이 타당하다.

2) 夫道於大不終 於小不遺 : 대저 도는 아무리 큰 것을 수용해도 다하지 아니하고 아무리 작은 것이라도 빠뜨리지 않음. "큰 것에 대해서〔於大〕 다함이 없고〔不終〕 작은 것에 대해서〔於小〕 버리지 않는다〔不遺〕."가 直譯. 成玄英은 終을 다함〔窮〕으로 풀이했다. 遺는 버리다, 빠뜨리다는 뜻. 大意는 成玄英, 呂惠卿, 陳祥道, 林希逸, 褚伯秀, 朱得之, 林雲銘 등이 해석한 것처럼 道의 넓음을 표현한 것으로 이해하는 것이 적절하다(池田知久). 특히 林希逸은 "크게는 끝이 없고 작게는 남음이 없으니 바로 큼을 말하면 무엇으로도 실을 수 없고 작음을 말하면 무엇으로도 쪼갤 수 없다〔大而無極 細而無餘 卽語大莫能載 語小莫能破也〕."라고 하여 ≪中庸≫ 제12장에서 "군자가 큰 것을 말하면 천하에 무엇으로도 실을 수 없고 작은 것을 말하면 천하에 무엇으로도 쪼갤 수 없다〔君子語大 天下莫能載焉 語小 天下莫能破焉〕."라고 한 것과 동일한 맥락으로 이해하고 있다. 〈天地〉편 제2장에서 "대저 도는 만물을 실어주는 존재이다〔夫道覆載萬物者也〕."라고 언급한 것과 〈知北遊〉편에서 "이른바 도라는 게 어디에 있나요? 하고 묻자 장자가 있지 않은 곳이 없다고 대답했다〔所謂道惡乎哉 莊子曰 無所不在〕."라고 한 맥락과도 유사하다(赤塚忠). 또 ≪呂氏春秋≫ 〈下賢〉편에 "도를 터득한 사람은……크기로는 밖이 없고 작기로는 안이 없다〔得道之人……其大無外 其小無內〕."라고 한 언급, 이 책의 〈秋水〉편에 "至精은 모습이 없고 至大는 에워쌀 수 없다〔至精無形 至大不可圍〕."라고 한 것, 그리고 〈天下〉편에서 "지극히 큰 것은 밖이 없으니 大一이라고 일컫고 지극히 작은 것은 안이 없으니 小一이라고 일컫는다〔至大無外謂之大一 至小無內謂之小一〕."라고 한 언급도 참고할

필요가 있다(池田知久).

3) 萬物備 : 만물이 여기에 갖추어져 있음. 羅勉道는 아래의 廣을 여기에 연속시켜 "萬物備廣"으로 絶句하였다(池田知久). 굳이 따르지 않는다.

4) 廣廣乎 : 넓고 넓은 모양. 廣乎로 표기된 판본이 있다(王叔岷). 王念孫은 ≪讀書雜志≫ 〈爰盎鼂錯傳〉에서 "廣은 曠과 같으니 曠은 비었다는 뜻이다〔廣與曠同 曠 空也〕."라고 했지만 여기에는 맞지 않는다(池田知久).

5) 淵乎其不可測也 : 깊고 깊어서 헤아릴 수 없음. 연못처럼 깊다는 비유이다. 陳景元의 ≪莊子闕誤≫에 인용된 江南古藏本에는 淵乎가 淵淵乎로 표기되어 있고, 武延緖, 奚侗, 馬叙倫, 劉文典, 王叔岷, 楊明照 등이 이를 따라 淵淵乎로 표기해야 한다고 했지만 따르지 않는다(池田知久). 〈天地〉편 제3장에도 "夫道 淵乎其居也"라는 표현이 있고, ≪老子≫ 제4장에도 "깊어서 마치 만물의 으뜸인 듯하다〔淵兮似萬物之宗〕."라고 하여 淵 한 글자만으로도 깊다는 뜻으로 쓰인다(福永光司).

6) 形德仁義 神之末也 : 형벌과 은덕에 의한 정치나 仁義에 의한 교화는 정신 중에서 지엽말절에 지나지 않음. 形은 제5장에 나온 刑으로, 형벌의 뜻이다(阮毓崧, 馬叙倫). 德은 은덕. ≪韓非子≫ 〈二柄〉편에 "〈나라를 다스리는〉 두 가지 도구는 刑罰과 恩德이다. 무엇을 일러 刑德이라 하는가. 살육하는 것을 刑이라 하고 상주는 것을 德이라 한다〔二柄者 刑德也 何謂刑德 曰殺戮之謂刑 慶賞之謂德〕."라고 풀이한 것을 참고하면 이해하기가 쉽다(福永光司). "神之末也"는 제5장의 "이 다섯 가지 말절은 정신이 운행되고 심술이 작용하기를 기다린 뒤에야 따라가는 것이다〔此五末者 須精神之運 心術之動 然後從之者也〕."라고 한 것과 같은 의미일 것이다(池田知久). 여기의 神은 아래 문장에 나오는 神, 心 등과 같은 뜻(池田知久).

7) 非至人孰能定之 : 지인이 아니면 누가 이런 본말의 관계를 결정할 수 있겠는가. 〈天地〉편 제3장의 "만물을 누가 결정할 수 있겠는가〔萬物孰能定之〕." 하고 말한 것과 같은 의미이다(池田知久). '孰能定之'는 成玄英이 "누가 거칠고 교묘한 것을 결정할 수 있겠는가〔誰能定其粗妙耶〕."라고 풀이했고, 林希逸은 "누가 그 본과 말을 결정할 수 있겠는가〔孰能定其本末也〕."라고 풀이했다.

8) 有世 : 세상을 다스리는 일. 有는 다스린다는 뜻. '有國有家'의 有와 같다. 武延緖와 馬叙倫은 用으로 바꿔야 한다고 했지만 취하지 않는다(池田知久). 林希逸이 "有는 천하를 다스림이다〔有也 有天下也〕."라고 풀이한 것이 定說이다(池田知久).

9) 不足以爲之累 : 〈至人을〉 얽매이게 하기는 부족하다. 爲之累는 至人의 마음을 번거롭게(얽매이게) 하는 걱정거리가 되는 것을 말한다.

10) 天下奮棅而不與之偕 : 온 천하 사람들이 권세를 얻으려고 분투하더라도 그들과 함께 어울리지 아니함. 棅은 權柄의 뜻. 陸德明은 "棅은 음이 柄이다. 司馬彪는 권위라고 했다〔棅 音柄 司馬云 威權也〕."라고 풀이했는데 이것이 적절하다. 池田知久는 棅이 棟으로 된 판본이 있다 하나 잘못일 것(吳承仕)이라고 하였다. 또 奮은 奚侗과 馬叙倫이 奪의 誤字라고 했지만 그대로 두는 것이 오히려 자연스럽다(池田知久). 林希逸은 "비록 천하 사람들이 일어나 천하의 권병을 잡으려 하더라도 이 마음이 또한 그들과 함께 가지 않으니 마음이 움직이지 않음을 말한 것이다〔雖奮而執天下之棅 此心亦不與之偕往 言心不動也〕."라고 풀이했는데 林雲銘, 胡方, 陸樹芝 등의 견해도 이와 비슷하고, 王敔는 "사람들은 각자 일어나 권병을 쟁탈하려 하지만 나는 그렇지 않다〔人各奮起爭權柄 而已否〕."라고 풀이했는데 宣穎, 陳壽昌, 王先謙, 阮毓崧 등이 이 견해에 동의하고 있는데, 池田知久에 의하면 이 說들이 通說이다. 池田知久는 그러나 이들 通說에도 결점이 있으니 褚伯秀가 "대상 사물은 비록 움직이더라도 나는 스스로 고요함을 말한 것이다〔言物雖動而我自靜也〕."라고 풀이한 것을 보충하는 것이 좋다고 하였다. 池田知久는 또한 ≪韓非子≫ 〈二柄〉편에서 "신하된 자는 주벌을 두려워하고 경상을 좋아한다. 그 때문에 인주가 스스로 형벌과 은덕을 이용하면 여러 신하들이 그 위엄을 두려워하고 이익으로 돌아갈 것이다〔爲人臣者畏誅罰而利慶賞 故人主自用其刑德 則群臣畏其威而歸其利矣〕."라고 한 법가의 이념을 漢代의 道家식으로 표현한 것이 이 구절이라고 하였다.

11) 審乎無假而不與利遷 極物之眞 能守其本 : 거짓 없는 眞實의 道를 잘 살펴서 이익에 따라 움직이지 아니하며, 사물의 진실을 극진히 알아서 그 근본을 지킴. 無假는 거짓 없는 道. 〈德充符〉편 제1장에 "거짓 없는 참된 도를 잘 살펴서, 事物과 함께 옮겨 다니지 않고, 만물의 변화를 命으로 받아들여 근본인 道를 지킨다〔審乎無假而不與物遷 命物之化 而守其宗也〕."라고 하여 道를 '無假'로 표현했는데 그것을 그대로 답습한 것이다(陸樹芝). 阮毓崧, 于省吾 등은 假를 瑕의 뜻으로 보았지만 이어지는 極物之眞이 對句가 됨을 미처 살피지 못한 견해일 뿐이다. 奚侗, 馬叙倫, 楊樹達 등은 利자를 物자의 잘못이라 했는데 〈德充符〉편 제1장에 '不與物遷'이라고 되어 있는 데 근거한 것이지만 利자와 物자의 뜻이 서로 어긋나지 않으므로 같은

내용의 다른 표현으로 이해하는 편이 무난하다. 敦煌본에는 能守其본 밑에 者也 두 글자가 붙어 있다(池田知久). 林雲銘은 '能守其본'의 '本'자가 위 문장에 나온 '神之末也'의 末자와 對句가 된다고 했는데 적절한 견해이다.

12) 外天地 遺萬物 而神未嘗有所困也 : 천지를 도외시하고 만물을 다 잊어버려도 精神은 조금도 괴로워하지 않음. 困은 困苦의 뜻. 林雲銘은 '未嘗有所困也'의 '困'자가 위 문장에 나온 '不足以爲之累'의 累자와 對句가 된다고 했는데 적절한 견해이다.

13) 通乎道 合乎德 退仁義 賓禮樂 : 道에 정통하고 타고난 그대로의 德에 합치하며 仁義를 물리치고 禮樂의 속박을 물리침. 賓은 擯으로 물리친다는 뜻. 賓은 兪樾, 郭慶藩, 章炳麟, 武延緖, 王叔岷 등이 주장하는 것처럼 擯의 假借로 보는 견해가 적절하다(池田知久). 〈大宗師〉편 제7장에서 공자와 안회의 대화 중에서 "회는 인의를 잊어버렸습니다……대통의 도와 같아진다〔回忘仁義矣……同於大通〕."라고 한 부분을 참고하는 것이 이 부분을 이해하는 데 도움이 된다(赤塚忠).

14) 至人之心 有所定矣 : 至人의 마음이 안정됨. 제3장에 나온 '一心定而王天下' 이하의 내용을 이어 받은 사상이다(赤塚忠, 池田知久).

第10章

世之所貴道者는 **書也**[1)]나 **書不過語**[2)]라 **語有貴也**[3)]하니 **語之所貴者**는 **意也**[4)]니라 **意有所隨**하니 **意之所隨者**는 **不可以言傳也**[5)]어늘 **而世 因貴言 傳書**[6)]하나니 **世雖貴之哉**나 **猶不足貴也**[7)]니 **爲其貴 非其貴也**[8)]니라 **故**로 **視而可見者**는 **形與色也**요 **聽而可聞者**는 **名與聲也**[9)]라 **悲夫**라 **世人**이 **以形色名聲**으로 **爲足以得彼之情**[10)]이라하나니 **夫形色名聲**이 **果不足以得彼之情**[11)]이니 **則知者 不言**하고 **言者 不知**[12)]니 **而世**는 **豈識之哉**[13)]리오

세상 사람들이 道라 하여 귀하게 여기는 것은 書冊이지만 이 서책은 말에 지나지 않는다. 그러니 말에는 중요한 것이 있을 것이니 그 말이 중시하는 것은 〈말하는 사람이 전달하고자 하는〉 뜻〔意味內容〕이다. 뜻에는 따르는 것이 있으니 뜻이 따르는 것은 말로 전할 수 없는 것인데 세상에서는 말을 중시하여 서책

을 전하니 세상에서 비록 그것을 중시하지만 중시하기에는 오히려 부족한 것이니 그 중시하는 것이 참으로 중시해야 할 것이 아니기 때문이다. 그 때문에 눈으로 볼 수 있는 것은 모양과 색깔뿐이고 귀로 들을 수 있는 것은 이름과 소리일 뿐이다. 슬프구나. 세상 사람들은 모양과 색깔, 이름과 소리만으로 충분히 저 도의 實情을 알 수 있다고 한다. 하지만 모양과 색깔, 이름과 소리로는 틀림없이 도의 실정을 알기에 부족하다. 그래서 아는 자는 말하지 않고 말하는 자는 알지 못하는 것인데 세상 사람들이 어찌 그것을 알겠는가.

【역주】

1) 世之所貴道者書也 : 세상 사람들이 道라 하여 귀하게 여기는 것은 書冊임. 즉 세속 사람들은 서책을 바로 道라고 여겨 그것을 귀하게 여긴다는 뜻이다. 敦煌본에는 道자가 없으며 書자 아래에 있는 也자도 없다(王重民, 池田知久). 그러면 "세상 사람들이 중시하는 것은 책〔世之所貴者書〕."이라는 뜻이 되는데 成玄英이 道자를 '言說'로 풀이한 것은 분명 오류이지만 차라리 道자가 없는 것이 자연스러운 문장이므로 敦煌본이 옳을 가능성이 많다. 林希逸은 "책은 도를 실을 수 있기 때문에 세상 사람들이 중시하지만 중시하는 것은 도에 있는 것이지 책 자체에 있는 것이 아니다〔書能載道 世所貴之 然貴在道 而不在書也〕."라고 풀이한 것이 적절하다. 陸長庚, 宣穎, 陳壽昌, 阮毓崧 등의 해석도 좋다(池田知久). 또한 池田知久에 의하면, 서책의 의미를 경시하거나 부정하는 주제의 글로 참고할 만한 것은 ≪韓非子≫ 〈喩老〉편, ≪淮南子≫ 〈道應訓〉편에 나오는 王壽의 설화를 들 수 있다(陳祥道).

2) 書不過語 : 서책은 말에 지나지 않는다. ≪韓非子≫에는 "서책은 말이다〔書者言也〕."라고 한 부분이 있고 ≪淮南子≫에는 "서책이란 말이 나온 것이다〔書者言之所出也〕."라고 한 것이 보인다(池田知久).

3) 語有貴也 : 말에는 중요한 것이 있을 것이다. 앞뒤의 文句와 연결하면 "서책은 말한 것을 기록한 것에 불과하다. 그러니 그 말 속에는 귀한 것(중요한 것)이 있을 것이다. 그러니……."로 이어지게 된다.

4) 語之所貴者 意也 : 말이 중시하는 것은 〈말하는 사람이 전달하고자 하는〉 뜻〔意味內容〕이다. 池田知久의 註解를 참고하면, ≪韓非子≫에는 "말은 앎에서 나온다〔言生於知〕."라고 한 부분이 있고, ≪淮南子≫에는 "말은 앎에서 나오는 것이다〔言出

於知者〕."라고 한 언급이 보인다. 〈外物〉편에서 "말이란 뜻을 전하는 데 있으니 뜻을 얻고 나면 말은 잊어도 된다〔言者所以在意 得意而忘言〕."라고 한 부분을 참고할 만하다(陸長庚). 또 ≪呂氏春秋≫ 〈離謂〉편에서 "무릇 말이란 뜻의 껍데기일 뿐이다. 그 껍데기만 보고 뜻을 버린다면 도리에 어긋난 것이다. 그 때문에 옛사람들은 뜻을 얻고 나면 말은 버렸다〔夫辭者 意之表也 鑒其表而棄其意 悖 故古之人 得其意則舍其言矣〕."라고 한 부분도 참고할 만하다(赤塚忠). ≪周易≫ 〈繫辭上傳〉에 나오는 "글은 말을 다하지 못하고 말은 뜻을 다하지 못한다〔書不盡言 言不盡意〕."라고 한 언급은 象의 중요성을 설명하기 위한 것이므로 맥락은 다소 다르지만 역시 참고할 만할 것이다. 이 부분의 原文의 구체적인 뜻을 좀 더 명확히 알기 위해 위의 池田知久의 주석에서 援用해 온 것과 다소 중복되는 것이 있음을 무릅쓰고 福永光司의 說을 다음에 소개한다. " '語'는 '言'과 같으니 말이라는 뜻. '言' 또는 '語'와 '意'와의 관련에 대하여는 ≪周易≫ 〈繫辭傳 上〉에 '書不盡言 言不盡意'라고 言及되어 있어 고대로부터 관심을 불렀던 命題이다. 이 경우 '書'는 書面言語, '言'은 口頭言語를 가리킨다. 쓰여진 말은 대화의 말을 충분하게 표현할 수 없고 대화의 말은 생각하는 것(뜻)을 충분히 표출하지 못한다. 이것은 일종의 言語不信論이라고도 할 수 있다. ≪莊子≫에서는 雜篇 〈外物〉편에 '得意忘言'의 論이 있다. 禪家의 '不立文字'의 사상과도 관련한다."

5) 意有所隨 意之所隨者 不可以言傳也 : 뜻에는 따르는 것이 있으니 뜻이 따르는 것은 말로 전할 수 없다. 隨는 따라오는 것이 아니라 뜻이 따라가는 것을 말한다. 곧 부수적으로 따라온다는 뜻이 아니라 뜻보다 중요한 道를 따라감을 말한다. 大意는 成玄英이 "뜻이 나오는 것은 도를 따라 나온다. 도는 이미 색깔도 아니고 소리도 아니기 때문에 말로 전할 수 없다〔意之所出 從道而來 道旣非色非聲 故不可以言傳說〕."라고 한 것을 따르는 것이 좋다(池田知久).

6) 世因貴言傳書 : 세상에서는 말을 중시하여 서책을 전한다. 세상에서는 말을 중시하는 까닭에(말을 귀하게 여기는 까닭에) 서책을 전한다는 뜻이다. 因은 '…을 말미암음' '…하는 까닭에'의 뜻임.

7) 世雖貴之哉 猶不足貴也 : 세상에서 비록 그것을 중시하지만 중시하기에는 오히려 부족함. 哉자가 없는 판본이 있으므로 哉자를 끼어든 문자로 보는 것이 적절하다. 王叔岷은 哉자가 없는 판본이 있고, 我로 표기된 판본이 있는데 世자와 對句가 되

므로 我자로 보는 것이 옳다고 했지만 오히려 哉자든 我자든 없는 것이 낫다. 더욱이 감탄형 종결사로 쓰이는 哉자가 있을 곳은 아니다.

8) 爲其貴非其貴也 : 그 중시하는 것이 참으로 중시해야 할 것이 아니기 때문임. 敦煌본에는 "爲非其貴者也"로 표기되어 있다(王重民).

9) 視而可見者 形與色也 聽而可聞者 名與聲也 : 눈으로 볼 수 있는 것은 모양과 색깔뿐이고 귀로 들을 수 있는 것은 이름과 소리일 뿐임. 道에 대한 형용으로는 ≪老子≫ 제14장의 "보아도 보이지 않는 것을 夷라 하고 들어도 들리지 않는 것을 希라 하고 붙잡아도 잡히지 않는 것을 微라 한다. 이 세 가지는 말로 따져서 나눌 수 없다. 그 때문에 섞어서 하나로 삼는다〔視之不見名曰夷 聽之不聞名曰希 搏之不得名曰微 此三者 不可致詰 故混而爲一〕."라고 한 내용과 제35장의 "보아도 보기에 부족하고 들어도 듣기에 부족하다〔視之不足見 聽之不足聞〕."라고 말한 부분을 참고하면 도움이 된다(福永光司). 〈達生〉편에 "무릇 모양과 소리를 갖고 있는 것은 모두 사물이다〔凡有貌象聲色者 皆物也〕."라고 말하고 있는 것처럼 形色과 名聲은 事物의 속성이고 道는 이런 것을 초월한 데 있음을 말하고 있다(池田知久).

10) 得彼之情 : 저 도의 實情을 알 수 있음. 彼는 道를 가리킨다. 成玄英이 "이름과 말과 소리와 색깔로 도의 실정을 다 알 수 있다고 말함이다〔謂名言聲色 盡道情實〕."라고 풀이한 것이 적절하다. 林希逸도 같은 견해를 제시했다. 宣穎은 "彼는 道를 지칭하고 情은 實이다〔彼 指道 情 實〕."라고 풀이했는데 王先謙과 阮毓崧도 宣穎의 견해에 동의했다. 〈齊物論〉편 제1장에서 "〈사람들이〉 그 道의 실상〔情〕을 알든 알지 못하든 간에 그것은 참다운 존재〔眞〕에 아무런 영향도 미치지 못한다〔如求得其情與不得 無益損乎其眞〕."라고 한 말을 참고하면 도움이 된다(福永光司, 池田知久).

11) 果不足以得彼之情 : 틀림없이 도의 실정을 알기에 부족함. 果는 必과 같이 '틀림없이'의 뜻으로 쓰였다. 林希逸은 '斷'으로 풀이했는데 '결단코'의 뜻으로 '必'과 비슷한 뜻으로 풀이한 것이다. 阮毓崧은 '終'으로 '끝내'라는 뜻으로 풀이했는데 맥락이 약간 다르다. 池田知久도 지적했듯이 兪樾과 章炳麟이 不자를 衍文이라 한 것은 잘못이다. 한편 우리나라 현토본에서는 이 문구로부터 다음 문구 '則知者不言……'으로 넘어가는 이음 吐를 '…인댄'으로 달았는데 이것은 번역문에 맞춰서 '…이니'로 고치는 것이 可할 것 같다.

12) 則知者不言 言者不知 : 그야말로 아는 자는 말하지 않고 말하는 자는 알지 못하는 것이다. ≪老子≫ 제56장과 ≪莊子≫의 〈知北遊〉편에 같은 내용이 보인다.

13) 世豈識之哉 : 세상 사람들이 어찌 그것을 알겠는가. 세상 사람들은 아무도 그것을 인식하고 있지 못한다는 뜻이다. 그것을 알겠는가의 그것〔之〕은, 道의 言表不可能을 뜻하는 대명사.

桓公이 讀書於堂上[1]이어늘 輪扁이 斲輪於堂下[2]하다가 釋椎鑿하고 而上問桓公[3]하야 曰 敢問하노이다 公之所讀은 爲何言邪[4]잇고

公曰 聖人之言也라

曰 聖人이 在乎아

公曰 已死矣니라

曰 然則君之所讀者[5]는 古人之糟魄已夫[6]인저

桓公曰[7] 寡人의 讀書를 輪人이 安得議乎리오 有說則可커니와 無說則死[8]하리라

輪扁曰 臣也는 以臣之事로 觀之호니 斲輪[9]이 徐면 則甘而不固하고 疾이면 則苦而不入[10]하나니 不徐不疾[11]은 得之於手而應於心[12]이라 口不能言[13]이오 有數存焉於其間[14]하니 臣도 不能以喩臣之子[15]하며 臣之子도 亦不能受之於臣이라 是以로 行年이 七十이도록 而老[16]斲輪호이다 古之人이 與其不可傳也로 死矣[17]니 然則君之所讀者는 古人之糟魄已夫[18]인저

桓公이 당상에서 글을 읽고 있었는데 輪扁이 당 아래에서 수레바퀴를 깎고 있다가 몽치와 끌을 내려놓고 위로 환공을 올려다보며 물었다.

"감히 묻습니다. 임금께서 읽고 계시는 것은 어떤 말입니까?"

환공이 대답했다. "성인의 말씀이다."

윤편이 말했다. "성인이 지금 살아 있습니까?"

환공이 말했다. "이미 죽었다."

윤편이 말했다. "그렇다면 임금께서 읽고 계시는 것은 옛사람의 찌꺼기로군요."

환공이 말했다. "과인이 글을 읽고 있는데 수레기술자 따위가 어찌 논의하는가. 그럴싸한 이유를 댄다면 괜찮겠지만 그렇지 못하면 죽임을 당할 것이다."

윤편이 말했다. "신은 신이 하는 일로 살펴보겠습니다. 수레바퀴를 여유 있게 깎으면 헐거워서 견고하지 못하고 너무 꼭 맞게 깎으면 빡빡해서 들어가지 않으니 여유 있게 깎지도 않고 너무 꼭 맞게 깎지도 않는 것은 손에서 터득하여 마음으로 호응하는 것이어서 입으로 말할 수 없습니다. 교묘한 기술이 그 사이에 있으니 신도 그것을 신의 자식에게 깨우쳐 줄 수 없고 신의 자식도 그것을 신에게 받을 수 없습니다. 이 때문에 나이가 칠십에 이르러 늙을 때까지 수레바퀴를 깎고 있습니다. 옛사람도 〈말로는〉 전할 수 없는 것을 함께 가지고 죽었을 것입니다. 그렇다면 임금께서 읽고 있는 것은 옛사람의 찌꺼기일 따름입니다."

【역주】

1) 桓公讀書於堂上 : 환공이 당상에서 글을 읽음. 桓公은 齊나라 桓公으로 보는 것이 무난하다. 李頤도 "제나라 환공이니 이름이 소백이다〔齊桓公也 名小白〕."라고 풀이했다. 池田知久의 注를 보면, "제 환공은 춘추시대 제후들의 맹주격인 春秋五覇 중의 으뜸으로 그가 등장하는 이 문답은 韓嬰의 ≪韓詩外傳≫ 卷5와 劉安의 ≪淮南子≫ 〈道應訓〉편 등에도 실려 있다. 다만 ≪韓詩外傳≫에는 齊나라 桓公이 아니라 楚나라 成王이 주인공으로 등장하고 있다. 아무래도 당시 농민보다 하층의 身分으로 대우받았던 미천한 기술자인 輪扁에게서 독서를 통해서는 道를 파악할 수 없다는 가르침을 받는 사람으로서는 大國의 大君主 쪽이 더 어울릴 것 같다."는 취지의 말이 보인다. 王叔岷은 桓公 위에 齊자가 붙어 있는 인용문을 소개하고 있다. 敦煌본에는 '讀書於堂上'이 '讀書堂上'으로 표기되어 於자가 없다(王重民). 姚鼐는 桓公 以下의 내용을 위 문장과 따로 끊어서 별도의 章으로 독립시켰는데 吳汝綸의 지적처럼 앞의 내용이 말이나 글을 통해서는 道의 본 모습을 파악할 수 없다는 의미를 담고 있는 총론격의 해설에 해당하므로 따로 나누는 것은 적절치 않다.

2) 輪扁斲輪於堂下 : 輪扁이 당 아래에서 수레바퀴를 깎음. 輪扁은 인명이지만 수레

바퀴를 깎는 기술자 扁이라는 뜻인데 이름처럼 쓰이고 있다. ≪漢書≫ 〈古今人表〉에는 輪邊으로 되어 있다(吳汝綸). 司馬彪는 "수레바퀴를 깎는 사람인데 이름이 扁이다〔斲輪人也 名扁〕."라고 풀이했다. 수레바퀴를 깎는 일을 직업으로 하는 扁이란 이름의 인물로 〈養生主〉편 제2장에 등장하는 庖丁이나 〈人間世〉편 제4장의 匠石, 〈騈拇〉편 제4장의 盜跖 등과 같은 방식의 호칭법이다(福永光司). 다만 庖丁의 丁은 사람의 이름이 아니라 사람을 헤아리는 단위인 人丁의 뜻으로 쓰인 것이기 때문에 호칭 방식이 약간 다르며 輪扁을 그런 식으로 바꾸면 輪人이 되는데 輪人 또한 여러 문헌에 보인다. 輪人은 ≪墨子≫ 〈天志 上〉, ≪禮記≫ 〈雜記 下〉, ≪周禮≫ 〈考工記〉 등에 보이고, 또 유사한 職名으로는 車匠, 輪匠, 車人 등이 있다. 斲은 成玄英이 "깎음이다〔雕斫也〕."라고 풀이한 것이 무난하다. 敦煌본에는 輪자 아래의 於자가 빠져 있다.

3) 上問桓公 : 위로 환공을 올려다보며 물음. 윤편이 당 아래에 있기 때문에 당상에 있는 환공에게 물을 때 위로 쳐다보는 모양을 표현한 것이지만 윗사람에게 물었다는 의미도 포함되어 있는 것으로 보는 것이 적절하다. 馬叙倫은 '上問'이 '觀之'로 표기된 인용문이 있다고 했다.

4) 公之所讀爲何言邪 : 임금께서 읽고 계시는 것은 어떤 말입니까? 爲자가 者자로 표기된 판본(馬叙倫, 王叔岷, 王重民)과 인용문이 있고(王叔岷), 言자가, 書자로 표기된 인용문이 있다(馬叙倫). 또 '公之所讀爲何言邪'를 '公所讀之書何言也'로 표기한 인용문도 있다(劉文典).

5) 君之所讀者 : 임금께서 읽고 계시는 것. 어떤 글을 읽고 있느냐는 물음. 君자가 公자로 표기된 인용문이 있고(馬叙倫, 劉文典, 王叔岷), 劉文典은 公자가 맞다고 했지만 굳이 고칠 것까지는 없다(池田知久).

6) 古人之糟魄已夫 : 옛사람의 찌꺼기이군요. 夫는 감탄을 나타내는 종결사. 古人 두 글자가 聖人으로 표기된 인용문이 있다(王叔岷). 李頤는 "糟는 술찌끼이다〔糟 酒滓也〕."라고 풀이했다. 司馬彪는 魄을 "썩은 밥을 魄이라 한다〔爛食曰 魄〕."라고 풀이했고, 陸德明이 "어떤 사람은 혼백이라 했다〔或爲魂魄也〕."라고 하는 등 제설이 분분하지만 司馬彪본에 본래 粕으로 되어 있다 하고(郭慶藩), 또 粕으로 표기한 인용문도 많으므로(王叔岷), 粕의 가차자일 것이다.(馬叙倫, 池田知久). 여기의 古人之糟魄과 같은 생각은 〈天運〉편 제4장에서 "선왕들이 이미 써먹었던 풀 강아지이다

〔先王已陳芻狗〕."라고 말한 것, 그리고 제7장에서 "육경은 선왕들의 자취이다〔夫六經 先王之陳迹也〕."라고 말한 것과 비슷한 관념이다(福永光司). 또 ≪墨子≫ 〈耕柱〉편에도 "지금 사람들을 놔두고 선왕을 칭송하는 것은 말라 버린 뼈다귀를 칭송하는 것이다〔舍今之人而譽先王 是譽槁骨也〕."라고 했는데 맥락은 다소 다르지만 이 문장을 이해하는 데 참고가 된다.

7) 桓公曰 : ≪淮南子≫에는 桓公과 曰자 사이에 "발끈하며 얼굴빛을 붉히고 성을 내면서〔悖然作色而怒〕."라는 내용이 들어가 있는데 그렇게 보면 뜻이 더 분명해진다(王叔岷).

8) 有說則可 無說則死 : 그럴싸한 이유를 댄다면 괜찮겠지만 그렇지 못하면 죽임을 당할 것임. 可자가 已자로 표기된 인용문이 있다(王叔岷).

9) 斲輪 : 수레바퀴를 깎는 기술. 道에 견주어서 비유한 말이다. '斲輪之法' 또는 '夫斲之道'로 표기한 인용문이 있다(王叔岷).

10) 徐則甘而不固 疾則苦而不入 : 수레바퀴를 여유 있게 깎으면 헐거워서 견고하지 못하고 너무 꼭 맞게 깎으면 빡빡해서 들어가지 않음. 林希逸이 "甘은 매끄러움이고 苦는 빡빡함이고 徐는 헐거움이고 疾은 빡빡함이다. 헐거우면 매끄러워서 쉽게 들어가지만 견고하지 못하고 빡빡하면 빡빡해서 들어가기 어렵다〔甘 滑也 苦澁也 徐寬也 疾 緊也 寬則甘滑易入而不堅 緊則澁而難入〕."라고 풀이한 것이 친절하지만 池田知久의 지적처럼 甘과 徐, 苦와 疾이 거의 같은 뜻이 되기 때문에 번역하기가 까다롭다. 司馬彪가 "甘은 느슨함이고 苦는 빡빡함이다〔甘者 緩也 苦者 急也〕."로 풀이한 것만으로도 충분하다. 丁展成은 徐를 "바퀴 구멍을 크게 깎음이다〔斲輪孔大〕."라고 풀이했는데 적절한 견해이다. 固자와 入자 아래에 각각 矣자가 붙어 있는 인용문이 있다(吳汝綸).

11) 不徐不疾 : 여유 있게 깎지도 않고 너무 꼭 맞게 깎지도 않음. 不疾不徐로 표기하고 있는 인용문이 있다(王叔岷).

12) 得之於手 而應於心 : 손에서 터득하여 마음으로 호응함. 敦煌본에는 之자가 없고(王叔岷), 應자의 아래에 之자가 붙어 있는 인용문이 있다(劉文典, 王叔岷). 王叔岷은 手자와 心자를 바꿔 놓은 인용문, 곧 '得之於心 而應於手'로 보는 것이 正文이라 했지만 그대로 두어도 뜻이 무리 없이 통하므로 굳이 바꿀 것까지는 없다(池田知久).

13) 口不能言 : 입으로 말할 수 없음. 敦煌본은 言의 아래에 也가 있으며(王重民), 또

也가 있는 인용이 있다(王叔岷).

14) 有數存焉於其間 : 교묘한 기술이 그 사이에 있음. 數는 陸德明이 기술〔術〕로 풀이한 것이 간명하다. 敦煌본에는 焉於 두 글자가 乎 한 글자로 표기되어 있다(王重民, 池田知久).

15) 臣不能以喩臣之子 : 신도 그것을 신의 자식에게 깨우쳐 줄 수 없음. 臣不의 위에 而가 있는 인용문이 있고(王叔岷), 喩자를 教자나 傳자로 표기한 인용문이 있다(劉文典, 王叔岷). 대의는 〈天運〉편 제5장의 '使道而可獻' 이하의 내용과 거의 비슷하다(池田知久).

16) 行年七十而老 : 나이가 칠십에 이르러 늙을 때까지. ≪淮南子≫에서는 而老가 거꾸로 老而로 되어 있는데 王叔岷은 그것이 옳다고 했다(池田知久). 나이 먹은 햇수를 行年으로 표현한 것은 이곳을 필두로 〈天運〉편의 '孔子行年五十', 〈達生〉편의 '單豹……行年七十' '張毅……行年四十', 〈則陽〉편의 '蘧伯玉行年六十', 〈寓言〉편의 '孔子行年六十' 등 총 여섯 차례에 걸쳐 나온다.

17) 古之人與其不可傳也 死矣 : 옛사람도 〈말로는〉 전할 수 없는 것을 함께 가지고 죽었을 것임. 也자가 者자로 표기된 인용문이 있다(馬其昶, 馬叙倫, 劉文典, 王叔岷).

18) 古人之糟魄已夫 : 옛사람의 찌꺼기일 따름임. 敦煌본에는 已夫가 已矣로 표기되어 있다(王重民, 池田知久).

第14篇 天運

【해설】

陸德明은 이 편의 내용을 기준으로 〈天運〉이라는 명칭을 붙인 것이라고 했지만 외편의 다른 편들과 마찬가지로 篇首에 나오는 '天其運乎'에서 두 글자를 따 편의 명칭으로 삼은 것이다(福永光司, 池田知久). 이 편에서는 천지자연을 운행하는 理法의 심원함, 無爲에 근거한 道德의 위대함을 강조하고 있다는 점에서는 앞의 〈天地〉편, 〈天道〉편과 같은 논의를 담고 있지만 앞의 두 편에서 儒家 또는 法家思想과 타협하는 태도를 보였던 것과는 달리 孔子의 道德규범주의나 문화지상주의의 왜소함과 시대착오성을 揶揄하고 批判하는 논술이 많다는 점이 주목할 만하다. 특히 공자학파를 격렬하게 공격하고 있다는 점에서는 〈馬蹄〉편 〈胠篋〉편 등과 유사한 논술조차 보이고 있다.

이 편은 거의 전부가 대화 형식의 설화로 구성되어 있으며 특히 공자와 노자의 문답이 많은데 그들의 대화 속에서 역사를 변화의 관점에서 파악하여 시세의 추이에 순응하는 지금〔今〕의 존중이 강조되고 있는 점이 특징이다. 또한 무위자연의 道에 근거하는 일종의 철학적 음악론이라 할 수 있는 咸池樂論이 전개되고 있는 것도 이 편의 중요한 특징으로 〈養生主〉편의 庖丁解牛와 더불어 동양의 예술 정신을 이해할 수 있는 요긴한 자료이다.

福永光司의 주장에 따르면 이 편은 본래 한 사람이나 한 시대에 의해 이루어진 저작이 아니고 예로부터 老莊과 유사한 주제를 고민한 여러 사상가들에 의해 전해진 다양한 종류의 설화가 뒤에 ≪莊子≫ 문헌의 성립에 즈음하여 한 편으로 정리되고 다시 몇 번인가의 문헌 정리에 의해 현재의 형태로 구성된 것으로 推定된다. 다만 福永光司의 이 같은 견해는 이 편 전체를 하나의 정리된 내용으로 보는 立場에서 추정한 것이다. 이 편에 보이는 여러 종류의 집필 연대는 많은 학자들이 이미 지적하고 있는 것처럼 戰國末에서 漢初에 걸치는 시기일 것이다.

池田知久는, 이 편에서는 공자와 노자(노담)의 만남이 세 차례에 걸쳐 나오고 있고, 당연히 모두 허구이지만 잘 손질된 것으로 흥미로운 내용이 많으며, 이 편에 나오는 孔老會見의 이야기가 한낱 두 사람의 대화라면 모르겠으나 후세의 대표적인 두 학파의 開祖와 開祖 사이의 사상적 대결이 되므로 공자를 노자의 아래에 세우는 것은 아마도 당연한 일로 받아들여야 할 것이라고 한다.

제1장은 帝王에게, 天地日月의 道를 지니고서 천하에 군림할 것을 권하고 있으며 제3장에서는, 池田知久의 설명을 빌리면, 음악의 연주를 주제로 삼아 道를 근원적 실체로 하는 存在論과 自然論을 詳述하고 또 音樂의 享受論에 假託하여 道를 체득하는 階梯를 이야기한다. 이 3장이 유명한 咸池樂論이다. 北門成과 黃帝의 문답에 의탁해서 전개되는 이 音樂論은 道家의 音樂에 관한 哲學으로 매우 중요한 내용인데, 福永光司에 의하면 이 咸池樂論은 3世紀 魏·晉時代에 阮籍·嵇康에 의한 音樂理論의 形成에도 크게 영향을 미쳤다고 한다. 제4장은 공자의 사상이나 그것을 실현하기 위해 애쓰는 그의 노력을 조소하는 아나크로니즘〔anachronism〕에 가까운 태도를 보여 주고 있다. 이 장에는 다양한 방식으로 공자나 유교를 공격하는 문답이 모아져 있는데 그 때문에 池田知久 같은 이는 前漢의 文帝에서 武帝期에 이르는 시기, 곧 黃老와 儒敎의 대립이 첨예화해가던 시대의 문헌일 것으로 추정하고 있다.

第1章

天其運乎아 **地其處乎**[1)]아 **日月**이 **其爭於所乎**[2)]아 **孰主張是**[3)]며 **孰維綱是**[4)]며 **孰居無事**하야 **推而行是**[5)]오 **意者**[6)]는 **其有機緘**[7)]**而不得已邪**아 **意者**는 **其運**

轉而不能自止邪아 **雲者 爲雨乎**아 **雨者 爲雲乎**아 **孰隆施是**[8)]며 **孰居無事**하야 **淫樂而勸是**[9)]오

風이 **起北方**하야 **一西一東**하며 **有上**[10)]**彷徨**[11)]하나니 **孰噓吸**[12)]**是**며 **孰居無事**하야 **而披拂**[13)]**是**오 **敢問何故**오

巫咸袑[14)]**曰 來**하라 **吾 語女**[15)]호리라 **天有六極五常**[16)]하니 **帝王**이 **順之則治**하고 **逆之則凶**[17)]이라 **九洛之事**[18)] **治成德備**하야 **監照下土**[19)]어든 **天下 載之**[20)]하리니 **此謂上皇**[21)]이니라

하늘은 움직이는가? 땅은 멈추어 있는가? 해와 달은 자리를 다투는가? 혹 그 누군가 이 일을 주재하고 있으며, 그 누군가 천지일월에 질서를 부여하고 있으며, 그 누군가 스스로 無爲의 일에 머물러 있으면서 천지일월을 밀어서 움직이는 것인가? 혹 기계에 묶여서 그만두지 못하는 것인가? 아니면 저절로 굴러가기 때문에 스스로 그치지 못하는 것인가?

구름이 저절로 내려 비가 되는 것인가? 비가 스스로 올라가 구름이 되는 것인가? 혹은 누군가 이 雲雨의 순환을 맡아서 처리하며 누군가 無爲의 일에 머물러 造化의 淫樂에 빠진 채 이것을 권하는 것인가? 바람은 북방에서 일어나 한 번은 서쪽으로 불고 한 번은 동쪽으로 불며 또 높이 올라가 이리저리 방황하는데, 누군가 이 바람을 호흡하며 누군가 無爲의 일에 머물러 이 바람을 부채질하는 것인가? 감히 묻노니 이것이 무슨 까닭인가?

巫咸이 告하여 말하였다. "이리 오라. 내 그대에게 일러 주겠노라. 천지자연의 세계에는 여섯 개의 근원적인 법칙〔六極〕과 다섯 개의 불변의 법칙〔五常〕이 있다.

제왕이 六極五常의 道를 따르면 천하가 잘 다스려지고 이 道를 어기면 재앙이 일어날 것이다. 〈제왕이〉 九疇洛書의 일을 평화롭게 잘 다스리고 덕을 갖추어 아래 세상을 비추면 천하가 떠받들 것이니 이것을 일러 최고의 제왕〔上皇〕이라 한다."

【역주】

1) 天其運乎 地其處乎 : 하늘은 움직이고 있으며 땅은 멈추어 있는가. 運은 움직임. 陸德明은 ≪爾雅≫와 ≪廣雅≫를 인용하여 運을 옮김〔徙〕와 구름〔轉〕으로 풀이했다. 處는 멈추어 있음. 郭象은 止로 풀이했고, 成玄英은 寧·靜으로 풀이했는데 모두 타당한 견해이다. 한편 呂惠卿은 "하늘은 여전히 움직이고 있지만 나는 참으로 그런지는 알 수 없고 땅은 여전히 머물러 있지만 나는 정말 그런지는 알 수 없다〔天猶運也 而吾不知其眞爲運也 地猶處也 而吾不知其眞爲處也〕."라고 풀이했고, 林希逸은 "하늘의 운행은 하루에 한 바퀴를 도는데 하늘이 스스로 운행하는 것인가? 땅에는 사방과 상하가 있는데 어찌 일정한 곳에 머물러 있겠는가?〔天行一日一周 天之自運乎 地有四遊上下 豈一定而處乎〕." 하고 묻는 것으로 풀이했는데 참고할 만하다. 池田知久는 林希逸의 주석을 더 좋게 보아 "도대체 하늘은 스스로 움직이고 있는 것일까. 땅은 스스로 멈추어 있는 것일까."라고 번역하고 있다. 이 구절은 또한 朱得之의 지적처럼 ≪楚辭≫ 〈天問〉편과 관계가 있을 것이다(赤塚忠, 池田知久).

2) 日月其爭於所乎 : 해와 달은 자리를 다투는가. 呂惠卿은 "해와 달은 여전히 자리를 다투지만 나는 정말 자리를 다투는지는 알 수 없다〔日月猶爭於所也 而吾不知其眞爲爭於所也〕."라고 풀이했고, 林希逸은 "날이 가고 달이 오는 것을 일하는 것으로 부른 것이니 마치 사람이 서로 쫓아가서 차례를 빼앗는 것과 같다고 말한 것〔日往月來 却喚作事 其所言 如人相追奪也〕."이라고 풀이했다.

3) 孰主張是 : 누군가 이 일을 주재하고 있는건가. 기존의 주석은 대부분 무엇이 주재하는지 알 수 없다는 의미로 풀이했지만 여기서는 무엇이 주재하는지 아닌지조차 불분명하다는 주재 여부조차 의심하는 표현으로 보고, 주재하는 자가 따로 있는 것이 아님을 암시하고 있는 의미로 번역하였다. 이하 마찬가지. 만약 누가 주재하는지에 대한 의심이라면 누가 이 일을 주재하는가로 번역해야 한다. 成玄英은 "누가 주재하면서 베푸는가〔誰爲主宰而施張乎〕."라고 풀이했다. 陸樹芝는 "과연 누가 그렇게 하도록 시키는지 알지 못한다〔不知其果孰使之然也〕."라고 풀이했다. '孰主張是'의 主張은 主宰로 번역하였으며, 是는 '이 일'이라고 번역하였는데, 이 일이란 天地日月의 운행을 말한다.

4) 孰維綱是 : 그 누군가 천지일월에 질서를 부여하고 있는가. 維綱은 밧줄을 매서 붙

들어 두는 것처럼 제멋대로 움직이지 않고 정연하게 움직이도록 질서를 부여한다는 뜻. 維綱이 綱維로 표기된 판본과 인용문이 있다(王叔岷). 王敔가 "밧줄을 만들어 붙들어 맨다〔爲綱以維繫〕."라고 풀이한 것이 적절하다.

5) 孰居無事推而行是〔孰居無事而推行是〕: 그 누군가 스스로 無爲의 일에 머물러 있으면서 천지일월을 밀어서 움직이는 것인가. 郭象은 "하는 일 없이 이것을 밀어서 움직이는 이는 누구인가? 각자 움직일 뿐이다〔無事而推行是者誰乎哉 各自行耳〕."라고 풀이했다. 또 王叔岷은 郭象의 注에 '無事而推行'으로 된 것을 기준으로 '無事推而行是'를 '無事而推行是'로 바꾸어야 한다고 했는데 타당한 견해이다. 奚侗·陶鴻慶·王叔岷 등이 '無事推而行是'를 '無事而推行是'로 하여야 한다고 하나, 꼭 그렇게 고칠 것까지는 없다는 의견도 있다(池田知久). 陸德明은 司馬彪본에는 推자가 誰자로 표기되어 있다고 했는데 오류인 듯하다. ≪老子≫ 제2장에 "성인은 무위의 일에 머물러 말 없는 가르침을 행한다〔聖人處無爲之事 行不言之教〕."라고 하여 이와 유사한 내용이 보인다.

6) 意者: 혹시. 혹은. 池田知久는 王引之의 ≪經傳釋詞≫에 의거, 추측을 나타내는 疑詞로 抑者, 或者와 같다고 하고 있다. 우리말의 '혹시, 혹은, 아니면' 등에 해당한다. 이 문장에서는 意者가 두 번 보이는데 앞의 意者는 '혹'으로, 뒤의 意者는 '아니면'으로 번역하였다.

7) 機緘: 기계에 묶임. 機는 機關. 成玄英은 '關'으로 풀이했다. 緘은 司馬彪본에 咸으로 되어 있는데 陸德明이 '引'으로 풀이한 것처럼 끌어당긴다는 뜻으로, 여기서는 ≪廣雅≫ 〈釋器〉에서 "緘은 索이다."라고 풀이한 것을 따라 '묶여 있다'는 뜻으로 보고 번역하였다(池田知久의 注를 참조할 것). 馬叙倫은 感의 假借字라 했고 赤塚忠은 撼의 가차자라 하여 모두 움직인다는 뜻으로 풀이했지만 미흡하며, 成玄英은 關이 잠금장치라는 점에 착안하여 "닫아걸다〔閉也〕."는 뜻으로 풀이했지만 자연의 운행을 나타내는 표현으로는 적절치 않다. 褚伯秀가 "혹시 기계에 묶여서 돌아가기 때문에 스스로 그만두지 못하는 것인가〔意其有機緘運轉不能自止邪〕." 하고 풀이한 것이 의미를 가장 잘 전달하고 있다(池田知久).

8) 孰隆施是: 혹은 누군가 이 雲雨의 순환을 맡아서 처리하는 것인가. 是는 雲雨의 순환. 앞의 雲者爲雨와 雨者爲雲을 받는다. 隆施에 대해서는 이설이 분분하지만 隆施는 일으키고 베푼다는 뜻으로 〈天道〉편 제6장에 '雲行而雨施矣'라고 했을 때의 行

施와 같은 의미로 보는 것이 적절하다. 兪樾은 隆자를 降자로 바꿔야 한다고 주장했고 降으로 표기된 인용문도 있기도 하다(馬叙倫). 또 羅勉道처럼 "구름에 대해서는 내린다고 말했고 비에 대해서는 베푼다고 말했다〔雲言降 雨言施〕."라고 하여 隆을 降으로 보는 견해가 많지만 본래의 隆자 그대로 읽어도 충분히 맥락에 맞는 해석이 가능하기 때문에 굳이 고치지는 않는다. 이 외에 成玄英은 "隆은 일으킴이고 施는 그만두게 함이다〔隆 興也 施 廢也〕."라고 풀이했고, 林希逸은 "隆은 일어남이고 施는 그침이다〔隆 起也 施 止也〕."라고 풀이한 다음 "隆施는 張弛와 같은 뜻이니 어떤 경우는 일어나고 어떤 경우는 그치는데 누가 그렇게 하는가 하고 말한 것이다〔與張弛同 言或作或止 孰爲之也〕."라고 부연했다. 또 王叔岷을 비롯한 여러 주석가들이 施자가 弛자로 표기된 판본이나 인용이 있는 점이나 陸德明이 音을 弛라고 한 점 등을 들어 弛의 뜻으로 풀이하지만 施와 弛는 통용하는 글자이기 때문에 굳이 고치거나 음을 바꿔 읽을 필요는 없다. 다시 정리하면 孰隆施是는 "누가 이 雲雨의 순환 - 구름을 일으키고〔隆〕, 비를 내리는 것〔施〕 -을 맡아서 처리하는 것인가."이다.

9) 淫樂而勸是 : 造化의 淫樂에 빠진 채 이것을 권하는 것인가. "無爲의 즐거움, 또는 雲隆雨施의 造化의 즐거움 속에 耽溺해 있으면서 이 天地日月의 운행을 추진하고 있는 것인가."의 뜻. 淫樂이란 宣穎이 "雲雨는 陰陽이 서로 화합한 기가 이룬 것이기 때문에 조화의 음락이라고 말한 것이다〔雲雨乃陰陽交和之氣所成 故以爲造化之淫樂〕."라고 풀이한 것처럼 雲雨之樂을 표현한 것이다. 奚侗이나 馬叙倫 등은 ≪說文解字≫ 등의 근거를 제시하면서 淫을 湛과 같은 글자로 보았고 章炳麟은 歈의 가차자라 했지만 번거로운 견해일 뿐 모두 옳지 않다. 陸德明은 司馬彪본에는 勸자가 倦으로 표기되어 있다고 하면서 "勸자를 隨자로 읽어야 한다〔讀曰隨〕."라고 하여 勸을 '따른다'는 뜻으로 풀이하지만 본래의 글자 그대로 '권고한다, 권장한다'는 의미로 풀이하는 것이 무난하다. 林希逸은 "돕는다〔助也〕."라고 풀이했는데 이 또한 본래 글자 그대로 풀이한 것이다. 池田知久도 林希逸 注를 옳다고 하고 있다.

10) 有上 : 높이 올라감. 有는 특별한 의미가 없는 조사. '또〔又〕' 정도의 뜻. 池田知久에 의하면 陳景元의 ≪莊子闕誤≫에서 인용한 張君房본에는 有자가 在자로 표기되어 있고 唐寫本에도 在로 되어 있다(寺岡龍含). 이에 근거해서 奚侗, 劉文典, 王叔岷 등은 在가 옳다고 주장했다. 또 이들보다 먼저 陳祥道, 褚伯秀, 朱得之

등이 "어떤 판본에는 在자로 되어 있다〔或作在〕."라고 풀이했고, 王敔 또한 "有上은 在上과 같다〔有上 猶在上也〕."라고 했지만 굳이 고칠 것까지는 없다(池田知久). 羅勉道, 吳汝綸, 陶鴻慶 등은 又의 뜻으로 풀이하고 있기도 하다. '朞三百有六旬有六日(≪書經≫ 〈堯典〉편)'이라 할 때의 有와 같다.

11) 彷徨 : 이리저리 움직이는 모양. 陸德明은 司馬彪본에는 旁皇으로 되어 있다고 했다. 成玄英은 "회전하는 모양이다〔迴轉之貌也〕."라고 풀이했고, 林希逸은 "오가는 모양이다〔往來之貌〕."라고 풀이했다. 內篇에서는 逍遙와 함께 장자의 자유사상을 표현하는 중요한 개념으로 쓰였지만 여기서는 바람의 움직임에 일정한 방향이 없음을 표현하고 있다. 물론 그런 바람의 움직임이 득도자의 자유방임하는 태도를 비유하는 것일 수는 있다. 〈逍遙遊〉편에 "彷徨乎無爲其側"이라고 나오며 그 외에도 〈大宗師〉편, 〈達生〉편 등에도 나온다.

12) 嘘吸 : 숨을 내쉬고 들이쉼. 呼吸과 같다. 成玄英은 "吐納과 같다〔猶吐納也〕."라고 풀이했는데 호흡과 같은 뜻이다. 바람을 호흡으로 표현한 비슷한 비유는 〈齊物論〉 제1장에서 "대지가 숨을 내쉬면 그것을 일러 바람이라고 한다〔夫大塊噫氣 其名爲風〕."라고 한 데서 찾아볼 수 있다(福永光司).

13) 披拂 : 부채질하여 바람을 일으킴. 披拂은 바람이 부는 모양이다. 陸德明은 "바람이 부는 모양〔風貌〕."이라고 풀이했고, 司馬彪본에는 拂자가 '翇(불)'자로 표기되어 있다고 했다. 成玄英은 "부채질함과 같다〔猶扇動也〕."라고 풀이했는데 본문의 번역은 이 견해를 따른 것이다. 한편 馬叙倫은 ≪說文解字≫에서 "拔은 꺼냄이다〔拔 擢也〕."라고 풀이한 것을 근거로 '拂'과 '翇'을 모두 拔의 가차자라고 했는데 참고할 만하지만 굳이 따르지는 않는다.

14) 巫咸袑 : 무당 咸이 告함. 巫는 무당이고 咸은 무당의 이름. 袑(초)는 告한다는 뜻으로 舞樂에서 귀신을 내려 귀신을 섬기고 祓禳(푸닥거리)이나 祈禱나 豫言을 行한다는 뜻이다. 이 부분의 注解는 거의 池田知久의 설을 근거로 이루어지는데, 池田知久에 의하면 咸은 그 이름으로, 동일한 사람으로 보기는 어렵지만 이미 〈應帝王〉편 제5장에 鄭나라의 神巫인 季咸에서 보인다. 또 ≪列子≫ 〈黃帝〉편과 ≪淮南子≫ 〈精神訓〉편에도 같은 기록이 보인다. 이 巫咸은 古文獻에 자주 등장하는 극히 유명한 인물로 예를 들면 ≪書經≫ 〈君奭〉편에는 "태무의 시대에는 이척이나 신호 같은 신하가 있어서 상제에 도달했으며 무함이 왕가를 다스렸다〔在太戊 時則有若伊陟臣扈格于

上帝 巫咸乂王家〕."라고 한 기록에서처럼 殷의 賢臣으로 등장하고 있으며 ≪史記≫ 〈殷本紀〉, 〈封禪書〉, 〈燕世家〉와 ≪竹書紀年≫에도 나온다. 陸德明도 ≪經典釋文≫에서 李頤가 "무함은 은나라의 재상이었다〔巫咸 殷相也〕."라고 풀이한 견해를 소개하고 있다. 그 때문에 그를 殷代의 甲骨卜辭에 보이는 咸戊(戊는 巫와 같은 글자로 본다)일 것이라고 추정하는 견해도 있다. 역시 池田知久에 의하면, 한편 그를 대표적인 巫者로 보는 견해도 널리 유포되어 있었는데 ≪韓非子≫ 〈說林〉편에 "세상의 말에 이르기를 무함이 비록 축원을 잘했지만 스스로를 액맴하지는 못했고 진나라 의원이 비록 병을 잘 다스렸지만 자신의 병을 떨치지는 못했다〔諺曰 巫咸雖善祝 不能自祓也 秦醫雖善除 不能自彈也〕."라고 한 기록이 있으며, 枚乘(漢 淮陰人. 字는 叔. 吳王 濞와 梁 孝王을 섬겼고 저서로 ≪七發≫과 세 편의 賦가 있다.)의 ≪七發≫에도 "지금 편작은 안을 다스리고 무함은 밖을 다스리고 있다〔今扁鵲治內 巫咸治外〕."라고 한 기록이 있으며, ≪山海經≫ 〈大荒西經〉에서도 巫咸의 이름이 巫即 등 열 명의 무당과 나란히 배열되어 있다. 또 ≪呂氏春秋≫ 〈勿躬〉편에는 "무함이 주역점을 만들었다〔巫咸作筮〕."는 기록이 보인다. 祒자가 袑자로 표기된 판본이 있다(馬叙倫, 朱得之). 祒를 巫咸의 이름으로 보는 견해가 있는데 정확한지는 아직 확인되지 않았다. 宣穎, 馬叙倫, 福永光司 등은 招의 訛傳이나 假借字라고 주장하여 巫咸祒曰을 "무당 咸이 손짓하여 불러 말하였다."로 번역하지만 陳壽昌, 赤塚忠 등의 견해를 따라 詔의 뜻, 곧 告한다는 뜻으로 보고 번역하였다. 한편 金谷治는 "巫咸은 ≪楚辭≫와 그 밖에 보이는 은나라의 巫이며 大臣이다. 祒는 그의 이름이다."라고 했는데 참고할 만하다.

15) 來吾語女 : 이리 오라. 내 그대에게 일러 주겠노라. 〈在宥〉편 제3장에도 "이리 오라. 내 그대에게 지극한 도에 관해 일러 주겠다〔來 吾語女至道〕."라고 한 표현이 있다. 또 "來 余語女"라고 한 경우도 보인다.

16) 天有六極五常 : 하늘에는 六極과 五常이 있음. 천지자연의 세계에는 여섯 개의 근원적인 법칙〔六極〕과 다섯 개의 불변의 법칙〔五常〕이 있다는 뜻. 六極과 五常의 구체적인 내용에 대해서는 제설이 분분하다. 여기서는 이 세계를 차례대로 정렬하는 상하동서남북의 여섯 개의 공간적 기준인 방위와 이 세계를 형성하는 목화토금수의 다섯 개의 原素, 곧 五行으로 보고 번역하였다. 陸德明은 司馬彪의 견해를 소개하면서 六極을 "사방과 상하이다〔四方上下也〕."라고 풀이했는데 무난한 견해이다. 六極은 〈大宗師〉편 제1장과 〈應帝王〉편 제3장에 이미 나왔다(福永光司). 五常은

成玄英이 "오행을 말한다〔謂五行〕."라고 한 견해를 따랐다. 이 밖에 池田知久가 정리한 것을 따르면, 呂惠卿은 六極과 五福으로 풀이했는데 褚伯秀, 兪樾, 武延緒 등이 동의했고, 林希逸은 六氣와 五行으로 풀이했는데 陳治安의 ≪南華眞經本義≫도 같은 견해를 제시하고 있다. 또 陸長庚과 張之純은 六氣와 五運, 王夫之와 王敔는 天地日月風雲을 六極으로 풀이하는 등 여러 주장이 있다.

17) 帝王順之則治逆之則凶 : 제왕이 六極五常의 道를 따르면 천하가 잘 다스려지고 이 道를 어기면 재앙이 일어날 것임. 〈天道〉편 제6장에서 "옛날 왕으로 천하를 다스린 사람은 무엇을 하였는가. 천지자연을 따랐을 뿐이다〔古之王天下者 奚爲哉 天地而已矣〕."라고 한 언급을 참고할 필요가 있다. 대의는 그대가 찾는 이 모든 것을 주재하는 그 누가 따로 있는 것이 아니라는 뜻이다.

18) 九洛之事 : 九洛은 九疇와 洛書의 略語. 呂惠卿, 褚伯秀, 楊愼 등이 모두 九洛을 九疇와 洛書로 풀이했다. 九疇는 전국시대 말기 이후에 성립된 것으로 추정되는 ≪書經≫ 〈洪範〉편의 九疇로, 九疇는 아홉 개의 정치규범이라는 뜻이다. ≪書經≫ 〈洪範〉의 기록에 따르면 구주는 殷의 賢者 箕子가 周 武王의 물음에 답한 것으로 五行·五事·八政·五紀·皇極·三德·稽疑·庶徵·五福六極의 아홉 가지로 주로 五行說을 중심으로 구성되어 있는데 上帝가 夏의 禹에게 啓示한 것이라 한다. 또 洛書는 ≪周易≫ 〈繫辭上傳〉의 "河水에서 도판이 나오고 洛水에서 글이 나왔는데 성인이 이것을 본받았다〔河出圖 洛出書 聖人則之〕."라고 할 때의 洛書이다. 池田知久에 의하면, ≪漢書≫ 〈五行志〉에 劉歆의 말로 "우임금이 홍수를 다스리자 하늘이 낙서를 내려 주었는데 그것을 본받아 진술했으니 九疇가 이것이다〔禹治洪水 賜洛書 法而陳之 九疇是也〕."라는 기록이 있는 것으로 보아 늦어도 前漢 末期 이전에 ≪書經≫의 九疇와 ≪易經≫의 洛書를 결부시키는 思考가 형성되었다고 할 수 있다. 한편 成玄英은 '九洛之事'를 "九州聚落之事也"라고 풀이했고, 林希逸과 羅勉道 등이 이 견해를 따르지만 적절치 않다(池田知久).

19) 監照下土 : 아래 세상을 비춤. 세상에 군림한다는 뜻.

20) 天下載之 : 천하가 떠받듦. 천하의 모든 사람들이 그를 임금으로 추대할 것이라는 뜻. 載는 戴의 가차자로 떠받든다는 뜻. 載자가 戴자로 표기된 판본도 있으나(馬叙倫, 車柱環, 王叔岷, 福永光司, 安東林) 상당히 많은 판본이 載자로 되어 있으며, 우리나라 林希逸 注 현토본도 載자로 되어 있다. 물론 음은 '대'이다. 조금 큰 漢字사

전을 찾아보더라도 載자의 음은 '재'와 '대'의 두 音이 있다.

21) 此謂上皇 : 이것을 일러 최고의 제왕〔上皇〕이라 함. 〈在宥〉편 제3장에서 "나의 도를 체득한 사람은 위로는 皇이 되고 아래로는 王이 될 수 있다〔得吾道者 上爲皇 而下爲王〕."라고 한 것과 유사한 표현이다(池田知久).

第2章

商〔宋〕大宰蕩[1)]이 問仁於莊子[2)]한대 莊子曰 虎狼이 仁也[3)]니라

曰 何謂也오

莊子曰 父子 相親이어니 何爲不仁이리오

曰 請問至仁하노라

莊子曰 至仁은 無親[4)]이니라

大宰曰 蕩은 聞之[5)]호니 無親則不愛하고 不愛則不孝라호니 謂至仁을 不孝 可乎[6)]아

莊子曰 不然하니라 夫至仁은 尙矣라 孝 固不足以言之[7)]니 此는 非過孝之言也라 不及孝之言也[8)]로다 夫南行者 至於郢[9)]하야 北面而不見冥山[10)]하논든 是何也오 則去之遠也[11)]일새니라 故로 曰 以敬으로 孝는 易[12)]하고 以愛로 孝는 難하며 以愛로 孝는 易하고 而忘親이 難[13)]하며 忘親은 易하고 使親으로 忘我 難하며 使親으로 忘我는 易하고 兼忘天下 難하며 兼忘天下는 易하고 使天下로 兼忘我 難하니라 夫德이 遺堯舜而不爲也[14)]하며 利澤이 施於萬世호대 天下 莫知也[15)]하나니 豈直大息而言仁孝乎哉[16)]리오 夫孝悌仁義忠信貞廉[17)]은 此 皆自勉하야 以役其德者[18)]也라 不足多也니라 故로 曰호대 至貴는 國爵을 幷焉[19)]하고 至富는 國財를 幷焉[20)]하고 至願〔顯〕은 名譽를 幷焉[21)]이라하나니 是以로 道 不渝[22)]니라

宋(商)의 大宰(태재) 蕩이 장자에게 仁에 대해 물었다.

장자가 대답했다.

"호랑이와 이리가 仁입니다."

태재가 물었다.

"무슨 말입니까?"

장자가 대답했다.

"호랑이와 이리는 부자간에 서로 친합니다. 어찌 仁이 아니라 할 수 있겠습니까."

탕이 물었다.

"최고의 仁에 대해 묻겠습니다."

장자가 대답했다.

"최고의 仁은 친함이 없습니다."

태재가 물었다.

"나는 듣건대 친함이 없으면 사랑하지 않게 되고 사랑하지 않으면 어버이에게 효도하지 못하게 된다고 했습니다. 그렇다면 至仁이란 불효라 해도 괜찮습니까?"

장자가 말했다.

"아니, 그렇지 않습니다. 至仁이란 그보다 나은 것이 없는 최상의 경지입니다. 효는 진실로 그 至仁의 경지를 말하기에 부족합니다. 〈至仁은 不孝라는〉 이 〈당신의〉 말은 孝보다 나은 말이 아니라 孝에도 미치지 못하는 말입니다.

무릇 남쪽으로 여행하는 나그네가 초나라 서울 郢에 이르러 북쪽을 바라보아도 韓나라의 冥山이 눈에 보이지 않게 되는데 이는 무슨 까닭인가. 너무 멀리 떠나와 버렸기 때문입니다.

그래서 이렇게 말을 하는 것입니다. '존경하는 마음으로 孝를 실천하기는 쉬워도 사랑하는 마음으로 효를 실천하기는 어려우며 사랑하는 마음으로 효를 실천하기는 그래도 쉽지만 어버이를 잊기는 어려우며 어버이를 잊기는 그래도 쉽지만 어버이로 하여금 나를 잊게 하기는 어려우며 어버이로 하여금 나를 잊게 하기는 그래도 쉽지만 천하의 모든 사람을 잊기는 어려우며 천하의 모든 사람

을 잊기는 쉽지만 천하의 모든 사람으로 하여금 나를 잊게 하기란 어렵다.'
〈至仁無親의 경지에 도달한 사람은〉 德이 堯舜을 안중에 두지 않을 정도로 뛰어나더라도 새삼 나서서 일하지 않으며, 은택이 만세에 미치더라도 천하의 누구도 그것을 알지 못하는데 어찌 다만 저 세속 사람들처럼 크게 탄식하면서 仁이다 孝다 하고 말할 뿐이겠습니까. 무릇 孝悌仁義와 忠信貞廉 따위의 가르침은 모두 스스로 억지로 힘쓰게 해서 본래의 참다운 덕을 부리는 것인지라 족히 존중할 만한 것이 아닙니다. 그래서 이렇게 말하는 것입니다. '至貴는 나라에서 주는 작위 따위는 물리쳐 돌보지 않고, 至富는 나라에서 주는 재물 따위는 물리쳐 돌보지 않고, 至願은 세속적인 명예를 물리쳐 돌보지 아니한다.' 이 때문에 참된 무위자연의 道는 변하지 않는 것입니다."

【역주】

1) 商〔宋〕大宰蕩 : 宋나라 태재 蕩. 蕩은 人名. 大는 '태'로 읽으며 太로 표기된 판본도 있다(王叔岷). 아래 大息(태식)의 '大'도 마찬가지이다. 司馬彪는 "商은 宋이다. 大宰는 官名이다. 蕩은 字이다〔商 宋也 大宰 官名也 蕩 字也〕."라고 풀이했다. 大宰는 春秋戰國시대에 各國이 설치하고 있었던 官名으로 百官을 총괄하는 재상격에 해당하는 요직이다. 상나라 시대에는 태재라는 관명이 없었으므로 商은 宋으로 보는 것이 옳다. 宋나라에 大宰의 官職이 있었던 것은 ≪韓非子≫ 〈說林 上・下〉, 〈內儲說 上・下〉, ≪史記≫ 〈宋世家〉, ≪春秋左氏傳≫ 桓公 2년조 등의 문헌에 보인다(池田知久).

2) 莊子 : 莊周를 말함. 이 문답도 寓言일 것이지만 宋은 B.C.286년에 滅亡했으므로 作者는 당연히 이 일을 그 이전에 일어난 사건으로 묘사하고 있는 것이 된다(池田知久).

3) 虎狼仁也 : 호랑이와 이리가 仁임. 가장 사나운 것으로 보이는 범과 이리가 사실은 仁을 행하는 짐승들이라는 뜻의 역설. 〈胠篋〉편 제2장에서 '도둑에게도 道가 있습니까〔盜亦有道乎〕?' 이하의 내용과 유사하다(池田知久).

4) 至仁無親 : 최고의 仁은 친함이 없음. 〈齊物論〉 제2장의 "大仁不仁"과 〈天地〉편 제13장에서 "지덕의 시대에는……서로 사랑하면서도 그것을 仁이라 자랑할 줄

몰랐다〔至德之世……相愛而不知以爲仁〕."라고 한 것을 참조할 필요가 있고(福永光司, 池田知久), ≪老子≫ 제38장의 "上仁爲之而無以爲"라고 한 것도 참고할 필요가 있다(赤塚忠, 池田知久). 이 章에서 말하고자 하는 내용은 결국 至親無親, 大仁不仁의 경지에 가야 비로소 儒家의 孝悌仁義와 忠信貞廉을 초월할 수 있다고 하는 것이다.

5) 蕩聞之 : 나(蕩)는 이렇게 들었습니다. 池田知久에 의하면, 陸德明의 ≪經典釋文≫에서는 一本에는 蕩자가 '盈'자로 표기되어 있는데 崔譔본도 같다고 하면서 或說을 인용하여 盈자를 大宰의 字라고 하는 것을 소개하고 있다고 한다.

6) 無親則不愛 不愛則不孝 謂至仁不孝可乎 : 친함이 없으면 사랑하지 않게 되고 사랑하지 않으면 어버이에게 효도하지 못하게 된다고 했습니다. 그렇다면 至仁이란 불효라 해도 괜찮다는 말입니까. ≪論語≫ 〈學而〉편의 "효와 제는 인을 실천하는 근본이다〔孝弟也者 其爲仁之本與〕."라고 한 내용과 〈顔淵〉편의 "번지가 인에 대해 묻자 공자가 '사람을 사랑하는 것이다'〔樊遲問仁 子曰 愛人〕라고 했다."라고 한 儒家의 사상을 천박하다고 야유한 표현이다(池田知久). 赤塚忠은 여기서 인용된 문장은 ≪孟子≫ 〈盡心 上〉 "어버이를 사랑하는 것이 인이다〔親親 仁也〕."라고 한 문장과 〈離婁 下〉의 "인자는 다른 사람을 사랑한다〔仁者愛人〕."라고 한 문장이라고 했다.

7) 至仁尙矣 孝固不足以言之 : 至仁이란 그보다 나은 것이 없는 최상(최고)의 경지입니다. 孝는 진실로 그 至仁의 경지를 말하기에 부족합니다. 세속에서 말하는 孝로는 至仁의 경지를 표현함이 당연히 부족하다는 뜻. 尙은 上 또는 高와 같은 뜻이고, 固는 진실로, 또는 당연하다는 뜻. 褚伯秀가 "미치지 못한다고 말하는 것이 당연하다〔謂之不及也 宜矣〕."라고 풀이한 것이 정확하다(池田知久).

8) 此非過孝之言也 不及孝之言也 : 〈至仁은 不孝라는〉 이 〈당신의〉 말은 孝보다 나은 말이 아니라 孝에도 미치지 못하는 말이다. 여기서 此는 宋의 태재 蕩이 앞에서 말한 '至仁不孝'를 가리킨다. 池田知久는, 이것이 成玄英 疏 이래의 定說이라 하고 羅勉道나 赤塚忠이 "이 말은 至仁은 親함이 없다〔至仁無親〕라고 하는 〈장자의〉 말이다〔此言卽至仁無親之言〕."라고 한 것은 잘못이라고 말하고 있다. 이 대목은 참으로 異說이 분분한 곳인데, 참고로 말하면 福永光司도 此를 "당신〔蕩〕이 말한 것은"이라고 번역하고 있다.

9) 郢 : 춘추전국시대 楚나라의 서울. 지금의 湖北省 江陵縣 西北쪽에 있었다(池田知久). 陸德明의 ≪經典釋文≫에도 "郢은 초나라의 도읍이다. 강릉 북쪽에 있었다〔郢楚都也 在江陵北〕."라고 풀이했다.

10) 冥山 : 산 이름. 司馬彪는 "북해의 산 이름이다〔北海山名〕."라고 풀이했고, 郭象은 "명산은 북극에 있다〔冥山在乎北極〕."라고 풀이했다. 그러나 池田知久는, 실은 이들 舊說이야말로 문맥을 올바르게 파악하는 데 방해가 된 원인이었다고 말하고 있다. 그는 또한 "冥山은 ≪史記≫ 〈蘇秦列傳〉에 보이고, ≪史記索隱≫에 '이궤는 韓나라에 있다고 말했다〔李軌云 在韓國〕.'는 기록이 있는 것처럼 冥山은 당시 韓나라에 속해 있었다. 宋의 서울 商丘에서 冥山까지는 南南西로 약 300㎞ 거리이고 冥山에서 郢까지는 南西로 약 270㎞ 거리이다. 따라서 冥山은 두 곳(宋의 서울 商丘와 楚나라의 郢)의 정중간에 있다. 그러므로 商이 不及孝, 冥山이 세속의 孝(親・愛), 郢이 過孝(孝보다 뛰어난 '至仁無親')를 각각 비유한 것임이 틀림이 없다."라고 '宋과 冥山과 郢'의 地圖까지 제시하면서 설명하고 있다. 이 池田知久의 설을 따르면 뒤의 글 '去之遠也'의 해석도 세속의 孝를 멀리 지나와 버렸다는 뜻이 된다.

11) 去之遠也 : 너무 멀리 떠나와 버렸기 때문임. 앞에 注의 池田知久의 설을 따르면, 宋의 서울 商丘를 떠나 楚나라의 郢까지의 중간쯤 되는 지점에 冥山이 있는 것으로 보아, 宋의 태재 蕩이 말하는 至仁은 不孝라고 하는 孝에도 미치지 못하는 不及孝의 경지를 출발해서 중간 지점인 冥山 즉 세속의 孝(親・愛)의 경지를 거쳐 다시 멀리 초나라의 서울 郢에 이르는데 여기가 至仁無親의 최고의 경지이다. 따라서 池田知久의 설을 따르면 너무 멀리 떠나와 버렸다는 말은 不及孝에서 출발해서 세속의 孝를 통과하여 至仁無親의 최고의 경지(세속의 孝를 초월한 過孝의 경지)까지 너무 멀리 떠나와 버려 세속의 孝 즉 冥山이 눈에 들어오지 않게 되는 것이라고 이해할 수 있다. 이 설에 찬동한다. 그러나 여기에는 또 만만치 않는 異說이 있다. 곧 이 異說을 따르면 去之를 無爲의 세계, 至仁無親의 세계를 떠난다는 뜻으로 보아, 無爲의 세계로부터 너무 멀리 떠나와 有爲의 세계를 방황하면서 세속적인 孝나 떠들고 다니는 故鄉喪失者가 되어 버렸기 때문에 冥山(이 해석에서는 冥山을 至仁無親의 세계로 봄)이 보이지 않는다는 뜻이 된다.

12) 以敬孝易 : 존경하는 禮로 孝를 실천하기는 쉬움. 池田知久는, ≪論語≫ 〈爲政〉편의 "子游 問孝 子曰 今之孝者 是謂能養 至於犬馬 皆能有養 不敬 何以別乎"나 ≪呂氏

春秋≫ 〈孝行〉편의 "民之本敎曰孝 其行孝曰養 養可能也 敬爲難 敬可能也 安爲難 安可能也 卒爲難"을 의식한 문장일 것이라는 赤塚忠의 설을 소개하고 앞의 冥山에 관한 스스로의 說과 연관지어 이 글을 商으로부터 南行하여 冥山을 거쳐 郢에 이르는 과정으로 보고 있다. 또 敬과 愛(다음 句)는 外的인 禮〔敬〕와 內的인 사랑의 心情〔愛〕으로 대비하여 번역하였다.

13) 而忘親難 : 어버이를 잊기는 어려움. 而는 底本에는 以로 되어 있으나 而가 옳기(馬叙倫) 때문에 而로 고친다. 忘은 亡으로 된 인용이 있다.

14) 德遺堯舜而不爲也 : 至仁無親의 경지에 도달한 사람은 德이 堯舜을 안중에 두지 않을 정도로 뛰어나더라도 새삼 나서서 일하지 않음. 遺는 成玄英의 "忘棄也"가 좋다. 堯舜을 忘棄한다는 것은 堯舜을 眼中에 두지 않는다는 뜻이다.

15) 利澤施於萬世 天下莫知也 : 은택이 만세에 미치더라도 천하의 누구도 그것을 알지 못함. 武延緖는 天下를 衍文이라 하나 근거가 없다(池田知久). 〈大宗師〉편 제1장의 "利澤施乎萬世 不爲愛人"을 참조(福永光司).

16) 豈直大息而言仁孝乎哉 : 어찌 다만 저 세속 사람들처럼 仁이다 孝다 하고 말할 뿐이겠습니까. 至仁無親의 경지에 도달한 사람은, 크게 한숨 쉬면서 仁과 孝를 떠들고 다닐 정도의 사람들과는 次元이 다르다는 뜻이다. 그러니 짐짓 크게 탄식하면서 仁이니 孝니 하고 떠들어 댈 필요가 어디에 있느냐는 뜻도 된다. 크게 탄식하면서 仁이다 孝다 하고 말함. 大는 太로 된 판본도 있다. 成玄英의 "猶嗟歎也", 林希逸의 "嗟歎自誇也", 褚伯秀의 "歎美", 阮毓崧의 "詠歎" 등의 설이 있다(池田知久).

17) 夫孝悌仁義忠信貞廉 : 孝悌仁義와 忠信貞廉 따위의 가르침. "孝悌忠信"이 ≪孟子≫ 〈盡心 上〉편에, "仁義忠信"이 〈告子 上〉편에, "貞廉忠信"이 ≪墨子≫ 〈號令〉편에 각각 보이는 것을 참조할 것(池田知久).

18) 役其德者 : 본래의 덕을 부리는 것임. 본래의 덕, 자연의 덕을 酷使한다는 뜻. 〈大宗師〉편 제1장의 "是役人之役"과 관계가 있을 것이다(福永光司, 池田知久).

19) 至貴國爵幷焉 : 至貴는 나라에서 주는 작위 따위는 물리쳐 돌보지 않음. 至貴는 무위자연의 道를 체득한 사람을 지칭한다. 幷은 屛으로 물리친다는 뜻. 幷자가 屛자로 표기된 인용이 있다(奚侗). 陸德明은 "버리고 제거함이다〔棄除也〕."라고 풀이했다. 呂惠卿, 陸長庚, 王敔, 林雲銘처럼 "겸하여 차지하려는 뜻이다〔兼而有之之意〕."라고 하여 幷을 아우르다는 뜻으로 본 것은 옳지 않다(池田知久). 奚侗, 馬叙倫

은 ≪說文解字≫에서 "姘은 제거함이다〔姘 除也〕."라고 풀이한 것을 따라 姘의 가차자로 풀이했다. 池田知久가 福永光司의 설로 소개하면서 國爵을 ≪孟子≫ 〈告子 上〉편의 人爵에 해당한다고 풀이한 것은 정곡을 찌른 견해라 할 만하다.

20) 至富國財幷焉 : 至富는 나라에서 주는 재물 따위는 물리쳐 돌보지 않음. 무위자연의 덕을 갖춘 경우에는 나라에서 주는 재산 따위를 물리쳐 돌아보지 않는다는 뜻.

21) 至願〔顯〕名譽幷焉 : 至願은 세속적인 명예를 물리쳐 돌보지 아니함. 무위자연의 도와 덕에 대한 憧憬을 가진 사람의 경우에는 세속적인 명예를 물리쳐 돌보지 아니한다는 뜻. 그런데 至願은 세상 사람들로부터 더없이 최고로 敬慕되는 사람으로 번역하는 주석도 있다. 奚侗, 武延緖, 馬叙倫 등은 願을 顯의 잘못이라고 보았다. 그러나 이들의 견해보다 陶鴻慶이 "願은 慕이다〔願 慕也〕."라고 풀이한 것이 적절하다(池田知久).

22) 道不渝(유) : 참된 무위자연의 道는 변하지 않음. 변하기 쉬운 것들, 예를 들어 덧없는 지위・재산・명성과는 달리 무위자연의 道는 영원히 변함없는 것이라는 뜻. 成玄英은 渝를 "변함이고 야박함이다〔變也 薄也〕."라고 풀이했다. 이 불변의 道는 〈騈拇〉편 제3장의 "常然"에 가깝다(林希逸, 池田知久).

第3章

北門成[1)]이 **問於黃帝**[2)]하야 **曰 帝 張咸池之樂於洞庭之野**[3)]이어시늘 **吾 始聞之懼**[4)]하고 **復聞之怠**[5)]하고 **卒聞之而惑**[6)]하야 **蕩蕩默默**[7)]하야 **乃不自得**[8)]호이다

帝曰 汝 殆其然哉[9)]인저 **吾 奏之以人**[10)]하며 **徼之以天**[11)]하고 **行之以禮義**[12)]하며 **建之以太淸**[13)]호니 **四時 迭起**어든 **萬物**이 **循生**[14)]하야 **一盛一衰**에 **文武倫經**[15)]하며 **一淸一濁**에 **陰陽調和**[16)]하야 **流光其聲**[17)]하며 **蟄蟲**이 **始作**이어든 **吾 驚之以雷霆**[18)]이라 **其卒**이 **無尾**하며 **其始 無首**[19)]하야 **一死一生**하며 **一僨一起**[20)]라 **所常**이 **無窮**[21)]하야 **而一**을 **不可待**[22)]하니 **汝故**로 **懼也**[23)]로다

黃帝의 신하 北門成이 黃帝에게 이렇게 물었다.

"임금께서는 咸池의 음악을 저 廣遠莫大한 洞庭의 들판에서 악기를 늘어놓고

연주하셨는데, 저는 처음에 첫 번째 연주를 듣고서는 두려움에 빠졌고 다시 두 번째 연주를 듣고서는 두려움이 사라져 나른해지고 마지막으로 세 번째 연주를 들었을 때는 어지러워져 마음이 흔들리고 할 말조차 잊고서 마침내 스스로 정신을 차리지 못하고 말았습니다."

黃帝가 이렇게 말했다.

"너는 아마도 그랬겠지. 나는 먼저 인간 세상의 규율에 따라 연주하고, 자연의 흐름에 따라 소리가 울리게 하고, 예의의 질서를 갖추고 연주를 진행했으며, 太淸의 맑고 맑은 무위자연의 경지에 맞게 그것을 맺어 나갔다. 그리하여 사계절이 교대로 일어나면 만물이 그에 따라 생겨나듯이 혹은 성대해지고 혹은 쇠퇴하는 가운데 文의 부드러운 音色과 武의 강직한 음색이 차례대로 整頓되며, 소리가 맑아졌다 탁해졌다 하는 가운데 마치 陰陽의 氣처럼 잘 調和된다. 그리하여 잘 조화된 음악 소리가 널리 흘러 퍼지면서 동면하고 있던 벌레가 비로소 일어나면 나는 또 雷霆의 울림으로 이들을 놀라게 했다. 이 음악은 마침이 어디인지 알 수 없으며 시작이 어딘지도 알 수 없어서 끊어졌다가 다시 이어지기도 하며 엎어졌다가 다시 일어나기도 한다. 그래서 일정함이 끝이 없어서 하나도 예측할 수 없으니 너는 그 때문에 두려워했을 것이다."

【역주】

1) 北門成 : 인명. 역시 作者가 창작한 가공의 인물이다. 陸德明은 "사람의 성명이다〔人姓名也〕."라고 풀이했고, 成玄英은 "성이 북문이고 이름은 성이다. 황제의 신하이다〔姓北門 名成 黃帝臣也〕."라고 풀이했다.

2) 黃帝 : 고대 전설상의 임금으로 삼황오제의 한 사람. 여기서는 음악의 작곡자이자 연주가로 등장하지만 黃帝와 음악의 관계는 池田知久에 의하면 그다지 깊지 않은 것 같다. 池田知久의 해설을 소개하면 아래와 같다. "前漢 후기에 성립된 劉向의 ≪別錄≫에서 유래하는 목록학 관련 문헌인 ≪漢書≫ 〈藝文志〉에도 黃帝의 이름을 붙인 音樂書는 보이지 않는다. ≪呂氏春秋≫ 〈古樂〉편에는 黃帝가 伶倫에게 명하여 六律을 만들게 하고, 또 伶倫과 榮將에게 명하여 十二鍾을 鑄造해서 咸池라 이름 붙인 음악을 만들어 처음으로 이것을 연주하게 했다는 기록이 보인다.

이에 따르면 전국시대 말기에는 黃帝를 咸池의 제작자로 간주하는 등 음악과 결부된 전설이 존재하였던 것이 확실하다. 그러나 이것을 계승한 古文獻은 많지 않으며, ≪管子≫ 〈五行〉편에 '옛날 황제는 완급을 따라 오성을 만들었다〔昔者黃帝以其緩急作五聲〕.'는 기록이 있기는 하나, 이 章과 〈天下〉편의 '황제에게는 咸池樂이 있다〔黃帝有咸池〕.'고 한 기록 정도가 보일 뿐이다. 그런데 ≪韓非子≫ 〈十過〉편에는 晉 平公과 師曠의 문답 속에서 師曠이 '옛날에 황제가 귀신들을 泰山 위에 모이게 한 일이 있습니다. 象牙로 장식한 수레에 타고 蛟龍 여섯 마리로 수레를 끌게 하는데, 木神 畢方이 수레의 양쪽에 나란히 서고, 兵神 蚩尤는 前驅를 맡고, 바람의 神 風伯이 앞 길을 쓸고 비의 神 雨師가 길에 물을 뿌리고, 호랑이가 선두에 서고 귀신이 뒤따라 수행하고 騰蛇(雲霧 속을 나는 뱀)는 땅에 엎드리고 鳳凰은 하늘을 덮고 있었습니다. 이리하여 크게 귀신들을 집합시키고 淸角의 곡을 만들었습니다〔昔者黃帝合鬼神於泰山之上 駕象車而六蛟龍 畢方幷鎋 蚩尤居前 風伯進掃 雨師灑道 虎狼在前 鬼神在後 騰蛇伏地 鳳凰覆上 大合鬼神 作爲淸角〕.'라고 말한 기록이 보인다. 그런데 ≪韓非子≫에는 황제가 작곡한 음악의 이름이 咸池가 아니라 淸角으로 되어 있지만 문답의 내용이 이 편의 문답과 유사한 점이 있으므로 아마도 이 장의 原形일 것이다." 馬叙倫에 의하면 黃을 皇으로 한 인용문이 있다.

3) 張咸池之樂於洞庭之野 : 咸池의 음악을 洞庭의 들판에서 연주함. 황제가 咸池의 음악을 하늘과 땅의 사이 廣遠莫大한 虛無의 들판(즉, 宇宙의 洞庭의 들판)에서 악기를 늘어놓고 연주하였다는 뜻. 成玄英은 張을 "베푼다〔施也〕."로 풀이했는데 여기서는 악기를 늘어놓고 연주한다는 뜻으로 번역하였다. 咸池는 악곡의 명칭이다. 成玄英은 "음악의 이름이니 咸은 和合의 뜻이다〔樂名. 咸 和也〕."라고 풀이했다. 池田知久에 의하면, ≪禮記≫ 〈樂記〉편에 나오는 "함지가 갖추어졌다〔咸池備矣〕."라고 한 구절에서 鄭玄은 "황제가 작곡한 음악의 명칭이다. 요가 증수해서 연주했다. 咸은 모두라는 뜻이고 池라는 말의 뜻은 베푼다는 뜻이니 덕이 베풀어지지 않음이 없음을 말한 것이다. ≪周禮≫에서는 大咸이라 말하고 있다〔黃帝所作樂名也 堯增修而用之 咸 皆也 池之言施也 言德之無不施也 周禮曰大咸〕."라고 풀이했고, ≪漢書≫ 〈禮樂志〉의 顔師古 注에도 "咸은 모두라는 뜻이고 池는 포용하고 스며듦을 말한 것이니 그 때문에 갖추어졌다고 말한 것이다〔咸 皆也 池 言其包容浸潤也 故云備矣〕."라고 풀이하고 있는 내용이 보인다. 또 이 책 〈至樂〉편에도 "咸池와 九韶의 음악을

동정의 들판에서 연주했다〔咸池九韶之樂 張之洞庭之野〕."는 기록이 있으며 ≪淮南子≫ 〈齊俗訓〉편에도 거의 비슷한 내용이 보인다. 呂惠卿은 樂을 道를 비유한 것이라고 했는데 적절한 견해이다(池田知久). 成玄英은 洞庭之野를 "천지 사이를 말한 것이니 태호의 동정을 말한 것이 아니다〔天地之間 非太湖之洞庭也〕."라고 했는데 참고할 만한 견해이다. 〈逍遙遊〉편 제5장에 보이는 "無何有之鄕廣莫之野"를 말한 것이라고 한 것은 呂惠卿인데 이 說 역시 참고할 만하다(池田知久).

4) 聞之懼 : 듣고 두려워함. 듣고 두려워 不安에 긴장한다는 뜻. 之자 아래에 而자가 있는 인용문이 있고(馬叙倫, 王叔岷) 王叔岷은 而자가 있는 것이 옳다고 했지만 굳이 而자를 넣을 것까지는 없다. 懼에 대하여는 盧文弨와 馬叙倫의 고증이 있다고 한다(池田知久).

5) 復聞之怠 : 다시 두 번째 연주를 듣고서는 두려움이 사라져 나른해짐. 마음이 느슨해져 두려움이 사라지고 나른해진다는 뜻. 復자가 後자로 표기된 인용문이 있지만 오류이다(王叔岷). 復는 다시. 成玄英도 "거듭함이다〔重也〕."라고 풀이했다. 怠는 ≪廣雅≫ 〈釋詁〉에서 "나태함이다〔懶也〕."라고 풀이한 것을 따라 느슨해지다의 뜻으로 풀이하는 것이 적절하다. ≪集韻≫에서는 '懈'로 풀이했는데 같은 뜻이다.

6) 卒聞之而惑 : 마지막으로 세 번째 연주를 들었을 때는 어지러워짐. 어지러워져 思慮分別을 잃고 무어가 무언지 알지 못하게 되었다는 뜻이며, 懼와 怠의 상반된 감정이 교차했기 때문에 혼란스러워졌다는 뜻. 惑자가 感으로 표기된 인용문이 있고(馬叙倫), 或으로 표기된 인용문(劉文典)도 있는데 王叔岷은 이에 대해 或은 惑의 假借字로 보고 있다.

7) 蕩蕩默默 : 마음이 흔들리고 할 말조차 잊어버림. 蕩蕩은 마음이 동요하는 모습. 林希逸은 "정신이 흩어짐이다〔精神散也〕."라고 풀이했는데, 이것이 定說이다(池田知久). 默默은 말 없는 모양. 成玄英의 "무지한 모양〔無知之貌〕."과 林希逸의 "입을 다묾이다〔口噤也〕."가 定說이다(池田知久). 그래서 이 번역에서는 蕩蕩默默을 定說에 따라 北門成의 心理를 묘사한 말로 취해서 "마음이 걷잡을 수 없이 흔들리고 무엇 하나 손에 잡히지 않고 할 말을 잊었다."는 뜻으로 보았다. 그러나 池田知久는 成玄英이나 林希逸의 定說을 소개하면서도 이것을 北門成의 心理를 묘사한 것으로만 보기 때문에 오히려 本文의 理解에 미흡한 점이 생기는 것으로 보고 음악을 형용한 것으로 해석하여야 할 것이라고 하고 있다. 그리하여 池田知久의 의견에 따른

번역을 하면 蕩蕩默默은 "〈세 번째 연주를 들었을 때는 思慮分別을 잃고 어지러워졌는데〉 음악이 걷잡을 수 없이 한없이 펴져 나가 흔들거리며 무엇 하나 손에 잡히지 않아 〈마침내 스스로 정신을 차리지 못하고 말았습니다〉."라는 번역이 가능할 것이다. 여기서는 그 의견을 따르지 않으나 참고할 만한 의견으로 소개한다.

8) 乃不自得 : 마침내 스스로 정신을 차리지 못함. 망연자실하게 되었다는 뜻. 郭象은 "좌망을 일컬음이다〔坐忘之謂也〕."라고 풀이했고, 成玄英도 같은 견해를 제시했다. 또 林希逸이 "스스로 편안하지 못함이다〔不自安也〕."라고 풀이한 것 등이 무난하지만 沈一貫이 "대상 사물과 나를 모두 잃어버려서 스스로 정신을 차리지 못함이다〔物我具喪 乃不自得也〕."라고 풀이한 것이 좋을 것이다(池田知久). 〈天地〉편 제11장에 "子貢이 부끄러워 얼굴이 창백해져서 자신을 잊은 채 정신을 못 차리고 삼십리나 간 뒤에야 겨우 정신을 차렸다〔子貢卑陬失色 頊頊然不自得 行三十里而後愈〕."라고 한 것과 〈應帝王〉편 제5장에서 鄭나라의 神巫 季咸이 壺子에게 혼이 나서 "넋을 잃고 달아났다〔自失而走〕."라고 한 내용과 참조할 필요가 있다(池田知久).

9) 汝殆其然哉 : 너는 아마도 그랬겠지. 殆는 아마도. 然哉가 庶幾也로 표기된 인용문이 있다(馬叙倫). 林希逸은 "나의 음악을 네가 들었다면 의당 이같이 세 차례 변화했을 것이라고 말한 것이다〔言我之樂 而汝聽之 宜其如此三變也〕."라고 풀이했다.

10) 吾奏之以人 : 인간 세상의 규율에 따라 연주함. 人은 인간 세상의 음률. 赤塚忠에 의하면, ≪荀子≫ 〈樂論〉편에 "무릇 음악이란 즐거움이니 인정상 절대 피할 수 없는 것이다〔夫樂者 樂也 人情之所必不免也〕."라고 한 내용이 있고, ≪呂氏春秋≫ 〈音初〉편에도 "무릇 음이란 것은 사람의 마음에서 생기는 것이다〔凡音者 產乎人心者也〕."라고 한 기록이 있다. 또 ≪禮記≫ 〈樂記〉편에도 "무릇 음악이 일어나는 것은 사람의 마음에서 생기는 것이다〔凡音之起 由人心生也〕."라고 한 내용이 보인다. 成玄英은 "奏는 호응함이다〔奏 應也〕."라고 풀이했지만 따르지 않는다.

11) 徽之以天 : 자연의 흐름에 따라 소리가 울리게 함. 底本에는 徽자가 徵자로 표기되어 있는데 馬叙倫의 견해를 따라 徽자로 고쳤다. 陸德明도 徵자는 고본에는 徽자로 된 경우가 많다고 했는데 지금 현재도 徽자로 표기된 판본이 있으며(劉文典, 王叔岷), 그 의미는 馬叙倫에 따르면 揮의 뜻일 것이다(池田知久). 곧 소리 울리게 한다거나 樂記를 演奏한다는 뜻이 된다. 赤塚忠은 ≪禮記≫ 〈樂記〉편에 "大樂與天

地同和"라고 있는 것을 참조할 것을 말하고 있다. 成玄英 疏에서는 徽를 順으로 풀이했는데 참고할 만하다.

12) 行之以禮義 : 예의의 질서를 갖추고 연주를 진행했음. 절도와 조리의 정신에 따라 질서 있게 연주를 진행시켜 나갔다는 뜻이 된다. 行은 연주를 진행함을 말한다.

13) 建之以太淸 : 太淸의 맑고 맑은 무위자연의 경지에 맞게 음악을 맺어 나감. 太淸의 太는 底本에는 大로 되어 있으나 通行本에 따라 太로 고쳤다. 太淸(廣大한 淸虛)의 맑고 맑은 무위의 경지에 맞게 음악을 맺어 나갔다는 뜻이 된다. 建은 근본을 세운다, 연주를 맺어 나간다는 뜻. 成玄英은 "태청은 천도이다〔太淸 天道也〕."라고 풀이했다. 池田知久의 注에 의하면, 〈知北遊〉편의 '泰淸', 〈列御寇〉편의 '太淸', ≪淮南子≫ 〈本經訓〉편의 '太淸' 등이 참조가 되는데 음악과 관련된 것으로는 ≪鶡冠子≫ 〈度萬〉편에 "오직 성인만이 그 音을 바로잡고 소리를 조절할 수 있다. 그 때문에 그 덕이 위로는 태청을 회복하고 아래로는 泰寧에 미친다〔唯聖人能正其音調其聲 故其德上反太淸 下及泰寧〕."라고 한 내용이 있다(福永光司). 또 底本에는 이 아래에 "夫至樂者 先應之以人事 順之以天理 行之以五德 應之以自然 然後調理四時 太和萬物"의 35字가 있지만 오래 전에 蘇轍이 말을 꺼낸 이래로 빼 버려야 할 衍文으로 보는 것이 정설이다(池田知久). 蘇轍은 注의 文章이 잘못 끼어든 것이라 했고, 徐廷槐의 ≪南華簡鈔≫와 姚鼐의 ≪莊子章義≫ 등에서는 구체적으로 郭象 注의 문장이라 했으나(武延緖, 阮毓崧, 馬叙倫, 于省吾, 楊明照 등도 같은 견해) 沈一貫, 劉文典, 王叔岷, 寺岡龍含 등의 고증에 따르면 成玄英 疏의 문장이 끼어든 것이다(池田知久). 이 35字가 없는 판본과 인용문이 있는데다(劉文典, 王叔岷) 道藏注疏本에는 이것이 아예 成玄英 疏에 들어가 있기도 하다.

14) 四時迭起 萬物循生 : 〈그리하여〉 사계절이 교대로 일어나면 만물이 그에 따라 생겨남. 四時迭起는 "사계절이 추이하는 리드미컬한 움직임에 따라 音律을 轉換시키면."의 뜻이 되고, 萬物循生은 "만물이 그에 따라 생겨나듯 千變萬化하는 소리의 세계가 전개된다."는 뜻으로 볼 수 있으므로 아래 글과 연결시키면서 "사계절이 교대로 일어나면 만물이 그에 따라 생겨나듯이."로 번역하였다. 陸德明의 ≪經典釋文≫에서는 어떤 판본에는 迭자가 遞자로 되어 있다고 하였는데 이 두 字를 馬叙倫은 같은 글자로 보았다. 萬物循生의 循을 成玄英 疏에서는 "順也"라고 풀이했다.

15) 一盛一衰 文武倫經 : 혹은 성대해지고 혹은 쇠퇴하는 가운데 文의 부드러운 音色

과 武의 강직한 음색이 차례대로 정돈됨. 혹은 성대해지고 혹은 쇠퇴한다는 것은 萬物에 盛衰가 있듯 음악에도 昻揚되었다가 凋落되는 성쇠가 있음을 말하며, 文과 武는 평화로운 북소리〔文〕와 전투적인 鐘소리를 의미하기도 하며, 倫經은 차례대로 펼쳐진다는 뜻이다. 池田知久의 注를 보면, 文武는 ≪禮記≫ 〈樂記〉편에 "처음에는 文으로 연주하고 다시 武로 마무리한다〔始奏以文 復亂以武〕."라고 한 내용과 같은 의미이다(陸樹芝). 林希逸이 "발생시키는 것은 文이고 죽이는 것은 武이다. 倫經은 차례이다. 사계절에 따라 생성하고 소멸하며 만물이 이를 따라 생장하여 성대해졌다가 다시 쇠퇴함이 마치 음악에 문과 무의 차례가 있는 것과 같다. 거문고에 문현과 무현이 있으니 바로 여기의 문무에 해당하는 종류이다〔發生 文也 肅殺 武也 倫經 次序也 四時生殺 萬物循序 而生長 旣盛復衰 猶樂聲之有文武倫序也 琴有文武絃 卽此文武之類〕."라고 한 풀이를 참고할 만하다. 成玄英은 "循은 따름이고 倫은 가지런히 정돈함이고 經은 일정함이다〔循 順 倫 理 經 常也〕."라고 풀이했는데 무난한 해설이다.

16) 一淸一濁 陰陽調和 : 〈소리가〉 맑아졌다 탁해졌다 하는 가운데, 즉 한 번 맑아지면 한 번 탁해지는 가운데, 陰陽의 氣처럼 잘 調和됨. 陰陽調和는 陰氣와 陽氣가 조화를 이룬다고 흔히 보고 있으나 陰陽을 부사로 읽어 음양처럼, 陰氣와 陽氣처럼으로 읽을 수도 있다. 一濁一淸으로 표기된 인용문이 있고 위아래의 문장과 韻도 맞으므로 그것이 올바른 문장일 수도 있다(王叔岷). 武延緖는 이 句도 注의 문장이 잘못 끼어든 것이라고 의심했다(池田知久).

17) 流光其聲 : 잘 조화된 음악 소리가 널리 흘러 퍼짐. 光은 馬其昶(淸)의 ≪莊子故≫, 奚侗(民國)의 ≪莊子補注≫, 馬叙倫(民國)의 ≪莊子義證≫ 등에서 말하는 것처럼 廣의 假借字로 보는 것이 타당하다. 池田知久는 成玄英 疏, 林希逸 注, 羅勉道 注를 모두 잘못되었거나 부적절하다고 보고 있다. 成玄英이 "照燭은 和氣가 流布되어 三光이 밝게 비춤이다〔照燭和氣流布 三光照燭〕."라고 풀이한 것은 무리이고, 林希逸이 또한 "流光은 광휘가 성대하게 흐름이니 음양청탁의 소리를 조절하여 이처럼 광화가 성대하게 흐른다는 것이다〔流光 流暢光輝也 調其陰陽淸濁之聲 如此流暢光華也〕."라고 풀이한 것도 무리이고, 또 羅勉道가 "그 소리가 순조롭게 흘러 빛남이다〔言其聲流順而光瑩也〕."라고 풀이한 것도 부적절하다고 하고 있는 것이다.

18) 蟄蟲始作 吾驚之以雷霆 : 동면하고 있던 벌레가 비로소 일어나면, 나는 또 雷霆의

울림으로 이들을 놀라게 했다. 蟄은 겨울잠을 자는 벌레. 霆은 雷霆. 陸德明은 '電'으로 풀이했다. ≪禮記≫ 〈月令〉편 仲春之月조에 "이달에는 밤과 낮의 길이가 같고 우레가 비로소 소리를 내며 처음으로 번개가 치며 겨울잠을 자던 버러지들이 모두 움직인다〔是月也 日夜分 雷乃發聲 始電 蟄蟲咸動〕."라고 한 내용을 참고할 필요가 있다(福永光司). 또 〈樂記〉편에서 "땅의 기운이 위로 올라가고 하늘의 기운이 하강하여 음양이 서로 부딪치고 천지가 서로 움직여서 雷霆으로 고무시키고 風雨로 떨치게 하며 사계절로 움직이게 하고 해와 달로 따뜻하게 하면 온갖 변화가 일어난다. 이와 같으니 음악이란 천지의 화합이다〔地氣上齊 天氣下降 陰陽相摩 天地相蕩 鼓之以雷霆 奮之以風雨 動之以四時 煖之以日月 而百化興焉 如此則樂者天地之和也〕."라고 한 내용도 참조할 만하다(陸樹芝, 池田知久).

19) 其卒無尾 其始無首 : 이 음악(咸池樂)은 마침이 어디인지 알 수 없으며 시작이 어딘지도 알 수 없음. 卒은 음악의 마침이고 始는 음악의 시작이다. 어디가 시작이고 어디가 끝인지 알 수 없을 정도로 장대한 음악이라는 뜻. 成玄英은 "시작도 없고 끝도 없음이다〔無始無終〕."라고 풀이했는데, ≪老子≫ 제14장에 나오는 "앞에서 맞이해도 그 머리를 볼 수 없고 뒤에서 따라가도 그 꽁무니를 볼 수 없다〔迎之不見其首 隨之不見其後〕."라고 한 표현과도 같은 맥락으로 이해할 수 있다. 소리가 가늘고 길게 이어져서 어디서 끝나는지 알 수 없고 조용히 일어나서 어디서 시작하는 지도 알 수 없다는 뜻으로 볼 수도 있다.

20) 一死一生 一僨一起 : 끊어졌다가 다시 이어지기도 하며 엎어졌다가 다시 일어나기도 함. 끊어질 듯 끊어질 듯하면서 계속 이어지는 음악의 연속성을 표현한 것이기도 하지만 끝났나 싶으면 다시 시작하는 식으로 끊임없이 동정이 반복되는 도의 모습을 음악으로 형용한 것이다. 司馬彪는 僨을 "엎어짐이다〔仆也〕."라고 풀이했다.

21) 所常無窮 : 일정함이 끝이 없음. 所常은 일정함, 변함이 없는 바인데, 郭象은 "변화를 일정한 모습으로 삼기 때문에 일정함이 끝이 없다〔以變化爲常 則所常者無窮也〕."라고 풀이했다. 이 郭象 注를 따르면 莊子의 道의 不變의 모습은 변화이다. 변화의 흐름이 바로 道인 것이다.

22) 一不可待 : 하나도 예측할 수 없음. 전혀 알 수 없다는 뜻. 一은 兪樾의 견해를 따라 '모두, 전혀〔皆〕'의 뜻으로 보는 것이 무난한데 池田知久에 의하면 兪樾 이전에 이미 宣穎이 "조금도 없다〔毫無〕."는 뜻으로 풀이한 적이 있기 때문에 의미상 '전혀'

라는 뜻으로 풀이한 것은 宣穎이 앞선다고 해야 한다. 不可待는 기다릴 수 없다, 예측이 不可하다는 뜻이다. 一不可待의 一을 成玄英이 "지극히 한결같은 이치이다〔至一之理〕."라고 풀이한 것은 不可하다(池田知久). 待는 〈逍遙遊〉편 제1장의 '彼且惡乎待哉'의 待와, 〈齊物論〉편 제4장의 '若其不相待'와 제5장에 나오는 '吾有待而然者邪'의 待자와 같은 맥락이다(池田知久).

23) 汝故懼也：너는 그 때문에 두려워했을 것이다. 끝없이 변화하여 어떻게 변할지 전연 예측이 불가하니, 너는 그 때문에 不安하고 緊張하여 두려워하게 되었을 것이라는 뜻.

吾 又奏之以陰陽之和하고 燭之以日月之明[1]호니 其聲이 能短能長하며 能柔能剛[2]하야 變化 齊一하야 不主故常[3]하야 在谷滿谷하고 在阬滿阬[4]타가 塗郤守神[5]하야 以物로 爲量[6]호니 其聲이 揮綽[7]하야 其名이 高明[8]이리라 是故로 鬼神이 守其幽[9]하고 日月星辰이 行其紀어늘 吾 止之於有窮하며 流之於無止[10]라 子 欲慮之而不能知也[11]하며 望之而不能見也하며 逐之而不能及也하니라 儻然立於四虛之道[12]하야 倚於槁梧而吟[13]혼댄 目知 窮乎所欲見[14]하며 力이 屈乎所欲逐[15]이라 吾旣不及已夫[16]오 形充空虛[17]하야 乃至委蛇[18]하나니 汝도 委蛇故로 怠하도다

"나는 또 음양의 조화에 따라 연주하고, 해와 달의 밝음을 따라 음악을 화려하게 연주하였더니, 그 소리를 짧게 끊어지게 할 수도 있고 길게 늘어지게 할 수도 있으며 부드럽게 할 수도 있고 굳세게 할 수도 있게 되어 일제히 변화하여 옛 가락에 구애받지 않아서 골짜기를 만나면 골짜기를 채우고 작은 구덩이를 만나면 구덩이를 채우다가 욕망의 틈을 막고 정신을 지켜서 對象 사물의 있는 그대로에 順應해 나가니 그 소리는 맑게 울리고 그 〈咸池樂이라는〉 이름도 높고 밝게 빛났다.

그 때문에 귀신도 어두운 곳을 지켜 떠나지 않고 일월성신도 제 길을 따라

움직이는데 나는 〈演奏를〉 어느 때는 有限의 세계에 그치기도 하고 어느 때는 그침이 없는 무한의 세계에까지 흘려보내기도 한다네. 자네가 아무리 헤아려 보아도 알 수 없으며, 아무리 바라보아도 볼 수 없으며 아무리 쫓아가도 미칠 수 없다. 그러다 자네는 흐리멍덩 넋이 나간 채 사방으로 끝없이 터진 大道 가운데 서 있거나, 그렇지 않으면 말라 버린 오동나무 책상에 기대어 신음 소리만 낼 것일세. 그 까닭은 눈의 지각 능력은 보고자 하는 데서 다하고 힘은 쫓아가고자 하는 데서 다하기 때문이다. 나도 이미 거기에 미칠 수 없다. 인간의 육체에 공허함이 가득 차서 마침내 힘이 빠져 흐느적 흐느적 종잡을 수 없게 되니 너도 이처럼 종잡을 수 없게 되었기 때문에 느슨해졌던 것이다."

【역주】

1) 吾又奏之以陰陽之和 燭之以日月之明 : 〈다음에, 第二奏에서는〉 나는 또 음양의 조화에 따라 연주하고, 해와 달의 밝음을 따라 음악을 화려하게 연주함. 郭象은 "이른바 자연〔天〕의 도를 이용함이다〔所謂用天之道〕."라고 풀이했다. 馬叙倫은 燭을 照의 가차로 풀이했는데 여기서는 음악을 밝게 연주했다는 뜻, 곧 화려하게 연주했다는 뜻으로 번역하였다.

2) 能短能長 能柔能剛 : 그 소리를 짧게 끊어지게 할 수도 있고 길게 늘어지게 할 수도 있으며 부드럽게 할 수도 있고 굳세게 할 수도 있음. 能은 자유자재로 할 수 있다는 뜻이다. 敦煌본에는 能長이 빠져 있다(寺岡龍含, 楊明照, 池田知久).

3) 變化齊一 不主故常 : 일제히 변화하여 옛 가락에 구애받지 않음. 齊一은 일제히, 나란히, 똑같이의 뜻. '不斷히'로 번역하기도 한다(池田知久). 林希逸은 "같음이다〔同也〕."라고 풀이했다. 馬叙倫은 主를 住의 생략이라 했는데 통용하는 글자이다. 故는 옛것으로 舊와 같다. 林希逸은 '舊'로 풀이했다. 成玄英은 "뭇 생명들의 길고 짧음을 따르고 만물의 강유에 따라 맡기며 변화의 한결같은 이치를 가지런히 하는데 어찌 옛것을 지켜 일정함을 고집하겠는가〔順群生之修短 任萬物之柔剛 齊變化之一理 豈守故而執常〕."라고 풀이했다. 〈秋水〉편에 "사물 각각의 운명도 일정함이 없고 終始는 되풀이되어 옛것에 집착함이 없다〔分無常 終始無故〕."라고 한 내용을 참조할 것(福永光司, 池田知久).

4) 在谷滿谷 在阬滿阬 : 골짜기를 만나면 골짜기를 채우고 작은 구덩이를 만나면 구덩

이를 채움. 阬(갱)은 坑(갱)과 같이 구덩이. 郭象은 "至樂의 도리는 두루 미치지 않음이 없다〔至樂之道 無不周也〕."라고 풀이했고, 成玄英도 비슷하다. 王敔가 "큰 것도 채우지 않음이 없고 작은 것도 들어가지 않음이 없다〔大無不充 小無不入〕."라고 한 것이 대의를 잘 살린 풀이이다. 陸德明은 ≪爾雅≫를 인용하여 阬을 빈 공간〔虛〕으로 풀이했다(池田知久).

5) 塗郤守神 : 욕망의 틈을 막고 정신을 지킴. 감각적 욕망의 틈〔郤〕을 막고 순수한 정신을 지킨다는 뜻이다. 塗는 막는다〔塞〕는 뜻(成玄英). 郤(극)은 틈. 陸德明은 "틈〔隙〕과 뜻이 같다〔與隙義同〕."라고 풀이했다. 이외에 成玄英도 "구멍이다〔孔也〕."라고 풀이했다. ≪老子≫ 제56장에 보이는 "塞其兌 閉其門"의 뜻과 유사한 점이 있으며 郭象은 '塞其兌'를 인용하면서 이 구절을 풀이했다.

6) 以物爲量 : 物로서 量을 삼는다, 物로서 大小를 삼는다고 逐字譯이 되는데, 物에 그대로 따른다, 대상 사물의 있는 그대로에 順應한다는 뜻이다. 池田知久에 따르면, 音樂論으로서는 羅勉道가 "스스로 사물의 분수와 함량이 받아들일 수 있는 것을 따라 소리를 크게 하기도 하고 작게 하기도 한다〔自隨物分量所受 以爲聲之大小〕."라고 풀이한 것이 그럴듯하다.

7) 其聲揮綽 : 그 소리가 맑게 울림. 揮는 빛난다는 뜻으로 '暉'와 같고 綽은 밝다는 뜻으로 焯과 같다. 여기서는 소리를 나타내기 때문에 '맑다'로 번역하였다. 馬叙倫은 ≪說文解字≫를 인용하여 "暉는 빛남이고 焯은 밝음이다〔暉 光也 焯 明也〕."라고 풀이하고 暉자와 焯자의 가차자로 보았는데 타당한 견해이다.

8) 其名高明 : 그 〈咸池樂이라는〉 이름이 높고 밝게 빛남. 名은 곡조, 또는 곡조의 이름을 말하는데 여기서는 咸池樂이라는 음악의 이름을 말한다. 林雲銘은 "마디와 곡조 중에서 모양을 그릴 수 있는 것〔節奏之可名象者也〕."이라고 풀이했는데 참고할 만하다. 高明은 수준이 높다는 뜻으로 ≪中庸≫에 자주 보이는 표현이다. ≪禮記≫ 〈月令〉편에서 "이달에는 높은 곳에 올라 멀리 바라볼 만하다〔是月也 可以居高明 可以遠眺望〕."라고 한 것이 참고가 되는데(池田知久), 이때는 높은 곳이라는 뜻으로 쓰였다. 이 밖에 ≪春秋左氏傳≫ 文公 5년조와 ≪尙書≫ 〈洪範〉편 등에도 보인다(福永光司).

9) 鬼神守其幽 : 귀신도 어두운 곳을 지켜 떠나지 않음. 〈이 음악의 영향으로〉 귀신도 차분히 幽冥界에 그대로 머물러, 세상 사람들에게 災殃을 입히려고 나돌아 다니지

않는다는 뜻이다. 곧 귀신도 협조한다는 뜻. 成玄英이 말한 것처럼 ≪老子≫ 제60장의 사상과 유사한 점이 있으며 〈天地〉편 제1장의 "무심을 얻게 되면 귀신도 복종한다〔無心得而鬼神服〕."라고 한 내용과 〈天道〉편 제3장에서 "天樂을 알게 되면…… 귀신의 재앙도 없게 된다〔知天樂者……無鬼責〕."라고 한 것과 같은 사상을 표현한 것이라 할 수 있다.

10) 止之於有窮 流之於無止 : 〈演奏를〉 어느 때는 有限의 세계에 그치기도 하고 어느 때는 그침이 없는 무한의 세계에까지 흘려보내기도 함. 有窮은 유한의 세계이고 無止는 무한의 세계로 無窮과 같다. 赤塚忠이 "有無를 兼하고 있음을 말함이다."라고 풀이한 것이 적절하다(池田知久). 郭象은 "변화를 따라감이다〔隨變而往也〕."라고 풀이했고, 成玄英은 "流는 움직임이다. 감응에 일정함이 없어서 때에 따라 꼭 맞게 변하여 일정한 것을 고집하는 적이 없다. 그 때문에 고요히 있다가 움직이는 것이다〔流 動也 應感無方 隨時適變 未嘗執守 故寂而動也〕."라고 풀이했는데 지나치게 추상적인 풀이이다.

11) 子欲慮之而不能知也 : 底本에는 子가 予로 되어 있으나 다른 通行本에 따라 子로 고침. 자네가 아무리 헤아려 보아도 알 수 없음. 子자가 予자로 표기된 판본으로는 馬叙倫, 劉文典, 王叔岷 등이 있으나 앞에 말한대로 子자로 고쳤다. 敦煌본에도 子자로 표기되어 있다(寺岡龍含, 池田知久). 이하의 세 구절에 대하여는 ≪老子≫ 제14장에 "보아도 보이지 않는 것을 이름하여 夷라 하고, 들어도 들리지 않는 것을 이름하여 希라 하고, 잡아도 붙잡히지 않는 것을 이름하여 微라 한다〔視之不見 名曰夷 聽之不聞 名曰希 搏之不得 名曰微〕."라고 한 내용을 참고할 필요가 있다(阮毓崧, 池田知久).

12) 儻然立於四虛之道 : 흐리멍덩 넋이 나간 채 사방으로 끝없이 터진 大道 가운데 섬. 池田知久에 의하면, 儻은 曭(흐릿할 당)으로 표기된 인용문이 있으며(馬叙倫), 曭의 가차라 하는 주장이 있으나(王叔岷, 福永光司, 金谷治) 적당하지는 않으며, 또 陸德明이 "창으로 읽기도 한다〔一音敞〕."라고 했고, 郭象이 "넓고 높아서 치우침이 없음을 말한다〔弘敞無偏之謂〕."라고 풀이한 것을 따라 敞의 가차자라고 하는 견해도 있지만(馬叙倫) 역시 부적당하다. 의미는 成玄英이 "사심이 없는 모양〔無心貌〕."이라고 풀이한 것이 무난하지만, 丁展成(≪莊子音義釋≫, 1931)이 惝(창)의 가차자로 보고 멍한 모습으로 풀이한 것이 정확하다. 말하자면 自己喪失의 모양이

다. 四虛는 成玄英이 "사방이 텅 빔을 말함이다〔謂四方空〕."라고 풀이한 것이 정설이다(池田知久).

13) 倚於槁梧而吟 : 〈음악을 논리적으로 분석한답시고〉 말라 버린 오동나무 책상에 기대어 신음 소리만 냄. 〈德充符〉편 제6장에서 "나무에 기대 신음 소리나 내고, 말라 버린 오동나무로 만든 안석에 기대 졸기나 하고 있다〔倚樹而吟 據槁梧而瞑〕."라고 한 표현을 모방한 글이다(林希逸, 阮毓崧). 〈德充符〉편 제6장에서 惠施류의 변론가들을 비판한 것처럼 여기서도 잔재주를 부리는 분석적 학문이 道라는 音樂 앞에서는 전혀 無力하기만 함을 풍자한 표현이다(池田知久).

14) 目知 窮乎所欲見 : 눈과 知의 능력은 보고자 하는 데서 다함. 보고자 하는 것 때문에 눈과 知의 능력이 다 없어진다는 뜻이다. '目知窮乎所欲見'의 앞에는 본래 '心窮乎所欲知'가 있었던 것이 脫落하고 '知'자 한 글자만 남은 것이라고 하는 것이 馬叙倫의 견해이다(福永光司). 또 바로 앞에 있었다고 보여지는 '心 窮乎所欲知'와 바로 뒤의 '力 屈乎所欲逐'과의 자연스런 대구를 위해 目知 두 글자 중 한 글자를 연문으로 처리하거나 目자가 自로 표기된 판본이 있다는 견해나 日로 고치는 說이 있으나 여기서는 池田知久의 견해를 따라 그대로 둔다. 현대의 ≪莊子≫ 번역에서도 예를 들어 일본의 金谷治나 福永光司가 '目知窮乎所欲見'에서 '知'를 깎아 내어 '目窮乎所欲見'으로 원문을 고쳐서 해석하고 있기도 하나 우리나라 安東林이나 일본의 池田知久의 번역에서는 '目知窮乎所欲見'으로 '知'를 깎아 내지 않고 그대로 두고 해석하고 있다. 다만 安東林의 해석에서는 '知'를 생략한 번역을 하고 있기는 하지만 本文은 '目知……'로 생략하지 않고 제시하고 있다. 그런데 池田知久의 지적대로, 近代的 眼目에서 바라보는 文章의 整合性을 古文獻에 무리하게 요구하는 것은 매우 신중해야 할 것으로 생각된다.

15) 力屈乎所欲逐 : 힘은 쫓아가고자 하는 데서 다하기 때문이다. 힘은 발의 힘을 말하는데 이 뜻은 쫓고자 하는 것 때문에 발의 힘이 다 없어지기 때문이라는 것이다. 屈은 竭과 같은 뜻이고, 力屈乎所欲逐은 '力屈乎所欲逐故也'의 '故也' 두 글자가 생략된 것으로 보면 된다. 咸池의 음악에 대하여 目知나 力이 아무 쓸모가 없기 때문이라는 뜻이다.

16) 吾旣不及已夫 : 나도 이미 거기에 미칠 수 없음. 나도 이제는 도저히 그 咸池의 음악의 경지에 미칠 수 없다는 뜻이다. 吾는 黃帝. 吳汝綸은 北門成을 대신하여 말

하는 것이라 하나(林雲銘에 유래한다) 부적당하다(池田知久). 夫자가 矣자로 표기된 판본이 있다(劉文典, 王叔岷).

17) 形充空虛 : 〈이 咸池樂의 연주를 듣고 나면〉 인간의 육체에 空虛함이 충만함. 인간의 육체가 안으로 공허함이 가득하다는 뜻도 되는데 이는 곧 마음을 비우게 된다는 뜻이다.

18) 乃至委蛇 : 마침내 힘이 빠져 흐느적 흐느적 종잡을 수 없게 됨. 委蛇(위이)는 힘이 빠져 흐느적거리는 모양. 陸德明은 蛇자가 施로 표기된 판본도 있다고 했다. 委蛇는 〈應帝王〉편 제5장에 "마음을 비우고 욕심이 전혀 없는 모습으로 대하다[吾與之虛而委蛇]."라고 한 데서 이미 나왔지만 의미는 다소 다르다.

吾 又奏之以無怠之聲[1]하고 **調之以自然之命**[2]호니 **故**로 **若混逐叢生**[3]하야 **林樂而無形**[4]하며 **布揮而不曳**하며 **幽昏而無聲**[5]하니라 **動於無方**하고 **居於窈冥**[6]혼댄 **或謂之死**라하며 **或謂之生**이라하며 **或謂之實**이라하며 **或謂之榮**[7]이라하나다 **行流散徙**하야 **不主常聲**[8]혼댄 **世 疑之**하야 **稽於聖人**[9]하나니 **聖也者**는 **達於情而遂於命也**[10]라 **天機 不張而五官**이 **皆備**[11]하니 **此之謂天樂**[12]이라하나니 **無言而心說**[13]이니라 **故**로 **有焱氏**[14] **爲之頌**하야 **曰聽之不聞其聲**하며 **視之不見其形**[15]이오 **充滿天地**하며 **苞裹六極**[16]이 **汝 欲聽之而無接焉**이라 **而 故**로 **惑也**[17]로다

樂也者는 **始於懼**니 **懼**론 **故**로 **祟**[18]하나니라 **吾 又次之以怠**호니 **怠**론 **故**로 **遁**[19]하나니라 **卒之於惑**호니 **惑**이론 **故**로 **愚**하나니라 **愚**론 **故**로 **道**[20]니 **道**는 **可載而與之俱也**[21]니라

"나는 또 나른함을 없애는 소리를 연주하고, 自然의 명령에 따라 조절하였다네. 그랬더니 만물이 떨기로 자라는 것처럼 이리저리 뒤섞여서 서로 쫓아다니며 모두 크게 즐거워하면서도 그렇게 만든 음악의 모습은 보이지 않으며 널리 울려 퍼지는데도 끌고 다니지 않으며, 그윽하고 어두운 가운데 아무 소리도 없다. 일정한 방향 없이 움직이고 그윽하고 어두운 근원의 세계에 조용히 머물러 있으니 어떤 사람은 죽었다 하고 어떤 사람은 살아 있다 하고 어떤 사람은 충실

하다 하고 어떤 사람은 열매 없이 꽃만 무성하다 한다. 자유자재로 流轉하고 이리저리 옮겨 다녀서 일정한 소리에 얽매이지 않으니 세상 사람들이 의심하여 聖人에게 물어본다. 聖人이란 自己의 情性을 남김없이 실현하고 주어진 명령을 완수하는 존재이다. 자연의 造化(天機)를 인위적으로 펼치지 않아도 五官의 기능이 갖추어져 있으니 이것을 일러 天樂이라 하니 말없이 마음으로 기뻐할 따름이다.

그 때문에 그 옛날 有焱氏도 이 咸池樂을 기리는 글을 지어 이렇게 말했다. '들으려 해도 그 소리가 들리지 않으며 보려 해도 그 모습이 보이지 않고 천지 사이에 충만하며 六極을 감싸 안는다.' 그러니 너는 이 음악을 들으려 해도 접할 수 없다. 네가 그래서 어지러워진 것일 게다.

이 咸池의 음악은 처음에는 듣는 자에게 두려움의 감정을 갖게 하나니, 두려워하게 되기에 불안감이 생긴다. 나는 다음으로 또 듣는 자를 나른하게 하는 음악을 연주하니 나른해지기에 멀리 도망치게 된다. 마지막으로 듣는 자를 어지럽게 하는 음악을 연주하니 어지러워지기에 어리석게 된다. 어리석어지기에 道와 하나가 될 수 있으니 〈이렇게 되면〉 道에 내 몸을 싣고 도와 함께할 수 있는 것이다."

【역주】

1) 吾又奏之以無怠之聲 : 나는 또 〈第三奏로서〉 나른함을 없애는 소리를 연주함. 無怠之聲은 나른함이 없는 소리, 즉 나른한 느낌을 一掃하는 曲調라는 뜻이다.

2) 調之以自然之命 : 자연의 명령으로, 자연의 명령에 따라 곡조를 조절함. 馬叙倫은 命을 令의 假借字로 보고 음악의 마디〔節奏〕를 말하는 것이라 했고, 于省吾는 命을 名의 뜻이라 했는데 모두 적절치 않다(池田知久). 自然之命은, 郭象이 "命에 있는 것은 人爲가 아니라 모두 自然일 뿐이다〔命之所有者 非爲也 皆自然耳〕."라고 풀이했는데 여기서는 이 견해를 따라 자연의 명령으로 번역하였다. 자연의 명령에 따라 곡조를 조절하였다고 하는 것은 自然의 節奏로 음악을 잘 정비하였다는 뜻.

3) 混逐叢生 : 만물이 떨기로 자라는 것처럼 이리저리 뒤섞여서 서로 쫓아다님. 叢生은 떨기로 자라는 모양. 混逐은 뒤섞여서 이리저리 뛰면서 쫓아다니는 모양. 林希

逸이 "만물이 떨기로 자라는 것처럼 이리저리 뒤섞여서 서로 쫓아다님이다〔如萬物之叢生 而混同相追逐也〕."라고 풀이한 것이 적절하다. 〈馬蹄〉편 제2장에서 "금수들이 무리를 이루었고 초목이 마음껏 자랄 수 있었다〔禽獸成群 草木遂長〕."라고 한 내용과 같은 의미(陸長庚)이다. 또 呂惠卿이 지적하고 있는 것처럼 〈在宥〉편 제4장에서 "만물이 많고 많다〔萬物云云〕."라고 한 것과 같은 뜻이기도 하다. 混逐叢生의 앞에 故若 두 字가 있는데, 이 부분에 대하여는 "그랬더니〔故로〕 鳥獸가 섞여 살고〔混〕 희롱하며 서로 쫓고〔逐〕, 草木이 뒤엉켜 생겨나서〔叢生〕……같다〔若〕."로 번역할 수도 있다.

4) 林樂而無形 : 모두 크게 즐거워하면서도 그렇게 만든 음악의 모습은 보이지 않음. 林樂은 수풀이 무성한 것처럼 모두 크게 즐거워하여 즐거워하지 않는 존재가 없다는 뜻. 林希逸이 "수풀처럼 즐거워함이니 수풀처럼 빽빽이 즐거움 아닌 것이 없음을 말한 것이다〔林然而樂 言林林摠摠 無非樂也〕."라고 풀이한 것이 적절하다. 羅勉道, 陸長庚, 王敔, 林雲銘, 宣穎, 陸樹芝, 陳壽昌도 거의 비슷한 견해를 제시했다(池田知久). 郭嵩燾가 "만물이 서로 함께 어울려 즐김이다〔相與群樂之〕."라고 풀이한 것도 참고할 만하다(池田知久). 林樂을 만물의 合奏가 일어나는 모습으로 보는 견해가 있는데 흥미 있는 해석이다. 無形은 褚伯秀가 〈齊物論〉편의 내용을 인용하여 "만물로 하여금 성난 목소리를 내게 하는 것은 찾아도 찾을 수 없다〔所以怒號者求之而不可得也〕."라고 풀이한 것이 뛰어나다(池田知久).

5) 布揮而不曳 幽昏而無聲 : 널리 울려 퍼지는데도 끌고 다니지 않으며, 그윽하고 어두운 가운데 아무 소리도 없다. 끌고 다니지 않는다는 것은 자취를 남기지 않는다는 뜻이고 그윽하고 어두운 가운데 아무 소리도 없음은 소리가 꺼져 감을 말한다. 布揮는 널리 퍼지는 모양. 成玄英은 "사계절을 움직이고 만물을 두루 펼쳐서 각기 제자리를 얻게 하니 끌고 다녀서 그리된 것이 아니다〔揮動四時 布散萬物 各得其所 非由牽曳〕."라고 풀이했는데 대의는 적절하지만 揮자는 흩어진다〔散〕는 뜻으로 보는 것이 적절하다(高亨, 池田知久). 曳는 질질 끌고 다님. 馬敍倫은 "引과 같다."라고 풀이했다.

6) 動於無方 居於窈冥 : 일정한 방향 없이 움직이고 그윽하고 어두운 근원의 세계에 조용히 머뭄. 무한정한 경지에 움직여 다니다가 근원의 세계에 조용히 휴식한다는 뜻. 動과 居는 상반된 표현으로 '動於無方'은 어디에나 나타나지 않음이 없다는 뜻.

곧 음악이 어디에든 울려 퍼진다는 뜻이다. 〈在宥〉편 제6장에서 "메아리 없는 곳에 머물며 일정한 장소를 가리지 않고 움직여서 그대들을 데리고 어지러운 도의 세계로 돌아가서 한없이 노닐며 출입함에 일정한 장소가 없다〔處乎無嚮 行乎無方 挈汝適復之撓撓 以遊無端 出入無旁〕."라고 한 부분과 유사하다. 窈冥은 〈在宥〉편 제3장에도 '窈窈冥冥'과 '窈冥之門' 등으로 표현된 적이 있다(池田知久). 또 ≪老子≫ 제21장의 "窈兮冥兮"도 참고할 만하다(福永光司).

7) 或謂之死 或謂之生 或謂之實 或謂之榮 : 어떤 사람은 죽었다(소리가 끊겼다) 하고 어떤 사람은 살아 있다 하고 어떤 사람은 충실하다 하고 어떤 사람은 열매 없이 꽃만 무성하다고 함. 榮은 林希逸에 의거 華의 뜻. 어떤 사람은 소리가 끊겼다고 하고, 어떤 사람은 소리가 이어지고 있다고 하고, 어떤 사람은 소리가 충실하다 하고, 어떤 사람은 소리가 열매 없이 꽃만 무성하여 허무하다고 한다는 뜻이다.

8) 行流散徙 不主常聲 : 자유자재로 流轉하고 이리저리 옮겨 다녀서 일정한 소리에 얽매이지 않음. 行流는 자유자재로 유전한다는 뜻. 散徙는 이리저리 옮겨 다님. "不主常聲"은 위 문장의 "不主故常"과 같은 의미이다(林希逸). 成玄英은 "봄이 되면 만물이 자라나고 겨울이 되면 만물이 죽고 가을에 만물이 열매를 맺고 여름에 만물이 꽃을 피우며 구름이 몰려다녀 비가 내리고 물이 흐르고 바람이 따르는 것은 모두 자연의 이치로서 날마다 새롭게 변하니 至樂의 도리가 어찌 한 가지 소리만을 고집하겠는가〔夫春生冬死 秋實夏榮 雲行雨散 水流風從 自然之理日新其變 豈主一聲也〕." 하고 풀이했다.

9) 稽於聖人 : 聖人에게 물어봄. 稽는 물어본다는 뜻이다. 林希逸은 "세상 사람들이 이에 이르러 의심하여 깨우치지 못하자 마침내 그것을 성인에게 물어보기에 이른 것이다. 稽는 깊이 생각함이니 묻는다는 뜻이다〔世人至此 疑而不曉 乃以問於聖人 稽首考也 問之意也〕."라고 풀이했다. 成玄英은 稽를 "붙들다〔留也〕."는 뜻으로 풀이했는데 성인을 붙들고 물어본다는 뜻으로 이해한 듯하다.

10) 達於情而遂於命也 : 자기의 情性을 남김없이 실현하고 주어진 명령을 완수함. 자기의 情性을 남김없이 실현한다고 하는 것은 聖人이 本性을 남김없이 다 실현하는 生을 완수함을 말하고, 주어진 명령을 완수함이란 성인이 주어진 天命을 남김없이 완수하는 존재임을 말하는 것이다. 〈天地〉편 제12장의 "致命盡情"과 같은 뜻이다(池田知久). 成玄英의 疏에 근거해서 〈聖人을〉 "만물의 實情에 통달하고 주어진 운

명을 완수하는 존재라." 한 해석(福永光司, 安東林 등)은 따르지 않는다.

11) 天機不張而五官皆備 : 자연의 造化(天機)를 인위적으로 펼치지 않아도 五官의 기능이 갖추어짐. 天機는 〈大宗師〉편 제1장에 이미 나왔다(福永光司, 池田知久 등).

12) 此之謂天樂 : 이것을 일러 天樂이라 함. 天樂은 〈天道〉편 제3장에 "與天和者 謂之天樂"이라고 한 데서 이미 나왔다(阮毓崧, 池田知久).

13) 無言而心說(열) : 말없이 마음으로 기뻐함. 說은 悅로 표기된 판본과 인용문이 있는데(王叔岷) 두 글자는 통용하는 글자이다. 心說은 天樂의 또 다른 표현이다. 이 부분에 語句의 倒錯이나 脫文이 있다는 주장도 있으나 그대로 두고 해석한다. 池田知久는 無言이 '稽於聖人'을 이어받은 것이고 心說이 '天樂'을 이어받은 것이 분명하다고 하고 있다.

14) 有焱(염)氏 : 成玄英에 의하면 神農의 별칭이다. 이 장의 내용을 따르면 黃帝 이전의 帝王을 말하는 것이고 또 陸德明에 의하면 焱자가 炎으로 표기된 판본도 있으므로 炎帝 神農氏를 가리키는 것으로 보는 것이 타당하다.

15) 聽之不聞其聲 視之不見其形 : 들으려 해도 그 소리가 들리지 않으며 보려 해도 그 모습이 보이지 않음. ≪老子≫ 제14장과 제41장을 참조할 것.

16) 苞裹六極 : 六極을 감싸 안음. 陸德明은 어떤 판본에는 苞자가 包로 표기되어 있다고 했다. 두 글자는 통한다(王叔岷). 六極은 上下四方의 極을 말한다. 六合과 같은 뜻이며, 이 편의 제1장에 이미 나왔다.

17) 故惑也 : 그래서 어지러워진 것일 게다. 思慮分別을 잃고 어지러워져 뭐가 뭔지 알지 못하게 되는, 放心 상태가 곧 '惑'이다. 그런데 이 懼·怠·惑의 세 과정이 바로 道와 하나가 되는 과정이라 할 수 있다.

18) 始於懼 懼故祟 : 〈咸池의 음악은〉 처음에는 듣는 자에게 두려움의 감정을 갖게 하나니, 두려워하게 되기에 불안감이 생긴다. 음악을 듣는 자에게 두려움을 느끼게 하는 것으로 시작하니 그 때문에 不安感이 喚起된다는 뜻이다. 두려워하게 함.

19) 怠故遁(둔) : 〈힘 빠진 듯〉 나른하기에 멀리 도망치게 됨. 郭象이 "遁은 자취가 차츰 없어짐이다〔迹稍滅也〕."라고 註解한 이래로 그 해석을 따르는 주석이 없지 않으나 池田知久가 든, 羅勉道가 "나른해지면 心力이 지치고 다해서 그것을 버리고 떠나고자 하게 된다. 그래서 달아난다고 말하는 것이다〔怠則心力疲竭 欲棄去之 故曰遁〕."라고 한 것을 따라 "멀리 도망치게 된다."라고 번역하였다.

20) 愚故道 : 어리석기에 道와 하나가 될 수 있음. 逆說的인 말인데, 郭象은 "知가 없는 것을 어리석음이라 한 것이니 어리석음이 바로 가장 지극한 경지이다〔以無知爲愚 愚乃至也〕."라고 풀이했고, 成玄英은 "마음에 분별함이 없음이다〔心無分別〕."라고 풀이했다. 〈齊物論〉편 제4장에서 "성인은 어리석고 둔한 듯하다〔聖人愚芚〕."라고 했고, 〈天地〉편 제8장에서는 "마치 어리석고 마치 어두운 듯하니 이를 일러 깊은 덕이라 하니 대순과 동화된다〔若愚若昏 是謂玄德 同乎大順〕."라고 한 대목과도 유사하다(赤塚忠). 또 ≪老子≫ 제20장에서 "나는 어리석은 사람의 마음을 지니고 있나 보다〔我愚人之心也哉〕."라고 한 내용, 그리고 제67장의 "천하 사람들은 모두 나에게 도가 크다고 말하지만 내가 보기에 도는 모자란 것 같다. 크기 때문에 모자란 것처럼 보이는 것이다〔天下皆謂我道大 似不肖 夫唯大 故似不肖〕."라고 한 내용도 참고할 만하다.

21) 道可載而與之俱也 : 道에 내 몸을 싣고 道와 함께할 수 있음. 이것은 "道를 이것을 可히 내 몸에 싣고서 이것과 일체가 될 수 있는 것"이라고 해석할 수 있어 조금씩 뜻이 다르다. 〈天地〉편 제11장의 "神生이 불안정하게 된 자에게는 道가 깃들지 않는다〔神生不定者 道之所不載也〕."라고 한 것을 참고(池田知久)하면 "道를 내 몸에 싣는다."는 뜻이 되나, 宣穎의 해석을 따르면 "도를 타고 간다〔乘道而往〕."는 뜻이 되니 이것을 따르면 일반적인 해석인 "道에 내 몸을 싣는다."는 뜻이 된다. 어느 해석을 취하든 내 몸과 道가 일체가 된 경지를 말하는 것임에는 다를 것이 없다.

第4章

孔子 西遊於衛[1]할새 顏淵이 問師金[2]하야 曰 以夫子之行으로 爲奚如[3]오

師金曰 惜乎라 而夫子는 其窮哉[4]인저

顏淵曰 何也오

師金曰 夫芻狗之未陳也[5]엔 盛以篋衍[6]하며 巾以文繡[7]하고 尸祝이 齊戒以將之[8]라가 及其已陳也[9]하야는 行者 踐其首脊하고 蘇者[10] 取而爨之而已니 將復取而盛以篋衍하며 巾以文繡하고 遊居寢臥其下[11]하면 彼不得夢인댄 必且數眯焉[12]하리니 今에 而夫子[13] 亦取先王의 已陳芻狗[14]하야 聚弟子[15]하며 游居

寢臥其下론 **故**로 **伐樹於宋**하며 **削迹於衛**하며 **窮於商周**하니 **是 非其夢邪**아 **圍於陳蔡之間**하야는 **七日不火食**하야 **死生**이 **相與隣**하니 **是非其眯邪**[16)]아

夫水行은 **莫如用舟**하고 **而陸行**은 **莫如用車**하니 **以舟之可行於水也**로 **而求推之於陸**[17)]이면 **則沒世**라도 **不行尋常**[18)]하리니 **古今**이 **非水陸與**아 **周魯 非舟車與**[19)]아 **今**에 **蘄行周於魯**하논대 **是**는 **猶推舟於陸也**[20)]라 **勞而無功**[21)]이오 **身必有殃**하리니 **彼**는 **未知夫無方之傳**이 **應物而不窮者也**[22)]로다

공자가 서쪽 위나라로 여행을 떠났을 때 顏淵이 魯나라 樂官의 長인 金에게 물었다.

"우리 선생님의 이번 遊說 여행을 어떻게 생각하십니까?"

師金이 말했다.

"애석하구나! 당신의 선생은 〈이번 여행에서〉 궁지에 빠질 것이다."

안연이 말했다.

"무슨 말씀이신지……."

師金이 말했다.

"무릇 제사 때 악령을 쫓기 위해 쓰는 芻狗가 아직 제사에 陳列되기 전에는 훌륭한 대나무 상자에 담고, 아름답게 수놓은 천으로 덮고, 尸와 祝의 祭官들이 몸을 깨끗이 재계하고서 그것을 받들다가, 이미 陳列을 마침에 이르러서는 길 가는 사람들이 머리와 등줄기를 밟고 지나가고 풀 베는 사람들이 주워서 불을 붙일 뿐이다. 〈그런데 만일 이렇게 일회용으로 쓰고 버린 것을〉 다시 가져다가 훌륭한 대나무 상자에 담고 아름답게 수놓은 천으로 덮고 그 아래에서 왔다 갔다 하면서 놀고 그 곁에서 누워 잔다면 그는 분명 악몽을 꾸지 않는다면 반드시 자주 가위눌려 시달림을 받게 될 것이다.

지금 그대의 선생 또한 옛 聖王들이 이미 진설했던 〈仁義禮樂이라고 하는〉 芻狗를 주워다가 모시고서 제자들을 끌어 모으고 그 아래에서 왔다 갔다 하면서 놀고 그 곁에서 누워 자고 있다. 그 때문에 송나라에서는 환퇴가 나무를 베

어 죽이려 한 위험을 당했고 위나라에서는 발자취까지 삭제되는 수모를 당하였고 상나라의 옛터나 주나라의 서울에서 궁지에 빠졌으니 이것이 바로 악몽이 아니겠는가. 또 陳나라와 蔡나라의 국경에서는 포위당해 7일간이나 불로 요리한 음식을 먹지 못해서 죽음과 삶이 서로 이웃이 될 정도로 죽도록 고생했으니 이것이 바로 가위눌려 고통을 당한 경우가 아니겠는가.

무릇 물길을 가는 경우에는 배를 쓰는 것이 제일이고 땅 위를 가는 경우에는 수레를 쓰는 것이 제일이다. 그런데 배가 물 위에서 갈 수 있다고 해서 그것을 땅 위에서 밀고 가려 한다면 죽을 때까지 하더라도 얼마(尋은 8尺, 常은 1장6尺,16尺) 가지 못할 것이니 옛날과 지금의 차이는 물과 뭍의 차이가 아니겠으며 周의 文化와 魯의 文化의 차이는 배와 수레 차이가 아니겠는가.

지금 노나라에서 옛날 주나라의 문물제도를 그대로 시행하기를 바란다면 이것은 마치 땅 위에서 배를 밀고 가려는 것과 같은 것인지라 공연히 수고스럽기만 할 뿐 아무 효과가 없을 것이고 도리어 몸에는 재앙이 닥칠 것이다. 저 孔子라는 사람은 일정한 방향 없이 자유롭게 유전하는 도가 만물에 대응하여 다함이 없다는 사실을 알지 못하는 사람이다."

【역주】

1) 孔子西遊於衛 : 공자가 서쪽 위나라로 여행을 떠남. 이하의 내용에 공자가 송나라에서 곤경을 당한 일부터 시작해서 위나라에서 배척받고 진채지간에서 고초를 겪은 일까지 기록되어 있으므로 이번의 위나라 방문은 이들 사건이 일어난 뒤의 위나라 방문으로 가정하고 있는 셈이다. 따라서 池田知久의 지적처럼 이것은 ≪史記≫ 〈孔子世家〉에 기술된 孔子諸國遍歷의 차례와는 다르지만 ≪史記≫에 그렇게 정리되기 이전에 이 장의 내용과 같은 설화도 유포되어 있었을 것으로 추정할 수 있다. 魯나라의 서울 曲阜에서부터 衛나라의 서울인 帝丘까지는 똑바로 서쪽으로 약 180㎞에 달하는 거리이다(池田知久).

2) 師金 : 악사 金. 師는 樂工의 우두머리. 金은 그 이름. 魯나라의 太師로 추정된다. 李頤는 "師는 魯나라 太師이고 金은 그 이름이다〔師 魯太師也 金 其名也〕."라고 풀이했다. ≪論語≫에는 〈八佾〉편을 비롯하여 공자가 魯나라 태사와 이야기하는 대

목이 몇 차례에 걸쳐 나오는데 동일 인물을 빗댄 것인지는 확실치 않다.

3) 以夫子之行爲奚如 : 선생님의 이번 遊說 여행을 어떻게 생각하는가. 以A 爲B, A를 B(어떻게) 爲(생각)하는가의 文形이다. 夫子之行은 선생님의 이번 유세 여행, 奚如는 何如와 마찬가지이다.

4) 而夫子其窮哉 : 당신의 선생은 〈이번 遊說에서〉 궁지에 빠질 것이다. 而는 2인칭 대명사 '너'의 뜻. 궁지에 빠질 것이라 함은 크게 혼이 날 것이라는 뜻.

5) 夫芻狗之未陳也 : 芻狗가 아직 제사에 陳列되기 이전. 芻狗는 풀 강아지로 무속에서 사용하는 풀로 엮어 만든 강아지 모형이다. 李頤는 "풀을 엮어서 개 모양으로 만든 것인데 무축들이 그것을 사용한다〔結芻爲狗 巫祝用之〕."라고 풀이했다. 成玄英은 그 용도를 "그것을 가지고 맺힌 것을 풀어 주고 나쁜 것을 제거한다〔以解除也〕."라고 풀이했다. ≪老子≫ 제5장에도 같은 용어가 보인다.

6) 篋衍 : 대나무 상자. 篋은 대로 만든 상자. 衍은 簞(단)의 가차자로 역시 상자. 陸德明은 어떤 판본에는 篋자가 筐자로 표기되어 있다고 했다. ≪經典釋文≫의 李頤는 衍을 "상자이다. 개를 담는 물건이다〔笥也 盛狗之物也〕."라고 풀이했다. 衍은 馬叙倫에 의거 簞의 假借字로 본다.

7) 巾以文繡 : 아름답게 수놓은 천으로 덮음. 巾은 덮는다는 뜻. 成玄英은 覆(부)로 풀이했으며 高亨도 "巾은 덮음과 같다〔巾猶覆也〕."라고 풀이했다. 郭慶藩이 ≪莊子集釋≫에서 巾을 飾의 잘못이라 함은 잘못이다(池田知久).

8) 尸祝齊戒以將之 : 尸와 祝의 祭官들이 몸을 깨끗이 재계하고서 그것을 받듦. 尸와 祝은 모두 祭官. 尸는 太廟 안의 神主(成玄英), 祝은 귀신의 말을 전하는 사람(陸德明). 보통 尸라 할 때에는 제사 때 신위 자리에 대신 앉히는 어린 尸童을 말하고 祝이라 하면 제사 때 祝文 읽는 祭官을 의미한다. 齊자가 齋로 표기된 판본도 있다(陸德明). 將은 받든다는 뜻. 成玄英은 "보냄이다〔送也〕."라고 풀이했는데 역시 받들어 보낸다는 뜻이다. 여기서는 張之純, 阮毓崧이 "받든다〔奉〕."는 뜻으로 풀이한 것을 따른다.

9) 及其已陳也 : 이미 陳列을 마침에 이르러서는. 陳列을 마쳤다는 것은 祭床에 차려 놓고 지내는 奉納의 祭禮를 마쳤다는 뜻.

10) 蘇者 : 풀 베는 사람. 李頤는 蘇를 풀로 보고 "蘇는 풀이다. 풀 베는 사람들이 그것을 가지고 불을 땔 수 있다〔蘇 草也 取草者得以炊也〕."라고 풀이했는데, 여기서는

陸德明이 "≪史記≫에는 땔나무를 하고 풀을 벤 뒤에 불을 땐다고 했는데 注에 이르기를 蘇는 풀을 벰이다 라고 했다〔史記云 樵蘇後爨 注云 蘇 取草也〕."라고 풀이한 것을 따라 蘇를 取草로 해석하였다.

11) 遊居寢臥其下 : 그 아래에서 왔다 갔다 하면서 놀고 그 곁에서 누워 잠. 〈逍遙遊〉편 제5장에는 "그 아래에서 잠시 동안 누워 잠잔다〔逍遙乎寢臥其下〕."라고 하여 이와 비슷한 표현이 나온다. 하지만 〈逍遙遊〉편의 遊는 장자적 사유의 긍정적 표현으로 절대 자유를 상징한다면 여기의 遊는 한갓 선왕의 법도를 인위적으로 흉내나 내며 옛것에 구속당하는 태도를 의미한다는 점에서 표현은 비슷하지만 내용은 다르다고 할 수 있다.

12) 彼不得夢 必且數眯焉 : 그는 분명 악몽을 꾸지 않는다면 반드시 자주 가위눌려 시달림을 받게 될 것임. 不得夢은 꿈을 꾸지 않는다는 뜻인데 여기서 말하는 꿈은, 뒤에 공자가 窮地에 빠진 예를 들고 "이것이 그 악몽이 아니겠는가〔是非其夢邪〕."라고 하여 '夢'을 惡夢으로 본 것을 근거로, 惡夢이라 풀이한다. 必且는 '반드시'의 뜻. 眯(미)는 악몽에 가위눌린다는 뜻이다. 成玄英이 "가위눌림이다〔魘・염〕."라고 풀이한 것을 따랐다.

13) 而夫子 : 그대의 선생. 而는 2인칭 대명사. '너'의 뜻.

14) 已陳芻狗 : 이미 진설했던 〈仁義禮樂이라고 하는〉 芻狗. 이미 진설했던 芻狗는 제사 지낸 뒤에, 쓰고 나서 버린 추구라는 뜻이다.

15) 聚弟子 : 제자를 끌어 모음. 古逸叢書本과 敦煌본, 그리고 底本인 ≪莊子集釋≫본에는 聚로 표기되어 있으나 世德堂本 등 다른 판본에는 取로 되어 있다.

16) 伐樹於宋 削迹於衛 窮於商周 是非其夢邪 圍於陳蔡之間 七日不火食 死生 相與隣 是非其眯邪 : 송나라에서는 환퇴가 나무를 베어 죽이려 한 위험을 당했고 위나라에서는 발자취까지 삭제되는 수모를 당하였고 상나라의 옛터나 주나라의 서울에서 궁지에 빠졌으니 이것이 바로 악몽이 아니겠는가. 또 陳나라와 蔡나라의 국경에서는 포위당해 7일간이나 불로 요리한 음식을 먹지 못해서 죽음과 삶이 서로 이웃이 될 정도로 죽도록 고생했으니 이것이 바로 가위눌려 고통을 당한 경우가 아니겠는가. 이상은 芻狗의 비유를 통한, 공자의 시대착오적 행동에 대한 비판이다. 이러한 비판의식과는 상관없이 공자가 여러 나라에서 곤경을 겪은 것을 ≪孟子≫에 찾아보면 〈萬章 上〉편에 "공자께서 魯나라와 衛나라에서 환영받지 못하여 〈그

곳을 떠나〉 宋나라에서 桓司馬(환퇴)가 장차 맞이하여 죽이려 함을 만나 微服으로 宋나라를 지나가셨다〔孔子不悅於魯衛 遭宋桓司馬將要而殺之 微服而過宋〕."라고 한 것이 그것이다. 孔子受難에 대한 좀 더 자세한 주석을 보려면 池田知久의 ≪莊子≫ 註解를 참고할 것.

17) 以舟之可行於水也 而求推之於陸 : 배가 물 위에서 갈 수 있다고 해서 그것을 땅 위에서 밀고 가려 한다면. ≪尙書≫ 〈益稷〉편에는 堯임금의 아들 丹朱의 일로 "물 없는 데에서 배를 가게 하려 했다〔罔水行舟〕."는 기록이 보인다. 赤塚忠은 바로 그런 설화를 기초로 삼아서 이 대목을 "帝堯의 아들 丹朱는 이 같은 터무니없음을 저지른 자이다."라는 뜻으로 이해했는데 참고할 만하다.

18) 尋常 : 尋은 여덟 자〔八尺〕. 常은 尋의 배. 곧 열여섯 자. 여기서는 조금, 보통이라는 뜻으로 쓰였다. 王先謙은 "여덟 자를 尋이라 하고 尋의 두 배를 常이라 한다〔八尺曰 尋 倍尋曰 常〕."라고 풀이했다.

19) 古今非水陸與 周魯非舟車與 : 옛날과 지금의 차이는 물과 뭍의 차이가 아니겠으며 周의 문화와 魯의 문화의 차이는 배와 수레의 차이가 아니겠는가? 古今이 다른 것이 水와 陸의 차이와 같고 周와 魯의 다른 것이 배와 수레의 차이와 같다는 뜻이다. 春秋시대 魯나라에 먼 옛날 周나라의 禮制를 부활하려고 한 孔子의 시대착오를 야유한 것.

20) 今蘄行周於魯 是猶推舟於陸也 : 지금 노나라에서 옛날 주나라의 문물제도를 그대로 시행하기를 바란다면 이것은 마치 땅 위에서 배를 밀고 가려는 것과 같은 것이다. 蘄는 바란다는 뜻. 周는 옛 周나라의 문물제도를 지칭한다. 陸德明은 "蘄는 음이 '기(祈)'이고 구한다는 뜻〔音祈求也〕."이라고 했다.

21) 勞而無功 : 공연히 수고스럽기만 할 뿐 아무 효과가 없을 것임. 功은 功效. 이야기의 맥락은 다르지만 〈天地〉편 제11장에서 "힘은 아주 조금 들이고도 효과는 크게 얻을 수 있다〔用力甚寡 而見功多〕."라고 한 내용과 유사하다.

22) 彼 未知夫 無方之傳 應物而不窮者也 : 일정한 방향 없이 자유롭게 유전하는 것, 곧 도가 만물에 대응하여 다함이 없음. 앞에 보이는 彼는 공자를 가리키고, 無方之傳은 限定된 방향이 없는 轉變 즉 無限變化를 의미한다. 傳은 成玄英이 轉으로 풀이했고 郭慶藩도 역시 轉으로 보아 轉動으로 고증을 하고 있다. 應物而不窮은 끝없이 자유자재로〔不窮〕 대상 세계〔物〕에 대응〔應〕하는 根源의 理法 즉 道를 말한

다. 이 대목은 ≪鶡冠子≫ 〈天權〉편에 보이는 말이다.

且子는 獨不見夫桔槹[1])者乎아 引之則俯하고 舍之則仰하나니 彼 人之所引이라 非引人也[2])론 故로 俯仰而不得罪於人[3])하나니라 故로 夫三皇五帝[4])之禮義法度[5])는 不矜於同[6])이오 而矜於治하시나니 故로 譬三皇五帝之禮義法度[7])컨댄 其猶柤梨橘柚邪[8])인저 其味相反하나 而皆可於口[9])하니

故로 禮義法度者는 應時而變者也[10])니라 今에 取猨狙하야 而衣以周公之服[11])하면 彼 必齕齧挽裂[12])하야 盡去而後에야 慊[13])하리니 觀古今之異컨댄 猶猨狙之異乎周公也니라 故로 西施 病心而矉其里[14])어늘 其里之醜人이 見之而美之[15])하야 歸하야 亦捧心而矉其里한대 其里之富人은 見之하고 堅閉門而不出커늘 貧人은 見之하고 挈妻子而去走하니 彼 知美矉이요 而不知矉之所以美[16])하나니라 惜乎라 而夫子는 其窮哉인저

“또 당신도 두레박을 보아서 알 것이다. 이것은 잡아당기면 아래쪽으로 엎어지고 손을 놓아 버리면 위를 본다. 저 두레박은 사람이 끌어당겨서 그렇게 된 것이지 〈두레박 쪽에서〉 사람을 끌어당기는 것이 아니다. 그 때문에 아래를 굽어보거나 위로 올려다보면서 사람에게 책망받는 일이 없다.

그 때문에 저 三皇五帝의 예의 법도라고 하는 것도 똑같이 시행하는 것을 가치 있게 여기는 것이 아니고 세상을 다스리는 데에 그 가치가 있는 것이다. 그러므로 삼황오제의 禮義와 法度를 열매에 비유하자면 아가위나무, 배나무, 귤나무, 유자나무의 열매와 같을 것이다. 그 나무들의 열매의 맛은 서로 다르더라도 사람의 입맛에 맞는다는 점에서는 모두 같다.

그러므로 예의와 법도라고 하는 것은 시대에 따라 변하는 것이다. 지금 원숭이를 잡아다 놓고 周公의 옷을 입히면 원숭이는 반드시 그 옷을 깨물고 물어뜯고 잡아당겨 찢어서 깡그리 없애 버린 뒤에야 비로소 흡족해할 것이니 옛날과

지금의 차이를 생각해 본다면 그것은 원숭이와 周公의 차이와 같을 것이다.

그러므로 〈선왕들의 제도를 흉내 내는 것은 마치〉 西施가 가슴을 앓아 마을에서 얼굴을 찡그리고 다니자 그 마을의 어떤 추녀가 그것을 보고 아름답게 여겨 자기 집에 돌아가 그 또한 가슴을 부여잡고 마을 사람들 앞에서 얼굴을 찡그리니 그 마을의 부자들은 그것을 보고는 문을 굳게 닫고 밖으로 나오려 하지 않았고 가난한 사람들은 그것을 보고는 처자식을 이끌고 그 마을을 떠나 버렸다. 그 추녀는 찡그린 것을 아름답게 여길 줄만 알았고 찡그린 것이 아름다운 까닭을 알지 못한 것이다. 애석하게도 당신의 선생은 〈가서〉 궁지에 빠지고 말 것이다."

【역주】

1) 桔槹(길고) : 두레박. 두레박은 〈天地〉편에서 槹로 나왔다(阮毓崧). 다만 여기 桔槹에 作者가 담은 뜻은 〈天地〉편의 부정적인 것과는 달리 두레박이 물을 퍼 올리는 원리를 시대의 추세에 따르는 비유로 삼고 있다는 점에서 차이가 있다. 〈天地〉편 제11장의 子貢과 漢水 남쪽〔漢陰〕의 한 노인〔一丈人〕과의 문답 속에서는 槹라는 기계가 나오는데 거기서는 機械와 機事, 機心은 도와 상충되는 것으로 보아 그 기계·기술 문명에 대한 莊子의 부정적인 입장이 보였다. 그런데 여기 〈天運〉편의 경우 두레박은 이미 세상에서 사용하고 있는 것, 상식적인 것이 되어 버렸다는 점 또한 커다란 차이라 할 수 있다. 池田知久는 이것을, 道家도 새로운 시대의 到來에 대응해 나가지 않으면 안 되었을 것이라고 보고 있다.

2) 彼 人之所引 非引人也 : 저 두레박은 사람이 끌어당겨서 그렇게 된 것이지 〈두레박 쪽에서〉 사람을 끌어당기는 것이 아니다. 두레박이 제 구실을 하는 것은 사람이 끌어당기는 대로 움직이기 때문이지 반대로 사람을 끌어당기는 것이 아니라는 뜻이다. 곧 세상을 다스리는 예의 법도 등의 도구도 세상의 변화 추이에 따라야 하는 것이지 과거의 예의 법도에 맞춰서 세상을 다스리려 해서는 안 된다는 뜻. 無心히 俯仰할 뿐인 두레박이 시대착오적 作爲를 하지 않음을 말하고 있는 것이다.

3) 不得罪於人 : 사람에게 책망받지 않는다. 사람에게 죄를 얻지 않는다는 것은, 욕을 먹는 일 책망받는 일이 없다는 뜻이다.

4) 三皇五帝 : ≪史記≫가 〈五帝本紀〉로부터 시작되기 때문에 三皇에 대하여는 異說

이 분분하다. 구체적으로 어떤 인물을 지칭하는지 시대에 따라 많이 변화하고 있는데, 伏犧・神農・黃帝를 삼황으로 보는 것이 일반적이기는 하다. 그러나 池田知久에 의하면 ≪史記≫ 〈秦始皇本紀〉에서는 三皇을 天皇・地皇・泰皇이라 하고 있다고 한다. 五帝는 ≪史記≫의 〈五帝本紀〉에 의거 黃帝・顓頊・帝嚳・堯・舜을 가리킨다.

5) 禮義法度 : 예의와 법도. 敦煌본에는 義자가 儀로 표기되어 있고(劉文典), 儀로 표기한 인용문도(劉文典, 王叔岷) 있지만 두 글자는 통한다(王叔岷).

6) 不矜於同 : 똑같이 시행하는 것을 가치 있게 여기는 것이 아님. 矜은 가치 있게 여겨서 숭상한다는 뜻. 成玄英은 "아름답게 여김이다〔美也〕."라고 풀이했는데 무난하기는 하지만 충분치는 않으며, 林雲銘이 "숭상함이다〔尙也〕."라고 풀이한 것이 정확하다(池田知久).

7) 譬三皇五帝之禮義法度 : 삼황오제의 예의 법도를 비유함. 三皇이 三王으로 표기된 인용문이 있다(馬叙倫, 王叔岷). 앞의 경우처럼 敦煌본에는 義가 儀로 표기되어 있고 儀로 표기된 인용문도 있다(王叔岷).

8) 其猶柤梨橘柚邪 : 아가위나무, 배나무, 귤나무, 유자나무의 열매와 같을 것이다. 아가위나무는 앵두나무의 일종. 모두 쓸모 있는 有實樹이다. 柤梨橘柚는 〈人間世〉편 제4장에 이미 나왔다. 柤자가 査로 표기된 인용문이 있다(馬叙倫). 柚의 아래에 "菓瓜之屬"이 있는 인용문이 있으나, 〈人間世〉편에 근거해서 보탠 것 같다(劉文典). 또 전체를 "其猶柤梨之食邪"로 표기한 판본도 있다(王叔岷).

9) 其味相反而皆可於口 : 그 나무들의 열매의 맛은 서로 다르더라도 모두 다 사람의 입에 맞음. 맛은 각각 다르더라도 사람의 입맛에 맞는다는 점에서는 모두 같다는 뜻이다. 相反은 서로 다르다는 뜻. 其자 앞에 雖자가 있는 인용문이 있다(王叔岷). 또 可자 아래에 適자가 붙어 있는 인용문이 있고(劉文典), '皆可於口' 아래에 也가 붙어 있는 인용문도 있다(王叔岷). ≪淮南子≫ 〈說林訓〉편에 "배나무, 귤나무, 대추나무, 밤나무는 열매의 맛은 다르지만 모두 사람의 입에 맞다〔梨橘棗栗 不同味而皆調於口〕."라고 한 내용이 보이며(王叔岷), ≪鶡冠子≫ 〈環流〉편에도 "시고 짜고 달고 써 맛은 서로 다르다. 그러나 모두 잘 조절된 맛들이다〔酸鹹甘苦之味相反 然其爲善均也〕."라고 하여 비슷한 내용이 보인다(池田知久).

10) 禮義法度者 應時而變者也 : 예의와 법도라고 하는 것은 시대에 따라 변하는 것임.

赤塚忠이 지적하는 것처럼 ≪韓非子≫ 〈五蠹〉편의 "성인은 옛것을 닦기를 기필하지 않고 항상 옳은 것을 본보기로 삼지 않는다. 세상의 일을 논의하여 그것에 따라 대비한다.…… 옛날과 지금은 풍속이 다르므로 옛것을 새롭게 하고 다른 방식으로 세상의 일에 대비한다〔聖人不期修古 不法常可 論世之事 因爲之備……夫古今異俗 新故異備〕." 등에 유래하는 사상이라 할 수 있다(池田知久).

11) 今取猨狙而衣以周公之服 : 지금 원숭이를 잡아다 놓고 周公의 옷을 입힌다면. 周公은 본래 주나라의 공을 지칭하는 용어였지만 孔子가 존경하는 聖人의 한 사람인 周公 姬旦을 지칭하는 고유명사로 더 자주 쓰인다. 여기서도 姬旦을 지칭한다. 武王의 동생이며 魯나라의 시조이기도 하다. 衣以周公之服의 衣는 입힌다는 뜻의 동사. 林希逸은 "周公이 예를 제정하여 冠冕衣裳의 제도가 있게 되었다〔周公制禮 有冠冕衣裳之制〕."라고 하였는데 여기서는 그런 제도를 비웃기 위한 사례로 예시한 것이다. ≪淮南子≫ 〈要略訓〉편에는 "주공이 노나라에 분봉을 받아서 이로써 풍속을 바꾸었고 공자는 성왕과 강왕의 도를 닦고 주공의 가르침을 전술하여 70명의 제자를 가르쳐서 그들로 하여금 주공이 제정한 의관을 입게 하고 전적을 닦게 하였다〔周公受封於魯 以此移風易俗 孔子脩成康之道 述周公之訓 以敎七十子 使服其衣冠 脩其篇籍〕."라고 한 기록이 있기도 하다(池田知久).

12) 齕齧挽裂 : 깨물고 물어뜯고 잡아당겨 찢음. 挽은 당긴다는 뜻으로 挽裂은 잡아당겨 찢어 버린다는 뜻.

13) 盡去而後慊 : 깡그리 없애 버린 뒤에야 비로소 흡족해함. 慊은 '흡족하게 여긴다'는 뜻으로 쓰였는데 때로는 정반대의 뜻인 불만족스럽다는 의미로도 쓰인다. 李頤는 "만족스러워함이다〔足也〕."라고 풀이했고 奚侗은 快의 뜻이라 하고, 羅勉道도 일찍이 "흡족함이다〔快足也〕."라고 풀이했다.

14) 西施病心而矉其里 : 西施가 가슴을 앓아 마을에서 얼굴을 찡그리고 다님. 西施는 전국시대 越나라의 미인으로 〈齊物論〉편 제1장에 이미 나왔다. 病心이 心痛으로 표기된 인용문이 있다(王叔岷). 陸德明은 "≪通俗文≫에 이르기를 이맛살을 찌푸리는 것을 矉이라 한다고 했다〔通俗文云 蹙頞曰矉〕."라고 풀이했다. '病心而矉其里 其里之醜人'의 其里가 중복되지 않고 '病心而矉 其里之醜人'으로 된 인용문이 있으며(馬叙倫, 王叔岷), 兪樾은 衍文이라고 했는데 池田知久는 陸德明의 ≪經典釋文≫이 근거한 底本이나 敦煌본을 근거로 兪樾의 衍文說이 오히려 잘못이라 하

고 있다.

15) 見之而美之 : 그것을 보고 아름답게 여김. 美는 羨(선)으로 표기된 인용문이 있는데(王叔岷, 池田知久) 그것을 따르면 '선'으로 읽고 "부러워하였다."라고 번역해야 한다.

16) 彼知美矉 而不知矉之所以美 : 美矉은, 底本은 矉美로 되어 있으나 이것을 오류로 보는 견해들을 따라 美矉으로 고친다. 美는 동사로 읽어 〈찡그린 것을〉 아름답다고 여긴다는 뜻. 彼는 그 醜女를 말함. 번역은, "그 추녀는 찡그린 것을 아름답게 여길 줄만 알았고 찡그린 것이 아름다운 까닭을 알지 못했다."가 된다. 所以美는, 아무나 찡그린다고 해서 아름다운 것이 아니고, 경우에 따라서는 도리어 더 볼 수 없을 정도로 추해지는 등, 언제 누가 찡그려서 아름다운가 하는 이유를 말한다. 또 知가 爲로 된 인용문도 있는데(劉文典), 이것을 따르면 爲를 '때문'의 뜻으로 읽어 "찡그린 것을 아름답게 여길 줄만 알았고 찡그린 것이 아름다운 까닭을 알지 못했기 때문이다."로 번역해야 하는데 구문상으로는 오히려 자연스럽다.

第5章

孔子 行年이 五十有一이로대 而不聞道[1]하야 乃南之沛[2]하야 見老聃[3]한대

老聃曰子는 來乎[4]인저 吾 聞子는 北方之賢者也라하니 子는 亦得道乎아

孔子曰未得也로이다

老子曰 子는 惡乎求之哉오

曰吾 求之於度數[5]어늘/할 五年而未得也[6]로이다

老子曰子又惡乎에 求之哉오

曰吾 求之於陰陽이어늘/할 十有二年而未得[7]이로이다

老子曰然하다 使道而可獻[8]인댄 則人이 莫不獻之於其君이며 使道而可進인댄 則人이 莫不進之於其親이며 使道而可以告人인댄 則人이 莫不告其兄弟며 使道而可以與人인댄 則人이 莫不與其子孫하리라 然而不可者는 無他也라 中無主而不

止[9]하고 外無正而不行[10]하나니라 由中出者를 不受於外면 聖人不出[11]하며 由外入者 無主於中이면 聖人이 不隱[12]하나니라 名은 公器也[13]라 不可多取오 仁義는 先王之蘧廬也[14]라 止可以一宿이언정 而不可久處[15]니라 覯면 而多責[16]이라

古之至人은 假道於仁하며 託宿於義[17]하야 以遊逍遙之虛[18]하며 食於苟簡之田[19]하며 立於不貸之圃[20]하더니 逍遙는 無爲也요 苟簡은 易養也요 不貸는 無出也[21]니 古者에 謂是를 采眞之遊[22]라하더라

以富로 爲是者[23]는 不能讓祿하며 以顯으로 爲是者는 不能讓名하고 親權者는 不能與人柄[24]이라 操之則慄하고 舍之則悲하야 而一無所鑒[25]하야 以闚其所不休者[26]는 是 天之戮民也[27]니라 怨恩取與諫教生殺八者는 正之器也[28]라 唯循大變하야 無所湮者[29]라아 爲能用之하나니라 故로 曰正者아 正也[30]니 其心이 以爲不然者는 天門이 弗開矣[31]라하니라

공자는 살아온 나이가 50 하고도 하나가 되었는데도 아직 참다운 道가 무엇인지를 듣지 못하여 마침내 남쪽으로 沛에 가서 노담을 만났다.

노담이 말하였다.

"선생, 잘 오셨소. 진작부터 나는 그대가 북방의 현자라는 말을 들어 알고 있소. 그대 또한 道를 體得하였겠지요?"

공자가 말했다.

"아직 터득하지 못했습니다."

노자가 말했다.

"그대는 어디에서 그것을 찾으려 했는지요?"

공자가 말했다.

"저는 그것을 예악의 度數에서 찾으려 했는데 5년이 지나도록 아직 道를 얻지 못했습니다."

노자가 말했다.

"그러면 그대는 또 어디에서 道를 구하려 했소?"

공자가 말했다.

"저는 그것을 천지자연을 움직이는 음양의 이치에서 찾으려 했는데 12년이 되도록 아직 도를 얻지 못했습니다."

노자가 말했다.

"그럴 테지요. 만일 道가 다른 사람에게 바칠 수 있는 것이라면 사람들이 그것을 자기 임금에게 바치지 않을 자가 없을 것이며, 만일 道가 남에게 올릴 수 있는 것이라면 사람들이 그것을 그 어버이에게 올리지 않을 자가 없을 것이며, 만일 道가 남에게 말해 줄 수 있는 것이라면 사람들이 그것을 자기 형제에게 말해 주지 않을 자가 없을 것이며, 만일 道가 남에게 줄 수 있는 것이라면 사람들이 그것을 자손들에게 주지 않을 자가 없을 것이오.

그런데도 그것이 되지 않는 것은 다른 이유가 없지요. 마음속에 〈도를 받아들일〉 주체가 없으면 도가 와서 머물지 않고 바깥에 〈도가 향할 만한〉 정확한 표적이 없으면 道가 가지 않기 때문이지요. 마음속에서 나오는 말이 밖에서 받아들여질 만한 조건이 되어 있지 않으면 성인은 그것을 발출하지 않으며 밖에서 들어오는 道도 안에서 그것을 받아들일 주체가 준비되어 있지 않으면 성인은 그것을 안에 간직해 두지 않지요.

그런데 名聲이라는 것은 천하의 公器인지라 한 사람이 혼자서 많이 가져서는 아니 되는 것이고, 仁義는 옛 선왕들이 잠시 묵었던 임시 처소인지라 단지 하룻밤 정도 묵을지언정 오래 머물러서는 아니 되니 오래 머물면 책망을 많이 받게 되지요.

옛날 至人은 仁의 길을 잠시 빌리고 義의 집에 잠시 의탁하긴 했지만 〈항구적인 생활로서는〉 소요의 언덕에서 노닐며 〈간신히 먹을 것을 구할 만한〉 苟簡의 밭에서 먹을 것을 얻고 남에게 베푸는 것을 의식하지 않는 경지에 초연히 서 있었지요. 逍遙의 언덕에서 노니는 것은 하는 일이 없는 無爲이고, 苟簡의 밭에서 먹을 것을 얻게 되면 몸을 기르기가 쉽고, 베푸는 것을 의식하지 않는 경지에 서 있는 자는 道를 함부로 말하지 않으니 옛날에는 이것을 일컬어 참된 도를 채취하는 놀이라고 했지요.

〈그런데 이에 反하여〉 富를 최고의 가치라고 생각하는 자는 남에게 祿을 양보할 줄 모르고, 顯達을 옳은 것이라고 여기는 자는 남에게 명성을 양보할 줄 모르고, 권력을 사랑하는 자는 남에게 權柄을 줄 줄 모르지요.

그래서 이것(富·顯·權)을 손에 넣으면 빼앗길까 두려워 떨고, 이것을 잃으면 슬퍼하여 조금도 자신을 돌아보지 않고 그런 것들이 있는 곳만 엿보면서 잠시도 쉬지 않는 자, 이런 사람은 하늘의 형벌을 받은 죄인이지요.

'원망하고, 은혜를 베풀고, 빼앗고, 주고, 諫言을 듣고, 가르치고, 살리고, 죽이는' 이 여덟 가지 일은 천하를 다스리는 정치〔正〕의 도구입니다. 이것은 오직 커다란 변화를 따라 그 흐름을 막는 행위가 없는 자라야만 이것을 사용할 수 있습니다.

그 때문에 '정치란 바로잡는 것이다.'라고 말하는 것이니 마음으로부터 그렇다고 동의하지 않는 자에게는 하늘의 門이 열리지 않습니다."

【역주】

1) 孔子行年五十有一而不聞道 : 공자는 살아온 나이가 50 하고도 하나가 되었는데도 아직 참다운 道가 무엇인지를 듣지 못함. 이 장에서 공자의 나이가 51세(B.C. 501)라고 기록하고 있는 것에는 특별한 의미가 담겨져 있다고 할 수 있다고 池田知久는 말하고 있다. 곧 51세라고 하여 50세를 막 넘긴 나이를 굳이 선택한 것은 다분히 ≪論語≫ 〈爲政〉편에 나온 "나이 오십에 천명을 알았다〔五十而知天命〕."는 내용과 〈里仁〉편에서 "아침에 도를 들으면 저녁에 죽어도 좋다〔朝聞道 夕死可矣〕."라고 한 것을 야유한 것으로 추정된다. 行年은 지금까지 살아온 年數를 말한다. 孔子가 老子를 만나 가르침을 받았다는 說話는, ≪史記≫ 〈孔子世家〉에서는 공자 30세(B.C. 522)의 일로 되어 있다(池田知久).

2) 乃南之沛 : 마침내 남쪽으로 沛에 감. 之는 가다. 沛는 지금의 江蘇省 沛縣을 말한다. 魯나라의 서울 曲阜에서 南으로 약 100㎞ 떨어져 있다. ≪莊子≫의 〈寓言〉편에도 老聃의 고향을 沛라 하는 문장이 보이기도 한다. 그런데 뒤에 ≪史記≫ 〈老子

列傳〉에서는 무엇을 근거로 삼았는지 분명치 않으나 노자의 출신을 楚의 苦縣(河南省 鹿邑縣)이라고 기록하여 이래로, ≪史記≫의 기록이 정통적인 견해로 받아들여지게 되었다.

3) 見老聃 : 노담을 만났다. 만났다고 번역하였으나 실은 가르침을 받고자 만나 뵌 것이므로 見자의 음은 '현'으로 읽어야 한다. 孔子와 老聃의 문답은 ≪莊子≫ 전체에 일곱 군데 보이는데 〈天地〉편에 1, 〈天道〉편에 1, 이 〈天運〉편에 3, 〈田子方〉편에 1, 〈知北遊〉편에 1의 총 7條의 문답이 보인다.

4) 子來乎 : 그대는 오셨구려(잘 오셨소), 선생 잘 오셨소. 子는 그대. 여기서는 '선생'이라 번역하였다.

5) 度數 : 禮法의 度數. 禮樂의 법도, 곧 신분에 따라 禮樂의 度數를 차등적으로 규정하는 일. 〈天道〉편 제5장에 "禮法度數"라 하여 이미 나왔다(福永光司). 成玄英은 '算術'로 풀이하고 있는데 아마도 신분에 따라 등급을 계산한다는 뜻으로 이해한 듯하지만 충분치 않다. 呂惠卿, 褚伯秀, 赤塚忠, 森三樹三郎 등이 모두 成玄英의 疏와 같은 방향에서 이해하고 있지만 아마도 잘못일 것이고, 林希逸이 "예악이다〔禮樂也〕."라고 풀이한 것이 간명하다(池田知久). 陸長庚, 林雲銘, 宣穎, 阮毓崧, 陳鼓應 등이 林希逸과 거의 같은 견해를 제시했다(池田知久).

6) 五年而未得也 : 5년이 지나도록 道를 얻지 못함. 林希逸이 "5년 12년 등은 처음부터 특별한 의미가 있는 것이 아니라 다만 오랫동안 정밀하게 추구했지만 아직 얻지 못했음을 말한 것이다〔五年十二年 初無義理 但曰精粗求之久而未得爾〕."라고 풀이한 것이 무난하다.

7) 十有二年而未得 : 12년이 되도록 아직 도를 얻지 못함. 成玄英은 十有二年을 "음양이 일주하는 기간이다〔陰陽之一周也〕."라고 풀이했다.

8) 使道而可獻 : 만일 道가 다른 사람에게 바칠 수 있는 것이라면. 이하 몇 구절은 道의 불가규정성을 강조하는 말로 〈大宗師〉편 제1장에서 "道는 情과 信은 있지만 작용이나 형체는 없는지라, 전해 줄 수는 있지만 받을 수는 없으며, 터득할 수는 있지만 볼 수는 없다〔夫道有情有信 無爲無形 可傳而不可受 可得而不可見〕."라고 한 내용과 유사하며(福永光司), 〈天道〉편 제10장에서 "뜻이 따르는 것은 말로 전할 수 없는 것이다〔意之所隨者 不可以言傳也〕."라고 한 내용과 유사하다(陸長庚, 池田知久). 또 같은 〈天道〉편에 나오는 桓公과 輪扁의 대화, 또 ≪老子≫ 제1장의 "말로

표현할 수 있는 도는 참된 도가 아니다〔道可道非常道〕."라고 한 명제, 그리고 〈大宗師〉편 제1장의 "무릇 도는……마음으로 전할 수는 있어도 손으로 받을 수는 없고 마음으로 터득할 수는 있어도 눈으로 볼 수는 없다〔夫道……可傳而不可受 可得而不可見〕."라고 한 내용 등을 참고할 만하다.

9) 中無主而不止 : 마음속에 〈도를 받아들일〉 주체가 없으면 도가 와서 머물지 않음. 마음속에 道가 머물 만한 곳이 준비되지 않으면 道가 와서 머물지 않는다는 뜻이다. 이하 두 구절은 池田知久에 의하면, 이 책 〈則陽〉편과 ≪春秋公羊傳≫ 宣公 3년조(俞樾), ≪淮南子≫ 〈原道訓〉편 등에 유사한 내용이 보인다(劉文典)고 한다. 而는 '곧' 정도의 뜻.

10) 外無正而不行 : 바깥에 〈도가 향할 만한〉 정확한 표적이 없으면 道가 가지 않음. 正에 대하여는 올바름(安東林) 등 여러 설이 있으나 馬叙倫이 "正은 활쏘는 표적이니 화살을 받는 곳이다〔正爲射的 所以受矢〕."라고 풀이한 것이 탁견이다. 呂惠卿도 같은 견해(池田知久). 또 王夫之는 일찍이 ≪四書稗疏≫에서 正鵠의 正을 鴊자를 생략한 글자로 보고 鴊과 鵠이 모두 가죽으로 덧댄 과녁의 표적이라고 고증한 적이 있다. 여기서도 而는 '곧' 정도의 뜻. 不行은 道가 가지 않는다, 나타나지 않는다는 뜻.

11) 聖人不出 : 성인이 그것을 발출하지 않음. 발출하지 않음은 곧 말하지 않는다는 뜻이다.

12) 聖人不隱 : 성인은 그것을 안에 간직해 두지 않음. 不隱은 '숨기지 않는다'는 뜻이지만 여기서는 '간직해 두지 않는다'는 뜻으로 쓰였다. 郭象과 成玄英은 "감춤이다〔藏也〕."라고 풀이했다. 한편 林希逸은 ≪論語≫ 〈述而〉편에 나오는 "그대들은 내가 숨기는 것이 있다고 생각하는가〔二三子以我爲隱乎〕."라고 했을 때의 隱과 같이 '숨기다'는 뜻으로 풀이했다. 여기서 취하지는 않았으나 특히 흥미 있는 주석이 있는데 그것은 章炳麟의 注이다. 章炳麟은 隱을 〈齊物論〉편 제1장의 南郭子綦가 '隱机而坐(팔뚝을 안석에 기대고 앉음)'하였다고 할 때의 隱자와 같은 뜻으로 보아 기댄다, 依據한다고 해석하였다. 그러면 聖人不隱은 "성인은 그런 사람을 의지할 만한 사람으로 보아 거기에 머무르려 하지 않는다."라고 해석할 수 있다.

13) 名公器也 : 名聲이라는 것은 천하의 公器임. 公器는 곧 天下其用의 도구라는 뜻이다. 〈人間世〉편 제1장에서 "덕은 명예 때문에 어지러워지고, 지식은 다툼에서 나온

다. 명예라고 하는 것은 서로 싸우는 것이고, 知는 분쟁에서 이기기 위한 도구이다. 이 두 가지는 흉기인지라, 극진히 행할 만한 일이 아니다〔德蕩乎名 知出乎爭 名也者 相軋也 知也者 爭之器也 二者凶器 非所以盡行也〕."라고 한 내용을 답습하여 창작한 내용이다(呂惠卿). 林希逸은 "이것은 유자들이 명예를 좋아하는 것을 비웃은 것이다〔此譏儒者好名也〕."라고 풀이했다(池田知久).

14) 仁義先王之蘧廬也 : 仁義는 옛 선왕들이 잠시 묵었던 임시 처소임. 司馬彪와 郭象은 모두 蘧廬(거려)를 "임시 처소와 같다〔猶傳舍也〕."라고 풀이했다. 蘧는 孫詒讓이 고증한 것처럼 ≪說文解字≫에서 "遽는 임시 처소(여관)이다〔遽 傳也〕."라고 풀이한 것을 취하여 遽의 假借字로 보는 것이 타당하다(池田知久). 廬도 역시 '집'의 뜻.

15) 止可以一宿而不可久處 : 단지 하룻밤 정도 묵을지언정 오래 머물러서는 아니 됨. 또 不可 두 글자의 아래에 以자가 붙어 있는 판본도 있고(馬叙倫) 以자가 붙어 있는 인용문도 있다(劉文典).

16) 覯而多責 : 오래 머물면 책망을 많이 받게 됨. 馬叙倫은 ≪說文解字≫에서 "逗는 머묾이다〔逗 止也〕."라고 한 풀이를 취하여 逗의 假借字로 보았고, 池田知久는 ≪廣雅≫에서 "構는 이룸이다〔構 成也〕."라고 풀이한 것을 취해서 構의 가차자라고 주장했지만 여기서는 馬叙倫의 견해를 따라 번역하였다. 金谷治, 福永光司, 安東林 등도 모두 馬叙倫의 견해를 따랐다.

17) 假道於仁 託宿於義 : 仁의 길을 잠시 빌리고 義의 집에 잠시 의탁함. 여기서는 仁을 길에 비유하고 義를 집에 비유했는데 이보다 앞서 ≪孟子≫ 〈離婁 下〉편에는 "仁은 사람이 편안히 쉴 집이고 義는 사람이 걸어가야 할 올바른 길이다〔仁 人之安宅也 義 人之正路也〕."라고 표현하여 반대로 仁을 집에 견주고 義를 길에 비유했다. 宿은 하룻밤 묵는 것으로 여기서는 잠시 의탁한다는 뜻.

18) 以遊逍遙之虛 : 소요의 언덕에서 노닐다. 虛는 墟와 같이 빈 공간을 나타내는 말로 빈 터전이다. 여기서는 아무런 목적 없이 소요하는 무위의 장소를 상징한다. 陸德明은 "음은 墟이고 墟로 된 판본도 있다〔音墟 本亦作墟〕."라고 했으며, 趙諫議本과 唐寫本 등에는 墟자로 표기되어 있다(寺岡龍含, 池田知久).

19) 食於苟簡之田 : 〈간신히 먹을 것을 구할 만한〉 구간의 밭에서 먹을 것을 얻음. 〈逍遙遊〉편 제2장에서 "뱁새가 깊은 숲 속에 둥지를 짓고 살 때에 〈필요한 것은 숲 속

전체가 아니라〉 나뭇가지 하나에 지나지 않고, 두더지가 黃河의 물을 마실 때에 필요한 것은 〈황하의 물 전체가 아니라〉 자기 배를 채우는 데 지나지 않는다〔鷦鷯巢於深林 不過一枝 偃鼠飮河 不過滿腹〕."라고 한 내용과 같은 맥락이다(福永光司, 朱得之). 苟는 구차함, 간신히의 뜻. ≪經典釋文≫에서 王穆夜가 "苟는 구차함이고 簡은 간략함이다〔苟 且也 簡 略也〕."라고 풀이한 것이 적절하다(池田知久).

20) 立於不貸之圃 : 남에게 베푸는 것을 의식하지 않는 경지에 초연히 서 있음. 貸는 빌려 준다는 뜻. 司馬彪는 "베풂이다〔施與也〕."라고 풀이하여 빌려 준다, 베푼다는 뜻으로 보았는데, 여기서는 "〈함부로〉 베풀지 않는다."(安東林)로 번역하지 않고 "베푸는 것을 의식하지 않는다."(福永光司)라는 해석을 취하였다.

21) 不貸無出也 : 베푸는 것을 의식하지 않는 경지에 초연히 서 있는 자는 道를 함부로 말하지 않음. 郭象, 呂惠卿, 林希逸 등의 주석이 모두 확실치 않음. 앞에 보이는 "성인이 그것을 발출하지 않는다(말하지 않는다)〔聖人不出〕."를 답습한 것으로 보는 池田知久의 설을 따랐다.

22) 謂是采眞之遊 : 이것을 일컬어 참된 도를 채취하는 놀이라 함. 唐寫本에는 是자가 之자로 표기되어 있는데 의미의 차이는 없다(王叔岷). 采는 郭象이 '采邑'이라 오해한 뒤로 陶鴻慶, 林雲銘 등과 같이 郭象의 견해를 따르는 이들도 있으나 呂惠卿이 "무릇 채취하는 것이 참다움 아닌 것이 없다〔凡所采者 莫非眞也〕."라고 풀이한 것과 林希逸이 "진실한 이치를 채취함이다〔采取眞實之理也〕."라고 풀이한 것을 따라 '채취한다'는 뜻으로 보는 것이 타당하다(池田知久). 眞은 참다운 도. 林希逸은 "참된 이치〔眞實之理〕."라고 풀이했다.

23) 以富爲是者 : 富를 최고의 가치〔是〕로 생각하는 자. A를 B로 여긴다는 以A 爲B의 構文이다. 是는 옳을 '시' 字이니, 좋은 것, 최고의 가치를 말한다.

24) 親權者 不能與人柄 : 권력을 사랑하는 자는 남에게 권력〔權柄〕을 줄 줄 모른다. 與는 준다, 人은 다른 사람에게라는 간접목적어, 柄은 권력이라는 뜻의 직접목적어.

25) 一無所鑒 : 조금도 자신을 돌아보지 않음. 鑒은 거울삼아 살핀다는 뜻. 成玄英이 "富를 최고의 가치로 여기고 권세를 좋아하는 사람은 심령이 어리석고 어두워 오직 명리에 집착하여 전연 자신을 살펴볼 줄 모른다〔是富好權之人 心靈愚暗 唯滯名利 一無鑒識〕."라고 풀이한 것이 적절하다. 이 견해를 이어 劉辰翁은 "鑒은 은나라의 거울이 멀리 있지 않다고 할 때의 鑒과 같다〔鑒 殷鑒不遠之鑒也〕."라고 풀이했고,

王敔는 "거울삼아 경계해야 할 것으로 여기지 않음이다〔不以爲監戒〕."라고 풀이했고, 陸樹芝는 "거울을 빌려 자신을 비추어 보고 그르다는 것을 깨우침이 없음이다〔無所借鑒而悟其非〕."라고 풀이했는데 모두 비슷한 견해이다(池田知久). ≪廣韻≫에서는 "鑑은 경계함이다〔鑑 誡也〕."라고 하였다(池田知久).

26) 以闚其所不休者 : 그것이 있는 곳만 엿보면서 잠시도 쉬지 않는 자. 林希逸은 "闚는 살펴봄이다. 所不休는 미혹되어 돌아갈 줄 모름이니 마음에 분명한 견해가 없어서 돌이켜 자신의 잘못을 보지 못한다〔闚 視也 所不休 迷而不知返也 心無明見 而不能反視其迷〕."라고 풀이했고, 宣穎은 "단지 물욕을 좇는 데만 밝아서 그치지 않는다〔但明於逐物不止〕."라고 풀이했는데 대의는 무난하지만 구문상의 문제가 해결되지 않았다. 반면 劉辰翁은 "단지 정욕이 쉬지 않는 곳을 엿볼 뿐이다〔但闚其情欲之所不休者〕."라고 풀이했는데 구문상으로는 자연스럽지만 의미가 불충분하다. 赤塚忠은 其所를 '祿·名·柄' 등을 탈취하고 확보할 기회라고 했고 不休는 '끊임없이 힘쓰다'는 뜻으로 보았는데 이 경우는 의미는 적절하게 풀이했지만 구문상의 문제가 여전히 해결되지 않았다. 또 王敔는 "탐색하여 그만두지 않는다〔而探索不已〕."라고 풀이했는데 '而'자를 붙여 구문상으로 자연스럽고 의미도 통한다. 여기서는 赤塚忠의 견해를 따라 의미를 풀이하고 王敔의 견해를 따라 구문을 보충하여 '以闚其所'와 '不休'를 '而'자로 연결하여 '以闚其所 而不休' 정도로 보고 "그런 것들이 있는 곳만 엿보면서 잠시도 쉬지 않는 자."로 번역하였다.

27) 天之戮民也 : 하늘의 형벌을 받은 죄인. 〈德充符〉편 제3장에서 "天刑之"라는 표현이 나왔고(呂惠卿, 池田知久), 〈大宗師〉편 제4장에서도 "天之戮民也"라고 하여 이 부분과 똑같은 표현이 나왔다(福永光司).

28) 正之器也 : 천하를 다스리는 정치〔正〕의 도구임. 正은 政과 같다. 천하를 올바르게 다스리는 정치의 도구라는 뜻. 成玄英은 "올바르게 다스리는 도구를 쓰지 않을 수 없다〔治正之器 不得不用之也〕."라고 풀이했는데 약간 미흡하며, 宣穎은 "다른 사람을 바로잡는 도구〔正人之具〕이다."라고 풀이했는데 역시 불충분하다. 馬叙倫이 "正은 政자를 생략한 글자이다〔正爲政省〕."라고 풀이한 것이 타당한 견해이다.

29) 唯循大變 無所湮者 : 이것은 오직 커다란 변화를 따라 그 흐름을 막는 행위가 없는 자. 이 구절 전후의 내용은 〈天道〉편 제9장에서 "형벌과 은덕에 의한 정치나 仁

義에 의한 교화는 정신 중에서 지말에 지나지 않으니 지인이 아니면 누가 이런 본말의 관계를 결정할 수 있겠는가〔形德仁義 神之末也 非至人孰能定之〕."라고 한 내용과 비슷한 맥락이다. 大變은 林希逸이 造化라고 풀이한 것이 무난하다. 羅勉道 또한 "大化라고 말한 것과 같으니 바로 天이다〔猶言大化 卽天也〕."라고 풀이했는데 林希逸의 견해와 크게 다르지 않다. 湮은 가로막는다는 뜻. 李頤가 湮을 "막음이니 또한 정체됨이다〔塞也 亦滯也〕."라고 풀이한 것이 적절하다.

30) 正者正也 : 정치란 바로잡는 것이다. 앞의 '正'자는 '正之器也'의 경우와 마찬가지로 '政'자로 보는 것이 타당하다. 林希逸은 "나에게 있는 것이 올바른 뒤에 다른 사람을 바로잡을 수 있다〔在我者正 而後可以正物〕."라고 풀이했고, 褚伯秀와 王敔도 거의 같다. 福永光司의 지적처럼 ≪論語≫ 〈顔淵〉편에서 "계강자가 공자에게 정치에 대해 물었다. 공자가 이렇게 대답했다. 정치란 바로잡는 것이다. 당신이 올바른 도리로 백성들을 인도한다면 누가 감히 올바르지 않겠는가〔季康子 問政於孔子 孔子對曰 政者正也 子帥以正 孰敢不正〕."라고 한 것을 답습하면서 그것을 야유한 것이 거의 확실하다. ≪史記≫ 〈孔子世家〉에 의하면 季康子는 諸國을 편력하고 있는 孔子를 조국으로 다시 불러들인 魯나라의 上卿이다. 따라서 이 말은 공자가 귀국한 68세(B.C. 494) 이후에 말한 것으로 추정된다(池田知久). 또 〈應帝王〉편 제2장에서 "성인의 다스림이 외면을 다스리는 것인가? 자기 자신을 바르게 다스린 뒤에 시행되어서 확고하게 자기가 할 일을 잘할 뿐이다〔夫聖人之治也 治外乎 正而後行 確乎能其事者而已矣〕."라고 한 내용과 〈德充符〉편 제1장에서 "땅에서 생명을 받은 것 중에서는 오직 소나무와 잣나무만이 올바르니, 홀로 사철 푸르디 푸르고, 하늘에서 생명을 받은 무리들 중에서는 오직 요임금과 순임금만이 홀로 올바르니, 만물의 으뜸이다. 다행히 자신의 삶을 바로 세워 중생들의 삶을 바로잡을 수 있었다〔受命於地 唯松柏 獨也<正> 在冬夏靑靑 受命於天 唯〔堯〕舜獨也正 在萬物之首 幸能正生 以正衆生〕."라고 한 내용과 일부 유사한 맥락이 있다.

31) 其心以爲不然者 天門弗開矣 : 그 마음이 그렇지 않다고 하는 자에게는 하늘의 門이 열리지 않음. 마음으로부터 그렇다고 동의하지 않는 자에게는 하늘의 문(道의 문)이 열리지 않는다는 뜻이다. 天門이 인간의 내면에 있는 것이냐 아니면 밖에 있는 하늘이냐를 두고 견해가 엇갈린다. 陸德明은 天門을 두고 "어떤 사람은 마음을 말한다고 했고 어떤 사람은 大道를 말한다고 했다〔一云 謂心也 一云 大道也〕."라고

풀이했는데 이 구절과 유사한 표현이 〈人間世〉편 제1장에 "그것을 쉽게 여기는 사람은 밝은 하늘이 마땅하게 여기지 않을 것이다〔易之者 皞天不宜〕."라고 한 데서 나온다. 따라서 池田知久의 지적처럼 天門은 皞天처럼 인간의 밖에 있는 것으로 보는 것이 적절하다. 天門은 〈庚桑楚〉편에도 나오며(陸樹芝) ≪老子≫ 제10장에도 나온다. 天門을 인간의 마음으로 보는 견해는 成玄英에서 시작되어 褚伯秀, 陸長庚, 宣穎, 陳壽昌, 王先謙, 阮毓崧, 陳鼓應 등이 지지하지만 이들 중 대부분은 위 문장의 "中無主而不止"와 무리하게 연결시키고 있기 때문에 설득력이 떨어진다. 한편 高亨은 "天門은 이목구비를 일컬음이다〔天門謂耳目口鼻也〕."라고 하여 전혀 다른 견해를 제시했다. 적절하다고 생각되지 않는다(池田知久).

第6章

孔子 見老聃[1]하야 而語仁義한대 老聃曰 夫播穅이 眯目[2]하면 則天地四方이 易位矣오 蚊虻이 噆膚하면 則通昔不寐矣[3]리니 夫仁義 憯然[4]하야 乃憒吾心[5]하나니 亂莫大焉이니라 吾子 使天下로 無失其朴[6]하면 吾子도 亦放風而動[7]하며 總德[8]而立矣리니 又奚傑然 若負建鼓하야 而求亡子者邪[9]리오 夫鵠은 不日浴而白[10]하고 烏는 不日黔而黑[11]하니 黑白之朴은 不足以爲辯[12]이며 名譽之觀은 不足以爲廣[13]이니라 泉涸커든 魚 相與處於陸하야 相呴以濕하며 相濡以沫하나니 不若相忘於江湖[14]니라

孔子 見老聃하고 歸하야 三日을 不談[15]하신대 弟子 問曰夫子 見老聃하사 亦將何規哉[16]잇고

孔子曰[17]吾 乃今에 於是乎에 見龍[18]호라 龍은 合而成體하고 散而成章[19]하야 乘雲氣而養乎陰陽[20]하나니 予 口張而不能嗋[21]이라 予는 又何規老聃哉리오

子貢曰 然則人[22]이 固有尸居而龍見하며 雷聲而淵默[23]하야 發動이 如天地者乎[24]아 賜도 亦可得而觀乎[25]잇가 遂以孔子聲[26]으로 見老聃한대

老聃이 方將倨堂而應微하야 曰[27] 予는 年運而往矣[28]로니 子는 將何以戒我乎[29]오

子貢曰夫三王五帝之治天下 不同[30]하나 其係聲名은 一也[31]니 而先生이 獨以爲非聖人은 如何哉오

老聃曰 小子아 少進하라 子는 何以謂不同고

對曰 堯 授舜하시며 舜이 授禹[32]하야시늘 禹는 用力[33]而湯은 用兵[34]하고 文王은 順紂而不敢逆하야늘 武王은 逆紂而不肯順할새 故로 曰不 同이라하노라

老聃曰 小子아 少進하라 余 語汝三皇五帝[35]之治天下호리라 黃帝之治天下[36]는 使民心으로 一이라 民이 有其親死커든 不哭하야도 而民이 不非也[37]하니라 堯之治天下는 使民心으로 親[38]이라 民有爲其親하야 殺其殺하야도 而民이 不非也[39]하니라 舜之治天下는 使民心으로 競[40]이라 民이 孕婦 十月에 生子[41]하며 子生五月而能言[42]하야 不至乎孩하야서 而始誰[43]오하니 則人始有夭矣니라 禹之治天下는 使民心으로 變[44]하야 人有心而兵有順[45]이며 殺盜 非殺人[46]이라하야 自爲種而天下耳[47]라 是以로 天下 大駭하야 儒墨이 皆起[48]하야 其作始에는 有倫하더니 而今乎에는 婦女[49]라 何言哉리오 余 語汝三皇五帝之治天下[50]호리라 名曰治之나 而亂莫甚焉하니라 三皇之知는 上悖日月之明하며 下睽山川之精하며 中墮四時之施하야 其知 憯於蠣蠆之尾[51]라 鮮規之獸도 莫得安其性命之情者[52]어늘 而猶自以爲聖人이로라하나니 不可恥乎[53]아 其無恥也여

子貢이 蹴蹴然[54]立不安이러라

공자가 노담을 만나 仁義를 이야기하였다.

노담이 말했다.

“무릇 키질하다 날린 겨가 눈에 들어가게 되면 천지 사방이 자리가 뒤바뀌어 분간할 수 없게 되고, 모기나 등에가 살을 물면 밤새 잠들지 못하지요. 저 仁義

라고 하는 것은 참으로 무자비하게 해독을 끼쳐서 우리의 마음을 어지럽게 하니 천하를 어지럽힘이 이보다 큰 것이 없습니다. 당신이 만일 천하 사람들로 하여금 그 소박함을 잃지 않도록 하려면 당신 또한 바람 부는 대로 따라 움직이며 自然의 德을 잘 잡고 서 있어야 할 터인데 또 어찌하여 억지로 애쓰면서 마치 큰 북을 짊어지고 북소리를 울려대면서 집 나간 자식을 찾는 것처럼 소동을 벌이시나요.

무릇 백조는 날마다 목욕하지 않아도 희고, 까마귀는 날마다 검게 칠하지 않아도 검으니, 生得的인 黑白에 대하여는 새삼 검다 희다 떠들어 댈 것이 없으며, 명예라는 껍데기〔外形〕는 새삼 널리 알릴 만한 가치가 없는 것이오. 샘물이 마르면 물고기들이 물 마른 진흙땅 위에서 서로 습기를 뿜어내며 서로 거품으로 적셔 주지요. 하지만 그것은 큰 강 넓은 호수에서 〈자유롭게 물 마시며〉 서로를 잊고 지내느니만 못한 것이오."

공자가 노담을 만나 보고 돌아와 3일 동안 누구와도 말을 나누지 않았는데 제자들이 이렇게 물었다.

"선생님께서는 노담을 만나 보시고 무엇을 가지고 그를 바로잡아 주셨습니까?"

공자가 말했다. "나는 이번에 처음으로 여기에서 용을 보았다. 그 용은 氣가 합치면 형체를 이루고 氣가 흩어지면 아름다운 문채를 이루어 구름을 타고 陰陽二氣 사이를 마음껏 날아다닌다네. 나는 〈그걸 보고〉 입을 벌린 채 다시 다물지를 못했는데 내가 또 어떻게 노담을 바로잡아 줄 수 있었겠느냐."

자공이 말했다.

"그렇다면 이 세상 사람 가운데에는 참으로 神主처럼 조용히 있다가 용처럼 변환 자재하게 출현하며, 우레와 같은 큰 소리를 내다가 깊은 연못처럼 침묵을 지켜 發動이 천지와 같은 사람이 있는 것인가요? 저도 그런 분을 만나 보고 싶습니다."

마침내 공자의 소개로 노담을 뵈었다.

노담이 그때 막 마루 한가운데에 걸터앉아 있다가 〈자공의 인사에〉 가느다란 소리로 응답했다.

"나는 이제 나이를 먹어 늙었는데 그대는 무엇으로 나를 가르치려 하는가."

자공이 말했다.

"저 삼황오제가 천하를 다스린 방법은 같지 않았으나 그들 모두 세상에 명성을 떨친 것은 같습니다. 그런데 선생께서는 유독 그들을 성인이 아니라고 하시니 무슨 까닭입니까?"

노담이 말했다.

"젊은 친구여! 이쪽으로 가까이 오라. 그대는 무엇을 가지고 삼황오제의 치세법이 같지 않다고 하는가?"

자공이 대답했다.

"堯가 舜에게 천자의 지위를 물려주고 舜은 禹에게 천자의 자리를 물려주었는데, 禹는 治水에 人力을 사용해서 천하의 利를 일으키고 湯은 武力을 사용해서 夏桀을 放伐하고 周의 文王은 殷의 紂王에게 恭順하고 감히 반역하지 아니하였는데, 武王은 紂王에게 반역하여 그에게 기꺼이 순종하지 아니하였으니 그 까닭에 같지 않다고 하는 것입니다."

노담이 말했다.

"젊은 친구여! 조금 더 가까이 오라. 내가 그대에게 삼황오제가 천하를 다스린 眞相을 말해 주겠노라. 그 옛날 黃帝가 천하를 다스리던 때에는 백성들의 마음을 〈의식적으로〉 차별 없이 하나로 통일했는지라 백성들 중에 자기 어버이가 죽었는데 哭하지 않는 자가 있어도 당시의 백성(사람)들은 그것을 나쁘다고 비난하지 않았다. 堯가 천하를 다스리던 때에는 백성들을 가까운 사람을 친애하도록 하였다. 그래서 백성들 가운데 자기 어버이를 위해, 자기 어버이를 죽인 자를 죽이는 자가 있어도 백성들이 그것을 나쁘다고 비난하지 않았다. 舜이 천하를 다스리던 때에는 백성들에게 경쟁하는 마음을 갖게 하였다. 그 결과 백성들은 임산부가 10개월 만에 자식을 낳으며, 태어난 아이는 겨우 5개월 만에 말을 할 줄 알게 되어 웃을 줄 아는 데 이르지 아니하고서도 벌써 낯을 가리게 되었으니 이렇게 하여 사람들 중에 처음으로 요절하는 이가 생기게 되었다. 禹가 천하를 다스리던 때에는 백성들의 마음을 크게 변화시켜서 사람들이 이기심을 갖게 되고 무기를 사용하는 일까지 정당하게 여겼으며 도둑을 죽이는 것은 살인이 아니라고 하여 자기 자신이 천하에서 제일 근본이 되는 존재라고 여기고서 잘난 체하기에 이르렀다.

이 때문에 천하가 크게 놀라 儒와 墨이 모두 한꺼번에 일어나게 되었다. 그리하여 처음 일을 시작했던 때에는 그래도 道理에 합당한 것이 있었는데 지금에 와서는 부녀자들의 시끄러운 다툼이 되고 말았으니 여기에 무슨 말을 더할 것이 있겠는가. 내가 그대에게 삼황오제가 천하를 다스린 眞相을 말해 주겠노라. 명목은 다스렸다고 하지만 어지러움이 그보다 심함이 없었다. 삼황의 지혜는 위로는 해와 달의 밝음과 어긋나며 아래로는 산천의 정기와 어긋나며 중간으로는 사계절의 운행과 동떨어져 그 지혜가 蠣蠆(전갈)의 꼬리보다 무자비한지라 작은 벌레들까지도 本性 그대로의 생명을 온전히 다할 수 없는데도 오히려 스스로 성인이라고 자부하니 부끄럽지 아니한가. 그 부끄러워할 줄 모름이여."

자공은 그 말을 듣고 두려움에 안절부절 못하여 편안하게 서 있을 수 없었다.

【역주】

1) 孔子見老聃 : 공자가 노담을 만남. 見자의 음은 제5장의 경우와 마찬가지로 '현'. 공자가 노자를 만나 禮를 물은 이야기에 대한 해설은 池田知久의 註解가 상세하다. 그의 주해의 說을 소개하면 다음과 같다. "공자가 노자를 만나 禮를 물었다는 기록은 ≪史記≫의 〈孔子世家〉와 〈老子列傳〉에 보인다. 이후 이 이야기가 널리 유포되어 ≪禮記≫ 〈曾子問〉편과 같은 구체적인 서술도 창작되기에 이르렀다. 그러나 지금까지 이 책 ≪莊子≫에 보이는 것처럼 ≪史記≫에 선행하는 古文獻 중에 나타난 공자와 노자의 만남에서 禮에 관한 내용은 전혀 나오지 않는다. ≪戰國策≫ 〈楚策〉의 '노래자가 공자에게 군주를 섬기는 것에 대해 가르쳤다〔老萊子之教孔子事君〕.' 라고 한 기록도 禮에 관한 기록으로 보기에는 어려운 점이 있다." 池田知久는 이상과 같은 기록을 근거로 개략적이나마 司馬遷이 儒家와 道家를 종합하려는 의도를

가지고 종래 주로 道家의 입장에서 공자를 폄하하기 위해 만들어져 왔던 설화의 軌道를 修正하여 禮에 통달했다는 식으로 老子를 儒敎化함으로써 兩者의 관계를 平衡되게 만든 것으로 추정하고 있다.

2) 播穅眯目 : 키질하다 날린 겨가 눈에 들어감. 播(파)는 簸(파)의 가차자로 키를 '까부르다'는 뜻. 馬叙倫이 "簸는 쌀알을 날려 겨를 제거하는 것이다〔簸 揚米去穅也〕."라고 풀이한 것을 따랐다. 眯는 ≪字林≫에 "이물질이 눈에 들어가 병이 됨이다〔物入眼爲病也〕."라고 풀이한 것이 적절하다.

3) 蚊虻噆膚 則通昔不寐矣 : 모기나 등에가 살을 물면 밤새 잠들지 못함. 蚊은 모기. 虻(맹)은 등에. 噆(참)은 깨물다, 문다는 뜻. 司馬彪가 "깨묾이다〔齧也〕."라고 풀이한 것이 적절하다. 昔은 陸德明이 "밤이다〔夜也〕."라고 풀이한 것이 적절하다. 夕으로 표기된 판본(王叔岷)과 인용문이 있으며(馬叙倫, 王叔岷), 宵 또는 夜로 표기된 인용문도 있다(王叔岷). 王念孫은 ≪春秋穀梁傳≫에 '夜'를 昔으로 표기한 예를 들어 여기의 '昔'을 夕의 假借字라고 주장했는데, 昔者→夕者→夜者로 풀이하여 '밤중에'라는 뜻으로 보았다. 이 외에 林希逸도 "昔은 곧 夕이다. ≪春秋左氏傳≫에 머물게 되면 하룻밤 동안의 호위를 갖추었다〔昔 卽夕也 左傳曰 居則備一昔之衛〕."라고 했다고 고증했으며, 郭慶藩 또한 "살펴보건대 昔은 夕과 같으니 通昔은 通宵와 같다〔案昔猶夕 通昔猶通宵也〕."라고 고증했다. 〈齊物論〉편의 "昔者 莊周夢爲蝴蝶"에서도 같은 고증이 있었지만 〈齊物論〉의 경우에는 昔을 그대로 저녁으로 두어도 무난하지만 여기서는 夜의 뜻으로 보는 것이 적절하다. 寐자는 잠잘 매 字인데 이것이 寢으로 표기된 인용이 있다(王叔岷, 池田知久).

4) 仁義憯然 : 인의는 무자비함. 憯은 '무자비하다, 慘酷하다'는 뜻. 宣穎은 慘과 같다고 풀이했다. 林希逸은 "憯然은 독한 상태이다〔憯然 毒之狀也〕."라고 풀이했는데 이는 ≪說文解字≫에서 "慘은 독함이다〔慘 毒也〕."라고 풀이한 것을 근거로 한 해석이다(池田知久). 〈庚桑楚〉편에 "사람을 해치는 무기 가운데 제일 참혹한 것은 사람의 〈모진〉 마음이다〔兵莫憯于志〕."라고 한 것을 참고할 필요가 있다(福永光司).

5) 憒吾心 : 내 마음을 어지럽힘. 底本(≪莊子集釋≫)에는 憒(궤)자가 憤(분)자로 표기되어 있으나 憒로 바로잡는다. 陸德明도 어떤 판본에는 憒로 표기되어 있다고 했는데, 모양이 비슷해서 誤字가 되었다는 王念孫의 지적처럼 憒가 옳다. 따라서 여기서도 憒로 고침. ≪說文解字≫에서는 "憒는 어지러움이다〔憒 亂也〕."라고 풀이했

다(馬叙倫).

6) 吾子使天下無失其朴 : 당신이 만일 천하 사람들로 하여금 그 소박함을 잃지 않도록 하려면. 吾子는 그대, 당신의 뜻. 그런데 이 이하의 몇 구절은 〈天道〉편 제7장에 나오는 "夫子若欲使天下 無失其牧乎인댄"으로 시작되는 문장과 거의 같은 내용으로 그 뒤에 쓰여진 것으로 추정된다(池田知久). 〈天道〉편에서는 朴이 牧으로 되어 있어 이 牧의 해석에 두 가지 서로 다른 설이 있다. 하나는 여기 〈天運〉편의 이 句와 마찬가지로 읽기 위해 牧을 朴의 가차자로 보아 "그대가 만일 天下 사람들로 하여금 순박함을 잃지 않도록 하고자 한다면"으로 읽을 수도 있고, 牧자의 뜻을 그대로 살려 "그대가 만일 天下 사람들로 하여금 그 길러짐〔牧〕을 잃지 않도록 하고자 한다면(즉 天下 모든 사람들이 生을 충분히 享受할 수 있도록 하고자 한다면)" 이라고 읽기도 한다.

7) 放風而動 : 바람 부는 대로 따라 움직임. 司馬彪는 "放은 따름이니 무위의 바람에 따라 움직임이다〔放依也 依無爲之風而動也〕."라고 풀이했는데 적절한 견해이다. 林希逸은 "바람을 따라 순리대로 변화함이다〔放風 順化也〕."라고 풀이했고, 王敔는 "자연의 바람에 따름이다〔依風之自然〕."라고 풀이한 것도 거의 같은 견해이다. 王叔岷은 "바람은 풍속과 같다〔風猶俗也〕."라고 풀이했는데 적당치 않은 견해이다(池田知久). 放이 따른다는 뜻으로 쓰인 예는 ≪論語≫ 〈里仁〉편에 "이익에 따라 행동하면 원망이 많다〔放於利而行 多怨〕."로 한 데서도 볼 수 있다.

8) 總德 : 자연의 덕을 잡음. 總은 붙잡는다는 뜻. 古逸叢書本에는 總자가 緫으로 표기되어 있는데 같은 글자이다. 郭象은 "잡음이다〔秉〕."라고 풀이했고, 林希逸 또한 "붙잡음이다〔執也〕."라고 풀이했다.

9) 又奚傑然 若負建鼓 而求亡子者邪 : 또 어찌하여 억지로 애쓰면서 마치 큰 북을 짊어지고 북소리를 울려대면서 집 나간 자식을 찾는 것처럼 소동을 벌이시나요. 池田知久는, 唐寫本과 趙諫議本, 陳景元의 ≪莊子闕誤≫에 인용된 張君房본에는 傑然이 傑傑然으로 표기되어 있고, 武延緖, 馬叙倫, 于省吾, 劉文典, 王叔岷, 楊明照 등이 또 이를 근거로 傑傑然으로 표기해야 한다고 주장하고 있어, 그래야 할지도 모르겠으나, 지금은 ≪經典釋文≫과 成玄英 疏를 따라 그대로 둔다고 하고 있다. 傑然은 억지로 애쓰는 모양. 成玄英이 "힘쓰는 모양이다〔用力貌〕."라고 풀이한 것이 자연스럽다. 負는 북을 등에 짊어짐. 建鼓는 북을 친다는 뜻. 成玄英이 "建은 침이다〔建

擊〕."라고 풀이한 것이 무난하다. 宣穎은 "建鼓는 큰 북이다〔建鼓 大鼓也〕."라고 풀이했는데 이 해석을 따른다. 林希逸이 "세워 놓은 북이다〔言所建之鼓也〕."라고 풀이한 것은 뚜렷한 근거가 없는 것 같다. 만약 唐寫本과 趙諫議本, 張君房本 등의 표기를 따라 傑然을 傑傑然으로 표기하고 또 傑傑然의 뜻을 林希逸이 自高之貌로 풀이한 것을 채택하고, 아울러 劉師培와 王叔岷, 福永光司, 金谷治 등의 견해를 따라 揭仁義를 보충하면 "又奚傑傑然 揭仁義 若負建鼓 而求亡子者邪"가 되고 번역 또한 "어찌하여 잘난 체하면서 인의를 내걸고 마치 큰 북을 짊어지고 북소리를 울려대면서 집나간(도망간) 자식을 찾는 것처럼 소동을 벌이시나."로 해야 한다.

10) 鵠 不日浴而白 : 백조는 날마다 목욕하지 않아도 흼. 鵠은 흰 새. 陸德明은 鶴으로 표기된 판본도 있다고 했고, 唐寫本에는 鶴으로 표기한 인용문도 있다(馬叙倫, 劉文典, 王叔岷, 池田知久).

11) 烏 不日黔而黑 : 까마귀는 날마다 검게 칠하지 않아도 검음. 黔은 '검은 칠을 하다'는 뜻. 司馬彪는 "검은색이다〔黑也〕."라고 풀이했는데 成玄英이 "검은 물을 들이는 것을 黔이라 한다〔染緇曰黔〕."라고 한 것이 정확하다. 한편 武延緖는 黕(담)과 통한다고 했는데 같은 뜻이다.

12) 黑白之朴 不足以爲辯 : 흑백의 본바탕은 그것을 검다 희다 떠들어 댈 것도 없다. 좀 더 알기 쉽게 표현하면, 〈백조가〉 희고 〈까마귀가〉 검은 것은 生得的인 것이니, 生得的인 흑백을 새삼 검다 희다 떠들어 댈 것이 없다는 뜻이다. 朴은 본바탕, 生得的인 것을 말한다. 辯은 成玄英이 "이기고 짐을 가림이다〔別其勝負也〕."라고 풀이한 것이 적절하다. 승부를 가릴 듯이 떠들어 댐을 말한다.

13) 名譽之觀 不足以爲廣 : 명예라는 껍데기는 새삼 널리 알릴 만한 가치가 없음. 觀은 겉으로 드러나 보이는 껍질〔外形〕. 武延緖, 馬叙倫, 福永光司, 赤塚忠 등은 司馬彪본에 '讙(환)'으로 되어 있는 것을 근거로 觀을 讙으로 보고 시끄럽게 떠들어 댄다는 뜻으로 풀이했지만 옳지 않다. 池田知久의 지적처럼 "文章之觀"이란 유사한 표현이 〈逍遙遊〉편 제3장에 이미 나온 바 있다. 廣은 넓게 하다는 뜻으로 여기서는 '널리 알리다, 널리 퍼뜨리다'는 뜻.

14) 泉涸 魚相與處於陸 相呴以濕 相濡以沫 不若相忘於江湖 : 샘물이 마르면 물고기들이 물 마른 진흙땅 위에서 서로 습기를 뿜어내며 서로 거품으로 적셔 주겠지요. 그러나 그것은 큰 강 넓은 호수에서 〈자유롭게 마음껏 물 마시며〉 서로를 잊고 지내

느니만 못할 것이다. 涸(학)은 마르다, 다하다〔竭〕는 뜻이고, 呴는 토해 낸다는 뜻. 呴는 吻(문:입맞춤)으로 되어 있는 판본도 있다. 〈大宗師〉편 제1장에 "泉涸 魚相與處於陸 相呴以濕 相濡以沫 不如相忘於江湖"로 같은 문장이 나온다. 특히 '相忘於江湖'라는 표현은 〈大宗師〉편에만 두 차례가 나온다. 그런데 〈大宗師〉편의 경우는 堯임금을 찬양하고 걸왕을 비난하는 것보다는 차라리 둘 다 잊고 道와 일체가 되는 것이 낫다는 뜻으로 인용한 것인 반면 여기서는 넓은 강물이나 호수의 넉넉한 물속에서 서로를 잊고 자유롭게 놀지를 못하고 물 마른 진흙땅 위에서 물고기들이 구차스럽게 서로 적셔 주는 그 부질없음을 仁義의 부질없음에 비유하고 있다. '不若相忘於江湖'의 내용은 같지만 비유하고자 하는 뜻은 다르다고 할 수 있다.

15) 不談 : 대화를 나누지 않음. 談은 대화. 陸德明은 不談이 不言으로 표기된 판본도 있다고 했다.

16) 亦將何規哉 : 무엇을 가지고 그를 바로잡아 주셨습니까. 將은 '가지고'의 뜻. 宣穎이 '以'로 풀이한 것이 적절하다. 規는 바로잡아 줌. 林希逸이 "잘못된 것을 말림이다〔諫也〕."라고 풀이한 것이 적절하다. 成玄英은 "바로잡고 가르쳐 줌이다〔規誨〕."라고 풀이했고, 羅勉道도 "바로잡아 줌이다〔正也〕."라고 풀이했다. 王敔는 "그를 모방함이다〔模倣之〕."라고 풀이했고, 福永光司는 "상대를 평가한다."는 뜻으로 풀이했는데 적절치 않다(池田知久).

17) 孔子曰 : 馬叙倫, 劉文典, 王叔岷, 池田知久 등은 이 아래에 數十字의 脫文이 있는 것 같다고 추정했는데 참고할 만하다. 훨씬 앞서 王應麟도 ≪太平御覽≫과 現行本의 異同에 대해 언급했다(池田知久).

18) 吾乃今於是乎見龍 : 나는 이번에 처음으로 여기에서 용을 보았다. ≪史記≫〈老子列傳〉은 이하의 기술을 이용하여 "용에 이르러서는 나는 알 수가 없다. 용은 바람과 구름을 타고 하늘로 올라가는데 내가 오늘 노자를 만나 보았더니 그는 용과 같았다〔至於龍吾不能知 其乘風雲而上天 吾今日見老子 其猶龍邪〕."는 식으로 정리하였다. 또한 인물을 용에 비유한 경우는 ≪詩經≫에도 보인다(赤塚忠).

19) 龍合而成體 散而成章 : 용은 氣가 합치면 형체를 이루고 氣가 흩어지면 아름다운 모양을 이룸. 合과 散의 주어는 氣이다(赤塚忠). 〈知北遊〉편의 "사람의 탄생은 기가 모이는 것이다. 기가 모이면 태어나고 기가 흩어지면 죽는다〔人之生 氣之聚也 聚則爲生 散則爲死〕."는 기록을 참고할 필요가 있다. 세계의 質料因이라고 할 수 있

는 氣와 그 合散에 의한 만물의 생성 소멸을 龍(老聃)에 비유한 표현이다(池田知久). 散而成章의 成章은 ≪論語≫ 〈公冶長〉편의 "찬란하게 문채를 이루었다〔斐然成章〕."를 참조할 것(福永光司). 章은 文彩의 뜻.

20) 乘雲氣而養乎陰陽 : 구름을 타고 陰陽二氣 사이를 마음껏 날아다님. 乘자의 아래에 乎자가 있는 판본도 있다. 養은 '날아다닌다'는 뜻. 劉師培가 "날갯짓 함이다〔翔〕."라고 풀이했는데 적절한 견해이다. 〈逍遙遊〉편 제3장의 神人과 〈齊物論〉편 제3장의 至人의 묘사에 유사한 표현이 보인다.

21) 口張而不能嗋 : 입을 벌린 채 다시 다물지를 못함. 張은 열다는 뜻. 成玄英이 '開'로 풀이한 것이 적절하다. 嗋(협)은 입을 다묾. 噏(흡)으로 표기된 인용문이 있고(馬叙倫, 王叔岷), 翕으로 표기된 인용문(王叔岷)도 있으나 세 글자는 통용하기 때문에 현행본의 嗋자를 그대로 두는 것이 좋다. ≪爾雅≫ 〈釋詁〉편에 "翕은 합함이다〔翕 合也〕."라고 풀이했고, 成玄英 또한 "합함이다〔合也〕."라고 풀이했다. 또 陳景元의 ≪莊子闕誤≫에 인용된 江南古藏本에는 이 아래에 "혀를 높이 들고 말하지 못한다〔舌擧而不能訒〕."는 한 구절이 있다. 또 〈秋水〉편 제4장에도 "입을 벌린 채 다물지 못하고 혀를 높이 들고 내리지 못한다〔口呿而不合 舌擧而不下〕."는 표현이 나오는데 모두 상대의 위대함에 몹시 놀라는 모양이다. 한편 池田知久에 의하면, 奚侗, 馬叙倫, 劉文典, 王叔岷 등은 江南古藏本과 〈秋水〉편을 근거로 '舌擧而不能訒' 여섯 글자를 보충하여야 한다고 주장하고 있다. 原文 수정에 신중을 期하자는 의견(池田知久)에 따라 여기서도 우선 현행본을 그대로 두고 번역하였다.

22) 然則人 : 그렇다면 이 세상 사람 가운데에는. 陳景元의 ≪莊子闕誤≫에 인용된 江南古藏本에는 人자의 위에 至자가 있다고 했는데 이를 근거로 劉文典, 王叔岷 등은 至자를 삽입해야 한다고 주장했지만 역시 그대로 둔다(池田知久).

23) 尸居而龍見 雷聲而淵默 : 神主처럼 조용히 있다가 용처럼 변환 자재하게 출현하며, 우레와 같은 큰 소리를 내다가 깊은 연못처럼 침묵을 지킴. 〈在宥〉편 제1장에도 거의 같은 내용이 나온다(陸樹芝). 尸는 '신주'인데, 尸童은 제사 때 신주 대신으로 그 자리에 앉히던 어린아이를 말한다. 이 문구에서는 尸와 龍, 雷와 淵이 모두 副詞的 용법으로 사용되고 있다. 見은 음이 '현'이다.

24) 固有……發動如天地者乎 : 참으로……發動이 천지와 같은 사람이 있는 것인가요? 乎는 陳景元의 ≪莊子闕誤≫에 인용된 張君房본에는 哉자로 표기되어 있으며, 또

敦煌본에는 乎哉로 되어 있다(池田知久).

25) 賜亦可得而觀乎 : 저도 또한 그런 분을 可히 만나 볼 수 있겠습니까. "저도 그런 분을 만나 보고 싶습니다."는 뜻. 陸德明은 "어떤 판본에는 亦자가 也자로 표기되어 있다."라고 했는데(池田知久), 그러면 賜亦은 賜也가 되어 也는 이름 아래 붙은 助字에 불과하다. 賜는 공자 제자 子貢의 이름. 姓은 端木이다.

26) 以孔子聲 : 공자의 소개로. 羅勉道는 "聲은 일컬음이다〔聲 稱也〕."라고 풀이했는데 공자를 일컬으면서 노자를 찾았다는 뜻이다. 또 王敔는 "聲은 이름을 소개함이다〔聲 通名也〕."라고 했는데 적절한 풀이이다. 成玄英은 "공자의 가르침으로〔以孔子聲教〕."라고 풀이했는데 다소 무리한 견해이다(池田知久).

27) 方將倨堂而應微曰 : 막 마루 한가운데에 걸터앉아 있다가 〈자공의 인사에〉 가느다란 소리로 응답함. 倨는 걸터앉음. 踞로 표기된 판본이 있으나(寺岡龍含) 오류이다(池田知久). 成玄英이 "걸터앉음이다〔踞也〕."라고 풀이한 것이 정확하다(池田知久). 堂은 마루. 馬叙倫이 침상을 뜻하는 牀의 가차자라 한 것은 잘못이고, 赤塚忠이 "倨堂은 禮에 얽매이지 않는 태도이다."라고 풀이한 것은 참고할 만하다(池田知久). 應微는 가느다란 소리로 응답함. 成玄英이 應자를 위에 붙이고 微曰 두 글자를 따로 끊은 것은 적당치 않고, 林希逸이 "문답하는 소리가 아주 가늚을 말한 것이다〔言其問答之聲甚微也〕."라고 풀이한 것이 적절하다(池田知久).

28) 予年運而往矣 : 나는 이제 나이를 먹어 늙었음. 運은 行과 같은 뜻으로 나이를 먹는다는 뜻, 곧 늙었다는 뜻이다. 王先謙은 行으로 풀이했고, 成玄英는 "때가 됨이다〔時也〕."라고 풀이했다. 往은 시간이 많이 흘렀다는 뜻. 予는 余로 되어 있는 판본도 있다.

29) 子將何以戒我乎 : 그대가 무엇으로 나를 가르치려 하는가. 戒는 경계함. 馬叙倫은 誡를 생략한 글자라 했다(池田知久).

30) 三王五帝之治天下不同 : 三皇五帝가 천하를 다스린 방법은 같지 않았으나. 三王은 陳景元의 ≪莊子闕誤≫에서는 三皇으로 되어 있어, '삼황'으로 번역하였다. ≪莊子闕誤≫에 인용된 江南古藏本에는 天下의 아래에 也자가 있다.

31) 其係聲名一也 : 그들 모두 세상에 명성을 떨친 것은 마찬가지임. 係聲名은 명성이 걸려 있다, 명성에 연계되어 있다는 뜻으로 명성을 떨치고 성인으로 추앙받고 있다는 의미이다. 敦煌본에는 係聲名에서 聲자가 없으며 대의는 宣穎이 "고금을

막론하고 똑같이 떠받들고 칭송한다〔古今同推稱之〕."라고 풀이한 것이 적절하고, 비슷한 표현으로 〈人間世〉편 제1장에 '禹舜之所紐也'라고 한 표현을 찾을 수 있다(池田知久).

32) 堯授舜 舜授禹 : 堯가 舜에게 천자의 지위를 물려주고 舜은 禹에게 천자의 자리를 물려줌. 여기는 마땅히 '堯與而舜受'(敦煌본)로 되어 있어야 할 것이, 〈天地〉편 제7장에 '堯授舜 舜授禹'로 되어 있는 것에 끌려 그대로 된 것이라는 주장이 있다. 池田知久의 주석에 보이는 于省吾, 王叔岷, 楊明照의 說이 그것인데, 지금은 池田知久의 말대로 우선 그대로 두고 번역하였다.

33) 禹用力 : 禹가 힘을 씀. 곧 禹가 治水에 人力을 사용했다는 뜻. 陸樹芝가 "禹임금을 두고 힘을 썼다고 한 것은 아마도 묵가의 주장일 것이다〔以禹爲用力 蓋卽墨氏之說〕."라고 풀이한 것이 正答일 것이다(池田知久). '堯授舜 舜授禹'는 자식이 아닌 賢者에게 물려주는 禪讓이었으나 禹의 경우는 民力을 사용해서 治水에 성공한 대신 天子 자리의 계승은 자식에게 계승하는 '傳子'이어서, 여기서 '傳賢'의 전통이 깨졌다.

34) 湯用兵 : 殷의 湯王이 무력을 사용해서 夏의 桀王을 放伐한 것을 말함. 兵은 武力. 여기에서 武力으로 易姓革命하는 전통이 생겼다.

35) 三皇五帝 : 底本(≪莊子集釋≫)에 있는 그대로 三皇五帝로 한다. 이 三皇이 世德堂本 등에는 三王으로 되어 있어 池田知久는 三王을 三代의 聖王으로 보고 있으나, 福永光司의 번역에서는 원문은 三王으로 쓰고서도 번역은 三皇으로 하고 있는 등 異說이 제법 있다. 여기서는 원문・번역 양쪽에서 모두 三皇으로 보기로 한다.

36) 黃帝之治天下 : 황제가 천하를 다스릴 때. 陳景元의 ≪莊子闕誤≫에서 인용한 江南古藏本에는 黃자의 위에 昔자가 붙어 있다. 또 天下 아래에 也자가 붙어 '黃帝之治天下也'로 표기된 판본도 있다(王叔岷). 여기에서 黃帝의 정치에 대한 비판이 전개되는데, 우리 人類의 타락이 바로 이 황제에서 시작되었다고 老聃은 본 것이다.

37) 使民心一 民有其親死不哭 而民不非也 : 백성들의 마음을 〈의식적으로〉 차별 없이 하나로 통일했는지라 백성들 중에 자기 어버이가 죽었는데 哭하지 않는 자가 있어도 당시의 백성들은 그것을 나쁘다고 비난하지 않았다. 墨家의 억지 박애주의를 빗대서 비판한 내용으로 백성들이 자기의 어버이와 길 가는 사람을 똑같이 사랑하게 되어 결국에는 어버이가 죽었을 때 길 가는 사람이 죽은 것처럼 곡하지 않게 되었

다는 뜻. 郭象은 "만약 비난하게 되면 억지로 곡하게 될 것이다〔若非之則强哭〕."라고 풀이했고, 成玄英은 "삼황이 도를 베풀자 인심이 순일해져서 자기 어버이만 친애하거나 자기 자식만 사랑하지 않게 되었다. 그 때문에 어버이가 죽었는데 곡하지 않아도 세속에서 비난하지 않은 것이다〔三皇行道 人心淳一 不獨親其親 不獨子其子 故親死不哭而世俗不非〕."라고 하여 황제의 치세를 긍정적으로 묘사한 것으로 판단했고 이 입장에 서서 풀이하는 주석가들도 많이 있지만 다소 무리한 견해이다. 물론 ≪莊子≫에서는 대체로 다른 군왕에 비해 황제를 높이 평가하고 있으며 이 문장에서도 다른 시대에 비해 황제의 시대를 상대적으로 높이 평가한 것은 사실이라 할지라도 길 가는 사람을 자기 어버이처럼 사랑하는 박애의 상태에 이른 것이 아니라 자기 어버이를 길 가는 사람처럼 방치하는 억지 행위를 정당화한 것으로 파악하는 것은 무리이다. 이 문장의 후반부에 황제의 시대까지 통틀어서 삼황오제를 "명목은 다스렸다고 하지만 어지러움이 그보다 심함이 없었다〔名曰治之 而亂莫甚焉〕."라고 규정하고 있는 데서도 장자가 황제를 포함한 삼황오제의 시대를 부정적으로 파악하고 있었다는 점이 확인된다.

38) 堯之治天下 使民心親 : 堯가 천하를 다스리던 때에는 백성들을 가까운 사람을 친애하도록 함. 差別愛의 情緖가 여기서 시작되었다. 〈在宥〉편 제1장에서 "옛날 요임금이 천하를 다스릴 적에는 천하 사람들로 하여금 기뻐하면서 자신의 본성을 즐기게 했다〔昔堯之治天下也 使天下欣欣焉 人樂其性〕."라고 한 내용과 〈天道〉편 제6장 전체의 기술과 유사하다(福永光司).

39) 殺其殺(살기살) 而民不非也 : 자기 어버이를 죽인 자를 죽이는 자가 있어도 백성들이 그것을 나쁘다고 비난하지 않음. 劉文典, 王孝魚는 唐寫本에 殺(쇄)其服으로 표기되어 있다고 하면서 그렇게 바꾸어야 한다고 주장하지만 근거가 명확하지 않다(王叔岷). 또 寺岡龍含은 唐寫本에는 殺을 煞로 표기하여 其殺 두 글자가 없다고 했고, 王叔岷은 〈天道〉편 제5장의 "隆殺(융쇄)之服"에 근거하여 殺其服이 옳다고 하나 근거가 박약하다(池田知久). 殺其殺을, 이처럼 喪服관계를 말하는 것으로 보는 사람으로는 成玄英, 林希逸, 褚伯秀, 羅勉道, 馬叙倫 , 福永光司, 金谷治 등을 들 수 있는데 池田知久의 지적처럼 이 註解는 근거가 박약하여 취하지 않기로 한다. 참고로 이 주석을 따른 번역문을 소개하면 "어버이의 喪에 服하기 위해 〈상복에〉 친소의 차등을 설정하는 자가 있어도 백성(사람)들은 그것을 잘못되었다고 비난하지 않는다."(福永光

司)가 되는데, 이때의 위의 殺(쇄)는 '던다, 차등을 둔다'이고 아래의 殺(최)는 縗(최, 喪服)의 가차자이다. 그런데 郭象은 앞의 殺(쇄)는 낮춤이다〔降也〕라고 보고, 뒤의 殺(쇄)는 관계가 소원한 사람으로 보았다. 이 주석은 陸長庚, 宣穎, 陸樹芝, 李勉, 池田知久 등이 지지하고 安炳周도 일단은 이 주석에 동의하였으나, 田好根의 생각을 따라 이 주석을 따르지 않기로 하였다. 그러나 일단 이 郭象의 주를 따른 해석을 소개하면 "〈백성들 가운데 자기 어버이를 위하여, 즉 자기 어버이에게 특별히 잘하기 위하여〉 疏遠한 자에게 소홀히 대하는 자가 있어도 당시 사람들은 그것을 나쁘다고 비난하지 않았다."가 된다. 殺其殺의 앞의 殺(쇄)는 소홀히 대한다는 동사이고, 뒤의 殺(쇄)는 소원한 사람이라는 명사가 된다. 그런데 여기의 글의 내용은, 黃帝의 경우 자기 어버이와 다른 사람을 극단적으로 똑같이 여겨서 자기 어버이가 죽어도 哭하지 않는 것이 정당한 행위인 것처럼 받아들여진 반면, 堯임금 시대에는 자기 어버이만을 극단적으로 친애하도록 하여 자기 어버이를 위해서라면 무슨 짓을 하든 정당하게 받아들여졌음을 비판한 것이다. 따라서 殺其殺(살기살)의 뒤의 殺은 '자기 어버이를 죽인 자'이고 앞의 殺은 그런 자를 죽인다는 동사로 해석하는 것이 마땅할 것이다. 곧 자기 어버이의 복수를 위해서라면 다른 사람을 죽이는 행위조차 타당한 것으로 받아들여질 만큼 親親이 강조되었음을 말한 것이다. 보복을 정당시하는 이런 분위기는 《孟子》〈盡心 下〉에서 "내 이제야 남의 어버이 죽이는 일의 중대함을 새삼 깨달았다. 남의 아버지를 죽이면 남도 또한 내 아버지를 죽이고 남의 형을 죽이면 남도 또한 내 형을 죽일 것이다. 그렇다면 자신이 직접 父兄을 죽인 것이 아니지만 직접 죽인 것과 다를 것이 없는 것이다〔吾今而後知殺人親之重也 殺人之父 人亦殺其父 殺人之兄 人亦殺其兄 然則非自殺之也 一間耳〕."라고 한 맹자의 말과 《禮記》〈曲禮 上〉에서 "어버이의 원수는 함께 하늘을 이고 살지 않으며 형제의 원수는 병기를 가지러 집으로 돌아가지 않고 〈항상 병기를 휴대하고 다니다가 원수를 만나면〉 바로 찔러 죽인다〔父之讎 弗與共戴天 兄弟之讎 不反兵〕."라고 한 기록 등에서 찾아볼 수 있다. 따라서 이 해석을 취해서 앞의 句 '民有爲其親'에 연결시켜 해석하면 "백성들 가운데 자기 어버이〈를 해친 자에 대한 복수〉를 위해 그 자기 어버이 죽인 자를 죽이는 자가 있어도 백성(사람)들이 그것을 비난하지 않았다."가 된다. '民'은 때로는 '人'과 통용된다.

40) 舜之治天下使民心競 : 舜이 천하를 다스리던 때에는 백성들에게 경쟁하는 마음을

갖게 함. 〈騈拇〉편 제4장에서 "순임금이 인의를 내세워 천하를 어지럽힌 때부터 천하 사람들이 인의로 달려가 따르지 않는 이가 없었다〔自虞氏招仁義以撓天下也 天下莫不奔命於仁義〕."라고 한 내용과 같은 인식에서 비롯된 것이다. 陸長庚은 "순임금은 어진 사람을 숭상했기 때문에 백성들로 하여금 다투게 하였다〔虞帝尙賢 故使民爭〕."라고 하여 ≪老子≫ 제3장에 입각하여 풀이하고 있는데 적절한 견해이다. 競은 다툰다는 뜻. 陸德明은 '爭'으로 풀이했다. 武延緒가 '彊'의 뜻이라고 한 것은 池田知久의 지적처럼 부적당하다.

41) 民孕婦十月生子 : 임산부가 10개월 만에 자식을 낳음. 馬叙倫은 民을 끼어든 글자로 보았고 *孕婦*를 *婦孕*으로 고쳐야 한다고 하지만 근거 없는 이야기이다(池田知久). 十月의 아래에 而가 있는 인용문이 있으며(劉文典, 王叔岷), 劉文典은 而가 있어야 한다고 했는데(池田知久) 뒤의 五月而能言 등에 而자가 있기 때문에 그렇게 주장한 것이지만 꼭 맞출 필요는 없다.

42) 子生五月而能言 : 태어난 아이는 겨우 5개월 만에 말을 할 줄 알게 됨. 于鬯은 言이 笑의 뜻이라 했지만(池田知久) 그렇게 하면 뒤의 不至乎孩而始誰와 상충되므로 옳지 않다.

43) 不至乎孩而始誰 : 웃을 줄 아는 데 이르지 아니하고서도 벌써 낯을 가리게 됨. 孩는 웃는다는 뜻. 陸德明이 孩를 "≪說文解字≫에서는 웃는 것이라 했다〔說文云 笑也〕."라고 풀이한 것이 적절하다. 林希逸은 孩를 ≪孟子≫ 〈盡心 上〉에 나오는 '웃을 줄 알고 손잡고 다닐 만한 어린아이〔孩提之童〕'로 보고 "아직 웃거나 손잡고 다닐 만한 때에 이르지 않음이다〔未至於孩提〕."라고 풀이했으며, 또 王敔는 "세 살 된 아이를 孩라 한다〔兒三歲曰孩〕."라고 풀이했는데, 池田知久는 林希逸의 해석은 그래도 可하나 王敔의 주석은 부적절하게 보고 있다. 林希逸은 始를 '早也'로 풀이했는데 적절한 견해이다. 誰는 낯을 가린다는 뜻. 郭象은 "사람을 구분한다는 뜻이다〔別人之意也〕."라고 풀이했는데 이것이 옳다. 또 林希逸은 "물음이다……사람들에게 누구냐고 물음이니 誰는 誰何(누구냐)와 같다〔問也……問人爲誰也 誰猶誰何〕."라고 했는데 이것도 '누구냐고 물을 줄 아는 것'을 '낯을 가릴 줄 안다.' 또는 '사람을 구분할 줄 안다.'와 비슷하게 이해하면 맞는 註解라 할 수 있으나 엄밀하게 보면 郭象 注가 더 정확하다.

44) 禹之治天下 使民心變 : 禹가 천하를 다스리던 때에는 백성들의 마음을 크게 변화

시킴. 民心이 크게 악화됨을 말한다. 이 부분은 池田知久도 지적하고 있듯이, 〈天地〉편 제7장에서 "지금 당신은 賞을 내리고 罰을 주는데도 백성들은 오히려 不仁을 저지릅니다. 〈타고난 자연 그대로의〉 德이 이로부터 쇠퇴하고 〈인위적인〉 刑罰이 이로부터 확립되었으며, 후세의 혼란이 이로부터 시작되었습니다〔今子賞罰 而民且不仁 德自此衰 刑自此立 後世之亂 自此始矣〕."라고 禹를 비판한 내용과 유사한 맥락이다. 다만 〈天地〉편이 堯舜과 禹 사이의 차이를 강조하고 있는 데 비해 여기에서는 堯舜과 禹 모두를 부정적으로 묘사하고 있다는 점에 차이가 있다. 變은 옛것을 바꾸었다는 뜻. 成玄英은 '禍變'이라고 풀이하여 變亂의 뜻으로 보았지만 그보다는 林希逸이 "옛것을 바꿈이다〔變於古也〕."라고 풀이한 것이 좋고, 陸長庚도 같은 견해를 제시했다(池田知久).

45) 人有心而兵有順 : 사람들이 이기심을 갖게 되고 병기를 사용하는 일까지 정당하게 여김. 心은 사심, 곧 이기심을 말한다. 于省吾는 위 문장의 '使民心變'을 받는다고 하였으며, 成玄英은 心을 "유위하는 마음〔有爲之心〕."으로 풀이하였으며, 林希逸은 "사람들마다 사심을 갖게 되었다〔人人各有私心也〕."라고 풀이하였으며, 陸長庚은 "각자 기심을 갖게 되었다〔各有機心〕."라고 풀이하였다. 兵有順은 병기를 사용하는 것도 순리라고 여겼다는 뜻. 林希逸이 "무력을 사용하는 일까지 순리에 맞는 일이라고 여김이다〔以用兵爲順事也〕."라고 풀이했다.

46) 殺盜非殺人 : 도둑을 죽이는 것은 살인이 아니라고 여김. 底本(≪莊子集釋≫)에서는, 郭慶藩이 非殺에서 絶句하고 있으나, 非殺人에서 절구하는 것이 옳다고 보아 '殺盜非殺人'으로 풀이하기도 한다. 非殺에서 絶句하는 것은 본시 郭象도 그랬으나 孫詒讓, 武延緖, 馬叙倫, 阮毓崧, 劉文典, 王叔岷 등은 殺人까지도 絶句하는 것이 옳다고 하고 있다. 또 이 편의 作者가 墨子의 주장을 禹와 관계지어서 서술한 것은 ≪莊子≫ 〈天下〉편, ≪淮南子≫ 〈要略訓〉편 등에 보이는 것처럼 墨家의 사상이 禹의 治道를 조술한 것이라는 이해가 널리 유포되어 있었고 실제로 ≪묵자≫에 그런 내용이 많이 보이기 때문이다(池田知久). 殺盜非殺人은 곧 도둑을 죽이는 것을 살인이 아니라고 여겨 함부로 사람을 죽인다는 뜻이다.

47) 自爲種而天下耳 : 자기 자신이 천하에서 제일 근본이 되는 존재라고 여기고서 잘난 체하기에 이름. 自爲種은 스스로 씨앗이라고 여김. 곧 자신이 천하에서 가장 중요한 존재라고 여겼다는 뜻. 郭象이 "만물을 크게 齊一하지 못하고 사람마다 따로

구별되었다〔不能大齊萬物而人人自別〕."라고 풀이한 이래 成玄英, 林希逸, 羅勉道, 陸長庚, 王敔, 林雲銘 등이 같은 견해를 제시하는 등, 郭象의 견해가 정설로 받아들여져 왔지만 적절치 않다(池田知久). 李勉이 種을 '근본〔本〕'으로 보아 "스스로 근본이라 여김을 말함이니 곧 스스로 높임이다〔謂自爲本 卽自尊〕."라고 풀이한 것이 옳다(池田知久). 而天下耳의 而에 대하여 朱得之는 而자를 於자의 오류라 했고, 宣穎은 於와 같다고 하였으니 이 두 說을 따르면 自爲種而天下耳는 '自爲種於天下耳'가 된다. 池田知久의 이 부분의 해석은 "스스로를 근본으로 여겨 내가 있고서 天下가 있을 따름이다."라고 하면서도 李勉이나 宣穎의 '而二於'說은 잘못일 것이라고 말하고 있다. 그러나 문맥이 명확해지려면 아무래도 朱得之나 宣穎의 설을 택하는 것이 좋을 것 같다. 한편 福永光司는 郭象의 注와 王先謙이 "각자 당파를 만들었다〔自爲黨類〕."라고 풀이한 것을 따라 "멋대로 자기 黨派를 만들어 온 천하가 물들어 버렸다."라고 해석하는 등 이 문구는 참으로 異說이 분분하다. 耳는 爾와 같다.

48) 是以天下大駭儒墨皆起 : 이 때문에 천하가 크게 놀라 儒와 墨이 모두 한꺼번에 일어남. 〈在宥〉편 제2장에 유사한 표현이 있다.

49) 其作始有倫而今乎婦女 : 처음 일을 시작했던 黃帝 때에는 그래도 道理에 합당한 것이 있었는데 지금에 와서는 부녀자들의 시끄러운 다툼이 되고 말았다. 作始의 始가 구체적으로 언제를 가리키느냐에 대해서는 이견이 많지만 여기서는 이 모든 군왕들이 처음 시작할 때로 보고 번역하였다. 池田知久는 〈人間世〉편 제2장에서 "시작할 때에는 간단했던 일이 마칠 때에는 반드시 중대한 일이 되고 만다〔其作始也簡 其將畢也必巨〕."라고 한 내용과 유사하다고 했다. 倫은 '道理'. 郭象과 成玄英 모두 '理'로 풀이했다. '今乎婦女'는 〈外物〉편 제9장에서 "며느리와 시어머니가 시끄럽게 소리 내어 다툰다〔婦姑勃〕."라고 한 내용과 같은 맥락으로 보고 번역하였다. 朱得之는 "처첩의 도리가 아님이 없다〔莫非妻妾之道矣〕."라고 풀이했고, 王先謙은 "지금 행하는 것은 장부이면서 부녀자의 도리를 따르는 것이다〔今所行 丈夫而有婦女之道〕."라고 풀이했는데 모두 적절한 견해이다. 한편 郭象, 成玄英, 林希逸, 羅勉道, 陸長庚, 林雲銘, 宣穎 등은 "혼인하는 일〔婚姻之事〕."이라고 풀이했지만 池田知久의 지적대로 적절치 않다.

50) 余語汝三皇五帝之治天下 : 내가 그대에게 삼황오제가 천하를 다스린 眞相을 말해주겠노라. 敦煌본에는 五帝가 없다(寺岡龍含). 劉文典이 말하는 것처럼 그것이 옳

을 지도 모른다(池田知久).

51) 上悖日月之明 下睽山川之精 中墮四時之施 其知憯於蠣蠆之尾 : 위로는 해와 달의 밝음과 어긋나며 아래로는 산천의 정기와 어긋나며 중간으로는 사계절의 운행과 동떨어져 그 지혜가 蠣蠆(전갈)의 꼬리보다 무자비함. 悖(패)는 어긋난다, 反한다는 뜻이고, 睽(규)도 어긋난다, 등돌린다는 뜻. 墮(휴)는 무너뜨린다, 질서를 파괴한다는 뜻이고, 四時之施의 施(이)는 옮아간다는 移와 같은 뜻인데 여기서는 운행의 뜻이다. 憯은 참혹함. 成玄英은 "독함이다〔毒也〕."라고 풀이했고, 陸樹芝, 馬叙倫, 阮毓崧은 "참혹함〔慘〕."으로 풀이했다. 蠣蠆는 蠣(려)자와 蠆(채)자 모두 전갈이다. 林希逸은 "바로 벌 종류이니 그 꼬리에 독이 있다〔卽蜂類也 其尾有毒〕."라고 했는데 꼬리에 독이 있다는 것만 취하고 벌이라는 주장은 따르지 않는다. 知의 해독이 전갈 꼬리의 해독보다도 참혹하다는 뜻이다.

52) 鮮規之獸 莫得安其性命之情者 : 작은 벌레들까지도 本性 그대로의 생명을 온전히 다할 수 없음. 鮮規之獸의 鮮規는 작은 벌레. 陸德明이 "어떤 사람은 작은 벌레라 했고 어떤 사람은 작은 짐승이라 했다〔一云 小蟲也 一云 小獸也〕."라고 한 것을 따른다. 安은 편안히 지내면서 온전히 다한다는 뜻이고 性命之情은 자연의 본성의 있는 그대로를 말하는데 여기서는 本性 그대로의 생명으로 번역하였다. 〈在宥〉편 제1장에 이미 나왔다(福永光司).

53) 不可恥乎 : 부끄럽지 아니한가. 王叔岷은 不자 아래에 亦자가 붙어 있는 인용문이 있다고 했다.

54) 蹴蹴然 : 두려워하는 모양. 두려움에 안절부절 못함. 蹴蹴은 成玄英이 "놀라고 두려워하는 모양이다〔驚悚貌也〕."라고 풀이한 것이 적절하다. 蹴然은 〈德充符〉편 제2장과 〈大宗師〉편 제7장, 〈應帝王〉편 제4장에 이미 나왔다(池田知久).

第7章

孔子 謂老聃하야 曰 丘 治詩書禮樂易春秋六經[1)]하야 自以爲久矣로니 孰知其故矣[2)]라 以奸者 七十二君[3)]이니 論先王之道而明周召[4)]之迹호대 一君에도 無所鉤用[5)]호니 甚矣夫라 人之難說也며 道之難明邪[6)]여

老子曰 幸矣라 子之不遇治世之君也[7]여 夫六經은 先王之陳迹也[8]니 豈其所以迹哉[9]리오 今子之所言이 猶迹也니 夫迹은 履之所出[10]이니 而迹은 豈履哉리오 夫白鶂之相視호대 眸子不運而風化[11]하며 蟲이 雄鳴於上風이어든 雌應於下風而風化[12]하야 類 自爲雌雄[13]故로 風化[14]하나니라 性不可易이며 命不可變[15]이며 時不可止[16]며 道不可壅[17]이니 苟得於道하면 無自而不可커니와 失焉者는 無自而可[18]하니라

孔子 不出하얏다가 三月에 復見[19]하야 曰丘 得之矣로다 烏鵲이 孺[20]코 魚 傅沫[21]코 細要者化[22]하나니 有弟而兄啼[23]하나니라 久矣夫라 丘는 不與化로 爲人[24]이로니 不與化로 爲人이면 安能化人이리오

老子曰可하다 丘 得之矣[25]로다

공자가 노담에게 이렇게 말했다.

"저는 詩, 書, 禮, 樂, 易, 春秋의 六經을 익힌 지 스스로 오래되었다고 여기고 있으며 그 내용을 잘 알고 있습니다. 그래서 저는 그것을 가지고 72명의 군주에게 나아가 유세하여 선왕의 道를 논하고 주공과 소공의 자취를 밝혔지만 한 명의 군주에게도 채택되어 쓰인 적이 없었습니다. 참으로 심하다 할 만합니다. 사람을 달래기가 어렵고 도를 밝히기 어려움이."

노자가 이렇게 말했다.

"다행입니다. 당신이 치세의 군주를 만나지 못함이. 무릇 육경이란 선왕이 남긴 자취이니 어찌 그 자취를 남긴 참다운 모습이겠습니까. 지금 당신이 하는 말은 자취와 같은 것이고 자취란 발걸음에서 나온 것이니 당신의 자취가 어찌 당신의 발걸음일 수 있겠습니까. 흰 물새가 서로 마주 보면서 눈동자를 움직이지 않고 마음이 통하여 새끼를 낳으며, 벌레가 수컷이 위쪽에서 울면 암컷이 아래쪽에서 호응하여 서로 마음이 통하여 새끼를 낳아서, 같은 부류들은 저절로 상대를 암컷이나 수컷으로 삼기 때문에 서로 마음이 통하여 새끼를 낳습니

다. 본성은 바꾸어서는 아니 되고 운명을 변화시켜서는 안 되며 때를 지체시켜서는 안 되며 도를 막아서는 안 되니 만약 도를 터득하면 무엇을 말미암든 안 될 것이 없겠지만 도를 잃어버리면 말미암아 될 것이 없을 것입니다."

공자가 석 달 동안 외출하지 않다가 다시 노자를 만나 이렇게 말했다.

"제가 드디어 道를 터득했습니다. 까막까치는 알을 까서 새끼를 낳고, 물고기는 거품을 뿌려 새끼를 낳고 허리 가는 벌레들(벌 종류)은 누에를 키워 자기 자식으로 삼고 〈사람은〉 동생이 생기면 형이 울고불고 합니다. 참으로 오랫동안 저는 造化와 벗이 될 수가 없었습니다. 조화와 벗이 되지 못한다면 어떻게 사람을 변화시킬 수 있겠습니까."

노자가 말했다.

"됐소. 丘여. 당신은 도를 체득하였소."

【역주】

1) 詩書禮樂易春秋六經 : 儒家의 기본 經典. 六經은 '六藝'라고도 하며 ≪史記≫ 〈滑稽列傳〉에서는 禮·樂·書·詩·易·春秋의 순서로 列擧하고 있는데(福永光司), 이 六經의 배열 순서가 詩·書·禮·樂·易·春秋로 이것과 완전히 같은 것은 本書 〈天下〉편이다(池田知久).

2) 孰知其故矣 : 그 일을 잘 알고 있음. 孰은 熟과 같다(羅勉道). 故는 事의 뜻이니, 熟知其故는 그 내용에 精通하였다는 뜻이다.

3) 以奸者 七十二君 : 그것을 가지고 요구한 대상이 72명의 군주였음. 곧 72명의 군주에게 나아가 유세했다는 뜻인데 72는 數의 많음을 말하는 誇張表現이다(池田知久). 孔子의 제자도 72인이었다고 하는 등(≪史記≫ 〈孔子世家〉) 72라는 숫자는 여기저기 많이 보인다. 奸은 干의 뜻으로, 구한다는 뜻.

4) 周 召 : 周公 旦과 召公 奭. ≪史記≫에 의하면 周公 姬旦은 문왕의 아들이고 무왕의 동생이자 成王의 숙부였다. 召公 姬奭은 周왕실과 同姓의 사람으로 주공과 함께 주의 대표적인 현신으로 일컬어지는 사람으로 〈魯世家〉와 〈燕世家〉에 그에 관한 기록이 보인다. 〈周本紀〉에 의하면 둘은 함께 武王의 혁명을 돕고 무왕의 아들 성왕을 보좌하여 천하를 다스렸다고 했으며 "成王은……召公을 保로 삼았고, 周公을

師로 삼았다〔召公爲保 周公爲師〕."라고 하여 둘을 병칭하고 있다. 이 두 사람을 병칭하는 경우에 대한 자세한 주석은 池田知久를 참조할 것.

5) 無所鉤用 : 채택하여 쓰인 적이 없음. 鉤는 '모은다'는 뜻으로 拘와 통하며 取 또는 聚와 같은 뜻이다. 陸德明은 鉤를 "취함이다〔取也〕."라고 풀이했다.

6) 甚矣夫 人之難說也 道之難明邪 : 심하다 할 만합니다. 사람을 달래기가 어렵고 도를 밝히기 어려움이. 明邪가 行也로 표기된 인용문이 있는데(王叔岷) 의미는 크게 달라지지 않는다. 유세의 어려움에 대한 일반적인 논의는 ≪荀子≫ 〈非相〉편에 "유세의 어려움〔凡說之難〕."이라 한 데서 비슷한 내용을 찾아볼 수 있고, ≪韓非子≫에도 유세의 어려움을 논한 〈說難〉편이 있다.

7) 幸矣 子之不遇治世之君也 : 다행입니다. 당신이 치세의 군주를 만나지 못함이. 治世의 군주를 만나지 못한 것이 오히려 다행이라고 한 말이다. 알아주는 군주를 만나 천하를 다스린다고 하다가 도리어 혼란을 부채질할 뻔하였으니, 만나지 못한 것이 오히려 잘 된 일이라고 은근한 야유로 볼 수도 있다.

8) 夫六經先王之陳迹也 : 무릇 육경이란 선왕이 남긴 자취임. 〈그대들이 金科玉條처럼 생각하는〉 六經이라고 하는 것은 실은 옛 성왕들이 남긴 낡은 자취에 지나지 않는다는 뜻. 〈天道〉편 제10장의 "임금께서 읽고 계시는 것은 옛사람의 찌꺼기일 뿐〔君之所讀者 古人之糟魄已夫〕."이라 한 것과 이 편 제4장의 "지금 그대의 선생 또한 옛 聖王들이 이미 진설했던 芻狗를 주웠다〔今而夫子 亦取先王已陳芻狗〕."라고 한 것과 거의 같은 사상의 표현이다(林希逸).

9) 豈其所以迹哉 : 어찌 그 자취를 남긴 참다운 모습이겠는가. 所以迹은 발자국을 만들어 낸 원인〔所以〕, 즉 근본 그 자체를 말한다. 聖王 그 본인, 또는 그 본인이 지니고 있던 道인 것이다.

10) 夫迹履之所出 : 자취란 발걸음에서 나온 것임. 履는 실제의 발걸음이고 迹은 발걸음이 남긴 자취. 迹자 아래에 者자가 붙어 있는 인용문이 있다(王叔岷).

11) 夫白鶂之相視 眸子不運而風化 : 흰 물새가 서로 마주 보면서 눈동자를 움직이지 않고 〈쳐다보고 있으면 交尾 없이도〉 마음이 통하여 새끼를 낳음. 白鶂(역)은 鶂을 鷁(새이름 익)으로 표기한 인용문이 있으나(馬敍倫, 王叔岷), 두 글자는 통한다(馬敍倫). 眸子不運은 宣穎이 "눈동자를 고정시켜 주시함이다〔定睛注視〕."라고 풀이한 것이 무난하다. 而風化는 ≪莊子闕誤≫에서 인용하고 있는 張君房본에는 "而感風

化"로 표기되어 있고 또 感자가 붙어 있는 인용문도 있다(馬叙倫). 馬叙倫은 風을 衍文이라 하나 오랜 것으로, 郭象도 "흰 물새는 눈동자를 고정시켜 서로 마주 보며 벌레는 우는 소리로 서로 호응하여 모두 육체적 결합을 기다리지 아니하고 새끼를 친다. 그 때문에 風化라고 한 것이다〔鶂以眸子相視 蟲以鳴聲相應 俱不待合而便生子 故曰風化〕."라고 한 풀이가 있으므로 風을 끼어든 글자로 보는 것은 곤란하다. 風化의 의미는 郭象의 견해를 따라 交尾 없이 새끼 밴다는 뜻으로 보는 것이 可하다. 林希逸은 "무릇 모든 생물은 풍기가 만든 것이다. 바람 풍 자에는 벌레 충 자가 들어 있기 때문에 바로 물을 생성하는 의미가 있기 때문에 風化라고 한 것이니 새끼를 낳음을 말한 것이다〔凡物皆風氣所生 風字從虫 便有生物之義 故曰風化 言生子也〕."라고 풀이했다. 또 司馬彪는 "풍기를 기다려 변화 발생함이니 서로 보기만 하고 음양의 일을 이룬다〔相待風氣而化生也 相視而成陰陽〕."라고 풀이했는데(池田知久) 참고할 만하다. 다시 한 번 風化를 알기 쉽게 풀이하면, 風은 암수가 서로 유혹함이고 化는 感通하여 새끼 밴다는 뜻이다.

12) 蟲雄鳴於上風 雌應於下風而風化 : 벌레가 수컷이 위쪽에서 울면 암컷이 아래쪽에서 호응하여 서로 마음이 통하여 새끼를 낳음. 上風은 바람이 불어오는 쪽 즉 위쪽을 말하고 下風은 바람이 가는 쪽 즉 아래쪽을 말한다. 雌應於下風而風化의 '而風化'는 底本(≪莊子集釋≫)에 있는 그대로인데, 다른 通行本에서는 風자가 빠져 '而化'로 되어 있는 것도 있다. 그러나 그 경우에도 敦煌 唐寫本 또는 古逸叢書本에 근거하거나 兪樾에 의거하여 '風'자를 보충해서 읽는 것이 일반적이다. 風化는 앞의 注에서도 말했듯이 서로 마음이 통하여 새끼 밴다는 뜻.

13) 類自爲雌雄 : 같은 부류들은 저절로 상대를 암컷이나 수컷으로 삼음. 同類의 생물들은 저절로 雌雄의 관계를 맺는다는 뜻이다. 郭象의 注에 근거한 해석인데, '類'를 ≪山海經≫ 〈南山經〉 등에 보이는 兩性具有의 상상의 동물로 보는 해석도 있다(福永光司).

14) 故風化 : 때문에 서로 마음이 통하여 새끼를 낳음. ≪莊子闕誤≫에서 인용한 張君房본에는 '故曰風化'로 표기되어 있다고 한다. 劉文典은 이상 여덟 글자를 注의 문장이 잘못 끼어든 것이라고 보았는데(池田知久) 일리는 있지만 따르지는 않는다.

15) 性不可易 命不可變 : 본성은 바꾸어서는 아니 되고 명은 변화시켜서는 안 됨. 性

과 命은 〈騈拇〉편과 〈在宥〉편에서 '性命之情'이라고 한 것을 나누어 쓴 것이다. 〈達生〉편 제1장에는 "生命의 실정에 통달한 자는 자기의 생명으로는 어쩔 수 없는 일에 힘쓰지 아니하고 運命의 실정에 통달한 사람은 자기의 지혜로는 어쩔 수 없는 것을 힘쓰지 않는다〔達生之情者 不務生之所無以爲 達命之情者 不務知之所無奈何〕."라고 한 표현과 유사하다.

16) 時不可止 : 때를 지체시켜서는 안 됨. 시간의 흐름에 순응해야 한다는 뜻. 〈秋水〉편 제1장에 "때는 지체되어서는 안 된다〔時無止〕."라고 한 표현이 나온다(福永光司).

17) 道不可壅 : 도를 막아서는 안 됨. 비슷한 표현이 이 편 제5장에 "오직 커다란 변화를 따라 그 흐름을 막는 행위가 없는 자〔唯循大變無所湮者〕."라고 나왔다(福永光司).

18) 失焉者 無自而可 : 도를 잃어버리면 말미암아 될 것이 없음. 無自而可는 말미암아 될 것이 없다, 곧 무엇에 의해서도(어떠한 경우에도) 잘 되는 일이 없다는 뜻이다. 〈在宥〉편 제7장에 "도를 통달하지 못하는 자는 할 수 있는 것이 없다〔不通於道者 無自而可〕."라고 하여 비슷한 내용이 나왔다.

19) 孔子不出三月复見 : 공자가 석 달 동안 외출하지 않았다가 다시 노자를 만남. 复見의 見은 보통 만나 뵈었다는 뜻으로 '현'으로 읽음. 앞 장의 '孔子見老聃歸 三日不談'과 일치하는 내용이다.

20) 烏鵲孺 : 까막까치는 알을 까서 새끼를 낳음. 孺는 새끼를 깐다는 뜻. 李頤가 "부화시켜 낳음이다〔孚乳而生也〕."라고 풀이한 것이 적절하다. 馬叙倫은 朱駿聲에 의거하여 乳의 가차자라고 했는데 참고할 만하다. 이하의 네 구절을 각각 卵生, 濕生, 化生, 胎生(出産의 네 유형)을 말한다고 한 것은 林希逸, 褚伯秀, 唐順之, 林雲銘, 陳壽昌 등이다(池田知久).

21) 魚傅沫 : 물고기는 거품을 뿌려 새끼를 낳음. 傅沫은 거품 모양의 정자를 뿌려서 수정하는 물고기의 생태를 보고 말한 것으로 추정된다. 傅沫은 司馬彪가 "거품으로 서로 기른다〔以沫相育也〕."라고 풀이했고, 陸德明이 一說에 "입 속의 거품을 뿌려 서로 함께 새끼를 낳는다〔傅口中沫 相與而生子也〕."라고 풀이한 것이 가깝다(池田知久).

22) 細要者化 : 허리 가는 벌레들(벌 종류)은 누에를 키워 자기 자식으로 삼음. 細要

者는 陸德明이 "벌 종류이다〔蜂之屬也〕."라고 풀이한 것이 적절하다. 要는 腰와 같은데, 벌이 허리 부분이 가늘게 되어 있어 그렇게 命名된 것일 것이다. 化는 새끼를 친다는 뜻. 司馬彪에 의거, 벌이 뽕나무 벌레의 幼蟲을 자기 새끼로 기르는 것을 말한다. 司馬彪는 "누에 벌레를 잡아다 기도하여 자기와 닮게 함이다. 살펴보건대 ≪詩經≫ 〈小雅 小宛〉편에서 이른바 뽕나무 벌레〔螟蛉〕가 새끼를 낳았는데 벌〔果蠃〕이 업어 간다고 한 것이 이에 해당한다〔取桑蟲祝使似己也 案卽詩所謂螟蛉有子果蠃負之是〕."라고 풀이했는데 ≪莊子≫의 이 부분이나 ≪詩經≫의 詩, 그리고 司馬彪의 기록 모두 실제로 그와 비슷한 생태를 보고 기록한 것일 테지만 자세하지는 않다.

23) 有弟而兄啼 : 〈사람은〉 동생이 생기면 형이 울고불고 함. 郭象이 "사람들의 본성은 큰 놈은 놔두고 작은 것을 사랑한다. 그 때문에 〈형이〉 우는 것이다〔言人之性舍長而親幼 故啼也〕."라고 풀이했다. 이 경우를 인간이 자식을 낳는〔生〕 것으로 보아, 여기까지의 '濡' '沫' '化' '生'을 佛敎의 四生(卵生 · 濕生 · 化生 · 胎生)에 해당시켜 설명하는 주석도 있다.

24) 與化爲人 : 조화와 벗이 됨. 爲人은 벗이 됨. 人은 벗〔友〕이다. 〈大宗師〉편 제4장이나 〈應帝王〉편 제3장에 "조물자와 벗이 된다〔與造物者爲人〕."라고 한 표현이 있다(池田知久). 郭象이 "조화와 벗이 된 사람은 그 스스로 변화하는 것에 맡기니 만약 六經은 버려둔 채 자연에 맡기듯이 유세하면 잘 통할 것이다〔夫與化爲人者 任其自化者也 若播六經以說則疏也〕."라고 풀이한 것이 좋다(池田知久).

25) 丘得之矣 : 丘여. 당신은 道를 체득하였소. 丘는 물론 공자의 이름이다.

譯者 略歷

安炳周

서울 출생(본적 忠南 唐津)
성균관대학교 대학원 졸업(철학박사)
성균관대학교 유학대학장, 대동문화연구원장 역임
日本 東京大學 외국인 교수 역임(2년간)
성균관대학교 명예교수(現)
국제퇴계학회 명예회장(現)
국제유학연합회(북경 소재) 고문(現)
傳統文化硏究會 顧問(現)

論著 및 譯書

儒教의 民本思想(著書)
儒學槪論(共著)
한국의 사상가 12人(共著)
民本儒敎의 철학적 지향과 그 현실적 한계
栗谷의 개혁주의와 民本思想 등 다수

田好根

경북 영일 출생
성균관대학교 대학원 졸업(문학박사)
성균관 한림원에서 한문 수학
성균관대, 가톨릭대 강사
한국철학사상연구회 전임연구원(現)
민족의학연구원 편찬실장(現)
傳統文化硏究會 이사(現)

論著 및 譯書

공자 지하철을 타다(공저, 푸른디딤돌)
先秦儒家의 天思想 變遷에 關한 硏究
16세기 朝鮮 性理學의 특징에 관한 硏究
논쟁으로 본 한국철학(공저, 예문서원)
敎授用 指導書 童蒙先習(전통문화연구회) 등 다수

東洋古典譯註叢書 9

譯註 莊子 2　　정가 36,000원

2004년 12월 31일 초판 발행
2024년 01월 31일 초판 9쇄

譯 註 安炳周 田好根
編 輯 東洋古典飜譯編輯委員會

發行人 郭成文

發行處 社團法人 傳統文化硏究會

등록 : 1989. 7. 3. 제1-936호
서울시 종로구 삼일대로 428 낙원빌딩 411호
전화 : (02)762-8401 전송 : (02)747-0083
전자우편 : juntong@juntong.or.kr
홈페이지 : juntong.or.kr
사이버書堂 : cyberseodang.or.kr
온라인서점 : book.cyberseodang.or.kr

인쇄처 한국법령정보주식회사(02-462-3860)
총 판 : 한국출판협동조합(070-7119-1750)

ISBN 978-89-85395-97-7 94150
978-89-85395-71-7(세트)

전통문화연구회 도서목록

新編 基礎漢文教材·漢文讀解捷徑

新編 四字小學·推句	고전교육연구실 編譯	11,000원
新編 啓蒙篇·童蒙先習	고전교육연구실 編譯	11,000원
新編 明心寶鑑	李祉坤·元周用 譯註	15,000원
新編 擊蒙要訣	咸賢贊 譯註	12,000원
新編 註解千字文	李忠九 譯註	13,000원
新編 原文으로 읽는 故事成語	元周用 編譯	15,000원
新編 唐音註解選	權卿相 譯註	22,000원
漢文독해 기본패턴	고전교육연구실 著	15,000원
四書독해첩경	고전교육연구실 著	25,000원
한문독해첩경 文學篇	朴相水 李和春 李祉坤 元周用 著	17,000원
한문독해첩경 史學篇	朴相水 李和春 李祉坤 元周用 著	17,000원
한문독해첩경 哲學篇	朴相水 李和春 李祉坤 元周用 著	17,000원

東洋古典國譯叢書

大學·中庸集註 -개정증보판	成百曉 譯註	10,000원
論語集註 -개정증보판	成百曉 譯註	27,000원
孟子集註 -개정증보판	成百曉 譯註	30,000원
詩經集傳 上·下	成百曉 譯註	各 35,000원
書經集傳 上·下	成百曉 譯註	各 35,000원
周易傳義 上·下	成百曉 譯註	各 40,000원
小學集註	成百曉 譯註	30,000원
古文眞寶 後集	成百曉 譯註	32,000원

五書五經讀本

論語集註 上·下	鄭太鉉 譯註	各 24,000원~25,000원
孟子集註 上·下	田炳秀·金東柱 譯註	各 30,000원
大學·中庸集註	李光虎·田炳秀 譯註	15,000원
小學集註 上·下	李忠九 外 譯註	各 25,000원
詩經集傳 上·中·下	朴小東 譯註	各 30,000원
書經集傳 上·中·下	金東柱 譯註	各 30,000원
周易傳義 元·亨·利·貞	崔英辰 外 譯註	各 30,000원
詳說古文眞寶大全後集 上·下	李相夏 外 譯註	各 32,000원
春秋左氏傳 上·中·下	許鎬九 外 譯註	各 36,000원~38,000원
禮記 上·中·下	成百曉 外 譯註	各 30,000원

東洋古典譯註叢書

〈經部〉

十三經注疏		
周易正義 1~4	成百曉·申相厚 譯註	各 32,000원~44,000원
尙書正義 1~7	金東柱 譯註	各 25,000원~36,000원
毛詩正義 1~8	朴小東 外 譯註	各 30,000원~37,000원
禮記正義 1~3, 中庸·大學	李光虎 外 譯註	各 20,000원~30,000원
論語注疏 1~3	鄭太鉉·李聖敏 譯註	各 35,000원~44,000원
孟子注疏 1~4	崔彩基·梁基正 譯註	各 29,000원~30,000원
孝經注疏	鄭太鉉·姜珉廷 譯註	35,000원
周禮注疏 1~4	金容天·朴禮慶 譯註	各 27,000원~37,000원
春秋左傳正義 1~2	許鎬九 外 譯註	各 27,000원~32,000원
春秋公羊傳注疏 1	宋基采 外 譯註	37,000원
春秋左氏傳 1~8	鄭太鉉 譯註	各 25,000원~35,000원
禮記集說大全 1~6	辛承云 外 譯註	各 25,000원~40,000원
東萊博議 1~5	鄭太鉉·金炳愛 譯註	各 25,000원~38,000원
韓詩外傳 1~2	許敬震 外 譯註	各 29,000원~33,000원
說文解字注 1~5	李忠九 外 譯註	各 32,000원~38,000원

〈史部〉

思政殿訓義 資治通鑑綱目 1~23	辛承云 外 譯註	各 18,000원~37,000원
通鑑節要 1~9	成百曉 譯註	各 20,000원~44,000원
唐陸宣公奏議 1~2	沈慶昊·金愚政 譯註	各 35,000원~45,000원
貞觀政要集論 1~4	李忠九 外 譯註	各 25,000원~32,000원
列女傳補注 1~2	崔秉準·孔勤植 譯註	各 30,000원~38,000원
歷代君鑑 1~4	洪起殷·全百燦 譯註	各 32,000원~35,000원

〈子部〉

孔子家語 1~2	許敬震 外 譯註	各 39,000원/40,000원
管子 1~4	李錫明·金帝蘭 譯註	各 29,000원~33,000원
近思錄集解 1~3	成百曉 譯註	各 35,000원~36,000원
老子道德經注	金是天 譯註	30,000원
大學衍義 1~5	辛承云 外 譯註	各 26,000원~30,000원
墨子閒詁 1~7	李相夏 外 譯註	各 32,000원~53,000원
說苑 1~2	許鎬九 譯註	各 25,000원
世說新語補 1~5	金鏞玉 外 譯註	各 29,000원~42,000원
荀子集解 1~7	宋基采 譯註	各 30,000원~42,000원
心經附註	成百曉 譯註	38,000원
顔氏家訓 1~2	鄭在書·盧暻熙 譯註	各 22,000원/25,000원
揚子法言 1	朴勝珠 譯註	24,000원
列子鬳齋口義	崔秉準·孔勤植·權憲俊 共譯	34,000원
二程全書 1~6	崔錫起·姜導顯 譯註	各 32,000원~42,000원
莊子 1~4	安炳周·田好根 共譯	各 25,000원~34,000원
政經·牧民心鑑	洪起殷·全百燦 譯註	27,000원
韓非子集解 1~5	許鎬九 外 譯註	各 32,000원~40,000원
武經七書直解		
孫武子直解·吳子直解	成百曉·李蘭洙 譯註	35,000원
六韜直解·三略直解	成百曉·李鍾德 譯註	26,000원
尉繚子直解·李衛公問對直解	成百曉·李蘭洙 譯註	26,000원
司馬法直解	成百曉·李蘭洙 譯註	26,000원

〈集部〉

古文眞寶 前集	成百曉 譯註	30,000원
唐詩三百首 1~3	宋載卲 外 譯註	各 33,000원~39,000원
唐宋八大家文抄 韓愈 1~3	鄭太鉉 譯註	各 22,000원/28,000원
〃 歐陽脩 1~7	李相夏 譯註	各 25,000원~35,000원
〃 王安石 1~2	申用浩·許鎬九 共譯	各 20,000원/25,000원
〃 蘇洵	李章佑 外 譯註	25,000원
〃 蘇軾 1~5	成百曉 譯註	各 22,000원
〃 蘇轍 1~3	金東柱 譯註	各 20,000원~22,000원
〃 曾鞏	宋基采 譯註	25,000원
〃 柳宗元 1~2	宋基采 譯註	各 22,000원
明清八大家文鈔 1 歸有光·方苞	李相夏 外 譯註	35,000원
〃 2 劉大櫆·姚鼐	李相夏 外 譯註	35,000원
〃 3 梅曾亮·曾國藩	李相夏 外 譯註	38,000원
〃 4 張裕釗·吳汝綸	李相夏 外 譯註	50,000원

東洋古典新譯

당시선	송재소·최경렬·김영죽 편역	24,000원
손자병법	성백효 역주	14,000원
장자	안병주·전호근·김형석 역주	13,000원
고문진보 후집	신용호 번역	28,000원
노자도덕경	김시천 역주	15,000원
고문진보 전집 上·下	신용호 번역	각 22,000원
신식 비문척독	빅상수 번역	25,000원
안씨가훈	김창진 번역	근간

동양문화총서

동양사상 해설과 원전	정규훈 外 저	22,000원
화합의 길 《중용》 읽기	금장태 저	20,000원
호설과 시장	신용호 저	20,000원
어느 노학자의 젊은 시절 -《고문진보》 選譯	심재기 저	22,000원

문화문고

경전으로 본 세계종교 그리스도교	이정배 편저	10,000원
〃 도교	이강수 편역	10,000원
〃 천도교	윤석산·홍성엽 편저	10,000원
〃 힌두교	길희성 편역	10,000원
〃 유교	이기동 편저	10,000원
〃 불교	김용표 편저	10,000원
〃 이슬람	김영경 편역	10,000원
논어·대학·중용 / 맹자	조수익·박승주 공역	각 10,000원
소학	박승주·조수익 공역	10,000원
십구사략 1~2	정광호 저	각 12,000원
무경칠서 손자병법·오자병법	성백효 역	10,000원
〃 육도·삼략	성백효 역	10,000원
〃 사마법·울료자·이위공문대	성백효 역	10,000원
당시선	송재소·최경렬·김영죽 편역	10,000원
한문문법	이상진 저	13,000원
한자한문전통교재	조수익·이성민 공역	10,000원
士小節 선비 집안의 작은 예절	이동희 편역	12,000원
儒學이란 무엇인가	이동희 저	10,000원
동아시아의 유교와 전통문화	이동희 저	13,000원
현대인, 동양고전에서 길을 찾다	이동희 저	10,000원
100자에 담긴 한자문화 이야기	김경수 저	12,000원
우리 설화 1~2	김동주 편역	각 10,000원
대한민국 국무총리	이재원 저	10,000원
백운거사 이규보의 문학인생	신용호 저	14,000원